U0903073

荆楚文庫編纂出版委員會
武漢出版社

荊楚文庫

聶紺弩集

NIEGANNU JI

圖書在版編目（CIP）數據

聶紺弩集：全6卷 / 聶紺弩著.
—武漢：武漢出版社，2017.12
ISBN 978-7-5582-1239-0
Ⅰ. ①聶…　Ⅱ. ①聶…
Ⅲ. ①中國文學—當代文學—作品綜合集
Ⅳ. ① I217.2
中國版本圖書館 CIP 數據核字(2017) 第 035877 號

責任編輯：李杏華　楊建文　蔡文華　吕植壯　王冠含　李艷芬
整體設計：范漢成　曾顯惠　思　蒙
技術編輯：沈力夫
責任印製：代　湧
出版發行：武漢出版社（中國・武漢）
地址：武漢市江漢區新華路 490 號
電話：027-85606403　　郵政編碼：430015
録排：武漢尚品書緣有限公司
印刷：湖北新華印務有限公司
開本：720mm×1000mm　1/16
印張：140.5　　插頁：8
版次：2017 年 12 月第 1 版　2017 年 12 月第 1 次印刷
定價：498.00 元

《聶紺弩集》編輯委員會

出版説明

湖北乃九省通衢，北學南學交會融通之地，文明昌盛，歷代文獻豐厚。守望傳統，編纂荆楚文獻，湖北淵源有自。清同治年間設立官書局，以整理鄉邦文獻爲旨趣。光緒年間張之洞督鄂後，以崇文書局推進典籍集成，湖北鄉賢身體力行之，編纂《湖北文徵》，集元明清三代湖北先哲遺作，收兩千七百餘作者文八千餘篇，洋洋六百萬言。盧氏兄弟輯録湖北先賢之作而成《湖北先正遺書》。至當代，武漢多所大學、圖書館在鄉邦典籍整理方面亦多所用力。爲傳承和弘揚優秀傳統文化，湖北省委、省政府决定編纂大型歷史文獻叢書《荆楚文庫》。

《荆楚文庫》以“搶救、保護、整理、出版”湖北文獻爲宗旨，分三編集藏。

甲、文獻編。收録歷代鄂籍人士著述，長期寓居湖北人士著述，省外人士探究湖北著述。包括傳世文獻、出土文獻和民間文獻。

乙、方志編。收録歷代省志、府縣志等。

丙、研究編。收録今人研究評述荆楚人物、史地、風物的學術著作和工具書及圖册。

文獻編、方志編録籍以 1949 年爲下限。

研究編簡體横排，文獻編繁體横排，方志編影印或點校出版。

《荆楚文庫》編纂出版委員會

2015 年 11 月

前　言

聶紺弩是中國現代著名作家、詩人、中國文學研究專家，在雜文、舊體詩創作和古典文學研究等方面成就尤爲卓著。

聶紺弩一九〇三年生於湖北京山，自幼聰明好學。家貧，十五歲從縣立高小畢業後即失學。十八歲離開家庭，先在福建泉州國民革命軍部隊當司書，後輾轉至馬來西亞、緬甸，從事教學及編輯工作。一九二四年，聶紺弩考入黄埔軍校第二期，不久即參加國共合作的第一次“東征”，勝利後考入莫斯科中山大學學習。“九一八”事變後，利用副刊《雨花》等，發表抗日文章。一九三二年，聶紺弩由胡風介紹加入“左聯”，出版反日刊物，繼續參加反帝愛國鬥争。在創辦文學副刊《動向》期間，聶紺弩結識魯迅，思想和創作都受其影響，以筆爲武器，批判反動勢力和“吃人”的舊禮教。一九三四年，聶紺弩加入了中國共産黨，先後被派往延安、皖南、浙江等地從事革命文化工作。在編輯《力報》副刊和《野草》期間，聶紺弩發表了大量針砭時弊的雜文，其雜文的穿透力和戰鬥力深得魯迅雜文的精髓，成爲現代杰出的雜文作家。一九四九年之後，聶紺弩先在香港《文匯報》任總主筆，後回到北京，歷任中國作家協會理事兼古典文學研究部副部長、人民文學出版社副總編輯兼古典部主任、中國文字改革委員會委員等職。在人民文學出版社工作期間，聶紺弩在中國古典小説的整理出版和研究上，取得出色的成就，成爲古典小説研究專家。然而，一九五八年之後，特别是“文革”期間，聶紺弩長期受到不公正待遇，甚至被捕入獄，被判無期徒刑，直到一九七六年才被釋放。一九八六年因病逝世。（傳記資料參見一九八六年四月八日《人民日報》）

在八十四年的人生道路中，聶紺弩横跨新、舊兩個社會，一生坎坷，經歷豐富。他幼年失母，少年喪父，寄人籬下，没有得到正常家庭的温暖和關愛，過早地看到了人情冷暖，心靈受到創傷，逐漸形成了孤獨敏感的個性。十幾歲時，迫於生計奔走在外，又恰逢時局動蕩，四處流落，進過部隊，到過學校，當過報紙編輯，常常居無定所，處境愁慘尷尬。在這一過程中，他開始對現實生活、人的處境、社會問題等密切關注，個性頑强，眼光犀利，對弱小者和不幸者抱有很深的同情。這些在他的雜文和小説作品中都有反映。後來他又經歷過逃亡、流放和坐牢，十年浩劫中甚至還因“現行反革命罪”被判處死緩，後改爲無期徒刑。在長達數十年的監禁過程中，他憑着幽默達觀的個性，以詩自樂，創作了大量舊體詩。由此可見，聶紺弩的作品和他自己的人生歷程密不可分。多樣的文體、豐富的形式、鮮明的個性和思想，無不體現出一個作家豐富的生活閱歷和廣博的學識，以及靈活駕馭各種文體的文學才華。

聶紺弩的作品形式多樣，既有雜文，又有小説、詩歌等。其雜文多創作於二十世紀三四十年代，也就是抗日戰爭和解放戰爭時期，這一時期的聶紺弩剛結束早期的部隊和求學經歷，主要任職於報紙副刊和文藝雜志，特別是加入“左聯”和結識魯迅，推動了其思想的成熟和雜文創作高峰的到來。聶紺弩的雜文主要圍繞兩點展開：一是批判國民黨反動派及其附庸勢力；二是抨擊腐朽落後的封建習俗和禮教。

批判國民黨的雜文如《莎士比亞應該後悔》、《飛機的用途及其它》、《懷南京》等，這些作品多創作於抗日戰爭全面爆發後，正是國家危亡之際，人民處於戰争的水深火熱之中，作爲當局的國民政府及其官員們，非但没有同仇敵愾，全力救亡，反而大發國難財，驕奢淫逸的腐化生活蔚然成風。對這樣的社會現實，聶紺弩毫不留情地做了深入的剖析、揭露和鞭撻。抗戰勝利後，聶紺弩對國民黨反動統治者的鬥争有增無減，對他們的幫凶也同樣給予有力的批判。聶紺弩批判封建糟粕的雜文更是多不勝數，如著名的批判封建專制的雜文《我若爲王》，以“婦女問題”爲主題的《蛇與塔》、《怎樣做母親》、《談〈娜拉〉》等。曾有論者指出：聶紺弩將“婦女問題”作爲反封建禮教的核心和焦點，對什麼才算是婦女解放的一系列具體問題，已不再像大部分“五四”作家那樣模糊不清了。可以説，聶紺弩在這個問題上比他的前輩作家看得更深，走得更遠。

不止雜文，聶紺弩創作的小説，通過人物的悲劇性命運，同樣揭示了舊時代的腐朽觀念對人的摧殘和戕害。聶紺弩創作的小説數量并不多，但今天讀來，依然震撼心靈，很大的原因在於其小説的真實性和人物的悲劇性。其小説多以第一人稱叙事，以真人真事爲基礎，主人公多是自己的鄉鄰、舊友等社會底層人物，如《金元爹》、《天壤》、《三嫂子》等小説，其中的人物雖處底層，但都不乏善良和尊嚴，也有一定的抗争精神。但他們所處的社會環境以及自身的蒙昧，導致了最終的悲慘結局。通過人物悲劇的命運，聶紺弩對舊社會、對非人舊禮教的痛恨和批判，可謂鞭辟入裹，力透紙背，有着警醒世人的藝術效果。

聶紺弩的舊體詩也廣受稱道，自成一家，被人稱爲“紺弩體”“雜文體”。寫詩而能成“體”，是因爲有自己的特色。對此詩家多有妙評。有人認爲“聶紺弩的詩嬉笑怒駡、冷嘲熱諷、玩世不恭、隨心所欲而充滿自由氣息，一經問世便引起了轟動效應。聶詩遵循的是舊體格律，但題材新、思維新、感情新、格調新、語言新、句法新，自成一格”。也有人説，聶紺弩舊詩之所以被稱爲“雜文體”，乃是因爲其詩“以雜文入詩，辛辣幽默，冷峻風趣，於平静中見深沉，從微笑中看泪眼，所以備受讀者歡迎”。聶紺弩本是受新文化影響，對腐朽害人的舊文化深惡痛絶，也以創作雜文、小説實踐了反對舊禮教和封建文化的初衷。爲什麽會轉而創作舊體詩呢？從時間看，聶紺弩的舊體詩多創作於一九五八年之後，也就是從詩人被錯劃爲“右派”并被送往北大荒勞改開始的。隨後，聶紺弩開始了長達十幾年的坎坷之路，其生活之悽苦，心境之悲憤，是可以想見的。然而在那樣一個時代，心中之苦無處傾吐。舊詩因其含蓄模糊的特點，正適合排遣不能直言的苦楚。對此，錢理群也有評述：“被稱爲‘聶體’的打油詩是具有更鮮明的時代特徵的。在那‘史無前例’的黑暗而荒謬的年代，人的痛苦到了極致，看透了一切，就會反過來發現人世與自我的可笑，産生一種超越苦難的諷世與自嘲。這類‘通達、灑脱其外，憤激、沉重其内’的情懷，是最適於用‘打油詩’的形式來表達的。”

民國時期，聶紺弩作品結集出版的較少，有不少發表於報刊上的作品未有結集，還有部分散存的手稿。本書在參照以上文集和報刊、手稿等資料的基礎上，參攷本社二〇〇三年出版的《聶紺弩全集》（以下簡稱《全集》）的體例，將創作於一九四九年十月以前的作品，按文體分列，兼顧體現并突出其創作成就和特色，以每卷三十餘萬字的篇幅，分爲六卷。分别爲：卷一《雜文》、卷二《雜文　文藝散論》、卷三《散文　序跋　書信》、卷四《詩歌　劇本》、卷五《小説》、卷六《古典小説論　語言文字論　附録》。

第一卷收録雜文八十九篇。依出版時序分别編自《蛇與塔》（一九四一年桂林文獻版）、《歷史的奥秘》（一九四一年桂林文獻版）、《早醒記》（一九四二年桂林遠方書店版）、《嬋娟》（一九四三年桂林文化供應社版）、《關於知識分子》（一九四八年上海潮鋒版）、《沈吟》（一九四八年上海文化供應社版）、《二鴉雜文》（一九四九年香港求實版）、《血書》（一九四九年上海群益版）。作品按原集的先後次序編排，重複者不録。

第二卷收録雜文九十一篇，文藝散論三十五篇。雜文部分，已結集的依作品的出版時序分别編自《高山仰止》（一九八四年人民文學版）、《聶紺弩雜文集》（一九八一年北京三聯書店版）；未結集的以發表時序（未刊稿以創作時序）分别編自報刊、手稿。文藝散論，分别編自各種專集、報刊，一部分編自手稿，以發表時序（未刊稿以創作時序）編排。

第三卷收録散文五十四篇，序跋十四篇，書信三篇。散文部分，已結集的依出版時序分别編自《蛇與塔》（一九四一年桂林文獻版）、《嬋娟》（一九四三年桂林文化供應社版）、《沈吟》（一九四八年上海文化供應社版）、《巨像》（一九四九年上海學習版）、《脚印》（一九八六年人民文學版）；未結集的以發表時序（未刊稿以創作時序）編排。序跋部分，按創作時序編排。目前已知的書信因多創作於一九四九年後，僅收入三篇，按時序編排。

第四卷收録舊體詩詞七首，新詩二十六首，劇本九種。舊體詩詞按創作時間先後排序；新詩分别編自《元旦》（一九四九年香港求實版）、《聶紺弩詩全編·山呼》（增補版）（一九九九年上海學林版），未結集的新詩，以發表時間爲序；劇本依出版時序編自《嬋娟》（一九四三年桂林文化供應社版）、《天亮了》（一九四九年香港人間書屋版）及單行本《小鬼鳳兒》（一九四九年上海新群版），未結集的按發表時序編自報刊。

第五卷收録小説二十六篇。小説依出版時序分别編自《邂逅》（一九三五年上海天馬書店版）、《夜戲》（一九四〇年福建永安改進版）、《沈吟》（一九四八年上海文化供應社版）、《兩條路》（一九四九年上海群益版）。篇目以先結集的爲準，重複不録；未結集的依發表時序編自報刊。童話、寓言等歸入小説類。改寫、改作者的另録。

第六卷收録古典小説論七篇，語言文字論三十一篇及三个附録。古典小説論按創作時間先後排序；語言文字論分别編自《從白話文到新文字》、《語言·文字·思想》、《語文半世紀》（未刊書稿），未結集的按發表時間爲序。附録分别爲：聶紺弩著作書目、聶紺弩名號録、聶紺弩生平年表。

根據《〈荆楚文庫〉編輯出版管理規定》，民國文獻的整理要"尊重歷史文獻的原貌，基本保存其時代特徵"。但因年代久遠，民國時期聶紺弩作品的底本多不易得，有的作品也没有結集出版，只是散見於報刊，用字也較混亂，多不統一。本書在編輯過程中遵循使用通用繁體字的原則，對無特别意義的異體字也改爲通用繁體字，使全書相對統一。凡作者原有注釋，一概保留；編者所加的注釋較少，多是對標題的更改、合并等情况作説明，對這類注釋都加了"編者注"三字，以作區别。

此外，本書在整理過程中，特别注意搜集關於聶紺弩詩文的最新發掘與研究綫索，并得到了南京大學新文學研究中心劉軍先生提供的《聶紺弩全集》補遺文章。這些補遺文章都辑自報刊，我們將符合要求的十二篇作品，按發表時間先後順序編入《聶紺弩集》的相應位置。其中雜文七篇：《革命與麵包》、《蠻子氣開宗明義章》、《蠻子氣誰有章》、《雙十以前》、《風車和騎士》、《關於八股》、《五六事》；文藝散論三篇：《林語堂的“扯淡”》、《一年來的文化動態》、《别林斯基的〈悲劇之夜〉》)；散文一篇：《中山故事》；新詩一篇：《醒後》。在此，謹對劉先生表示感謝。

《聶紺弩集》的整理編校工作較爲繁雜，水平有限，錯誤在所難免，敬請專家和讀者批評指正。

目　　録

雜　　文

（以上編自報刊、手稿）

文藝散論

散　文

（以上編自報刊、手稿）

序　跋

書　信

詩　歌

（以上編自《散宜生詩》及集外詩《拾遺草》）

劇　本

小　说

古典小説論

語言文字論

附　録

雜　文

蛇與塔

白蛇與許仙，在中國是一個家喻户曉的傳説，寫這故事的有好幾種書，我最愛《警世通言》（?）上的“白娘子”。從那故事看來，白娘子是個極人情也就極人性的平凡的女性，她愛許仙，嫁給許仙，後來爲法海收服。文情簡單樸素，使人感到一點淡淡的無名的悲哀，是中國短篇中的杰作。别的書就鋪張得厲害，什麽水漫金山，壓在雷峰塔下，許仕林祭塔等等。

蛇，糾纏，毒，用它比女人，是頗有些憎惡意思的。但這意思，在一般人中間，似乎并不怎樣普遍、深刻，寫白蛇故事書的人，講，讀，聽這故事的人，就都不怎麽憎惡她，剛剛相反，許多人似乎還同情她，用老話説，這叫做公道自在人心。水漫金山，當然會荼毒了許多生靈的吧，但人們還是并不憎惡，好像明白那責任該法海負。本來，你出家人，管人閨閫則甚?

把她壓在雷峰塔下，而且永久壓下去，實在是一件不平的事。她不過找她的丈夫，要她的丈夫回家，犯了什麽法呢？就叫她不見天日，身負重負，動也不能動一下，這日子怎麽過呀！這是我們愚民百姓所常常盤算的。

中國没有大悲劇的故事，什麽都讓它大團圓，善有善報，惡有惡報，大快人心；白蛇被壓，還來個許仕林中狀元，衣錦榮歸，奉旨祭塔，也不脱此例。有人説這是不敢正視現實，是説謊，恐怕是不錯的。但也可以有另外的説法，即我們中國人於是非善惡之間，取捨極嚴，關心極大。蛇已經被壓下去了，没有任何法力的我們愚民百姓無法挽救，但對於她的含冤却耿耿在心，對於她的凄凉情況，又抱着無限同情，難道慰問一下也不可以麽？於是産生了自己的創作：祭塔。狀元公許仕林也者，何嘗是白蛇與許仙的兒子呢，不過是我們愚民百姓派去的代表而已。探監，甚至到學校裏訪女同學，不都要說得沾親帶故的麽？

若干年前，雷峰塔倒了。倒的原因，據說，是因爲人們偷磚。磚，可以造墻；縱然不過是磚吧，年深日久，就成了古董，可以賞玩，可以賣錢；甚至一說：塔是鎮妖的，磚當然也可以避邪，所以偷。天乎冤哉，剛剛把偷磚者的本意忘掉了！本意如何？曰：要塔倒，要白蛇恢復自由。愚民百姓也自有愚民百姓的方法和力量。

一九四一，一，三一，於桂林

怎樣做母親

衹看見怎樣做父親的文章，却没有人寫怎樣做母親，好像母親本來天生會做，毫無問題似的。其然？豈其然乎！蓋男性以其事不干己，新女性又恐怕早薄良母而不爲，女孩子之流，則尤病其羞人答答，於是談者稀耳。

然而問題是存在的。

我的母親於不知什麽時候死去了。説幾句與題無涉的話，她的死，是與抗戰有關的。故鄉淪陷，老人們天天要爬山越谷，躲避鬼子，衣食住一切問題都無法解决；六七十歲，向來就叫做風燭殘年，燭本將盡，風又太猛，飄摇了幾下，終於滅了。

我聽見了這消息，奇怪不，没有哭，并且没有想哭，簡直像聽隔壁三家的事情似的。這很不對，但我本來就不是孝子。其實這淡漠，早在母親的意料之中，她曾對我説："將來你長大了，一定什麽好處都不記得，衹記得打你的事情。"知子莫若母，誠哉！

十年前，我已二十多歲，正在南京做官。人做了官，就要坐辦公廳，開會，赴宴會的。有一回在一個很儼乎其然的會議上，偷看一本小孩子看的書，記得是中華書局出版，黎錦暉之流所著，書名仿佛是《十姊妹》什麽的。那會議也是與抗戰有關的，一位先生站起來演説了半天，説得十分激昂，末了説，我們的國運實在是很怎麽的，座中已經有人在流泪了。他指的是我，全場的人也都向我回過臉兒來，嚇得我連忙收起了《十姊妹》，原來我看書看得不覺流出泪來了。

《十姊妹》之類，并不算好的兒童讀物，也决不能感動那時候的我。但是文字寫得很有趣，很有些孩子話，使我想到，這書，本是應該在小時候看的，而我小時候没有看見，於是又想到我的小時候，那是如何的一截黑暗的生活喲！大概就這樣想着想着，不覺竟流泪了。

其實所謂“黑暗”，也没有别的，不過常常捱打而已。打手常常是我的母親——説常常者，是説打我的人除了母親之外，還有父親和我的親愛的老師們也。

中國許多婦女的日常生活，簡直單純得像沙漠上的景物，一生一世，永久衹有那樣幾件事做來做去。有幾位朋友的太太，幾乎天天打牌，幾乎像是爲打牌而生。然而也難怪，不打牌也没有别的事可做，她們也似乎做不出比打牌更好的事。我本來覺得她們太無出息，這樣一想，却反而同情她們了。

我的母親也是打牌黨之一。她一拿起牌，就不能再惹她；一惹，她就頭也不回，反手一耳光。輸了錢，自然正好出氣；奇怪的是，就是赢了也是這樣。據説，一吵，就會輸下去的。不幸的是，她幾乎天天打牌。

然而打牌也有打牌的好處，就是打牌時，她没有工夫管我。凡事，衹要她來一管，我就不免有些糟糕的。父親先是常常不在家，後來是死掉了，别人隔得遠，屋裏除了她和我，就衹有丫頭老媽之流，没有説話的資格，也根本説不出什麼話。這場合，無論她要把我怎樣，你想，我有什麼辦法呢？

有一次我大概還衹有六七歲，一天中午，正獨自在廳屋裏玩——我小時候常常獨自玩的，忽然聽見母親在堂屋裏喊我。我雖然小，但一聽母親的聲音，就會知道她的喜怒，我覺得這回的聲音是含着無限的撫愛的，好像急迫地需要抱我，親我，吻我的樣子。我從來未受過撫愛，從來未聽過這樣撫愛的聲音。至少我的記憶如此。孔子曰：“惟女子與小人爲難養也，近之則不遜，遠之則怨。”我大概是天生的小人，小人得寵，就難免驕矜，難免不遜，正所謂得意忘形的。當時不知怎麼一想，竟和母親躲起迷藏來了。我躲在厢房的門角落裏，任母親怎麼喊也不答應。母親接着喊，甚至連乖乖寶貝都喊出來了。聲音是那樣柔軟，那樣温和，仿佛現在還在我的耳邊，是我在童年所聽到的惟一的撫愛的聲音，越是這樣，我就以爲她要跟我玩兒，我也越要逗她玩兒，越是躲着不做聲，聲音漸漸近了，從堂屋喊到廳屋，打廂房門口過的時候，還把頭伸進去探索了一回，可是没有看見我在裏頭，我和她衹隔一層薄木板呀。我竭力地忍住笑，不做聲，她就喊着喊着，到大門口去了。母親今天跟我玩兒，我高興極了；母親走在我身邊，却没有找着，多麽有趣呀，我高興極了。我實在掩藏不住我的歡喜，實在忍不住笑，就哈哈大笑地從門角裏跳出來，在母親的背後很遠的地方喊：

“我在這裏呀，哈哈，我在這裏呀！”

一面喊，一面還笑着跳着。可是等她扭轉身來，一看見她的臉，我就知道糟了，她的臉，完全被殺氣，不，應該説是“打氣”所充滿着。然而想再躲在門角落裏不做聲，已經不可能了！

她一轉來，就扯住我的耳朵，幾乎把我提着似地扯到堂屋裏，要我跪着，她自己則拿着鷄毛帚。

“趕快説，你把錢偷到哪裏去了！”

原來她房裏桌上有一個，至多也不過兩個銅板不見了。我本没有偷，衹有説没有偷。可是她不信，最大的理由是，没有偷，爲什麽躲起來呢？要是現在，我一定可以分辯清楚；但那時候，自己也不能理解爲什麽要躲起來，尤其説不出爲什麽要躲起來。我是在城裏長大的孩子，十多歲的時候，常常到衙門裏去看審案。我覺得坐在堂上的青天大老爺總是口若懸河，能説會道；跪在下面口稱“小的小的”的傢伙却很少理直氣壯的時候。并非真没有理由，不過不會説，説不出。有時候，恨不得跑出去替他説一番。我同情這樣的人，因爲自己就飽有跪在母親面前，目瞪口呆的經驗。把話説回轉去，我既無法分辯，就衹有聳起腦袋、脊梁和屁股挨打。母親也真是一個青天大老爺，她從來不含糊地打一頓了事，一定要打得“水落石出”。偷錢該打，不算；撒謊該打，也不算；一直打得我承認是我偷了，并且説是買什麽東西吃了，頭穿底落，這纔罷休。不用説，這都是完全的謊話。

記得很清楚，從那次起，我知道了兩件事：一、錢是可以偷的；二、人是可以撒謊的。

在孩子們的記憶中，過年常常是印象最深刻的。過年，穿新衣服，吃好東西，提燈籠，放炮仗，拜年，得壓歲錢等等，和平常的生活是那樣不同，那樣合胃口，人要一年到頭都過年纔好玩咧。差不多一進十月，就扳起指頭算，還有八十天，還有六十五天，還有二十四天……這樣地盼望年的到來。

過年，衹有一樣事情不好，就是有許多禁忌。死不能説，鬼不能説，窮，病，背時，倒霉，和尚，道士，棺材，打官司，坐牢，殺，砍……也不能説，尤其是在“敬竈”、“出天方”的時候。已經在神櫃上貼着“百無禁忌”、“童言無忌”了，豈不好像可以隨便了麽？可是還不能説。不能説，自然更不能做出任何類似，象徵那些字樣所表示的意義的事情，乃至多少有些損失、灾害的事情，比如，打破碗，扯破衣服，跌破頭等等。而一個總的禁忌，就是惹大人生氣，撩大人的打駡。據説，臘月三十或者正月初一，如果撩大人打了，那就一年到頭都會挨打的，雖然那兩天吃了好東西，并不一年到頭都有好東西吃。

十歲或者十一歲的一個除夕，已經過了半夜去了。母親燒好了年飯，預備好了團年酒，躺在床上燒鴉片煙給父親吸。我呢，自然無事忙，一時跑到街上，看看通街的紅燈籠、紅春聯，熱心地欣賞那些“生意興隆通四海”之類的詞句；有時候又跑進屋裏和小丫頭講講故事，看各個房裏的燈火是不是燃着，平常，没有人住的房裏是不點燈的，甚至於還敢於挨近母親正和父親横躺着的床邊，聽他們談談下一年的生活打算之類。父親是個讀書人，他的那時代，大概是讀書人倒霉的時代，至少他自己就倒霉了一生：滿清時候没有考到秀才，祖上傳下的一點産業，坐吃山空，衹剩下一幢房子了——這房子一直留到抗戰後纔被日本强盜炸光；很早就吸上一付煙癮，不能遠走高飛；在地方上做過幾回事，也都因爲吸煙被人家告發而被撤職了。這時候，已經一連好幾年没有職業，家景實在一天不如一天。母親平常就常常和他吵架的。在無可奈何的時候，就盼望着奇迹，盼望神靈或祖先的保佑，而把希望寄托在未來的日子裏。比如説，無灾無病地戒掉煙癮，外面忽然有人請他出去做官，地方上的事忽然非他出來不行等等。這希望既然等於奇迹，要倚仗着不可知的力量，而又在未來的日子裏，所以父親雖然是個讀書人，其迷信的程度，也就和略識之無的母親差不多，尤其是在過年的時候。

“××！”母親叫我，“你去到各個房裏上上油，添點燈草，把燈都點得亮亮的，菩薩保佑明年一年順順遂遂。要小心，不要把油潑了！”

我一手拿着清油壺，一手握着一把燈草，到每一間房裏小心翼翼地做好了所做的事，回來把油壺放在原來的地方，放好了，走了幾步還回頭去看了一回。

“油都上了吧？”母親問。

“上了！”

“没有做壞麽？”

“没有！”

“還好，”父親在旁邊説，“聽聲音蠻透徹的。”

但是到了天快亮了，父親的癮過足了，起來準備“敬神”的時候，母親到放油壺的地方一看，油壺却躺在油灘裏！什麽原故呢，我到現在還不明白，大概不是小丫頭故意害我，就是老鼠先生和我過不去。母親是最講禁忌的，父親又希望這一夜有個好的兆頭，潑油又本來代表輸錢，虧本，損財這些意義的。這樣一來，以下的不必説，總之，正在别人家“出天方”，滿街的炮仗亂響的時候，母親爲首，父親幫忙，把我揿在椅子上，打得像殺猪樣地叫。我的腿被打跛了，以致第二天還不能到親戚人家裏去拜年。

又是過年，可是不是除夕，大概是初三或者初五。我們過年是過半個月的。

伯父的靈屋子供在堂屋裏，他死了一年多，夜晚，父親不知從誰家裏吃了春酒回來，感覺得身上不舒服。父親常常身上不舒服的。母親説：

“××，你在你伯伯靈前燒燒香，磕幾個頭，叫伯伯保佑爹清吉平安。”

“我不！”我説。

“爲什麽不呢?”母親和父親都很詫異。

我已經十一二歲了，高小一年級已讀過，年過完，就要進二年級。那時的高小，學生都很大，我在班上算是最小的，因之，某方面的程度，也比後來同級的學生要高。我在學校裏是高材生，這時候，已經知道人死了還有魂魄什麽的，不過是句謊話。因之，伯父的靈位也者，其實，不過是一張紙上寫的幾個字，決不會有什麽力量，能够保佑父親的病好。就算伯父真有魂魄什麽的吧，那魂魄也不過和他活着的時候一樣；他活着的時候，既然不見有什麽了不得，爲什麽一死，就神通廣大，能够作威作福了呢？父親的病，明明是體質和保養的問題，決不是鬼神所能爲力；如果死生有命，疾病在天，伯父縱然有靈，也未必能逆命回天；如果能逆命回天，伯父既然是愛父親的，那就不必燒香磕頭，也會保佑父親好。我還記得清清楚楚，那時候的確是這樣想的。

但是等“爲什麽不呢?”問到頭上的時候，我却無話可答。我還没有把心裏想的源源本本，有頭有緒地説出來的能力。理由，向來衹寫在文章上，口頭上没有説過一回，在母親的積威之下，也没有申述理由的習慣，雖然我相信，假如我能够説出來，甚至於母親都會饒恕我的。我説不出，説出的簡直不成其爲理由。我急了，爽性低着頭，噘着嘴，樣子大概很難看的。

“説呀,”父親説:“不説，就照媽説的做。”

我還是没有説。心裏非常想説，却被不知什麽東西堵住了口。我仍舊低着頭，噘着嘴，動也没有動。

“你看你多没有良心!”母親厲聲地説:“燒香磕頭，是你伯伯受了，被保佑病好的是你的爹，事情又這樣容易，你都不做，是什麽意思呢?還不趕快燒香，還要我動手請你麽?”

我聽了這話，爲了受到威脅與冤屈，又明知一頓皮肉的痛楚馬上會來，簡直不覺掉下泪來了。我小時候性情很倔强，寧可挨一頓打，不願意做聲明了不做的事。結果不問可知，母親手上折斷了一根鷄毛帚，我的背和屁股上添了許多青的紫的傷痕。父親没有説話，也没有幫忙。要幫忙則因爲身體不濟，要勸阻却又惱怒我没有良心。

母親打我的時候，從來不啞打。一面打，一面一定駡："砍頭的!""殺腦殼的!""充軍的!""短陽壽的!"母親雖不能説是大家閨秀，却也不出身於什麽低微的人家，不知爲什麽知道那麽多的駡人的話。現在我在編一個報屁股，接到的文章，常有駡人的，這裏的"駡"就是直截了當的破口大駡，與魯迅的文章常被人稱爲駡的駡不同，比如説，駡銀行行員是豪奴甚至是巴兒狗之類；别的刊物上，有時也有同樣的駡，《野草》上就有人駡人是"準……"。拿筆寫文章的人，想不到竟如此專制，蠻横。然而也未足怪，也許他們也有一個像我的母親一樣的母親，他們實在比我還要像我的母親的兒子。

其次，母親打我的時候，從來不許我的脚手動一下。她有一句術語，叫做："動哪裏打哪裏。"兒子也很難喂得像綿羊，動一下，跳一下，一面固然是心裏受了許多冤屈，無可申訴；一面也衹是一種簡單的生理的反應，但這却多費了母親的許多力，也使父母的遺體多吃了許多苦。

母親在我做了官的時候還稱功説："不打不成人，打了成官人，要不是我從前打你，你怎會有今天?"爲了證明她的話之不正確，我有時真想自暴自棄一點纔好。

有一齣戲叫做《甘露寺》，是劉備在東吴相親的故事。某年，我也演過甘露寺裏的劉備那種角色，結果不大佳，據相親者觀察我是没有受過家庭教育的。大概因爲我不善周旋應對，對人傲慢少禮等等。我也實在没有受過什麽家庭教育，也不知道中國有没有家庭教育；至於身受的，簡單得很，就是母親的一根鷄毛帚。我從小就很孤僻，不愛和人來往，在熱鬧場中過不慣。這是鷄毛帚教育的結果。我小時候總以爲别人都是有母親疼愛的孩子，他們不瞭解我的苦楚；我也不願意鑽進他們幸福者群的圈子裏去。縱然有時鑽進，快樂了一陣之後，接着是母親的充滿了"打氣"的臉和她手中的鷄毛帚那實物，馬上就想到我和别人是如此地不同。"歡喜歡喜，討根棍子搬起"，這是一句俗話，意思是快樂之後會挨打，也就是樂極生悲。一回樂極生悲，兩回樂極生悲，久而久之，就像樂與悲有着必然的因果關係，爲了避免悲，就看見樂也怕了。孩子們有一件很奇怪的事，一塊兒玩來玩去，不知怎麽一來，就會起衝突。在這樣場合，别人有一個最好的制服我的法子："告訴你的媽媽去!"我幾乎現在聽見這句話了還怕，在消化不良的夜晚，有時還做這樣的怪夢，不用提在當時給我心靈上的打擊。

鷄毛帚教育的另一結果，是我無論對於什麽人都缺乏熱情，也缺乏對於熱情的感受力。早年，我對人生抱着强烈的悲觀，覺得人與人之間，總是冷酷的，連母親對於兒子也衹有一根鷄毛帚，何况别人。許多朋友，起初都對我很好，大概因爲我没有同等的友誼回答，終於疏遠了。許多朋友，在一塊兒的時候，未嘗不如兄如弟，甚至超過兄弟的感情，但分手之後，就幾乎把他們忘掉了。不但對於朋友，對於事業也是這樣。對人生既抱悲觀，對事業就當然也缺乏堅信與毅力，也就是缺乏一種熱情。我不知道小時的遭遇爲什麽給人的影響這麽大，許多年來，曾作過種種的努力，想把我的缺點改過來；無如"少成若天性"，一直到現在，還是不能完全消除。

此外，鷄毛帚教育的結果，是我的怯懦，畏縮，自我否定。從小我就覺得人生天地之間，不過是一個罪犯，隨時都會有懲戒落在頭上。中國的社會也真怪，書本上雖然有許多齊家治國平天下的大道理，説得天花亂墜；但實際上，家是靠母親的鷄毛帚齊的，學校是靠老師的板子辦的。"國"或"天下"的治平，恐怕也靠着擴而充之的鷄毛帚和板子。人生在這樣的社會裏頭，就會一天到晚，"如臨深淵，如履薄冰"；壞事或者真不敢做，好事也不免不敢擅動。這不敢做，怕鷄毛帚；那不敢動，怕板子；終會有一天會自己問自己："我究竟能做什麽呢?"孔子曰："四十五十而無聞焉，斯亦不足畏也已。"我已經快四十歲了，東不成，西不就，實在"不足畏也已"。曾經有過許多事業的機會，都由於我的孤僻，無助，怯懦而失掉了。自己無出息不在話下，不也有許多是母親的鷄毛帚的功勞麽?

喜歡打孩子的，决不僅我的母親一個。我之所以想起寫這篇文章，也就是因爲隔壁有一個常常打孩子的母親。在街上走的時候，類似母親的人物，拿起一根鷄毛帚什麽的，打着正在鬼哭神嚎的孩子的事也常碰到。我有一個牢不可拔的偏見：無論爲了什麽，打孩子，總是不應該的，而錯誤總是在大人一邊。

我不是教育家，也不是心理學家，不知道所謂家庭教育，究竟應該是些什麽；我衹相信，無論是什麽，却决不能是打。家庭教育給人的身心的影響究竟有多麽大，我也不知道；但我相信：打給予孩子的影響，决不會是好的。

既稱家庭教育，當然也包括父親對兒女的施教。但帶孩子，管孩子，常常和孩子在一塊兒的却是母親。俗話説，“父嚴母慈”，我的經驗却是相反的。父親不大打太小的兒女：比較理智，能够一片一片的説大道理，許多場合都君子似的動口不動手，兒女有理由，也比較容易説清。就今天的一般情形而論，父親的知識水準往往高些，活動範圍廣些，眼光遠大些，不大專注兒女的一些小事情，許多父親又坐在家裏的時候少。所以我以爲父嚴倒不要緊，母嚴纔是一件最倒霉的事。男主外，女主内，是老例，母親的權威，在家庭裏，有時比父親的還大，而且更無微不至。

也許有人説，母親應該管教孩子。天下往往有溺愛不明的母親，對於孩子百般驕縱，使得孩子從小就無所不爲。那樣的母親是值得反對的。不錯。不過這裏應該注意的是，這種母親之應反對，是在她對於兒女没有教，却不在於没有打。

“扑作教刑”，老例是以打爲教，寓教於打，打教合一的。其實兩者却勢不兩立。打是一件最方便最容易的事情，衹須用手就行；教則要方法，必須麻煩更尊貴的東西：腦；而有些人的腦又是根本不合用的。人都有一種惰性，喜歡避重就輕，避難就易；既然用手可以解决，何必驚動腦呢？腦是個用則靈，不用則鈍的東西，不用過久，就會變成猪油，縱然本有教的方法也會消失，更不要希望它會産生新方法來。何况人都喜歡任性，打是件任性的事；習慣又會變成自然，打成習慣了，想改掉也很難。扑作教刑，結果就一定衹有打而没有教了。

倘肯首先停止打，就算一時没有教的方法，衹要肯用腦，總會想出，學會的。

然而中國受專制思想的影響太久，中國的人性往往對强暴者是馴羊，對柔弱者却是暴君。俗話説："十年媳婦十年磨，再過十年做婆婆!"意思是做媳婦時，無論受怎樣的折磨，都應一聲不響，終有一天，會"一朝權在手，便把令來行"的。至於對柔弱者的同情，似乎向來就不發達。中國的婦女受的壓迫太厲害，生活太枯燥，活動範圍太狹窄，知識水準太低。這都會使人變成度量窄小，急於找尋發泄鬱悶的對象的。而這對象，在家庭裏，除了鍋盤碗盞，鷄犬牛羊之外，也實在衹有孩子們了。

像這樣説來，怎樣做母親，倒是個大問題；叫母親不打孩子，不但不是探本之論，或者反而有些不近人情。好在我的文章，不會被每個母親都看見，中國現在多數的母親，恐怕也没有看文章的能力，習慣，乃至自由，反正不會有大影響。我的本意也不過在向有志於做母親者以及有志於勸人做母親者説説，使一兩個小朋友或可因此而少挨一兩次打而已。

怎樣做母親呢？讓别人去講大道理吧，我却衹有兩個字：不打。

一九四〇，一二，六，桂林

母性與女權

母性是偉大的，但不能用作反對女權的理由。

母鷄會保護小鷄，牝性的豬羊犬馬會喂奶給它的兒女們吃，“老牛舐犢”，甚至於成爲人溺愛子女的譬喻；“不入虎穴，焉得虎子”，虎子原來在虎穴裏，并没有一生下來就被它的母親抛在外面。老例稱逆子爲“梟獍”，梟獍是什麽東西，以及究竟有没有這種東西，我都不知道，據説是吃父母（也許衹是吃母親）的動物；另外一種下等動物，雌的會在交接時或剛交接後吃掉它的配偶。但，吃掉自己的兒女的動物，譾陋的我，還没有聽見説過。從下等動物到高等動物，凡是女性就都有母性，而人從下等動物變成高等動物，從别種動物變成猴子，又從猴子變成人，在這樣悠長的過程中，都没有把這偉大的母性失掉，説現在的女性，并非由人變成超人，不過比之過去的女性，多一些社會活動的機會，也就是多一些所謂女權，於是就不會再有偉大的母性了，至少在我，是覺得立論頗爲奇特的。

女權會不會影響母性呢？我想會。

“人爲萬物之靈”，儼然人也的咱們，一向這樣自吹着。好在吹的是人，聽的也是人，皆大歡喜，誰也不會反對。而事實恐怕也真的如此。但人爲萬物之靈，這話，并非説萬物都無靈，惟人獨有，倒是説人的“靈”靈於萬物，就是較大較多較深較複雜於萬物。如果這解釋不算很錯的話，就不妨大膽地推斷：人的母性也母性於萬物。母性本身就是一種靈，人的母性的内容豐富，花樣繁多，表現的機會又在在皆是，决不是簡單的，别種動物所能望其項背。

就人和物説，人的母性母性於萬物，就人和人説，應該是最進步的人的母性母性於萬人，正像人爲萬物之靈，最進步的人則實爲人之靈一樣。如果這解釋不算很錯，就不妨更大膽地推斷：獲得了女權的女性的母性，比之别人的，會更母性，更偉大；女性獲得了女權的時代的母性比之以前的時代的，會更母性，更偉大。因爲，女性没有獲得女權，一方面是過去社會不進步的結果，一方面也是現在社會進步遲緩的原因(社會史上有所謂女權時代，但那是衹有女性有權，和現在衹有男性有權的一樣不合理，和我們現在説的男女平權的女權的意義也不一樣)。要女性有女權，無非使女性更進步，使整個社會更進步，或者説使進步的速度更快。那麽，母性擁護者如果衹要母性像現在的母性這樣，就已心滿意足，則還罷了；如果以爲母性應該或者不妨更偉大，那就非讓女性獲得女權不可。

或者説，將來社會，公共事業發達，兒童公育，女性獲得女權，耽於社會活動，對兒女私有觀念一定減低，感情變得淡薄，母性就不會像現在這樣偉大，或者簡直消失。嗟乎，“俟河之清，人壽幾何!”我真怕把問題扯得這樣迂遠。但這樣説，豈不是爲了擁護母性，不但要反對女權，并且要反對公共事業，反對兒童公育？如果公共事業發達，兒童公育，是一種進步的表現，被説得天花亂墜的所謂偉大的母性也者，原來是反進步的，是進化道上的障礙！假如社會終於會進化，母性就終於會壽終正寢，現在的所謂偉大，倒不過返照的回光！我的看法不一樣。將來的母親對於自己的兒女的感情減低，同時就是對於别人的兒女的感情增高，增高的結果，就用不着“幼吾幼以及人之幼”，乾脆籠而統之地幼幼。這不是母性的消失，剛剛相反，倒是母性的擴大，是母性的極則，是最偉大的母性。不肯承認這樣的母性是母性也未嘗不可；但那必須承認母性在人性中，其實衹是一種落後的，原始的乃至生物的東西。是真正的人類歷史的序幕期的暫存物；是人類和别種動物的距離還很接近的鐵证。那就似乎還不够資格作爲反對女權的口實。

一九四一，二，一一，桂林

賢妻良母論

賢妻良母是婦女的事，也是婦女的好的事，但是不能認爲是婦女的惟一的極則。婦女既然不免要爲人妻，爲人母，當爲妻爲母之際，自應賢良；正像男性也爲人夫爲人父，誰也没有主張應該惡劣。爲什麽没有人説男性應該做賢夫良父呢？因爲男性有更遠更大更多的事業，賢夫良父，不足以限制，於是就不在話下了。婦女也應該向更遠更大更多的事業發展，不被限或自限於賢妻良母的狹小的範圍之内，因之賢妻良母也該是婦女的不在話下的事。縱然現在還没有做到這樣，正應該從現在起，朝着這個目標做，婦女自己應該要求這樣，男性應該和婦女在一起，幫助婦女做到這樣。

有人以爲婦女既要做賢妻良母，就應該躲在家庭裏，不應該做什麽女權運動。這是很不容易理解的。

在家庭裏，何以就一定能做賢妻良母呢？潘金蓮，自然是封建觀念的男性筆下的人物，但無論如何，總不能説是賢妻的標本，潘金蓮不是被關在家庭裏，并没有參加任何女權運動麽？有一齣舊戲，名叫《殺子報》，是封建觀念一種最卑劣的表現，凡有清醒頭腦的人看了都要作三日嘔的，但無論如何，那裏面的母親，總不能説是良母的標本，那母親不也是被關在家庭裏，并没有參加任何女權運動的麽？足見關在家庭裏不參加女權運動并不一定就能成爲賢妻良母。

婦女參加女權運動或者在社會上活動，成爲政治家，教育家，思想家，學術家，企業家……與做賢妻良母有什麽衝突呢？婦女無論成爲怎樣的人物，總不免要爲人妻爲人母，誰能禁止她們在這場合的賢良呢？假如社會活動與賢妻良母是誓不兩立的，而家庭又是個最好的完成賢良的地方；那麽，社會活動是不是也與賢夫良父不能并存，男性們也該回到家庭裏去呢？女權反對論者，如果是女性，倒不過衹是一種乖巧的奴才而已；如果是男性，莫非這些先生們，果真因爲有了社會活動，就在爲夫爲父方面，惡劣得無以自容，惟恐婦女出來也染上同樣惡習麽？如果這樣，則應該回到家庭去的倒真是男性，而婦女却可大批地出來試試身手了。

家庭的天地是窄狹的。長期生活在那窄狹的天地裏的婦女，眼光或器量都不能不是窄狹的。家庭裏的婦女，往往衹作爲男性的性的對象而存在，她們自己也儼然以作爲男性的性的對象爲惟一的勝業，性生活幾乎就是她們的生活的全部，這樣的婦女是有時會玩出種種花樣來的。潘金蓮和《殺子報》裏的母親，也就正是家庭的産物。有人舉出婦女在家庭裏往往成天打牌，其實成天打牌的倒是正正經經的婦女。以爲打牌是婦女的錯誤，不是把婦女關在家庭裏的原則的錯誤，這見解倒是真正錯誤的。原則是因，打牌是果。家庭裏的事本來簡單，就是燒飯洗衣帶孩子都由自己來吧，也用不着終身的整天的時間。空閑的時候，叫她們幹什麽呢？我們是讀書人，首先就會想到讀書，但這最危險。佳人才子之類的書會讀成“有女懷春，吉士誘之”；聖經賢傳，自然科學，社會科學的書讀多了，也會變成哲學家，科學家，什麽家而不安於室。“女子無才便是德”，這裏，就顯出莫大的意義來了。要麽持齋念佛，要麽打牌，既可打發日子，又可約束身心，打牌或者念佛，老實人會以爲和賢妻良母的字樣不大吻合吧，其實這倒是賢妻良母的真實内容。家庭裏的和字樣吻合的賢妻良母，自然也有，但都在書本子上，而且都是闊人名人的妻子或母親。書本上的賢妻良母都是闊人名人的妻子或母親，這就是一個老大的漏洞，那些書是闊人名人自己或幫閑或者後代的闊人名人或幫閑所寫，用意又本在隱惡揚善，就無論什麽説起來不免臉紅的事都會一筆勾銷。這叫做“盡信書則不如無書”，是應該大大地打個折扣的。

真正名實相符的賢妻良母，爲我們時代所需要的賢妻良母，她們自然不妨有家庭，甚至於不妨愛她們的家庭，但首先她們應該是社會的人，是社會活動的參加者，假如她們的丈夫或兒子是，或要是社會的人，社會活動的參加者的話。衹有這樣，纔在作爲“内助”的時候，她們纔能理解丈夫的事業，真有所助，真有所補益，乃至真有所匡正，而不是像陳璧君之流，丈夫當漢奸，自己也當然當漢奸，這樣的女人，無論她的丈夫認爲她是怎樣的賢妻，却絶對是民族國家所唾棄的罪人。在作爲母教的施教者的時候，纔能洞燭到兒子的將來而真有所教。懂得數學的人纔能教數學，懂得理化的人纔能教理化，要兒子成爲社會的人，自己决不能對社會一無所知。那麽，要婦女成爲社會的人，就是社會活動的參加者，也就是時代所需要的賢妻良母，首先，就得把她們從家庭裏解放出來——請勿誤會，以爲這是教婦女脱離家庭，打倒家庭，永遠與家庭爲敵；她們雖然參加社會活動，仍舊可以是家庭的一員，和男性參加社會活動，仍舊不失爲家庭的一員一樣，事實上有婦女不滿意家庭者，那是因爲家庭壓迫她們，限制她們的緣故。

末了，重申前意，雖然這樣可以使婦女成爲新時代的賢妻良母，但賢妻良母也不能是婦女的惟一極則的。她們應當有更遠更大更多的事業，賢妻良母衹是她們的事業的一部分，而且應該是不在話下。

一九四一，二，六，於桂林

婦女·家庭·政治

時代究竟進步了，從前的人，總以爲男是天，女是地，天生的天地之差，不能平等，也不能談平等。謝安的太太吧，爲了不滿意男性的禮教，説了一句周婆制禮的話，就成了千古的笑談。但現在的最狡猾的主張男女應不平等的論客們，也高談起什麼男女平等來了。

> 我以爲男女平等應建築在生物的平等之上，因爲祇有這種平等纔是相容，相成，相輔的平等，其他的平等是相拒，相争，相消的平等；前者是快樂之源，後者是痛苦之根。近代的女權運動，從這個觀點看來，是一個捨本逐末，徒勞無功的運動，因爲它所要的是後一種而不是前一種平等。
>
> ——尹及：《談婦女》（《戰國策》第十一期）

什麼是生物的平等呢？作者告訴我們：

> 男女相遇絶對是“平等者”的相遇，在那親昵的刹那間，絶無貧富，智愚，貴賤，賢不肖，上司下屬之分；雙方是生物界的一員，平等分擔延續生命的責任。

意思很明白：女性爲了“刹那間”的“生物的平等”，應該忍受“刹那間”以外的悠長歲月的，“生物的”以外的“其他”的不平等。否則不但是“捨本逐末，徒勞無功”，就算有“功”，也會是“痛苦之根”。但是女性怎樣纔能獲得那“刹那間”的“生物的平等”呢？作者説：

> 自有人類歷史以來，上自皇帝下及庶民，老爺都罵過太太，也被太太罵過，這相罵就是平等的表現。
>
> 她不怕丈夫以不平等待她，因爲她常具特有的“性”的武器，可用以强迫男子就範，他就範時，“平等”——生物的，真正的平等——就得到了。

這是説男女之間，向來本極平等，甚至女性還占優勝！她們可以用“性的武器”“强迫男子就範”。原來如此！

事實呢，“以色事人者，色衰則愛弛”（李夫人），無色的女性不必提起。“後宫佳麗三千人，三千寵愛在一身”（白居易），二千九百九十九個“佳麗”的運命，有人設想過麽？“有不得見者三十六年”（杜牧），就從一歲算起，三十六歲以後的女性，恐怕更没有“見”的機會了。《金瓶梅》之言曰：“爲人莫作婦人身，百年苦樂隨他人。”連那“刹那間”的獲得與否也要“隨他人”的女性，在獲得那“刹那間”的刹那間，竟認爲自己與“他人”，如此地“平等”，那就真像司潑脱夫人所説，“女性的心，正像她們的器官一樣深幽”，理解她們，在我，祇好敬謝不敏。另外還有一種女性，叫做“一雙玉臂千人枕，半點櫻唇萬客嘗”，那“刹那間”，如何“生物的平等”，天知道！那些女性不能獲得“刹那間”的“生物的平等”，不爲没有“武器”或别的緣故，祇爲在“刹那間”以外的時間没有獲得“其他的平等”。女性要獲得“刹那間”的“生物的平等”，除了從獲得人的平等——社會的平等做起以外，没有另外的路。

然而據另一論客説，這叫做：“要求大，糾紛多，當然不容易解决。”有没有廉價的解决法呢？有。“較新觀點”是“認爲一部分人争解放祇是要一個家而得不到，或有了個家又太不像家”，因此，“解决它并不十分困難，還是從‘家’着手”！不信，有“朋友某夫婦”爲證，有家之前是如彼如彼，有家之後又是如此如此（從文：《談家庭》）。

天下之大，婦人之多，總有“一部分人争解放祇是要一個家而得不到，或有了家又太不像家”的吧。我不是女性，不大理解那些巾幗英雄；

類似的人，祇好在我輩鬚眉丈夫中找。比如文人吧，對這不平，對那不滿，喊改革，要進步，運用起如椽而且生花之筆的時候，何嘗不威風凛凛，殺氣騰騰？但“一部分人”的本意，其實不過因爲一時失意，没有在政府學府或者議府裏占到一把交椅。這真是“要解决它并不十分困難”。

然而這，也仍舊不利於認爲“女人的真正地位是在家”（《談婦女》）的有“較新觀點”的論客們。因爲它也説明那些巾幗英雄的乖巧伶俐，比我們鬚眉丈夫，實在毫無遜色。她們也知道生意經，也懂得討價還價的心理和手段。説她們不應該享受和男性平等的權利，仍不免有些男性的霸道。何况，論客們自己也祇能説是“一部分人”，并且申明“一件事不足以概全體”（《談家庭》）呢？

就是一個“家”吧，也不像想象的那樣：“要解决它并不十分困難。”“一部分人”有家，大部分人“要一個家而得不到，或有了個家又太不像家”，問題依然存在。“内無怨女，外無曠夫。”有“較新觀點”的人應該首先考慮到。有些人没有家，並不是她們天生没有，不過有而離開了。現在用家來解决她們的問題，其實等于叫她們回家。如果叫女性回家或回厨房就可解决婦女問題，婦女問題就根本不會發生，因爲婦女本來是在家裏，在厨房裏的。

或者説她們原來的是舊的家，也就是“太不像家”的家，我們現在説的是個新的家。她們不滿意前者，不見得也不滿意後者。好，我們就來參觀參觀這新的家吧。用“朋友某夫婦”的“模範家庭”爲例，首先裏面有“夫婦”。夫婦者，一個女性和一個男性也。那麽，這家就是女性和男性所共有的家。女性和男性所共有的家，却祇有人拿它來解决婦女問題，没有人拿它來解决男兒問題，祇有人認爲是“女人的真正位置”（《談婦女》），没有人認爲是男人的真正位置，祇有人“以爲女子應當從家中發展，對家多發生一點興趣，多負份責任”（《談家庭》），没有人説男子也應如此；祇有人説它“適宜於發展母性本能，又無悖乎作主婦的尊嚴”，没有人説它適宜於發展父性本能，又無悖乎作主夫的尊嚴，足見它是祇要女性安居其内，男性不妨逍遥其外的東西。祇要是這樣的東西，就無論它新到怎樣的程度，仍舊是男性的天堂，女性的地獄；主人的王國，奴隸的死所。

論客曰：她們“不怕丈夫以不平等待她，因爲她常具特有的‘性’的武器”；嗟乎，在“家”裹面，女性已經一無所有，僅剩下這“性的武器”，運命可謂悲慘極矣。何况男性“就範”不就範，“武器”有用没有用，還是天大的問題。這樣，還説“女人的真正的地位在家裏”（《談婦女》），何不乾脆説，囚犯的真正地位在牢獄裏呢？

但最可怕的還是説：“中國現正從大一統局面，痛苦地，呻吟地，掙扎地，進變至戰國局面，則將來一切的道德，一切的信條，一切的思想，都將以它是否增進國家民族在大政治中争鬥的力量爲試金石。兩性的關係，亦逃不了這個運命。”（《談婦女》）話，實在漂亮而公允，但你不能解釋爲：正因爲是這樣的局面，女性躲在家裏，决不能增進國家民族在大政治中争鬥的力量。這是和他們的本意相反的。他們的本意是説，他們將不惜以“大政治”之名，强迫婦女回家庭去！

一個女性説過：“自由，自由，許多罪惡假汝之名以行！”現在，“自由”的“名”，將改稱“大政治”了！

一九四一，一，二八，桂林

談娜拉

易卜生的《娜拉》對世界給予的影響之大，是用不着談的。但在中國人的我們看來，娜拉的面貌，却不見得很清楚。因爲是一個劇本吧，不容易描寫主人公的日常生活，也不容易刻畫她個人的性格；一個嬌生慣養的紳士的小姐，一個被鍾愛着的銀行家的太太和三個小寶貝的母親的娜拉，因爲做了那樣一樁得意的事，發覺之後，竟意外地遭了丈夫的斥責的原故，馬上就大徹大悟，認定舉世皆非我獨是，勇敢地甩掉在一塊兒過了八年之久的丈夫跟三個小寶貝，赤手空拳地跑到外邊去；這樣的事，至少在我個人，是感覺得不很親切。我相信：在某一個時代，會有像娜拉那樣熱情的勇敢的女性，衹是劇本上的娜拉，隔我們却好像還很遠。

我們也有我們的“娜拉”，并且有很多；都是有血有肉，耳鼻眉眼清清楚楚。這樣的“娜拉”，説起來現在該有三十多歲了。形體上大約有一雙裹壞過的大脚，扁平又窄狹的胸脯。耳朵上留着永久長不還原的針眼，甚至還有一口還未洗白的黄牙齒。她們大約生在知書識禮的地主紳士的家庭，腦筋裏也許裝進過些“女誡”、“女四書”什麽的；中國古先聖賢的大道，雖然始終莫測高深，多少也該被硬裝進了一些，使她們很够資格做一個賢淑的妻子乃至母親。

可是帝國主義的鐵蹄踏到中國，加速了中國舊制度的崩潰；由於封建地主的覺悟，改弦易轍地從事工商業，形成一種新的勢力，許多足以妨礙這新興勢力發展的舊東西，都被放在重新估價之列；中國人的生活就掀起了空前的浪潮，很快地到達了所謂“人的發現”或“自我覺醒”的時代。多謝她們的家庭社會地位，多謝那舊式的教育，本來是要被造成良妻賢母的她們，却也被養成了能够感受三從四德以外的新東西的能力；使她們敏銳地感到她們的母親以前的女性所不能感到的生活上的苦痛，并且不能忍受它，雖説母親以前的女性都忍受過來了。包辦的買賣式的婚姻，無知的凶暴的配偶，愚暗的殘酷的家庭的虐待或輕蔑，都在她們心上劃上了深深的創痕。她們覺悟了，她們走了，甩掉了自己的家庭、配偶，甚至兒女。

不過她們的走，也不像劇本上那樣自由自在，從容慷慨。昏黑的天空底下，瞞住家庭，瞞住朋友，孤零零地提着簡單的行李去趕車搭船，向生疏的遥遠的外鄉走去；不知有多少機會可以被發現，阻止，弄回去受那禁閉、鞭笞、譏笑等等羞辱。走以前也許遲疑過，猶豫過；走以後也許後悔過；正走的時候，不用説，害怕，驚慌，提心吊膽，心情更是複雜。衹要看看《白薇自傳》跟白薇在《我與文學》上的表白，我們不難想象一個私逃的人的情景。至於她們之所以采用私逃的手段，無非説明那時候舊勢力的强固，她們自己的力量薄弱，周圍又没有能够實際幫助她們的什麽；要跟家庭或配偶正面衝突起來，得到的不會是勝利，反是更大的迫害。無法之中的辦法，衹有這種消極的抵抗。誰知這消極的抵抗，倒發生了積極的作用，她們的行爲竟從婚姻問題戀愛問題家庭問題擴大開來，掀起法律道德經濟職業等等問題的浪潮，完成了那一時代的任務呢！

這是脚踏實地毫不夸張的"娜拉"，不必是什麽英雄，自然完成了英雄的任務，不必有什麽理想，自然合乎歷史進展的法則。我們現在看來，她們的面貌像我們的姐姐妹妹一樣熟悉；她們的性格，心情，思想像我們的密友一樣容易瞭解；她們一點也不是戲劇上的人物，倒是我們現實生活中的朋友。

然而"娜拉"的時代已經過去了。現在地主紳士的小姐的生活，已不像從前"娜拉"們所身受過的那樣苦痛。不但住在大學的"東宫"或摩登的家庭，暢談着婚姻戀愛等問題的已大有人在，法律并且爲她們增訂或修改了不少的條文，都是從前"娜拉"們所未夢見的。從前的"娜拉"如果有現在這種優越的生活又没有新的覺醒的話，也許會衹穿穿最摩登的絨衣，看看張資平張恨水的小説來消磨這有用的青春的吧。所以，與其説我們的“娜拉”都回到家庭去了或現在的女學生没有出息不能做“娜拉”，不如説現在地主紳士的小姐們的生活中已經不能産生“娜拉”，縱有“娜拉”，已不能引起大的注意，不算這一時代的代表的女性了。

新時代的女性，會以跟娜拉完全不同的姿態而出現。首先，就不一定是或簡直不是地主紳士的小姐；所感到的痛苦又不僅是自己個人的生活；采用的戰略，也不會是消極抵抗，更不會單人獨騎就跑上戰綫。作爲群集中的一員，邁着英勇的脚步，爲宛轉在現實生活的高壓之下的全體的女性跟男性而戰鬥的，是我們現在的女英雄。這些女英雄，也許現在還是些無名的人物，也還没有到寫新的《白薇自傳》的時候；爲了表現這種英雄，我們需要新時代的“易卜生”。

爲我們的女英雄祝福！爲新時代的“易卜生”祝福！

一，二八，昨夕，一九三五

"確係處女小學亦可"

從報上看到一條"徵求伴侶"的廣告：

某君……家道小康生活獨立收入甚豐因中年乏嗣擬徵十六歲至二十二歲……品貌秀麗膚白體健性情温和中學程度未婚女性爲伴侶確係處女小學亦可……願者函寄最近全身像片……或親臨……面談

大概因爲是戰時吧，女孩子們流落在外面的很多，而出路則比平時更少，就是結婚，説不定更困難。既已生爲男性，縱然没有任何可取之處，衹要説聲"徵求伴侶"，也會有許多女孩子們争先恐後，來奪這光榮的錦標的吧？何況年僅"中年"，"家道小康"，"收入甚豐"，條件實在優厚得很。如果我具有這樣好的條件，一定還要在"親臨""面談"之後，加上這樣的話語："隨繳報名費若干元，落第不退！"

也大概因爲是戰時，故鄉淪陷，失家失學失業，以致貧無立錐的人很多，幸而無灾無難，保持"家道小康"，"收入甚豐"的原狀，正該大可驕傲，爲所欲爲。所以已到"中年"，并非無妻（廣告中僅稱乏嗣）的男性，也就可以挑選女孩子們的年齡，品貌，體格，膚色，性情，學歷，而最重要的是處女膜的有無——誰教她們長着一種容易破損而又不會再有的怪東西的呢！

仍舊因爲是戰時，獸兵所到的地方，很難留下貞潔的女性，雖然他們也許像猪八戒吃人參果一樣，無暇分辨處女與非處女之間的區别。流落在外，貧無立錐，剛要成年的女孩子們，没有生活技能，或者反而挑着養活父母兄弟的千斤擔子，當賣香煙擦皮鞋嫌年紀大，作縫窮婦又嫌年紀小之際，説不定真有顧不到"餓死事小，失節事大"的古訓的時候，這樣説來，雖無統計，説現在的處女的數量比平時少，不見得會有什麽毛病。處女少，就是風化不良，於世道人心“明月松間照，清泉石上流”甚大；憂國之士，正應乘時奮起，用種種方法，力挽狂瀾，而最好的方法之一，就是“徵求伴侣”的時候，非處女不録，使那些黄毛丫頭們瞻顧前途，不能不有戒心。瞧，“確係處女，小學亦可”，是何等篤愛真才，關心世道，而不惜自我犧牲的偉大精神！

好久以來，我總以爲像《雜事秘辛》描寫的檢視女性身體的那種苛細程度，是過去的事；《閑情偶寄》上所説的“美人四肢百骸，無不爲人而生”、“妻妾者人中之榻”，是過去的女性觀；從這廣告看來，纔知道自己的見解，錯誤得可怕。“收入甚豐”之類，自然非同小可，但比之於“富有四海，貴爲天子”的人來，還是相去甚遠的。“收入甚豐”就可如此地苛求年齡、品貌、膚色乃至處女膜的有無，《雜事秘辛》上的檢視法，未免太馬虎了。爲什麽要檢視，爲什麽要挑選呢？自然是因爲“美人四肢百骸，無不爲人而生”，“妻妾者人中之榻”也。

我不想發女孩子讀書無用，不如好好保護處女膜之類的感慨；也并不替當選的“伴侣”擔心：幾年之後，“某君”仍舊“乏嗣”，會有怎樣的結局。祇懷疑一件事，“小學”而不“確係處女”，“體驗”出來了之後又將如何辦理？

另外還有一點不愉快的想法：我以爲這樣廣告出來，倒不失爲一種天真的自白，不登廣告而在暗中實行，雖不“徵求伴侣”也抱着一樣見解的人，今天恐怕還太多。這是一件使人還不能盡情地歌頌我們的時代的事。

一九四〇，九，一八

體貌篇

前幾天在街上，聽見兩個閑人的對話：

甲：我剛看過某人的新娘子。

乙：漂亮麼？

甲：很不錯。

乙：哦哦，怎麼呢？

以下大概還有精彩的叙述，可惜没有聽見。和這略有不同的對話也曾聽見過，比如當乙問“漂亮麼”的時候，回答是“難看”之類，乙就用極爲遺憾的話語趕快收場。别人的新娘子，干卿底事？然而説美則欣然，説醜則歉然，人類的感情真是複雜得很。

在婚姻的場合，女性也未嘗不選擇男性，但地位，才能，財富，往往重於體貌；在社會上大活動而特活動的男子，從來没有聽見有人説他因爲體貌上的缺點，不見喜於女性，想要一個家而不得，衹好不得已而求其次，聊作政治家，軍事家，學者，教授……以終其身。事實上因爲體貌有虧，而不能結婚的男性（天閹除外），也很少見：連曾轟動一時的鐵肺人，聽説也已經結婚了。女性被選擇的時候，情形就大大不同，體貌常常是第一大事，説是常常，就是也有特殊的情形。君不見“徵求女友”之廣告乎“品貌端莊，肌膚白皙”，甚至“確係處女，小學亦可”！恐怕再難找到更精彩的句子了吧。豈但婚姻，就是所謂婦女職業，又何嘗不大抵如此：女演員，女招待，女嚮導，都與體貌直接有關，其被評頭品足，理之當然。機關女職員，一般人呼之爲“花瓶”。既曰花瓶，則彩色絢爛的康熙瓮，實爲上選；瓦釜土罐，在所摒棄，至少有黝有畫，有“八大山人”之類的款識，光滑潤澤，纔能被擺在辦公或會客的廳堂裹。用這來比喻婦女，不言而喻，體貌是重要的。自然，這是一般的情形。

豈但職業，連還没有被認爲正式職業，却多少有人尊敬點的寫作生活，未能盡免如此。一般人看女作家的照片，往往熱心於看男作家的，正像看女明星的照片熱心於看男明星的。看過之後，或曰：某女作家，樣子還不錯，或曰：某女作家，文章還好，可惜不漂亮；連“女作家没有一個漂亮的”的話，也不是没有人説。女作家漂亮與否，這又干卿底事？然而“批評家”們偏好載上他們的口碑。其意若曰，既爲女性，就應該有一個體貌問題。

不但男性要求女性的體貌，女性自己也照男性要求她們那樣苛求自己的體貌。漢朝有個張敞先生，最膾炙人口的韻事，是替太太畫眉，我想，太太的眉由老爺畫，不過一回兩回，更多的次數，恐怕是自己畫的。楚王好細腰的女性，宫中的婦女，爲要腰細，連減食而餓死的都有。李夫人病了，她的丈夫漢武帝去探望她，她用被子蒙着頭，爲的怕病容被武帝看見了會不愛她。“以色事人者，色衰則愛弛”，也正是她的話。古之所謂色，即今之所謂體貌也。

女性不但照男的意志苛求自己的體貌，甚至於成爲一種愛美的“天性”，完全忘記是爲取悦男性，甚至於出於男性的希求之外苛求自己的體貌，在自己的體貌上想出種種花樣，争妍鬥巧，炫世駭俗。有些老爺還簡直爲太太的化妝品和服飾的費用而疲於奔命，叫苦連天，簡直連反對而争吵的時候都没有。體貌在婦女的重要性可想而知了。

體貌有美有醜，有完有缺。體貌完美的女性，在情場角逐，誠然較醜缺者容易獲勝，也就是容易嫁人，容易有家，乃至容易有像家的家，那麽體貌有問題的女性，説不定就真有在某一點上毫無出路，衹好在講臺上演説，在游行隊中打大旗，喊口號，在報章雜志寫文章等等來要求女權的。觀察力敏鋭的學者教授是應該贊美的，一眼之下，如見其肺肝然，馬上指出她們之所以鬧得烏煙瘴氣，天怒人怨，無非是想要一個家而不可得，誰叫她們的體貌這樣牙牙烏的呢！這衹好等到三十年後，醫學進步，把她們的體貌改造改造，讓她們也能嫁人，有家，所謂女權運動自然就没有。其實，三十年後，醫學不進步女權運動也會没有。她們到時候都將就木焉或者已就木焉：既然無法結婚，當然不會生男育女，天演淘汰，她們的這種體貌不遺傳後代，自然會絶種的。

我不想替女權運動者袒護，説她們的體貌如何佳妙，如何已經或將要有家，我衹想説，如果婦女因爲體貌上有缺點，就要一個家而得不到；女權運動絶對不爲别種原因，僅僅衹爲有些婦女想要一個家而不可得，學者教授們的話，全部可靠，則女權運動，也實在無法消弭。三十年後的醫學方法緩不濟急，慣於做撮合山的學者教授，也未必能使人人都有努力安排一個家的機會。學者教授們的大文，除了拆穿女權運動者們的西洋鏡以外，實在毫無作用。至于那些無家可歸的（姑且這樣説）女權運動者們呢，受人污衊也好，受人恭維也好；西洋鏡被拆穿也好，不被拆穿也好，運動總是要繼續擴張下去的。而且正因爲體貌問題，對於她們如此重要，她們不能不繼續擴張女權運動。這倒不完全是因爲她們自己都是無鹽，是嫫母，體貌欠佳，想要一個家而不可得，而是體貌問題這客觀現象的存在就表示婦女在社會上没有獲得和男性一樣的人權。社會是男性的，男性纔是人，是商品的購買者；婦女不過是貨物，是玩具，在男性的選擇下，貨色好的被選上，貨色差的就落選。化妝品，美容術，醫學什麽的，對於婦女的體貌都有幫助，但都不能把婦女變成和男性同等的人。人與非人之争，人權的大小多少高低之争，纔是女權問題的癥結之一部。説是一部者，尚有這裏未提到的其他大道理也。由此觀之，豈但體貌有問題的婦女，就是那些天姿國色，早已宜室宜家的太太們，也應該參加女權運動；因爲她們雖然僥幸貨色好，除脱早，也不過貨色好除脱早而已，比之於買貨的雇主，究竟還有差别。

末了，一點多餘的聲明：我不反對女性美，更不是説婦女的體貌不妨有缺陷；衹以爲體貌的美醜爲家之得到與否的關鍵的這現象，總應該是暫時的。至於將來的婦女體貌當更爲完美，但那將是另外的情形，也將是另外的看法。

一九四一，二，一四，桂林

阮玲玉的短見

男女平權，是五四運動主要課題之一。它的涵義無非是説女人應該有和男人同樣的人權，應該有和男人同樣的社會地位。同時也無非説明那時以前的女人是屈服在封建道德——舊禮教束縛下的某種東西，是她們的父親，丈夫甚至兒子的附屬物（在家從父，出嫁從夫，夫死從子），是家庭或閨房的必需品，然而不是一個和男人一樣的社會的人。不錯，五四以後，舊禮教的淫威已相當地減低，一部分的女人已得到許多五四以前的女人所没有的某種限度的自由——戀愛，婚姻，教育，職業等等。但是不但窮鄉僻壤，没有知識，依賴男子爲活的女人們的生活，比五四以前的女人没有改變什麽，就是住在城市上，受過相當教育，獨立生活的女人像阮玲玉，也仍舊没有取得社會人的地位，和五四運動一開始的時候所預期的男女平權還差得很遠。在這裏我不想分析何以成爲這樣的原因，那分析且暫待别的機會，我祇想指出我們今天的社會仍舊是種怎樣的情形，同時説明阮玲玉没有得到社會人的地位，是她不得不尋短見的一個重要的因素。

阮玲玉尋短見，以張達民的控告爲導因。張達民何以能控告阮玲玉和唐季珊呢？豈不是張達民和唐季珊彼此都各以阮玲玉爲自己的東西發生争奪？豈不是因爲張達民和阮玲玉都以爲阮玲玉背棄張達民正和奴隸背棄主人一樣，所以纔一個懷恨，想把背棄的形式轉换爲販賣的形式，以保持主人的尊嚴，因而索價，索價不遂，因而控告；另一個則覺得“人言可畏”（阮玲玉絶命書）不能不以一死謝責的麽？從“人言可畏”這句話看來，可知不但張達民、唐季珊、阮玲玉三個人這樣看這樣想，就是社會上一般人也是這樣看這樣想，既然社會上一般人和他們三個人都是這樣看這樣想，豈不就是説明阮玲玉并没有得到社會人的地位，還不過是，或應該是張達民，或唐季珊的一件附屬品麽？不錯，阮玲玉已經有了正當的職業，并且享到了不小的榮譽，她對於藝術乃至社會的貢獻，决不是禄蠹、市儈的張達民，唐季珊所可望其萬一；但儘管這樣，一觸及另外方面的問題，她在社會，在家庭，乃至在她自己的觀念裏，她始終没有超過附屬品的地位。正像伊索先生，哪怕他的文學天才爲人所景仰，他的寓言爲人所傳誦，但他自己仍不過是他的主人的奴隸而已。如果阮玲玉不是一個附屬品而是一個社會人，在這樣的場合，她不會像被販賣一樣地被張達民索價，縱然被索價，也不會被控告而覺得“人言可畏”的罷。那麽有什麽理由會叫她尋短見呢？

然而阮玲玉如果是一個真實意味的奴隸，她也許不會尋短見，因爲主人的苛虐是可以被奴隸習慣，被認爲正當，甚至被認爲恩惠的，同時在主人方面，他有充分的權利可以公然處治一個背棄自己的奴隸，也用不着奴隸自己準備的安眠藥。如果我們的社會還是一個完全的封建社會，那情形也會完全不同。我們歷來的女藝人的地位卑下是周知的，過去的且不説，就是現在的那保有最濃厚的封建氣氛的舊戲班裏的女伶乃至電影界的某幾個個别的女明星，仍舊衹是達宦貴人富商大賈公子哥兒們所玩弄的侍姬外室乃至夜度娘。從這一事實可以推知，如果在完全的封建社會裏面，阮玲玉的地位，會比現在所有的還要卑下。并不是説如果地位卑下就不會尋短見，衹是説處在那種地位的人，她的知識，思想乃至感情，會被蒙蔽被束縛得更厲害，更容易學會屈服，更容易安於卑下，能够感到像阮玲玉現在所感到的矛盾苦悶因以尋短見的機會是少有的。

現在的社會不用説不是奴隸社會，也不是完全的封建社會，像前面説過的一樣，一部分的婦女們已經得到了戀愛，婚姻，教育，職業方面的相當的自由。她們不但不是奴隸，并且也已經不是完全的附屬品。她們的知識思想乃至情感上的蒙蔽或束縛，已經不像從前那樣厲害，比較有一個覺醒的或半覺醒的靈魂來感知她們所接觸到的社會的一切。但是另一方面，封建勢力還殘存着，封建時代的文化思想——道德觀、倫理觀還或多或少地盤踞在她們的腦筋裏。恐怕很少人能够説洗清了他腦筋裹的封建殘餘。那些舊的道德觀倫理觀，在大多數民衆，也許還是惟一的精神的財産；但對於一部分過着另外一種生活的人，却是和他們的生活方式不適應的，甚至和他們的思想衝突的。平居無事的時候，縱然覺得不調合，却很容易持一種優柔的態度，以爲不肅清它，也不足重輕；可是一旦有事，它却冷不防地作起怪來，和你鬥争，不是你毁滅它，就是它毁滅你。阮玲玉的短見就是具體的説明。據接近阮玲玉的人的談話及她自己的絶命書看來，阮玲玉的腦筋裹的封建殘餘是很有力的，但是由於社會情勢的變易，她的生活環境的指唆，她已經和舊式女人不同，也不能作一個舊式女人了。如果她的婚姻没有什麽糾紛，新和舊的衝突也許會潛伏着的罷。可惜她没有這麽好的運命，一個看起來好像是很容易解决的糾紛，倒成了她致命的導因。到這時候縱然發現那封建怪物的毒惡，已經遲了。

殺阮玲玉的不是她自己，也不是張達民唐季珊某個人。是到現在還殘存着的封建勢力，是那盤踞在我們每個人的腦筋裹的封建社會的道德觀倫理觀，五四運動没有完成肅清封建文化的偉業，封建的毒焰，現在反有日見旺盛之勢。阮玲玉是作了這不幸的時代的犧牲，但像阮玲玉的人，真所謂“滔滔者天下皆是也”，她不是最初的一個，也不會是最後的一個的罷。爲了紀念一個多才多藝的藝人，爲了拯救傳統文化束縛之下的未來的犧牲者，我們對於殘存的封建勢力和封建制度留下來的任何影響是不能忽視的。在《太白》第十期，我發表了一篇《談娜拉》，内面有“娜拉的時代已經過去了”、“新時代的女性會以跟娜拉完全不同的姿態而出現”之類的話。但娜拉的時代雖然過去，新時代的女性應該同時負有作爲反封建的娜拉的任務，也衹有通過新女性的努力，娜拉的願望纔能徹底實現。阮玲玉的短見將成爲新女性的一個有力的刺激。

一九四一年三月二十日

游吕菊芬

“游吕菊芬”這名字，是不會從中國歷史上擦掉的。因爲她是大日本帝國皇軍的前驅，并且和她的同志大詩人黄秋岳即黄濬秘書父子一道，壯烈地殉了她的神聖的職務。榮幸得很，這位女英雄的先生曾和我有三十天師生關係，説起來她應該是我的師母。“不爲之後，雖盛不傳”，我似乎有傳一下她的盛事的義務；現在就讓我們來追念她的一點嘉言懿行吧。

國民政府定都南京那年的秋天，南京唱經樓到黄泥岡之間，出現了一個“東文補習夜校”，那夜校附設在一家醫院裏面。辦夜校的是一位叫做游××（無爲?）的福建人，瘦高身材，黑黑的面孔，薄薄的嘴唇，像是有點精幹的傢伙。那夜校裏有十幾個學生，我就是其中的一個。

不知怎麽一來，我們的老師游先生知道我在某機關做事了。有一回下課之後，竟請我到一間什麽房裏去坐，説是有話跟我談。那房裏先有一個女人，很矮很瘦，臉色蒼白得像新刷的石灰壁子；青的脉絡，一條條地凸出着，眼睛似乎有點近視，又似乎并不，不過很無神。經過游老師的介紹，知道是他的太太，名叫吕菊芬，在這醫院裏當産科醫生。這産科醫生，當時以及後來所給我的印象是，沉静，像永遠都不動，不開口；就是動，開口的時候，也像没有動没有開口的一樣。想在她臉上或别處找出一點表情什麽的，幾乎不可能。

我們的老師首先很客氣地向我表示他剛從厦門來，打算在南京找點相當的工作，一時還没有成功，只好暫且教日文混混。隨後就和我談關於宣傳方面的事。據他打聽，這是我的本行。他説：國際宣傳頂要緊，應該叫全世界的人都來研究，信仰我們的主義，應該收羅各種外國語人才，把三民主義翻成各種外國文傳播到全世界去。慚愧得很，我對於我的職業，除了每天坐在辦公室裏，覺得腰背酸疼，想吃點“兜安氏紅色補丸”以外，并没有考慮到這些問題。現在一聽，真是頓開茅塞，覺得自己自然不足道，就是那些在黨國負宣傳重任的人，豈不也個個都是飯桶麽？

“其實，”游老師説，“其實這是很容易辦的呀，衹要肯做，不愁没有人翻，比如我，早就用日文翻好了一部《三民主義》，可是没有地方出版。……”

“聶先生！”太太接着説，她是這麽客氣，反稱我爲先生，“你那邊，聽説不是常常印很多書麽？你可不可以去問問看，如果肯出版，就把他的稿子拿去。”

“我得申明，”先生接着説，“完全無條件，衹要於宣傳主義上有點幫助。……”

即使“世故淺”是句好話，我也衹好用這話來恭維我自己。因爲我當真去上官那裏問遍。上官擺着經驗豐富的面孔説：你没有到各個旅館去看看麽？那裏滿坑滿谷，盡是找差事的：上書建議的也有，光衹賣賣字賣賣文章的也有；自然賣外國文的也有。你瞧，——他教我看他背後的一口立櫥——裏頭全是黨義的譯稿，也全是那些人們送來的。你以爲真有譯得好的麽？一個也没有！如果有這樣多的譯手，我們的事情就好辦得多了。

我似乎受了點侮辱：我的老師，何至於這樣蹩脚呢？於是力争這個人怎樣與衆不同。好在上官也并不十分固執，多收一份譯稿，也未必增加多少麻煩，就叫我把稿子拿來看了再説。可是等我很高興地去拿稿子的時候，你猜那位老師怎樣？他説：“要先講妥呀，講妥了纔好動手翻咧。”原來他還連手也没有動！夜校辦了一個月就不辦了。原因是老師已經在什麽軍事機關找到了“相當工作”，上最後一課的時候，他已經“戎裝革履”，精神百倍地告訴我們説“沙約那拉”。於是一個月的工夫，四塊錢的學費，過了幾天，連五十一個字母，都爲了先生“沙約那拉”了的緣故，也跟我們“沙約那拉”了。

“沙約那拉”之後一年光景，我在臚政牌樓一帶發現了原先掛在唱經樓的那塊“吕菊芬産婦科”的招牌現在掛在一家産科醫院門口，并且衹有那一塊醫生招牌，顯然現在是獨立門户了。正在這時候，有一個朋友的太太要打胎。

年輕的女士們，大概也和男士們一樣，雖原有了愛人甚至結了婚，但交幾個異性朋友，哪怕并不就和戀愛之類有關吧，也决不覺得是一件毫無趣味的事。在和異性做朋友的時候，男士們也一樣，如果别人不知道，往往不大願意表白自己已經“物各有主”；好像一表白，那點可憐的友誼就完了。豈但不表白，還惟恐别人從别的方面知道。如果并没有申明已有配偶，忽然一天被人發現肚子大了，在年輕的女士們，總會有些難堪的。何况還有其它許多理由，都唆使女士們裁制自己的肚子！

不過我的朋友的太太要打胎，并没有這些高貴的理由；簡單得很：那朋友的收入太少，她又已經養育着三個小孩。朋友曉得我認識那位吕醫生，一定要派我去接洽；我呢，我也自認爲有擔任這工作的義務：如果因爲熟人接洽而可以减省多少費用，於我的朋友，實在是個不小的幫助。

誰知道呢，誰知道我竟去碰了一鼻子灰！

“這怎麽行呢！這……”吕大醫生説，“這樣的事……我們醫院雖小……人格……良心……道德……這樣的事……”

有誰看見過尊貴的人麽？比如説皇后，皇太后，忽然意外地碰見了什麽骯髒的東西，比如説——叫我説什麽好呢，總之是頂頂骯髒的東西，那該是什麽神情呢？我説，那不稀奇，就是吕醫生聽見説要請她打胎的時候的神情。不過，那居高臨下，那以正懾邪，那鄙夷，那嗤之以鼻的神情，却仍舊是没法形容的。那時候，人們似乎還没有熟習一種被稱爲漢奸的人的品格，如果熟習，我想，在她看來，也還在要打胎和替人接洽打胎之流的人的十等以上。在那時候，我纔第一次看見我自己的卑下，卑劣，乃至卑賤！

然而我們的尊貴者的話還没有完，她説：

“年輕人做事不好拆爛污……敗壞人家的閨門，也敗壞自己的德行，這樣的事……”

説到這裏我纔吐了一口氣，纔恍然大悟她之所以深信不疑地取了那尊貴的態度的理由：她所能理解的打胎，和我現在所要介紹的打胎，完全是兩件事。唉唉。我還能對她説什麽呢？

然而一年以前我就應該明白我不能對她説什麽的，她和她的先生即我的日語老師，曾經有一件事，教我看到了我和他們之間的障壁。

也是一回晚上下了課，打一間空房間門口穿過，看見那房裏紅燈大亮，并且聽見許多人嗡嗡的聲音，把頭伸進去一看，那裏頭跪着一滿屋子人：醫院院長，院長太太，醫生，幾個學看護的小姐，我們老師的太太，一齊捧着手，閉着眼睛，抬着頭，望着那壁上排的一張彩色的耶穌或者别人的畫像，口中念念有詞（不知念的什麽）越念越快，越快越念，就像正在受戒的和尚，熬不住頭頂上的艾絨的燃灼，衹有口裏不住地“阿彌陀佛……”一樣。過不一會，我們的老師也擠攏去跪在一塊兒如法炮製起來了。衹有幾位看護小姐，似乎不及别人虔誠，一發覺有人在旁邊偷看，就低着頭，掩着口，甚至笑出聲來。

“那是做什麽呢？”

過後，我問我們的老師和他的太太，她們説是“降神”。太太并且説這降神會有怎樣怎樣的好處，比如説，降到誰身上，誰就不生病，有病的就好，做官，就一帆風順地往上升；一句話，“有意想不到之效力”！

我笑了笑説：“我倒是個想升官的，應該來參加，衹怕神不肯降到我身上來。”

“哪裏哪裏！”太太説，“衹要信仰，衹要誠心信仰……”

“你大概不相信的。”老師接着説，“的確是件奇怪事。别的不容易知道，神一來，人就失了知覺，不曉得自己説的什麽。以後，就精神也健旺，力氣也大了……”

“那是什麽道理呢？”我問。

“不曉得呀。”老師答，“所以奇怪！起初我也不相信……這醫院裏的人也都不相信，後來我勸他們試試，於是……奇怪得很。”

言下大有勸我也試試的意思。

從這時候起就完全覺得他們是另外一路的人，要是早記起來，我不會去向她談什麽打胎不打胎，以致自討没趣的。

那麽，爲了吕醫生的正氣，中國就多了一個國民，我的朋友的太太的胎没有打成麽？不，後來還是打了。那一定是别的醫生那裏打的了？不，還是在她那裏，不過换了一個接洽人，預先講好手術費一百元，藥費住院費在外，結果那位朋友花了兩百多塊，不但自己，就是朋友們（我也是一個）的錢都扯得光光如也了。

後來，朋友的太太説，那醫院裏同時住着三個病人，就有兩個是來打胎的，阿彌陀佛！

現在這位女英雄已經成了仁，同時也成了名，我自然慶幸我有寫這篇追念文章的光榮，可是也有一點小小的遺憾：不知她的偉業和她十年前的那“降神”的盛舉有没有關係？如果有，則早應該追隨她和她的先生之後，去參加一下那莊嚴的大典的，那麽，别的不説，這篇文章的材料總會豐富些吧。

魯迅先生周年祭日

父　親

中國有一句老話，叫做："生死人而肉白骨。"還有"使頑夫廉，懦夫有立志"一句話，則以和上一句完全不同的含義被使用着。我以爲這兩句話的意義應當是一樣。在古舊的使用的場合，前一句話大約是感恩戴德；後一句話則是對於所謂聖賢豪杰的特立獨行的稱頌。無論在哪種場合，都是對個人説的，一方面夸示着個人，一方面也把用語的意義弄狹小了。以現在的眼光看來，這是一種僭妄，無論個人有多大的力量是不能夸大到這種程度的。世界上有一種真能生死人而肉白骨，真能使頑夫廉懦夫立的力量，但决不是個人而是這時代。

我們生活着的這一時代，是一個偉大的轉换時代，也就是革命和反革命，壓迫者和被壓迫者的勢力鬥争得最激烈最尖鋭的時代。在中國，一方面是國際帝國主義（現階段上尤其是日本帝國主義）及其走狗漢奸，賣國賊們的勢力，一方面是漢奸賣國賊以外的人民大衆的民族革命勢力。在這尖鋭的鬥争中，一方面是無數的民族英雄爲民族解放而獻身的表現；一方面是民族的敵人的瘋狂的殘虐。這兩種相反的行爲，無論哪一種，在一定的情勢之下，都可以使人感奮，自覺而勇敢。用老話説就是，死人也可以使他活，白骨也可以使它長肉，使頑者廉，懦者立。

把轉换時代的這一意義最具體地表現出來了的是高爾基的《母親》。母親是一個没有知識的老朽的人物，對於這社會的本質的不合理，一點也没有理解。然而因爲目擊在工廠裏做工的兒子及兒子的同志們的英雄的獻身，和工廠主，官憲，警察，軍隊們的一貫的殘暴，自己也終於覺悟而成爲最前綫的鬥士。固然，你可以説，因爲獻身的被殘害的是她的兒子，所以她能自覺，没有什麽稀奇。但是誰説過，革命是完全出於所謂自由人，第三種人的同情，義憤，而路見不平，挺身而起，拔刀相助麼？要是没有，這真足以證明革命這件事，大而言之，和全階級的利害；小而言之，和個人的私生活密切地關聯着！

并且，革命的火焰如果還没有燃起，那是另外一件事。如果已經燃起了，已經成爲一種力量，那就無論壓迫者用怎樣殘酷的手段來摧殘，屠殺，也决不能使那火焰完全熄滅。甚至反而更煽起這火焰使它擴大而加速燒毁自己的臺基的速度！爲什麼呢？因爲這瘋狂的行爲，一定會增加敵對階級的憤怒，一定會加强戰士們復仇的决心，一定會使本來猶豫觀望着的人們，加深自己的認識與勇氣。那麼，在這種場合，如果説最清楚地了解這鬥争的嚴重性，最容易鼓起復仇的决心和勇氣的往往是鬥士們的家屬尤其是疼愛兒女的父母，應該是用不着怎樣解釋的。

我在東京的時候，日本文化界遭遇了兩件不幸的事，一件是理論家藏原惟人的被拘捕，一件是作家小林多喜二的被拷打而死。和這兩件事相關聯，我碰到了一個和高爾基《母親》裏頭母親一樣的人物——藏原惟人的父親藏原惟廓。

第一次知道老藏原，是在一家書店的書架上看見藏原的論文集《新興階級與文化問題》，這集子是藏原在入獄以前，用好幾個筆名，在好幾個刊物上發表過的文章，入獄以後，由老藏原搜集起來出版的。末尾有他一點短短的《書後》，從他自己到監獄裏去探望藏原的經過説起，隨後説到這集子内幾篇文章的來歷，末後，“爲了他（惟人）和他今後恐怕一刻也不忘記的新興文化運動，希望這本書爲關心惟人的理論與實踐的所有的人們所讀到。”這，也許衹是點平常的文章，我當時却受了很深的感動。

小林被打死之後，老藏原在《文學新聞》上發表了一篇哀悼的短文。短文的末幅，他對文化運動者們表示了這樣英勇的態度：

> 我决定把身體弄强健，無論到什麼地步，也做你們的後援者。我看見你們的鬥争的英雄姿勢，就抱着絶大的快樂和希望。爲了做你們的後援，無論會陷入怎樣悲慘的境遇，也不敢辭，請對夥伴們

全部地這樣説吧！我是除了這樣辦以外，没有什麽活下去的心情的。爲鬥争，哪怕衹活一天，也就很够了，我想。……諸君，莫把小林君的死，弄成白死了哇！

這是多麽直率的，富於刺激性的文章啊！不錯，老藏原大概已經上了六十歲的高齡，并且他自己也聲明過，對於文化運動也不很瞭解。但是這有什麽關係呢？我們生在這生死人而肉白骨的時代，頑者可以廉，懦者可以立，"老"或者"不很瞭解"，怎能阻止人成爲一個鬥士呢？

中國是個半殖民地的國家，壓迫着中國人民大衆的勢力更爲複雜，方式也更爲殘酷而野蠻。在殘酷而野蠻的壓迫之下，我們已經有無數的鬥士，無數的英勇的犧牲者：那麽像《母親》裏頭的母親和藏原惟人的父親那樣的老英雄是不會少的，梅世鈞烈士（讓我們對我們的死者致敬吧！）的父親梅耀宗先生就是一個；所不同的是，梅耀宗先生不僅是個階級的鬥士，同時又是個民族的英雄罷了。

梅世鈞的死和五卅前夜的顧正紅遭害没有什麽兩樣。但顧正紅一死，掀起了巨大的五卅浪潮，梅世鈞案件却没有引起同樣的後果；這固然有種種原因，作爲決定的原因之一，就是現在日本帝國主義加在中國人民大衆身上的枷鎖更爲沉重，更爲嚴密；效忠於日本帝國主義的漢奸賣國賊更爲衆多，更爲無耻了。日本帝國主義强盗對中國的壓迫，已經用不着拿梅世鈞案件來證明；它的暴行已經超過這樣案件千千萬萬倍，而且還要加大增多，一直到完全并吞中國的時候。那麽，回答這種暴行，當然而且也必然含有超過五卅，超過過去任何運動千千萬萬倍的偉大的運動。在全國全民族的偉大的民族革命運動總爆發的前夜，千千萬萬的人民大衆走向民族革命的戰綫上來，是意料得到的；在那裏頭，我們就看見了是過去的犧牲者的骨肉至親的梅耀宗先生，和他所發出來的宣言（給文化界救國會的信）：

梅世鈞同志是我的兒子。他慘被日帝國主義者打死，我應該摩拳擦掌犧牲我自己的生命爲他復仇。但在事實上，未能盡爲父的責任，反而受你們各種優越的撫恤和慰安，這是我引爲最難堪最慚愧的事情。

我摯愛的先生們，在阿比西尼亞的滅亡中，在中國東北土地的淪亡及梅世鈞同志的慘死中，我纔深知道帝國主義的殘暴，中國漢奸們之怯懦卑鄙無耻；中國工農勞苦大衆要想免除飢餓貧困，失業的痛苦而走上求生的大路，衹有快快自覺起來，憑着自己階級的力量，與世界弱小民族及平等待我之國家共同攜手，努力前進，纔能够消滅吸取人類大衆血汗的强暴者，剥削者。

親愛的先生，我現在很鄭重的向你們宣誓：我要把我的熱血與頭顱貢獻給中國的民族解放運動，誓爲自己工農大衆的兄弟們而奮鬥犧牲，做你們領導下的一個戰鬥員；這樣纔對得起梅世鈞同志，纔對得起革命領導者的你們，纔對得起世界無産階級的兄弟姊妹們！

——《救亡情報》第九期

以文章而論，梅耀宗先生的宣言，缺少像老藏原的文章那樣感人的迷力也未可知；可是朋友，我們現在不是衡量文章的時候；在我們眼前的也不是衡量文章的事件。梅耀宗先生告訴我們：帝國主義强盜殺死了他的兒子，破壞了他的生活平衡，或者還打滅了他的精神的寄托乃至衣食的依靠；他除了參加民族革命，再没有路走。梅耀宗先生又告訴我們：有成千成萬的中國人民大衆，像他的兒子一樣，被帝國主義强盜屠殺了；那些成千成萬的人民大衆也一定是更多的人民大衆的子弟或父兄；帝國主義强盜不但奪取了成千成萬的人民大衆的生命，同時也破壞了更多的人民大衆的生活；那些更多的人民大衆，已經，正在或將要和他自己一樣，走向民族革命的戰綫上來。梅耀宗先生還告訴我們：那些走向民族革命戰綫的人民大衆中間，固然有不少的人像他自己一樣，能够用文章表示自己的决心，更多的却是鐵一樣地沉默着；固然有不少的人能够像他自己一樣地大徹大悟，一定也有没有這麼高的理解，僅僅單純地爲了復仇，單純地爲了失掉了生活的路。那正是些貧苦的人民，無依無靠的人民，甚至是無智無能，文化，教育，知識的國土以外的人民；然而把每個這樣的人民結合起來也正是真正能够打倒帝國主義强盜，斬盡殺絶漢奸賣國賊的偉大的人民。成千成萬的人民死了，然而成千成萬的人民活了；無數的人民變成了白骨，然而無數的白骨變成了人民；頑夫廉，懦夫有立志，這一切都是民族革命運動的基本隊伍。

那些走向民族革命戰綫的人民是偉大的；梅耀宗先生也是偉大的。可惜我不是一個作家，尤其不是像高爾基那樣偉大的作家，不能把這些偉大的人民鑄爲典型，表以形象；辜負了我們的時代，也辜負了我們的民族英雄。

一九三五，七，八，上海

歷史的奧秘

托洛斯基先生薨逝了。多年流離轉徙中的托洛斯基先生被“暴徒”所刺而薨逝了。據報紙新聞欄介紹，托洛斯基是十月革命的“重要領袖之一”。這十月革命的重要領袖之一的托洛斯基，到了由十月革命艱難締造出來的蘇聯穩固，壯大而且正發展下去的今天，自己却在流離轉徙中被刺而薨逝了。

在薨逝之前，托洛斯基是活着的，這大概無須説明；不過這活着，在托洛斯基應該是一種悲哀：他，這十月革命的重要領袖之一的活着，不是因爲由十月革命艱難締造出來的蘇聯的存在，竟剛剛相反，是因爲反蘇勢力的存在。同時，他的薨逝，在他也應該是一種悲哀：因爲反蘇勢力的存在而活着的他，不被刺於蘇聯，却被刺於蘇聯以外的國土——反蘇勢力也終于不能保障他的安全。

托洛斯基的活着和薨逝，也真可以説是英雄末路了！

中國也有像托洛斯基的人物，比如汪精衛就十分類似：托洛斯基英姿颯爽，常爲女性所追逐；汪精衛也儀表非俗，年近六十，望之還如三十許人。托洛斯基是個演説家，理論家，政治家，軍事家；汪精衛也口若懸河，筆參造化，書畫琴棋，詩詞歌賦，無所不知，無所不曉。托洛斯基是十月革命的“重要領袖之一”；汪精衛則曾“慷慨歌燕市，從容作楚囚”，據説：對于中國革命的功勞也不小。托洛斯基在十月革命的當時，就與另一重要領袖的意見多少有出入的吧，但不肯屈居人下，“羞與絳灌爲伍”，却是那一重要領袖死後的事；汪精衛在孫中山先生生前固然常受批評，而發揮了最大的政治力量的，也還是在孫中山先生死後。前面説過，托洛斯基是“理論家”，他真也完成了他的獨特的理論系統，以他的理論爲根據，他可以藉重任何反蘇勢力打擊蘇聯；關於這一點，汪精衛也不弱，他的電報、宣言、論文、演詞，在許多地方，曾由“皇軍”的飛機替他散播，而他的電臺播音，更是常有的。他們的理論，也真有一個共同點；讀來讀去，就令人想起一句老話：“捨曰欲之，又從而爲之詞！”不過也有不同的：托洛斯基雖然也藉反蘇勢力而存在，造成了纍纍的“黨案”，却始終未在任何一個地方，建立起反蘇政權；汪精衛比較幸運，托“皇軍”的威光，在南京建立了反中華民族的所謂“國民政府”。但這雖然正是托洛斯基深引爲憾、死不瞑目的事，却也并非托洛斯基和汪精衛之間有什麽差别，癥結在於蘇聯比中國强大。惟一不同之處，恐怕衹在托洛斯基已經薨逝，而汪精衛却還健在。詩云，“時日曷喪，予及汝偕亡”，這就是中國人民對於汪精衛應有的感想。

從托洛斯基和汪精衛，我想起一個歷史的奥秘。

“白鐵無辜鑄佞臣”，這是誰在岳王墳上題的詩句，簡直爲白鐵呼冤，對佞臣深惡痛絶極矣。佞臣是指秦檜，雖然秦檜的“盛德”，不是“佞臣”二字所可包舉。

我不知道秦檜是否也和托洛斯基或汪精衛一樣，以不甘居人下，“羞與絳灌爲伍”始，以“放僻邪侈，無所不爲”終。但藉敵國的力量打擊祖國，翦除異己，削弱祖國對敵國的抵抗，却正是同樣的。

抗戰以前，似乎曹聚仁先生説過：講和也是一種政治主張，秦檜不過主張講和而已。這位秦檜先生既然也是漢人，又確實不是大金國派來的選手，一定要把剩下來的半壁河山送給大金國的意思，恐怕未必有；縱然有，也未必多的。衹是事情到了要貫徹一種政治主張，就不能不排斥别種政治主張和有别種政治主張的人，不能不使有别種政治主張的人流血的時候，到了不能不藉敵國的力量來打擊和自己的政見不同的人，以至斷送整個民族的生命的時候，到了因爲不願看敵國與祖國人民的共同的血光，却不能不讓祖國人民的血單獨流灑的時候，却往往又作别論。古人説，賣箭的難道比賣盾牌的心眼兒壞些麽？一個惟恐不傷人，一個惟恐傷人。這就不是是不是一種政治主張的問題，而是那政治主張對不對，以及能不能覺悟自己的政治主張或鬥争方式不對，就馬上懸崖勒馬，痛改前非的問題。

談到秦檜很容易就想起岳武穆。曹聚仁先生（又是他！）曾從一些書本子上找到很多材料，證明岳武穆不過是一個跋扈的軍人。其實這些是無需證明的。人衹要有腦筋，衹要腦筋能够思考，就會想象到書本子上没有寫下的許多事情，何况已經寫下了的呢？岳武穆既然是一個軍人，不能完全擺脱當時軍人的風習。他又有自己的政治主張，也和别人一樣，要貫徹自己的政治主張；所謂“跋扈”也者，安知不就是一種意志堅决的表現呢？

我們把岳武穆當作神聖，把秦檜當作反派代表，很少是關於他們個人人性的問題；雖然人性的美惡，往往是一個重要樞紐；倒是他們在歷史舞臺上所演的角色，就是説他們所盡的任務，所能發生的作用。一個人演了神聖的角色，他的一切缺點，一切過失，甚至一切罪行，都被他所盡的任務遮住，洗清了。不但這樣，還有許多實際上與他毫不相干，而在當時是可能的神聖的傳説，都全被加到他頭上，使他更爲神聖。還不但這樣，好事的人們還一定要把他的父母妻子親戚朋友無一不神聖化起來，以顯得他的神聖并非偶然。如果演的相反的角色，不言而喻，他的一切美德，會被一齊抹煞，一切醜惡都和他脱不了關係，而父母妻子親戚朋友也就没有一個好人。那麽岳武穆縱有不名譽的什麽，首先就不會被寫史書的人寫上去，縱然寫上去，也不會被讀者所重視。至於秦檜呢，也許跟托洛斯基或汪精衛一樣是個才子，能够吟詩作賦，有等身的著作，是個演説家，能够在講臺上使聽衆感動得流泪，以及其它説不盡的豐功偉業；可是那些都不留存於我們的腦筋裏，也不留存於歷史家的筆下；留存的那一副尊容，實在太不漂亮，雖説真實的肉體的臉嘴，也許賽過梅蘭芳。

這是歷史的奥秘，也是歷史的可怕處。就今天説，祖國的抗戰正和蘇聯的建設一樣，都是神聖不可侵犯的。誰能獻身抗戰，堅持抗戰，誰就是民族英雄，誰就是岳武穆；已有悠久的光榮歷史自然更好；雖然没有，縱然有的不够光榮，也毫無關係。誰要是背叛抗戰，打擊抗戰，誰就是民族罪人，誰就是秦檜，不管過去怎樣了不得。而且，背叛，打擊抗戰，事實上也絶不可能，徒然使自己走向汪精衛，也就是托洛斯基的路而已。

托洛斯基和汪精衛都是多才多藝的“天才”，他們的部分的著作，也都曾膾炙人口。但是歷史的大力將毫不顧忌地把它們完全摧毁，將來的人將簡直不知道或不注意托洛斯基和汪精衛其人究竟有什麽能耐，正像現在的我們不知道或不注意秦檜有什麽能耐一樣。衹有他們的名字不會被忘記，它們將永遠作爲人類史上的污點而存在。

一九四〇，九，九，桂林

從陶潛説到蔡邕

我們大概都讀過幾本舊書，知道幾個古人的名字和事迹，那些名字和事迹，不免有時在腦子裏作祟，使我們在無論什麼場合，都會想到它們，衹要有機會，就不自覺地炫賣出來了。不然，周作人就是周作人，决不是陶潛和蔡邕；論周作人就論周作人，不會牽涉到陶潛和蔡邕的。

陶潛的“猛志固常在”等名句，魯迅和宋雲彬兩先生都曾稱引過，他不用劉宋年號，把劉宋比作嬴秦，要不與同中國；就是《歸去來兮辭》上的“木欣欣以向榮，泉涓涓而始流，羡萬物之得時，感吾生之行休”，如果不是早年所寫，罵那般國家將亡，首先爲自己打算，賣官鬻爵，結黨營私的妖孽們，就是後來補寫，藉以罵那般依附結納，腆顔新朝的新貴們的。至少，他和一般的所謂隱士，多少有些不同，更無論周作人。

曹聚仁先生説：“我是反對所謂隱逸的人生態度的。一個知識分子，當民族國家在作生死存亡的搏鬥時，應當奉獻自己的一切，聽政府作有效率的使用。”勸人積極，用意自然非常之好；但對於陶潛却不能説是平允之論。前半截的陶潛，正在經驗“感士不遇賦”的生活，大有“奉獻”無門之慨。幸而作了幾天縣長老爺，無奈官卑職小，天天送往迎來，打躬作揖，離“奉獻”還是遠哉遥遥。後半截更慘，連可以“奉獻”的“政府”也没有了，當然衹好“感吾生之行休”、“樂夫天命復奚疑”了。然而陶潛果真没有任何奉獻麽？倘把“奉獻”的尺度放寬，不必拘拘於吃公家飯，“聽政府作有效率的使用”，那麽，他已經奉獻了他的文章，他的氣節。這文章，這氣節，在曹先生看來，也許一錢不值；但孔子曰：“狂者進取，狷者有所不爲”，在不能進取的時候，有所不爲，比無所不爲（放僻邪侈，無所不爲）總要好得多。假如汪精衛，周作人之流，能够有所不爲，我們的抗戰形勢就要好得多。因之，足見積極不一定就好；

消極不一定就壞，陶潛的隱逸也和伯夷叔齊餓死於首陽一樣，對於人類社會，仍舊算是奉獻的。倘説他應該興起義師，爲民族國家復仇，道理自然更對，可也更近於紙上空談，陶潛在這一點上，也像伯夷叔齊：連飯都没得吃，“飢來驅我去”，就是證明。招兵買馬，積草屯糧的事，怎能責望於他？而且也不是没有人作過這樣的事，比如管蔡，自己賠了性命，還在歷史上留下兩張粉臉。

離開陶潛，曹先生的話，也不算完全的知言，所謂“隱逸”，歷來就是一筆糊涂賬。和“仕”相對的隱，是不做官的意思；“終南捷徑”的隱，是準備做官的意思。李願、孟東野之流，是“不得志於有司”，不得已向顯達的親戚故舊打了一筆秋風回家過日子；巢許沮溺是不但不做官而且不與聞政治或者還反對政治；袁中郎、袁子才不過因爲不做官比做官有更多的好處；諸葛孔明是“苟全性命於亂世”，李令伯和陶潛的下半世都是有家國之感，不事僞朝。“隱逸的人生態度”如此不同，現在概而括之曰“反對”，至少，“不得志於有司”的人會説是“飽人不知餓人饑”。我們知道曹先生所反對的是怎樣一種人，不過錯扳了陶潛而已；但巢許沮溺二袁之流，却也未必是隱逸中之最應非難者。巢許沮溺本是田野小人，日出而作，日入而息，并没有尸位素餐。天下有一種“大隱在朝”的人，滿腦子隱逸思想，或滿腦子没有思想，從來不知政治爲何物，不想在政治上有何奉獻，却高官厚禄，嬌妻美妾，行尸走肉，誤國殃民，如賈似道之流，不比真正的隱逸還壞百倍千倍麽？袁中郎袁子才等假隱士，斤斤於得失多寡，其實等於市儈。但所計較的究竟虚名多於實惠，比之於藉“奉獻”之名，行市儈之實，如今日的所謂發國難財的，還是不可同日而語的。

曹先生的見解是從焦循得來的，焦循説：“有周公孔子之學而不仕，乃可以隱稱；然有周公孔子之學則必不隱……”不知道“周公孔子之學”，是在不隱中建立，完成；正因爲不隱，纔成其爲周公孔子，纔成其爲“周公孔子之學”；如果隱，首先就不是周公孔子，“道不同，不相爲謀”怎能形成“周公孔子之學”呢？又説隱士們“立異矯世，苦節獨行則有餘，出而操天下之柄則不足……出則爲殷浩房琯，貽笑天下”，其實，固然有些人立異矯世，苦節獨行則有餘，出而操天下之柄則不足；是不是也有人操天下之柄雖足，立異矯世，苦節獨行則不足呢？歷史上固然有殷浩房琯，是不是凡隱者不隱，就一定都是殷浩房琯呢？諸葛孔明曾經隱過，何以一旦出山，又不是殷浩房琯呢？

談到“操天下之柄”，一定要牽涉到社會構成，問題非常複雜。皇帝的兒子一生下來就被派定將來要操天下之柄；一等顯要的子侄門生，親戚故舊，往往不費吹灰之力，即爲二三等顯要；他們的地位，在毫無憑藉的人，就會像《感士不遇賦》上所説：“没世以徒勤。”這裏頭實在很少關於學力的足與不足。操柄的人不一定有學，另外的一面，一定是有學的人不一定能操柄。有學就有見解也就是有所主張；有所主張，就容易被主張不同的人所傾擠。其一。心注於學，無暇思考夤緣奔競，脅肩諂笑之類的玩意兒，性爲學所陶冶，或者倒以這類玩意兒爲可耻，於是往往無以取悦於位高勢大的先進，其二。“木秀於林，風必摧之……行高於人，衆必非之。”有學的人久處於無學的中間，别人會害怕他的有學襯出自己無學而動摇地位，勢必群起而攻，其三。就以周公孔子爲例：周公是御弟王叔，自當别論；孔子的學，爲焦循所盛稱，當然“操天下之柄”有餘；但除了做了三個月的魯司寇，終於不能不因爲女樂問題，溜之大吉以外，終身栖栖皇皇，東奔西走，誰曾把天下之柄給他操呢？不考慮到這些問題，空談什麽天下之柄，究竟不過“書生之見”而已。

焦循的錯誤，不在於不理解實際政治，還在於把“操天下之柄”和“苦節獨行”對立，也就是仕與隱的對立。隱，前面説過，和仕對立的場合，衹作不做官解，僅僅不做官，似乎不一定是罪惡；官，本來不是自己要做就有得做的。因爲没有做官，在所難免的什麽“苦節獨行”，也不定就都“悖也”。不做官的人們的“苦節獨行”對於社會的改革與推動，自然不如“操天下之柄”的人的德政來得直接，迅速，顯著而且基本；但他們也没有“操天下之柄”的人所受的那麽多的實際政治的束縛，因之有較大的自由可以表現自己。把自己的“苦節獨行”獻給人群。蘇格拉底，柏拉圖，盧梭，達爾文，馬克思，愛迪生，高爾基等人的天才，如果操了天下之柄，他們的成就也就是奉獻，是否也像現在所有的這麼大，或者反而是問題。不用說，“操天下之柄”是重要的，然而不能人人都操，勢必有些人要做些别的事。能够有些“苦節獨行”，足以“矯世”，已經遠勝欺世盜名的不“操天下之柄”者和禍國殃民的“操天下之柄”者。過於熱衷的焦循，希望人人都是周公孔子，天下哪有這等事！

焦循是過去的人，滿腦子周公孔子是不足怪的；以“操天下之柄”爲讀書人惟一勝業與最高理想是不足怪的；奇怪的是平日“語不驚人死不休”的曹聚仁先生，這回竟拾起了焦循的唾餘而造成自己的有些昧於實際也有些狹隘的“奉獻”論。

現在讓我們來談談蔡邕吧。

蔡邕依附董卓，以此受人詬病。董卓在歷史上不曾留下一副漂亮的臉嘴；但“紂之不善，不如是之甚也”，至少，像王夫之説的：“卓之始執國柄，亟於名，而藉賢者以動天下，蓋汲汲焉……”所謂“王莽謙恭下士時”，也有還好的時候。政治上的成敗利鈍乃至邪正忠奸，由於政治家人性的善惡的關係少，而政治路綫的正確與否的關係多。一個政治路綫的錯誤，在已經成爲燎原之火的時候，自然一望而知；但千里之謬，往往由於毫厘之差，最初是非常微渺的。同時，政治現象變幻無常，應付態度自然也因之而異，在一個態度轉换之前，有時會看不出任何徵兆。比如汪精衛的“落水”，我們固然可以從他的“落水”以前的言行舉止中找出多少綫索，但那綫索恐怕很難在吟“引刀成一快，不負少年頭”的時候找出來。董卓既然“藉賢者以動天下，蓋汲汲焉”，蔡邕不是算命先生，在被徵的時候，怎知他將來一定會變壞呢？宋雲彬先生説董卓是“跋扈軍閥”，這是蔡邕遺“玷”的癥結。如果董卓不止於是一個跋扈軍閥，乾脆弑或廢了獻帝，自己稱孤道寡起來，而又能久享下去，歷史家自然會把他寫成德邁湯武，而使獻帝罪浮桀紂。平心而論，像漢獻帝那種人也未嘗不是像上海人説的“殺胚”；如果這樣，則董卓儼然創業垂統的君主，蔡邕也未必不是伊尹周公，我們現在恐怕要稱道之不暇了。再如董卓能够“跋扈”到底，更厲害地壓制别人，更多地樹立黨羽，終其身不爲别人所動摇，也不失爲霍光一流人物。蔡邕也就没有什麽白圭之玷。

爽性讓我們把野馬跑得更遠些吧：史書上所寫的忠奸邪正，和當時的實際人物的忠奸邪正，不一定完全一致——史書上所寫的好人，也許那本人不一定好，更不一定從頭到尾都好；所寫的壞人，也許本人不一定壞，更不一定從頭到尾都壞。史書上所寫的人，看起來似乎都是人性的問題，其實主要的却是政治路綫乃至成敗利鈍的問題。衹因一着錯，遂教滿盤輸，我在《歷史的奥秘》裏曾舉出托洛斯基，汪精衛，因爲晚節太糟，使人忘記了他在革命時期還有過若干勞績；反過來説，衹因一着對，也可以遂教滿盤贏。力群先生曾寫過一篇《張培梅》，一個專門屠殺青年的軍人，一旦做了民族英雄，就誰也不想算他的舊賬了。而且史書的作用，主要的恐怕不在於紀實而在於説教。史書上的人物也和作品裏的人物經過作者的概括與夸張一樣，也經過歷史家的概括與夸張。小説上的張飛、李逵、唐吉訶德、阿Q，都衹是一種人物的典型，并不是實有的人物；史書上的董卓、王莽，也衹是一種典型人物，和真實的人是有差别的。不然，真實的人也像戲臺上的紅臉白臉，一望而知，蔡邕、楊雄之流，都是知書識理，絶頂聰明的人，又豈肯輕易失足呢？我們今天説董卓如何如何是容易的，説蔡邕如何如何也是容易的，但在當時，董卓的面目，不見得有現在這樣鮮明；蔡邕的出處，也不一定像我們所説的這樣簡單。那麽，蔡邕乃至董卓，難道都是好人麽？我也毫無此意，衹是以爲“盡信書則不如無書”，而“成王敗寇”之類又是歷史的慣例，尚論古人的時候，應該多替古人設身處地一點而已。

但這樣的意思，完全不適用於對汪精衛和周作人。日本帝國主義與中華民族這兩者之間，誰是誰非，誰正誰邪，尤其是一個中國人，應該選擇哪一條路，是昭然若揭的事。汪周之流的倒行逆施，乃是知法犯法，明目張膽地自絶於中國人，與楊雄蔡邕當時情景絶不相同，不能混爲一談。宋雲彬先生説董卓“不是異族”，真乃一語破的的話。

一九四〇，一二，二七，桂林

時間的啓示

杜甫詩“同學少年多不賤”，初讀的時候，不懂得是什麼意思。我没有進過任何正式學校，所進過的學校，都是應該加引號——“”的。但就是一些應該加引號的學校吧，也使我有許多同學。俗語説“光陰如箭，日月如梭”，轉眼之間，完全脱離“學校”生活，已經十五年了。那些同學，以十多年的努力，很多人已經致身通顯，名聞中國，自有汽車洋房，護衛保鏢，而且門禁森嚴，要想會他，都不容易遞進名片去。在吃得飽飽，穿得暖暖的時候，倒也無所謂；無奈衹會拿起一支禿筆，寫點無聊文章的人，飽暖就是個經常的問題。於是不免有時候由自己的飢寒想到同學們的榮貴，又由同學們的騰達飛黄，想到自己的没有出息。説是各有千秋吧，不免有些中懷耿耿，説是富貴於我如浮雲吧，仍不免有些中懷耿耿。這纔想到，“同學少年多不賤”這句詩，大概有些牢騷什麼的。不用説，志在伊稷的杜甫的牢騷，和心懷干禄，因爲無才無智而終不可得的區區我輩的牢騷，絶對不會是一回事。

且説，那些顯達的同學中有一個，對我，用舊式的説法，應該叫做知己的。如何知己，姑且不談，總之，很好就是了。有一年，我在上海實在窮極無聊，大有上天無路，入地無門之慨。忽然異想天開，打一個電報到四川去問他：“我可以來麽?”那時候，他在四川兼任幾種重要任務，回電説可以。我就挪扯了一筆旅費，溯江而上，到四川去找他。會着他是在成都，好幾年不見，一見，彼此都很快樂，他馬上和我到館子裏去吃飯，并且喝了一點酒。以前，我們常常在一塊兒喝酒的。我從來不諱言我是個書呆子，但書呆子往往有很多的書呆子意見。這回，不遠千里而來，固然主要的是爲肚皮，難道不多少也爲了一點可憐的“懷抱”麽？這就是説我本準備了一些話要對他説的。剛剛見面，又正在茶樓酒館，當然不是説話的機會，所以我們的話都衹在别情離緒上兜圈子。他是聰明人，怎會不覺得，在吃完飯之後，就握着我的手："晚上再詳談，現在我要到××部去。你就到我家裏去住，我可以早點回家。"接着他對他的隨從説："×副官，你招呼×先生到家裏去。"他自己上汽車走了。

半夜十二點鐘，成都的全城恐怕都早已安睡了。我獨自坐在他的客房裏，看一本我最看不懂的外國文書，那房子的字畫，我都端詳過了，×副官，×參謀乃至×班長，也都彼此請教過，他們和我閑扯了一陣，就一個個溜去睡了。深巷裏是静寂的，衹有時聽到門衛换班時的口令與動作的聲音。我從重慶坐了兩天的軍用卡車纔到此地，車上的摇蕩磕撞以及路上的早起遲睡，都是使人困倦的，然而既然約好，就不能不打起精神，等他回來。他回來的時候是兩點鐘，他進來之後，和我坐在駢排的兩張沙發上，當中隔着一個茶几。他問了一會關於我的住宿的事，申述了一會遲回的原因，我們彼此又都説了一些不相干的話。

"我這回來……"我説，我想這時候可以對他説點什麽了，"我想説……"

"報告!"外面一個聲音。

"進來，"他説。

進來的是×副官，他送來一大堆名片。都是他不在家的時候，人家來訪謁過的。他一張張名片看，口裏問一些熟人留下些什麽話没有，生人是什麽樣子，什麽服裝，要見他有什麽事等等。

"唔唔那麽……"他對我説，在×副官走了之後，"××，到樓上把我的拖鞋拿下來，"他一面脱鞋子。

"我想説，我對於目前的……"

"報告!"

這回進來的是×參謀，送來的是文件和信札。他一面看，×參謀還一面報告某些公事辦理的情形。一面看，一面聽，一面讓勤務替他换那隻還未脱掉的皮鞋。之後，他又一件件詢問，一件件指示，一件件解説。我衹好緘默着。

╳參謀走了，保鏢又進來了，問還有事情没有。

“没有事了，你可以去睡。哦哦，你叫汽車夫……好吧，明天再講。”

接着又來過一個家裏的什麽人，還惹他生了一會氣，罵了半天人，最後還接了兩次電話。

好容易都弄好了，正好談話了，但是他看看，已經三點過五分。

“實在對不起!”他説，“我困了。我早上六點鐘就起來了，一直没有睡，没有一晚睡過好覺的。明天早晨談，明天早晨一定。”

還有什麽話説呢?

睡了一覺醒來，天已經亮了。我連忙起來，問什麽時候了，╳長起來了没有。招呼我的人説還衹五點半，他還在樓上。漱口的時候，偶然向房門外面一望，房門外面是一個大客廳，把我駭了一跳，上上下下，坐滿了一客廳的客，都是有事情找他的。不多久，他下來了，向滿廳的人點了頭，坐在當中，面嚮着一個人談了一陣，大概一個什麽問題解決了，於是那個人告辭，他送。轉來，向另外一個人談了一陣，又解決了一個問題，客人告辭，他送。大概談到第七八個人吧，就有四五次電話催他出去。他衹得向客人道歉，重約時間，同時也和我打了招呼，汽車一鳴，他走了。一直到半夜一點多鐘纔回來。

以下，不必細説，總之，他一清早就起來，半夜還没有睡，他的事多，找他的人多，天天如此。我在他家裏住了五天，天天見面，中間還同吃過一頓午飯，但是没有半點鐘曾讓我們從容談話過。回想起從前在南京的時候，有些夜晚，我們既醉以酒，又飽以談，他踏着月色從三道高井送我回丁家橋；我又踏着月色從丁家橋回送他到三道高井，這樣張郎送李郎地且走且談的情形，簡直如同隔世，而且恐怕永遠不會再有了。

就在那惟一的同吃午飯的時間中，他忽然問我覺得他有什麽進步没有。我説，對於問題的處理，事變的應付，總會有些進步的，但那要參與生活的人纔談得出。

“那麽思想方面呢?”他問。

這方面的材料自然也同樣缺乏，幸而剛從報上讀過他一篇演辭，於是我說：

“我是向來不敢苟同 D 先生的理論的，從你的演辭看來，却似乎更接近他了。”

“唉唉，我讀書的時間太缺乏，簡直没有辦法。你留在這裏專門看書，看了對我講。”

“問題不光在書本子上。就是書本子吧，也一定要通過自己的眼和腦。要親自經歷那逐漸理解的甘苦過程，別人講的，就像咀嚼過的飯，無味，不滋養，説不定唾沫裏還有病菌。而且，照這幾天的情形看來，你連聽話的時間也不一定有。”

這事情過去已經幾年，我却没有什麽時候忘記過它。因爲，我曾從這中間得到許多關於政治的啓示。比如説吧，像我的同學，至少，在那時的四川，勉强可以説是要人了。爲什麽稱爲要人呢？就因爲有許多種“要”和他發生關係。許多人要會他，連我自己也在内；許多人要他給飯吃，連我自己也在内；許多公文信件要他簽字，許多事情要他處理，許多地方要他開會，講話，宴會……人衹一個，各方面都要，這就叫做要人。要人一稱闊人，闊者寬也，一聲之轉。比如三等火車裏，一條椅子，普通人可以坐兩個甚至三個，但如果殷秀岑之流先坐在一條椅子上，你就不想到他旁邊受罪去了，因爲他寬，他一坐，剩下的空地，實在有限得很。一個人衹坐兩三個人的位子還不算頂寬，頂寬的人，一個就得坐一個車厢。這不是説他真正寬得像十個百個殷秀岑那樣，衹是説他需要那樣多的位子，占的地方寬。一個人衹有一個座位，他就會死心塌地地坐在那個地方，惟恐失掉，再不會有。如果座位多，反而這裏坐坐，那裏坐坐，不知坐哪一個好。何况那些座位，没有一個不是必需他去坐坐的，人就衹好勞碌了。闊人，有些地方，又稱猛人，大概有威猛有力的意思。生或死，榮或辱，這樣或那樣。一句話，幾個字，就是法律，就是鐵案，多麽威猛有力。但這威猛有力，恐怕是因爲他説得少的原故。爲什麽説得少呢？自然是這個要他説，那個也要他説，這裏要他坐，那裏也要他坐，他没有工夫在一個地方，對一個人或一件事説得更多。有一篇小説，題名《一個忙經紀人的戀愛史》，内容是説一個美國銀行經理在百忙中被女打字員身上發出的香氣所刺激，忽然想起自己本來許久就愛上了她，不過因爲忙，没有機會表示，於是馬上下决心，單刀直入地向她求婚。誰知那女打字員被他的話嚇昏了，過了半天纔説："親愛的，我們昨晚不是已經結過婚了麼?"這自然是個笑話吧，但人忙起來，真會到如此可怕的程度，這是我目睹過的。猛人的猛字本來是孟浪的孟字，音也近於夢寐的夢，懵懂的懵，朦朧的朦，恐怕猛人這名詞，也本來含有這樣的意思。孟浪乃至朦朧，都似乎與腦筋，思考有關。猛人既然事多人忙，静心思考的時候當然很少，説不定會真有孟浪乃至朦朧之處，匹夫匹婦如我輩者，日出而作，日入而息，所事又屬鷄零狗碎之類，縱不思考，縱鑄大錯，所關不過一身一家的得失榮辱，真是"何足道哉，何足道哉"；至于猛人即闊人亦即要人所作所爲，都是天下國家的事情，都是歷史進退的事情，何止數千萬人的生命財産，吉凶禍福?生或死，榮或辱，這樣或那樣，如果像我輩吸大英牌或富强牌，喝清茶或白水，這樣隨隨便便，不假深思，那危險就可以是無窮的。即使他們人人都是天才。

我們目前的政治，是在竭盡一切力量地進步着；依我的理解，説不定還是從古所没有的昌明（我不大相信三代郅治之類的話）。但進步是無止境的，昌明是無限度的。也正因爲進步，昌明，纔使人民的眼光更敏鋭，要求更高，覺得比起抗建形勢所需要的，還似乎有多少距離。政治是人的努力的表現，要政治進步，必須從事政治活動的人進步；要從事政治活動的人進步，至少在思想方面，必須他有思考的餘裕。蕭伯訥説，人要常常用腦筋，他每星期用一次，就成了世界聞名的人，我以爲從事政治活動的人，尤其是那些有力者，更應該時常用腦筋，因爲在一切人類活動中，政治活動居於主導地位，政治的進步，比之於别方面的進步，給予人民的福利更大，更直接。可惜他們"忙經紀人"似的生活，却妨害他們做這一件最緊要的事。

一九四一，二，二，桂林

莎士比亞應該後悔

在什麽地方看見一點“珍聞”：莎士比亞的簽字，現在可值五百萬元美金。也許有人以爲，文人不可爲而可爲，莎翁像一個卑微的奴隸，伺候了王公大人們一生，但身後，畢竟連一個簽字也如是地貴重起來了；那些當年曾被莎翁伺候過的王公大人們的墨寶，是不是也同等地值錢呢？嗟乎，齊景公有馬千駟，民無德而稱焉；伯夷叔齊餓死於首陽之下，而使貪夫廉，懦夫有立志。一個人誠然不能衹看他生前的窮通，榮辱，尊卑，或貴賤的。

我不這樣想。我想莎翁如果死而有知，現在恐怕會後悔，後悔自己曾經寫過文章，并且簽過字。枉抛心力作劇人，真所謂鞠躬盡瘁，死而後已。無所用心地簽了幾個字，不料倒給不肖子孫，那些市儈們，那些古董商人們，造了一個發財的機會。《威尼斯的商人》，莎翁不是嘲罵過麽？而後世的不僅威尼斯一處的商人，却在享受他的遺産，享受由他的精神遺産所能變换來的一切物質的遺産了。

世界上真有一種人，無論什麽事，無論什麽人，無論什麽東西，都是他們發財的工具。衹要能够發財，祖宗丘墓算什麽呢？妻室兒女算什麽呢？民族國家算什麽呢？於是現在就有所謂發國難財的。悲觀失望的人們摇頭嘆氣説：“國家將亡，必有妖孽；”這些妖孽們自己却説：“國家將亡，還是多搶幾個錢吧。”

最近，江西某報載：“贛縣國民對日經濟絶交委會委員任錫章，利用職權，在外間敲詐，案發被捕，判處死刑，從犯譚吉人亦依法處徒刑十年，廣益昌商店違法行賄，借圖私賣仇貨，罰款三萬元。”這是發國難財的一個小例。

説是“小例”者，因爲據説：受賄與行賄者之間，衹有八百元的交易也。然而也正因爲衹有八百元的交易，所以一邊被槍斃，一邊被罰款了的吧。假如他們有資格發大國難財：交易數目，動輒以萬億計，恐怕誰也不敢槍斃他，罰他，或者他反而要槍斃别人，罰别人了。莊生有言：“竊鈎者誅，竊國者諸侯。”此蓋振古如斯，不過如今爲烈而已。

除了發國難財，另一生財大道是當漢奸，大漢奸汪精衛之流，且不必説，下至張資平也公然可以拿幾萬塊錢辦刊物（不知道那刊物上將説些什麽）。不過也不見得每個當漢奸的都有財可發吧。粥少僧多，向隅者自然在所難免。失望之後，怎麽辦呢？曰，不要緊，我們有的是寬大的政府，寬大的國民，當漢奸没有油水，仍舊回來好了；轟動一時的例子，也不是不曾有過。我們决不反對當漢奸的人翻然來歸，剛剛相反，倒是希望他們全都革面洗心的。但希望他們回來之後，不找機會發國難財。發表一點文章也未嘗不可，也請少談點和平與什麽的區别之類的高論，其次，至少應該不駡人吧。陶希聖的舊事不提，周樂山，湯增敭的自新宣言，竟説他們的一去一來，是“君子之過，如日月之食焉”，措詞是很滑稽的。當漢奸而是君子，豈不等於説不當漢奸的反而是小人麽！我是讀過幾句古書的。在古書上常常碰見君子長，君子短，却從來没有想到所謂君子，竟是這樣一副臉嘴！

一九四〇，五，一二

飛機的用途及其它

一、飛機的用途

報載："××武庫街口××大飯店，有飛機運來地道來路貨西餐，每客五十元，小賬加一在外。"這是一條非常值得重視的消息。

我常常聽見說，××生活程度很高，生存非常困難，所以我雖早想觀光，至今尚未成行。看了這條新聞之後，我就不相信那些鬼話了。那裏生活程度也許很高，但生存一定非常容易。何以見得呢？從有人賣五十塊錢一客的西餐看出。有人賣，當然是有人吃；能吃五十塊錢一客的西餐，當然是賺了更多的錢。錢是人賺的，他是人，我也是人，他可以賺，我當然也可以賺。而且從"小賬加一在外"一點，尤足證明那裏賺錢之易。夫"小賬"者，茶房之流所得者也，"加一"者，五塊也。茶房之流，伺候一客西餐，即得五塊；伺候十客即得五十塊，一天伺候十客西餐，何等清閑自在，而五十塊國幣就進了口袋。茶房猶且日進半百國幣，像我這樣的人才——比之於茶房，老實不客氣地說，我總要算個人才，至少是編報屁股的人才，無論如何，做的事當然要比茶房重要一點，縱然不說收入一定會比他多，和他同等，也就可以了；縱然不同等，二分之一，三分之一，乃至五分之一，大概也行了吧，那麽，生存有何困難呢？

抗戰以來，我們無論什麽都進步了。這是用不着懷疑的。現在簡直連西餐館都自備飛機（是不是自備待考，縱然不是，其方便也當不下於自備）運西餐了。西餐館而自備或等於自備飛機，飛機而用之於運送西餐，則飛機之多，不問可知，日本小鬼，就沒有聽見說有這樣闊氣。光就這一件説，還有什麽敵寇是我們打不平的呢？抑又一説，飛機的最正當的用途，應該在於交通運輸，衹有帝國主義强盜，纔用來侵略别人，轟炸被侵略國的設防與不設防的城市。我們的飛機用在運送西餐上，正是使飛機的作用，返樸歸真，矯枉而毫不過直。用飛機運送東西，主要的自然是因爲迅速，中國這遼闊的土地，有些東西也真非用飛機運送不行。從前楊貴妃在西安要吃廣東的荔枝，没有辦法，衹好難爲馬腿。荔枝以新鮮者爲貴，最好從樹上一摘下來就吃。從廣東到西安，無論馬跑得怎樣快，也得好些日子，荔枝的味道，會受影響的，就算影響不大吧，而動念於若干日之前，嘗味於若干日之後，在這等待期間，也够饞人的了。如果用飛機運，情形就會完全不同。楊貴妃不生在有飛機的現在，真是楊貴妃的不幸，她白做了一回貴妃了。

二、嚮　往

有五十塊錢一客西餐的地方，我真想去。因爲西餐既賣到五十塊錢一客，當然其味無窮，吃了提神健腦，滋陰補陽，有意想不到之效力。

但那裏的報載：那裏的衛戍司令部正在“取締黨政軍機關人員宴會”，内面有一條：“中餐每人兩元以上，西餐兩元五以上。”皆在取締之列。而且不得冒充“常人”，并派有憲兵到各餐館“檢查”。

老實説，我想到那裏去吃那樣名貴的西餐，本來，就打算先謀一個“黨政軍機關人員”的位置的。假如我以“常人”的資格出現，就會一文錢的收入也没有，用什麽資格吃西餐呢？可是當了“機關人員”，就不能吃那名貴西餐，不但有背初衷，而無緣吃好西餐的“機關人員”，當得也乏味。

忽然想到了一個“二者得兼”的辦法；前幾天報上説有人主張禁止公務人員兼營商業，足見是有公務人員兼營商業的了。“公務人員”，也就是“黨政軍機關人員”，我何不在當了機關人員之後，又兼營商業？上辦公廳的時候，我是機關人員，下了辦公廳，我是商人，商人就是“常人”，馬上就可以上西餐館了。

然而這裏已經有人主張禁止了，説不定就要實行；如果那裏的情形也一樣，又怎麽辦呢？不必操心，至少暫時還大有可爲。我今天看見那裏的報紙上有一段“徵婚”廣告，裏面有這樣的話語：

某君……任公務員，兼營企業，月入約千元

足見“兼營企業”，并不被禁止，不但可吃名貴西餐，就是找配偶也非常容易，如果肯花點廣告費的話。

三、狐與兔

報載：一個“搶匪”爲了搶一家書店裏的自來水筆——據説并未搶到手，被判處死刑，褫奪公權終身，并且已經驗明正身，押赴刑場了。到桂林後，這是第一件使我有點兒感觸之類的東西的事情。

孔乙己先生曰：“偷書，算偷麽？讀書人的事……”（參看《魯迅全集·孔乙己》篇），假如孔乙己先生的理論可以成立，偷書不算偷，是讀書人的事；那麽，搶自來水筆就也不能算搶，因爲應該是作家的事。然而商君有言：“王子犯法，與庶民同罪。”法，祇問偷不偷，搶不搶，不大肯管犯法的是不是讀書人，作家或者别的。孔乙己先生雖然是讀書人，大概還不很博，説不定簡直不知道歷史上還有商君其人；否則他的腿子也許不會被打跛了。至於那搶自來水筆的，既已明書爲“搶匪”，當然不是作家，既然是“搶匪”，即使從來没有搶過，也應該判處死刑，褫奪公權終身之後，驗明正身，押赴刑場。我們的孔聖人，就這樣誅過少正卯的。

或曰：是搶匪還是作家，不能這樣輕易斷定；要看所搶的自來水筆是什麽牌子。是派克真空管麽，據説現在值得百來塊錢，足見他是個用筆的内行，至少差不多是一個作家，如果祇是關勒銘之類，不過值得幾塊錢，不值一搶；不值一搶而公然搶，足見他有眼無珠，劫掠成性，是搶匪無疑。

幸而文獻不足徵，不知所搶的自來水筆，究竟是什麼牌子。若不幸而證明是派克真空管，那纔真叫人不寒而栗。因爲我自己也忝爲作家之一——請真正作家們大度一點，讓我在這裏冒充作家之一吧，而如今生活程度如是之高，文章如是之不值錢，自來水筆又如是之可愛，難保當徘徊於書店文具店的玻璃橱畔的時候，不會心動而手癢。語有之：“兔死狐悲，物傷其類。”所以我也就有一點點感觸什麼的了。

一九四〇，五，一四

汽油——藝術

一、從汽油節約說到張恨水

近來，桂林市上有一種勸諭節約汽油的運動，成績如何，不得而知。但我却因此想起張恨水君在其近作《八十一夢》的《天堂之游》中有關汽油節約的一段話：

> 流綫型的汽車，如穿梭一般的走着……一輛跟着一輛跑，就像一條長龍在地面上跑。……祇見廣場中間，樹立了一座大鐵架。高約十丈。在鐵架中間，嵌着鐵條支的大字，漆了紅漆。那字由上至下，共是八個，乃是“一滴汽油一滴脂膏”。我想究竟神仙比人爽直。這一滴汽油一滴血的口號，他們簡直說明，血是人民脂膏。……猪八戒道：你不要信街上貼的那些標語，我坐我自己的車子，燒我自己的汽油，干別人屁事……

如果天上的情形也不過如此，地上的事情，恐怕更難說了。

張恨水君以《春明外史》、《啼笑姻緣》兩書，擁有廣大的讀者，他的書的銷路之多，恐怕魯迅、茅盾、巴金、張資平都比不上，而他的讀者也未必是別人争取得了的。但不敬得很，十年以前，我曾一再想讀完一册他的書，無奈連兩頁也看不下去，我總覺得他在説些無聊的鬼話似的。

最近，偶然翻翻各地報紙，看見他的《八十一夢》，懷着“看此公現在在寫些什麼”的心情，看了未完的《天堂之游》，不覺竟爲吸引。《八十一夢》，衹是一種遊戲筆墨，重影射，多譴責，浮光掠影，冷嘲熱駡，不脱《官場》《現狀》窠臼。雖然比起《啼笑姻緣》來，實在少了許多鬼話。

但我覺得與其看清客們寫的老闆印象記之類的文章，不如看《天堂之游》。不但没有故意作僞的痕迹，有時候還覺得言之有物，痛快淋漓的，比如其中子路駡毛頭星孔明一段：

> 住口！我夫子聖門，中華盛族，人人志士，個個君子，以仁義爲性命，視錢財如糞土，萬姓景仰。你也敢説聖裔兩字？你冒充姓孔，其罪一；直犯諸葛武侯之名，其罪二；在孔氏門徒面前，大言不慚，自稱義士，你置我師徒於何地？其罪三。

好久以來，文壇上，就嚷着“利用舊形式”，理論家無不説得頭頭是道，振振有詞，成績却不見得比勸節約汽油有何高明之處。爲什麽呢？能够把握新内容的人，往往不能駕馭舊形式；能够駕馭舊形式的人，又往往擺不脱舊内容的影響，光要新内容牽就舊形式，不叫舊形式來迎合新内容，當然用力多而成功少的。張恨水君是現在能駕馭舊形式的少數人中間的一個，從他的作品，也還能看出逐漸演變的痕迹；百尺竿頭，進步正未可量。但和舊形式不是很容易駕馭的一樣，新内容更不是輕易把握得住的。我們一面希望張君自己的努力，一面也希望嚷利用舊形式的人，不要忘掉了他。

二、從張恨水説到墨子

張恨水君的《天堂之游》，曾經提到過墨子，也無非是墨子一生處心救世，而貧居鬧市無人問，人們却正忙於歡迎有錢的四海龍王之類。衹是我倒回頭來想到那些勸人節約汽油的先生們，似乎也有一點兒墨子似的傻勁兒似的。

墨子一聽説楚國要侵略宋國，就一面派他的學生們，幫助宋國防守，一面自己就走到楚國去見楚王，要楚王不去侵略。事不干己，而勞碌奔波，唇舌焦敝，精神是偉大的。

勸人節約汽油，自然比勸人不侵略别國事情要小得多。然而，猪八戒先生曰："我燒我的汽油，干别人屁事!"别人看起來，也真是他燒他的汽油，干我屁事。而有些先生們，也勞碌奔波，唇焦舌敝，可謂小具墨子風度。

勸人節約汽油，就是勸人少坐汽車。我也不大高興人坐汽車（公共車運輸車之類除外），但不是爲了節約汽油，汽油如果應該節約，應該嚴密地統制，政府真有决心，不見得没有辦法；"不在其位，不謀其政"，真是干我屁事。我所着眼的比較迂遠，是關於社會教育方面。我曾經説過這樣的話："一向不佩服一種升公務員發洋財的思想，以及由那思想表現出的種種行爲，對那樣的思想與行爲，（坐汽車的）闊人們的風頭十足和闊人的夫人小姐們的冶容招摇，是有着巨大的誘導作用的。"（拙作《在汽車上》）。人一闊，因公當然坐汽車，上餐館，上戲院，乃至上胡同也坐汽車，不但自己坐，眷屬也坐；不但眷屬，親朋也坐；也不但親朋，娘姨奶媽聽差之流也有時坐；更不但娘姨奶媽聽差之流，小狗小猫如果主人要帶它們出門的話，也無不可坐。汽車而至於小狗小猫也無不可坐，就難怪野心的徒步者會發生"大丈夫不當如是乎?"之類的感想了。所以説，對於升公務員發洋財的思想與行爲，有着巨大的誘導作用。但這自然衹指還衹有很少的人能坐汽車的今天的情形而言。

雖然不大高興人坐汽車，但至今還没有勸過一個人不坐。我似乎没有絲毫墨子精神，所以對那些勸人節約汽車的先生們，也就覺得有點慚愧。

但勸人節約汽油，是怎樣在勸呢？如果到那些有汽車的人們府上去勸，在路上攔住汽車勸，勸不好，采用有效辦法更勸，那是真正老牌墨子精神；因爲墨子直接勸過楚王。如果衹是在這兒那兒，對那些没有聞過汽油氣味，也没有夢見過坐汽車的人們，灌輸一套"汽油節約論"，對於真正坐汽車的人，至多不過取瑟而歌，使之聞之；雖然仍舊難能可貴，但和真正的墨子精神，似乎不能説没有多少距離。

三、從墨子説到藝術什麽的

墨子的精神雖大可佩服；墨子的思想，却不一定可以全盤接受。“尊天”“明鬼”，不脱巫術的本來面目（墨學淵源巫史，且墨本非姓，與儒道名法同爲學派泛稱，墨與巫，爲輕重唇，古音蓋同，古人複姓，有澹臺，亦有巫馬，蓋均雙聲；今稱馬來亞，亦曰巫來由。巫音近馬，馬音近墨，故墨或即巫之或體字）且不必談；“非樂”一説，對音樂、戲劇、繪畫、跳舞、雕刻、建築等等藝術一齊反對，器量是很狹隘的。

自然墨子反對藝術。主要的是藝術都被特權者拿去享樂去了，但因爲特權者享樂，就反對藝術本身，究竟是因噎廢食。孟子就比較漂亮，“王請勿好小色”，“王請勿好小貨”，深得因勢利導之旨。故荀子説，“墨子蔽於用而不知文”（《解蔽篇》），“墨子之非樂也，則使天下亂”（《富國篇》）。

然而墨子的“非樂”見解，一直到現在還存在於許多狹隘的實用主義者的腦筋裏。“文學不死，大盗不止”，早聽見過了；抗戰以來，更有人以爲國難期間，還演什麽戲，唱什麽歌，畫什麽畫呢？熱心青年問題的指導者們，又在以身作則，苦口婆心地勸人莫讀文學書。

不錯，象牙塔裏的藝術，也就是專供特權者享樂的藝術，我們是要反對的。但對於另外一種藝術，爲人民所需要所享受而能啓迪人民推動人民，煽起潛伏在人民中間的抗戰的火焰的藝術，却應該提倡。如果抗戰不是四萬萬五千萬人都必須同時拿起槍朝敵人射擊的意思，至少，暫時之間，有人演演戲，唱唱歌，畫畫畫，寫寫文章，衹要那戲，那歌，那畫，那文章是有利於抗戰的，或者更博大點説無害於抗戰的，似乎并不就等于逃避兵役或者浪費了軍用必需品的汽油。等到必須每個人都衝鋒陷陣的時候，再叫他們去拿槍，也不算太遲，那些正在非難藝術的先生們，豈不是今天也還没有拿着槍麽？

《灕江雅彙》的小啓説：“藝術爲人類文化最高之表現，亦爲人類生活最高之享受……時代興衰，有關藝事；國家隆替，總係人文……”正説明着藝術的作用。抗戰以來，戲劇，音樂，繪畫，文學，這些藝術所盡的推動作用，有目共睹；叫藝術家們離開崗位來參加抗戰，不如讓他們不離開崗位來參加抗戰，得到的實用更大；但這似乎不足以語於狹隘的墨學者們，更不足以語於一面自己吟風弄月，玩着消閑游賞的“藝術”，一面又非難有積極作用的藝術的先生們，以及别有用心，怕人讀文學書什麽的“指導者”們。

或曰，中國的藝術，有些是很落後，很低級的，比如某些舊戲。但舊戲之類之所以落後，所以低級，是因爲有學術思想的人不肯過問，有權力的人讓它自生自滅的原故。落後的、低級的藝術之所以能在民間存在，爲人民所歡迎，是因爲人民自己也落後、也低級的原故。不從政治上改善人民生活，從文化教育上提高人民水準，而空談提高藝術，縱然可能，也不過使藝術變成駢四儷六的文章，平平仄仄的詩詞，無論雅人們怎樣阿嗜，俗人總是高攀不上的。現在的問題是應該怎樣推進落後、低級的藝術，而不是因爲它落後低級就反對它，鄙視它，取消它。

老子的全集

讀完了一篇向培良的近著：《出關》。

老子心造了一些幻象，以爲到處都有“儒家”在迫害他，於是一路“風聲鶴唳”，踉踉蹌蹌地跑出關去。過關的時候，關尹喜請求他“留點教訓”，於是就著書，“要把從前所教給孔子的一并推翻”。可是後來却感到“寂寞”，自以爲不過“拿后羿，逢蒙作藉口，一齊都堆在孔子那個目標之上罷了”。“過去之拼命抗爭，拼命把敵人張揚得非常大，以便把自己也看得非常大，甚至於拼命幻想許多敵人而終於以幻想爲事實，都不過爲逃避寂寞罷了”。他自己說：“我難道終於衹是從空虛走到空虛嗎?”

這樣的一個老子，實在有點兒老而不死，自作自受；他著的書，既然專門在想推翻“從前所教給孔子的”，足見出爾反爾，一文不值了。

無論把老子畫成一副怎樣的嘴臉，都隨作者的尊便，反正老子已經死了，死了幾千年，放心吧，他不會從棺材裏頭爬起來回一槍的。

不過說孔子以及儒家的迫害，全都是老子的“幻想”或“張揚”，似乎有點問題。逢蒙射死乃老師后羿的事是有的，或者現在也還有：“孔子那傢伙曾經做過我的學生的，竟敢向我說這樣的話，什麽‘烏鵲孺，魚傅沫，細腰者化，有弟而兄啼’。他這簡直明明向我要挾，要我讓開……”也正是向培良的這作品裏的話；老子死了之後，那些“儒家”的蒼蠅們世世代代，男男女女，都有駡老子的大作；一直到現在，他還逃不了毛延壽一樣的我們的畫師向培良的手筆！那麽，他生前的抗爭，果真是多餘的麽?

最不可解的是，從那作品裏，我們看不出作者對於孔子究竟取了什麽態度。假如老子應該奚落，那竊取了老師的本領，忘記了老師的“循循善誘”地傳“道”的情義，衹栖栖皇皇，賣身投靠，甘爲奴才的奴才，稍稍得意，就要挾老師，趕走老師，如果不是跑得快，也許會像逢蒙一樣，颼地一箭射來的浮薄青年，莫非反而是應該容恕或者值得獎勵的麽？

作品裏還有這樣的話：

> 終於老子把他的書著成了。他齊理就緒，交給尹喜，説："我的作品都在這裏，并且都編制好了，趁我在的時候看清楚，免得將來編不成全集本。"

我們知道，老子的書，衹有"五千言"，就是一篇文章。一篇文章，不能成爲"集"，更不能成爲"全集"，這常識，向培良大概是有的；但是爲要奚落老子，就衹好和他的常識告了别。——如果老子還有其他作品，被當時的"儒家"懇請"人主"禁止發行了，而向培良却深知這種秘密，自然又當别論。

如果創作不是等於造謡，在向培良的《出關》裏，就没有老子的影子。老子曰："惚兮恍兮，其中有象；恍兮惚兮，其中有物。"那"象"那"物"，不是别的，倒是向培良自己！

一九三五，四，七

魯迅的褊狹與向培良的大度

向培良先生在南寧舊書攤上發現了兩期《狂飆周刊》，那是若干年前，他自己編的刊物，於是“真如忽遇故人，恍若夢寐。回想當年友人，盡都星散，又不覺愴然”了。這一“愴然”，就使他寫了一篇《狂飆周刊題記》，發表於二十九年十二月十一日的桂林《掃蕩報·文藝周刊》上。

這篇文章，除了“回想”了一些“當年友人”之外，還涉及到一個曾經是友人而後來又不是了的魯迅。文曰：

> 十六年初，狂飆社與魯迅先生決裂，那時候我們的思想已與魯迅先生漸分離。他性情狷急，睚眦不忘，又不肯下人，所以不知覺中被人包圍，當了偶像，漸漸失去他那溫厚的熱情，而成了辛辣的諷刺者和向四面揮戈的不能自已的鬥士……此後，魯迅先生全部的精力消耗於攻擊和防禦中，瑣屑争鬥，猜疑自苦，胸襟日益褊狹，與青年日益遠離，卒至於凄傷消鑠以死。

如果我的記憶不算太壞，向培良先生在文章裏攻擊魯迅，這并不是第一次。魯迅生前的事且不説，死後不久，向先生曾發表過一篇小説：《出關》。題材和魯迅的《出關》一樣，内容却是專門駡魯迅的。他用老子影射魯迅，用孔子影射自己，説老子心造了一些幻象，以爲到處都有“儒家”在迫害他，所以不得不逃到關外去，而著書的時候，就“要把從前教給孔子的一并推翻”；終於自以爲“過去之拼命把敵人張揚得非常大，以便把自己也看得非常大，甚至於拼命幻想許多敵人而終至於以幻想爲事實，都不過爲逃避寂寞罷了”。（引號裏的話，都采自向著《出關》）與現在魯迅“四面揮戈，不能自已”，“瑣屑争鬥，猜疑自苦”等語，完全一致。

魯迅也許真地“褊狹”，比如章士釗、陳西瀅以至張資平、穆時英、杜衡等輩，就確實没有受到他的寬容。人要不“褊狹”并不是一件容易的事，太純潔了不行，太嚴肅了不行，太真誠，太正直，乃至太有知人之明瞭也不行。因爲，將來社會裏的人不得而知，今天爲止的人們，和純潔，嚴肅，真誠，正直這些字樣相反的角色，究竟居多數，要把那些蠅營狗苟，奴顔婢膝，昏夜乞憐，白晝驕人的各色人等，俱收并蓄，無不寬容下去，自然也許是一種美德，不過，我總疑心那所謂“胸襟”也者，其實是弄堂裏的垃圾箱。章、陳諸公且不談，如果魯迅當年，對於張、穆等輩，簡直不曾“揮戈”，今天，讀他的書的我們該會怎樣地引爲遺憾囉！

然而細心地讀過了魯迅的書，真正懂得魯迅的人，應該明白魯迅雖然不憚揭發社會的黑暗，但是對於一些個人，幾乎從來没有挑釁過。“横眉冷對千夫指，俯首甘爲孺子牛，躲進小樓成一統，管他冬夏與春秋！”這是魯迅的詩，它不但寫出了魯迅的某一時期的心景，也部分地説明了魯迅的爲人處世的態度。人們常以爲中國人的特性是“中庸”，兵書上也留着窮寇莫追之類的話，其實都是騙人的。正因爲許多人不中庸而又喜歡追窮寇，不斷地向魯迅進攻，逼得他無路可逃，這才不能不回身應戰。在《答楊邨人先生的公開信》裏，他引舉了許多事實之後説：“先生，這還不够退讓麽?”他已經把自己的真面目揭露給我們了。尤其是對於向培良先生，更可以看出魯迅的對朋友對青年的仁至義盡來。思想早已“分離”，不是連向先生現在也公開承認的麽？然而魯迅知道自己的筆的斤兩，爲了愛護一個還算有才能的作者，希望青年朋友還有向上的可能，就幾乎不讓自己談到向培良先生，甚至於别人談到的時候也不插嘴。“周先生對向培良，到現在還是希望着的”。許廣平先生有一回對我講。從魯迅先生編輯的《中國新文學大系·小説二集》及魯迅先生寫的《導言》中，我又看見過魯迅對向培良先生的作品的極懷好感的稱述。如果魯迅真是“褊狹”，找出一兩個缺點，加以若干評判，似乎不算什麽難事。

《魯迅全集》雖然現在於此地不十分容易到手，但究竟不是偏僻書，如果肯翻翻，就可以發現留在那裹的向培良先生的尊容，比有些“戰友”們的還要漂亮。

和魯迅對於別人的不“褊狹”相反，别人對於魯迅却常常是“褊狹”的。“先生，這還不够退讓麽?”這一句話一面固然表明了他自己對别人的退讓，也就是不“褊狹”；同時也表示了别人的對他的不退讓，也就是“褊狹”。這“褊狹”，并且没有因爲魯迅已經死了而有什麽改變。人們常常説學習魯迅的戰鬥精神，尤其是韌性的戰鬥，幾乎説成濫調了。其實有這種精神的何止魯迅一個？前些時，沈從文教授在《國文月刊》上評論魯迅的文章的態度，那説法，和他歷來所有的態度和説法，决没有兩樣。沈從文教授何嘗不是在“戰鬥”，又何嘗不是“韌性”的戰鬥？現在向培良先生又在説魯迅的性情和胸襟了，那態度，那説法，和他的“思想”與魯迅“分離”以來的，也决没有兩樣。向培良先生又何嘗不對魯迅“戰鬥”而且“韌性”呢？所不同的不過是戰鬥的方向和魯迅的剛剛相反，或者説剛剛面對着面罷了。

而且所有的戰將中，向培良先生的戰法是最爲可怕的。他説魯迅“狷急”，“不肯下人”，“猜疑”，“褊狹”，“拼命把敵人張揚得非常大，以便把自己也看得非常大，甚至於拼命幻想許多敵人而終至於以幻想爲事實”，换言之，就是，别人并没有對不起魯迅，并没有把他當作敵人，一切的事情，都不過由於魯迅自己的“性情”和“胸襟”上的缺點所“幻想”，“張揚”出來的。這樣一來，不但使自己和魯迅的“思想”“分離”這件事顯得冠冕堂皇，天公地道，同時也替一切圍剿過魯迅的戰友們洗刷得乾乾凈凈了。人們多麽可笑啊，他們説魯迅有什麽戰績，如果有，豈不就是打風車麽？説魯迅的一生就是戰鬥的一生也者，如果是，豈不就是打風車的一生麽？而魯迅生前，也真曾有人叫他爲“堂魯迅”的。幸而向培良先生還未必是登高一呼，應者雲集的英雄；否則，這對於魯迅是如何致命的一擊喲！向培良先生對於别人，也許毫不“褊狹”，但對於魯迅，據我所知，他是像伍子胥鞭打楚平王的尸骸一樣地鞭打過兩次了。我不知道和“褊狹”對立的，是不是就是大度，也不知道説别人“褊狹”，是不是因爲自己大度；如果是，向培良先生一次兩次地鞭尸，莫非倒是大度的表現麽？如果是，和魯迅的“褊狹”倒是一個極有趣的對照。

一九四〇，一二，一七，桂林

從沈從文筆下看魯迅

> 周作人和魯迅作品……一個近於靜靜的獨白，一個近於恨恨的咒詛。一個充滿人情溫暖的愛，理性明瑩虛廓，如秋天，如秋水，於事不隔。一個充滿對於人事的厭憎，感情有所蔽塞，多憤激，易惱怒，語言轉見出異常天真。……
>
> 周作人的小品文，魯迅的雜文，在二十年來中國新文學活動中，正説明兩種傾向：前者代表田園詩人的抒情，後者代表艱苦鬥士的作戰。一取退隱態度，衹在消極態度上追究人生，大有自得其樂意趣；一取迎戰態度，冷嘲熱諷，短兵相接，在積極態度上正視人生，也儼然自得其樂。對社會取迎戰態度，所以魯迅的作品，便充滿與人與社會敵對現象，大部分是駡世文章……

以上是沈從文先生在《國文月刊》第二期“習作舉例”裏對周作人和魯迅所下的判斷。另外還説魯迅的文章“感慨沉痛，在新文學作品中實自成一格。另外一種長處是冷嘲，駡世……”

沈先生的意見，本來有時候是很費解的。比如：説周作人“二十六年北平淪陷後，尚留故都，即説明年齡在一個思想家所生的影響，如何可怕”（同文），把一個極端嚴重的問題看成一個“年齡”的“影響”，簡便自然很簡便，但“年齡”是指老大而言，却未免忘記了魯迅就是周作人的哥哥，哥哥一定比弟弟更老大，“年齡”何以没有在魯迅身上發生“可怕”的“影響”呢？

但對於這兩兄弟所下的判斷，却是相當確切的。關於周作人的部分，我不想談；評魯迅的那些話，其實就和崇奉魯迅的人們所説的“差不多”，雖然沈先生是以反“差不多”爲職志的。崇奉魯迅的人們筆下的魯迅，我們看得太多了，什麽改革思想，什麽戰鬥精神，什麽現實主義……老實説，人就會很容易想到：正因爲他們是魯迅崇奉者，所以不能不這樣吹捧的吧。沈先生不是魯迅崇奉者是周知的。連沈先生也説魯迅“代表艱苦的鬥士作戰”，“迎戰態度”，“在積極態度上正視人生”，足見魯迅崇奉者筆下的魯迅，并不是什麽阿好的私言。從這一意義上看，沈先生的一句當得别人的十句百句。

然而，“對於人事憎厭，情感有所蔽塞”，什麽“憤激”，“惱怒”，“駡世”，“冷嘲”，這些不十分表示敬意的字樣，却很容易使老實的讀者們迷惑的。自然，我們應該原諒沈先生，天下看起來像是表示敬意的詞句衹有那麽多，最好的詞句，沈先生就用在對徐志摩的作品上（“習作舉例”第一篇是：《從徐志摩作品學習抒情》），其次的也都用在對周作人的作品上。而且，如果把魯迅也看得和徐志摩、周作人一樣好，把魯迅看作和徐志摩、周作人完全是一類的或者是“差不多”的作家，那不但沈先生不肯，就是讀者的我們也會不肯的吧。

如果魯迅真是一個憎厭人事，感情蔽塞，憤激惱怒，駡世冷嘲的作家，那麽，他的作品會有什麽價值呢？又怎能“自成一格”，“代表”一種“傾嚮”呢？或者有人會這樣發問，我想在這裏加一點解釋。

先説憤激惱怒，感情蔽塞等字樣。這似乎是一種新的説法。但是不是有人説魯迅的文章是“無病呻吟”麽？魯迅自己答辯：

> 即如自鬍鬚直至屁股等輩，倘使相安無事，誰愛去紀念它們；……待到慨然於“頭顱誰斫”，“髀肉（又説下去了，尚希紳士淑女恕之）復生”的時候，是早已别有緣故的了，所以，“呻吟”。而批評家們曰：“無病”。我實在艷羨他們的健康。
>
> ——《從鬍鬚説到牙齒》

關於感情的問題也正如此。天下盡有“如秋天，如秋水，於事不隔”的人物，但那都是值得“艷羨”的“健康”的人們，决不是魯迅。魯迅既然要“迎戰”，既然要“正視人生”，如沈先生所判斷，那就如現在正在前綫搏鬥生死的將士一樣，難免有憤激，惱怒，蔽塞之處，是很難以秋天秋水期望他們的。

其次説到“駡世”。魯迅自己是并不諱言駡的。他説過：

> 我想，駡人是中國極普通的事，可惜大家衹知道駡而没有知道何以該駡，誰該駡，所以不行。現在我們須得指出其可駡之道，而又繼之以駡。那麽，就很有意思了，於是就可以由駡而生出駡以上的事情來的罷。
>
> ——《通訊》

但這還衹就一般人所認爲駡的駡而言，其實駡與非駡，是有一條明確的界限的。魯迅説：

> 假如你到四馬路去，看見雉妓在拖住人，倘大聲説：“野鷄在拉客”，那就會被她駡你是“駡人”……但事實呢，却的確是“野鷄在拉客”，不過衹可心裏知道，説不得，在萬不得已時，也衹能説“姑娘勒浪做生意”……這纔不是駡人……
>
> ——《論諷刺》

這意思似乎很明白：如野鷄正在拉客，縱然直斥之曰“野鷄拉客”，這不過指出事象的真實；雖然被駡者或者别人會駡是駡，其實倒不是駡的。衹有誣良爲娼，含血噴人，纔是真的駡。魯迅的“指出其可駡之道”的“很有意思”的駡，是不是應該稱之爲駡，不是很明白的麽？

但沈先生也并不一定以爲衹有魯迅的作品纔是駡。在他看來凡是批評辯論的文章也都是駡，除了他自己對於别人所加的一些難堪的字樣。請原諒我的謭陋，沈先生的專集我很少拜讀，不知道發抒了這樣的偉論的大文，搜集在什麽書上，但翻翻魯迅的《且介亭雜文二集》，就看見有一篇《七論“文人相輕”——兩傷》，是專爲沈先生的《談談上海的刊物》而發的，那裏面引用過沈先生（那時候沈先生用的筆名是“炯之”）的一段文章，現在轉録如次：

> 説到這種爭鬥，使我們記起《太白》，《文學》，《論語》，《人間世》幾年來的爭鬥成績。這成績就是凡罵人的與被罵的一古腦兒變成醜角，等於木偶戲的互相揪打或以頭互碰，除了讀者養成一種“看熱鬧”的情趣以外，別無所有……我們是不是還有什麼方法可以使這種“私罵”占篇幅少一些……

魯迅曾指出沈先生（或者説炯之先生）對於無論什麼論辯，一律稱爲“私罵”的態度，猶如“知縣老爺出巡，路遇兩個相打，不問青紅皂白，誰是誰非，各打屁股五百完事”。而且説：“縱使名之曰‘私罵’，但大約决不會件件都是一面等於二加二，一面等於一加三，在‘私’之中，有的較近於‘公’，在‘罵’之中，有的較合於‘理’的。居然來加評論的人，就該放棄了‘看熱鬧的情趣’，加以分析，明白的説出你究以爲哪一面較‘是’，哪一面較‘非’來。”但這自然衹是一個小百姓的請求，在“知縣老爺”，却還是以“各打屁股五百完事”，爲最簡便。所以沈先生的態度和用語都一直保存到現在。

再説“冷嘲”。沈先生没有下過怎樣的注解，要知道什麼是冷嘲，還是衹有到魯迅的文章裏去找：

> 如果貌似諷刺的作品，而毫無善意，也毫無熱情，衹使讀者覺得一切世事，一無足取，也一無可爲……這便是所謂“冷嘲”。
>
> ——《什麼是諷刺》

魯迅的作品是不是毫無善意和熱情，使讀者衹覺得一切世事，一無足取也一無可爲呢？不必別求證明，沈先生就説魯迅“態度積極”，作品

“感慨沉痛”。既然態度積極，就不是毫無善意和熱情；既然感慨沉痛，就不是讀者得到的衹是不足取，無可爲——也就不是冷嘲。

剩下的是“憎厭”，“憎恨”這些字樣。説魯迅的作品裏有很多憎恨的感情，别人不知道怎樣，我個人是并不抱什麽反感的。問題是沈先生把魯迅的憎恨和周作人的“充滿人情温暖的愛”對比地説，以爲愛與憎衹是絶對相反，而毫無相成之處，似乎不算知言。有所愛，就不能不有所憎；衹有憎所應憎，纔能愛所當愛。用目前一個極淺近的事例：正因爲我們愛中華民族，纔不能不憎日本帝國主義；衹有憎日本帝國主義到底（打倒），纔有中華民族存在來被我們愛。魯迅在上面引過的“兩傷”裏，曾對沈先生講過：

> 在現在這“可憐”的時代，能殺纔能生，能憎纔能愛，能生與愛，纔能文。

在《再論文人相輕》裏也説：

> 文人還是人，既然還是人，他心裏就仍然有是非，有愛憎；但又因爲是文人，他的是非就愈分明，愛憎也愈熱烈……
>
> 他得像熱烈地主張着所是一樣，熱烈地攻擊着所非，像熱烈地擁抱着所愛一樣，更熱烈地擁抱着所憎——恰如赫爾庫來斯（Hercules）的緊抱了巨人安太烏斯（Antaeus）一樣，因爲要折斷他的肋骨。

進一步説，天下也盡有表面上是憎而實際却是愛的。并不是像朱熹所説“其詞若有憾焉，其實乃深喜之”之類；而是耶穌的“這悖謬而又不信的世代呀，我什麽時候纔能離開你們”之類。耶穌的愛，大概不會有人否認吧。魯迅的許多作品也正如此。關於這，魯迅是否有過直接的解釋，我忘記了。但對於類似的事理的解釋是有的：

> 例如嵇、阮的罪名，一向説他們毁壞禮教。但據我個人的意見，這判斷是錯的。魏、晋朝代，崇奉禮教的看來似乎很不錯，而實在是毁壞禮教，不信禮教的。表面上毁壞禮教者，實則倒是承認禮教，太相信禮教。因爲魏、晋時所謂崇奉禮教，是用以自利，那崇奉也不過偶然崇奉，如曹操殺孔融，司馬懿殺嵇康，都是因爲他們和不孝有關，但實在曹操、司馬懿何嘗是著名的孝子，不過將這個名義，加罪於反對自己的人罷了。於是老實人以爲如此利用，褻黷了禮教，不平之極，無計可施，激而變成不談禮教，不信禮教，甚至於反對禮教。——但其實不過是態度，至於他們的本心，恐怕倒是相信禮教，當作寶貝，比曹操、司馬懿們要迂執得多。
>
> ——《魏晋風度及文章與藥及酒之關係》

由此可知，説魯迅的作品衹是憎恨，憎恨裏頭没有熱愛，自然皮相；若更自以爲有和周作人一樣的“人情温暖的愛”，而沾沾自喜，以爲可以對魯迅驕傲驕傲，那倒不僅“語言”，那態度也就“轉見出異常天真”了。

其實，沈先生是聰明人，既然知道魯迅的正視人生的，迎戰的積極態度，又何嘗不知道魯迅的作品并非冷嘲罵世乃至衹有憎恨而已呢？其所以仍舊這樣説者，實别有苦衷。

現在人們常常開口學習魯迅，閉口學習魯迅，這意思决不僅是學習魯迅寫小説，寫雜文，翻譯翻譯外國書而已，主要的恐怕倒是要學習魯迅的正視人生的迎戰態度。嗟乎，如果這樣，則魯迅豈易學哉！若正視人生，則人生實有其不盡美好之處，看清楚了之後，總難免要這樣説説，那樣挑挑，勢必至成爲“人生”詛咒派，而被不正視或熟視無睹或裝作無睹的“人生”謳歌派所深惡痛絶。向社會迎戰，必是那“社會”有可戰之道，有對戰之人，又勢必至被“社會”所深惡痛絶。我們常常説：魯迅一生的歷史就是戰鬥的歷史，其實衹説出了一面，就另一面説，魯迅的歷史就是被“社會”圍剿的歷史。魯迅幸而終其身未罹縲絏之憂，得保首領以没，學習魯迅的人，却不見得人人都有這種幸運的。豈但學習魯迅，就是評論魯迅，真也談何容易！如果對魯迅多事推崇，就無異表示和魯迅站在一邊，也間或贊成向社會迎戰，魯迅的遭遇以及魯迅所幸免了的灾禍，都有落到自己頭上的危險。這場合，最好是無視人生，放鬆社會，把一切都歸之於魯迅個人感情上的缺點；倘對魯迅又略加褒揚，則於社會，於魯迅也就面面俱到，自在圓通，擁臯比，參政議，臧否人物，放論文章，都不減於周作人氏之“如秋天，如秋水，於事不隔”了。問題是在讀者，他們應該明白：怎樣的人物筆下，衹能寫出怎樣的魯迅來。

一九四〇，一一，五，桂林

早醒記

早晨不知被什麽吵醒，迷裏迷糊，發現自己睡在城裏報館營業處的樓上。昨晚因爲看過電影《怒海英魂》，天晚了，雨天，月亮没有上來，路上也不好走，没有回鄉下去。睡之前，隨手拖一本書來看，是《黑奴籲天録》，一看不覺就看完了。熄燈後好半天睡不着，書上被迫害的黑奴的影子和電影裏被鞭打的黑奴的影子結合起來，很清楚地在腦海裏顯現，糾纏。

補償晚上的遲睡是在早晨多睡一會兒。但在城裏却往往不能辦到：睡得正好的時候，警報來了。今天醒來，以爲又是警報，側耳一聽，街上很安静，警報聲也没有，衹聽見樓底下有幾個報童在説話，報童們還没有去賣報，就是報紙還未出版，我們的報是出得最早的，那麽，説不定現在還衹五六點鐘。我閉着眼，想重新入睡。

拍！不知誰打了誰一個耳光。"嗚嗚……"接着哭聲就起來了，是孩子的。報童們真討厭，等報的時候，總要吵吵鬧鬧，毫不爲什麽就打起架來，而大的總是欺負小的。

拍！又是一下。"啊啊……"接着是更大的哭聲。這回聽出那哭的是個女孩子。那孩子衹是哭，没有罵，也没有説什麽。這不是報童，報童縱然被打，縱然無力回手，口頭上總没有這麽老實。

拍！第三下。打之前，還有幾句嘰哩咕嘍，聲音很低，聽不清楚，"啊啊……"隨即被哭聲所遮斷了。剛等哭聲低下去一點兒，嘰哩咕嘍又起來了。仔細聽，是女人的聲音，雖然聽不出咕嘍的什麽。咕嘍之後，接着自然是"拍!"之後又自然是"啊啊……"。"拍!"的聲音也聽得更清楚，不是巴掌打在肉身上，是板子。不必費什麽腦子，就知道是後面住的那位姓什麽的姨太太打她老人家的丫頭。後面雖然住着幾家，但主婦們脾氣都很好，從來不吵架，不打孩子，家裏也都没有十來歲的女孩，而那位姨太太打丫頭又是常有的事。

那位姨太太，差不多天天都看見，是一位三十多歲的矮女人。有點胖，因爲矮，格外顯得臃腫，像渾身的肉與衣服都糾合在一團。臉像柚子皮那麽黄，也像柚子皮那麽有許多小針眼。耳眼口鼻不必細描，都是使人不很樂意拜見的。我决不以爲難看的女人，性情也一定乖僻；事實上美好的女人也往往有醜惡的性格，不好看的女人也有性格非常美的。但這位姨太太的尊容實在叫人難以回護；性格方面，雖然有許多地方待發現，但衹就喜歡打丫頭一點説，至少我覺得可怕。她也許曾被她的老爺寵倖過吧；但那恐怕已經是年湮代遠的事了。報館的營業處設在這兒已經兩年，我們幾乎每天都要到這兒來，營業處的同人更是無論晝夜早晚都在這兒，我們却差不多没有人知道她的老爺是誰。這就是説，兩年之間，她的老爺很少到這兒來，據説那位老爺就在本地某機關做事。和她常常在一起的并没别的什麽人，就衹有那個十一二歲的小丫頭。那丫頭雖然穿得很不像樣，身體瘦，面色蒼白，但眉目倒很清秀，尤其是眼睛，亮得很。她們兩個人住在一間房裏，什麽事都是丫頭做，燒飯，洗衣服，買東西，甚至於挑水。每天做了這些事之後，還有一件照例的事就是挨打。早晨晚上或者中午，一頓或者兩頓都没有一定。一到了這樣的時候，鄰居們，尤其是營業處的同人們，就常常蹙起眉頭："唉唉，闊太太又在顯她的威風了!"

嘰哩咕嘍——拍！——"啊啊啊啊"。

嘰哩咕嘍——拍！——"啊啊啊啊"。

這樣周而復始的三個過程，以"拍!"爲中心點，"拍!"以前的嘰哩咕嘍，是一段理直氣壯，義正詞嚴的訴説，那訴説是極動人的：貪嘴，貪玩，偷錢，打破東西……如是等等，不一而足。"拍!"以後的"啊啊啊啊"則是一種没有字句的語言，是無告的弱小者在上天無路，入地無門，不能抵禦肉體的痛楚，也無力擺脱這人世的羈絆的時候，向冷漠的人間發出的求救的哀聲。這哀聲，别人聽見了不知怎樣，我是衹恨我自己無力，不能把那弱小者從淫威之下拯救出來，又無法懲治那肆虐的人，讓她（或他）也嘗嘗自己所加在别人身上的滋味的。

訴説，鞭打，哀叫像十部鼓吹在我旁邊演奏，使我睡不着。我希望那位姨太太趕快結束她的杰作，可是她却毫不疲倦，一直繼續了半個多鐘頭。就像這世界上衹有她們兩個人或者她們兩個人的聲音毫不妨害别人似的。結束了之後，那聲音還在我的耳邊響，不但響，還使我聯想到昨晚看的《黑奴籲天録》和《怒海英魂》，一時竟以爲那小丫頭就是黑奴，姨太太就是黑奴的主人或販賣者，而《黑奴籲天録》上所描寫的慘痛與殘酷的情形也就是這姨太太和小丫頭的生活紀録。《怒海英魂》裏有一件小事，是很可注意的：販賣黑奴的人，却被别人看不起，也就似乎是一種很卑賤的人。天下卑賤的人，往往對於上面的人脅肩諂笑，曲意逢迎，一點也不以别人加給他們的奴役與輕視爲可耻；但假如有比他們更卑賤的人落在他們手中，他們給予的虐待比在他們之上的人給與他們的却更爲難堪。有人説，奴才作了主人，比原來的主人更爲殘暴；其實何須到他們真作了主人的時候？比如那位姨太太，事實上已經被人抛棄，就是不被抛棄，也不過是一個姨太太，在人類中是屬於卑賤者之列的。世界雖大，世界上的人雖多，比她更卑賤而又委屈在她手下的，恐怕就衹有這個小丫頭了，對於這惟一的在她之下的弱小者，她却毫無憐憫，毫無容赦地虐待！她的生活是寂寞的，悲凉的，和她共生活，共命運，是她的最親近的人的，恐怕也衹有這個小丫頭了，對于這樣一個惟一的親近的人，有什麽過失不可原諒呢？可是她却毫無憐憫，毫無容赦地虐待！難道身受的不幸都要十倍百倍地從這小丫頭身上得到報償麽？難道使自己不幸的不是别人，却是這無助的丫頭麽？難道衹要虐待這小丫頭，自己的一切不幸都會變成幸福麽？人性真是一種難以理解的東西！

我以爲地位的卑賤并不可耻，靈魂的卑賤纔是可耻的；地位的卑賤有方法改變，靈魂的卑賤却無可救藥的。自己是卑賤者，被虐待者，不敢向虐待自己的人反抗，報復；一旦遇見比自己更卑賤的弱小者，就絶不放鬆，給以虐待的機會，這就是卑賤的靈魂的標本！

卑賤的靈魂產生於有卑賤者和虐待卑賤者的世界。這世界不但虐待卑賤者，還使他們在被虐待中不敢乃至不敢想到反抗和報復，不但不敢乃至不敢想到反抗和報復，還把反抗和報復的對象誤認是更卑賤的弱小者。於是，卑賤者一面安于被虐待，一面還以能够虐待别人自喜，而虐待卑賤者的世界遂得毫無漏洞，秩序井然。然而這世界其實是一切卑賤中之最卑賤的。

我詛咒卑賤的靈魂，但更詛咒使人靈魂卑賤的這卑賤的世界！

一九四二，五，七，桂林

給鼠輩

早晨醒來，眼睛裏糊滿了眼矢，簡直什麽都看不清。伸手到床頭摸沃古林，没有摸着。沃古林到哪裏去了呢？眼病已經好久，早應該去請醫生行手術的。因爲懶，又聽見“開刀”這兩個字都有一點兒怕，加以手術費之類也不很便宜，就天天點點沃古林，作一種聊勝於無的醫治。沃古林是朋友的夫人密司王送的。有時候放在口袋裏，臨時點用，被余所亞君看見了，説那小瓶子於打木刻樣很有用處——調油墨的時候，用它滴松節油，方便而且節省，便孩子氣地要我把瓶子送給他。我答應用完了送，他就每次碰見都催我趕快用完。到手的時候本來不是整瓶，現在也真地快用完，再過一兩天就可送給他。可是這回不知怎麽却摸不着。大概昨晚放在桌子上了。於是起身，打算到桌上去找。不料脚伸到床下去找拖鞋的時候，一隻雖然熟習地穿進去了，另外一隻，却讓脚在離地面寸把高的空中來回地畫了幾個圈圈，還是找不着。睁開眼睛看，眼睛像睁在米湯裏面的，看不見拖鞋的影子。

“小陳！小陳！”我喊工友。

“什麽？”

“你進來掃過地吧？”

“是。”

“把一隻拖鞋掃到床底下去了？”

“我把拖鞋掃到床底下去了？我又不是今天纔掃地的，怎麽會把拖鞋掃到床底下去？”

“那隻床面前的拖鞋是一雙還是一隻？”

“一隻。掃地的時候我就奇怪，怎麽拖鞋衹有一隻呢？”

“床底下不是還有一隻麽？”

“没有!”他躬身向床底下看了一下。

“别處呢?”

“没有!”他又向桌子底下，椅子底下，書架底下看了一遍。

有這樣鬼事麼?一隻拖鞋不見了:“那麽先倒水來洗臉吧。”

我一跳一跳地用脚找到了皮鞋，就一隻脚穿皮鞋，一隻脚穿拖鞋，一跛一跛地到桌上摸沃古林，不料手在離桌子一兩分高的空中來回地畫了幾個圈圈，觸到了茶杯、筆、硯、書、稿紙、許多東西，衹是没有摸着沃古林。於是我跛到洗臉架前，用面巾把眼睛揩了一下，眼睛略略看得見了，再到桌上找沃古林，没有，把書和稿紙之類足以隱蔽沃古林的東西都按了一下，没有。我又把書一本本地拿開，稿子一張張地弄整齊，拿開，還是没有。又打開抽屜，翻動抽屜裏的一切東西，没有。我又搜衣服的每一個口袋，倒字紙簍，拿開床上的枕頭，被褥，還是没有。這時候，小陳已經倒來了洗臉水。

洗臉的時候，這纔發現漱口杯倒在書架上。裏面的肥皂盒，牙刷，牙膏都在外面。肥皂盒也開着，一塊剛開始用的力士肥皂不知到哪裏去了。這肥皂是另一個朋友的夫人另一個密司王從香港逃難帶出來送我的。牙膏瓶是穿的，外面狼藉着一些牙膏……一望而知，是老鼠仁兄們的德政。同時熱心的小陳在箱子背後找到了那隻拖鞋，可是前面的幾條皮子都給咬斷了，穿不得了。從前，我給老鼠咬壞過西裝、拿破侖帽、枕頭、書籍及許多别的東西。現在纔知道它還吃皮子;連忙檢查皮鞋，果然，鞋口被咬破了幾個地方。於是我恍然大悟，沃古林也是老鼠拖去了，那小玻璃瓶的兩頭都有樹膠質的東西。

許久以來，小陳就常常在用泥土塞那墻脚的空隙。一塞好，夜晚聽見有嘖嘖地啃着竹子或别的什麽的聲音——墻是用竹子作的，吵得人睡不着。縱然吆喝，縱然拍床打凳威嚇，縱然用皮鞋(那時候還不知道皮鞋正是它們的食物)或者别的東西向那聲音投擲，也至多衹會停這麽一兩分鐘，不到半夜工夫，墻脚依舊是現出許多小洞，老鼠們也依舊在桌上，書架上，床上到處馳騁，到處啃東西，并且到處拉屎。不塞，自然更糟糕，成群結隊，長驅直入，毫無忌憚地演出着各種各樣的武藝，更是吵得人睡不着。

但最可恨的還是青天白日，肥大得像小猫小兔一樣的老鼠明目張膽大摇大擺地從你身邊走過。有時候簡直站在房子當中，抬起頭睁着眼睛望着你，好像向你挑戰，好像對你說："看你把我有什麽辦法!"那目中無人，有恃無恐的樣子，使你疑心這世界不是人的世界而是老鼠的世界。

我是個安分守己的人，我理想的生活是一種恬静的生活。我不想妨害别人，也不願意别人或者别的東西妨害我，我不侵犯别人的利益，也希望别人或者别的東西不剥奪我的利益，半輩子就是這樣過的。人生於世，實在也難免有些煩惱，尤其是一些小東西們所給與的。天氣漸漸熱起來了，住在鄉下，蚊子、蒼蠅、臭蟲、跳蚤都很多，吸血的東西們總是討厭的。但我覺得這些東西們的危害還比較微小，也似乎比較容易防禦或掃蕩。惟有老鼠，不但害人，而且出没無常，善於逃跑，最令人無法可施。物價較之戰前幾十幾百倍地增加，衣服論千，鞋帽論百，就是一塊肥皂，一條手巾，也無不是幾十幾塊，而所能收入的，有時候甚至比戰前的還要低。我不怨天，不尤人，也不想獵取不義財物；但對於自己千辛萬苦所備置的或者朋友夫人的好意所贈送的衣物用品之類，却不能不較以前更爲珍惜。我同老鼠們有什麽仇呢？不是并没有駡過它們，打過它們麽？一點點物品，完全爲生活所必須，毫不奢侈，也并非想向誰炫耀，更不是想向老鼠們炫耀，那些物品，并不是從誰掠奪而來，更不是從老鼠們掠奪而來，物品擺在家裏，於誰也没有妨礙，於老鼠們更没有妨礙，這些又豈不是極其明顯的麽？爲什麽要把它們啃得亂七八糟，拖得無踪無影？爲什麽在這百物昂貴的戰時，還和在太平盛世一樣隨便大吃大嚼，任意揮霍，難道那些東西是容易得來的麽？如果是有心，簡直是助紂爲虐，爲虎作倀，給大肚子老闆們造剥削窮人的機會。如果毫無惡意，也未免太少爺脾氣，不知稼穡之艱難了。

我不知道世界上何以有這麽多的老鼠？不知道人們對於老鼠的横行爲什麽這樣安之若素，束手無策？更不知道這地方的人何以要吃猫吃蛇，吃得連一隻猫一條蛇都不容易看見，使老鼠們更是毫無忌憚，報上不是説某處的鼠疫蔓延開來了麼？“碩鼠碩鼠……適彼樂土”！古代詩人是不是震驚於老鼠的肥大與猖獗而想到别的好地方去呢？如果社會是進化的，是不是將來也有没有老鼠，至少没有像現在這種行爲的老鼠的一天呢？

在這“樂土”不知在何處，無鼠之世不知是何年的現在，我願意同老鼠們昭告：

老鼠，你專門爲害人類的匪徒們，别以爲人類是好欺負的，别以爲你們那在黑暗中偷偷摸摸鬼鬼祟祟的害人伎倆會始終使人無計可施。我們人類能够征服自然，曾經征服了這地上的大大小小的動物；雖然現在是戰時，無暇顧及你們似的宵小，但總有一天會使你們死無葬身之地的。要挽回你們的可悲的運命，就是及早改悔你們的可耻的行爲。如果改悔，我想誰都會饒恕你們的過往。比如我就不恤作你們的忠實的臣民，如果把你們所需的東西告訴我，我可按日把它送到你們的洞府上來！從此你們就可以不勞而獲，而且比自己竊取的更爲豐美。何去何從，你們應該馬上抉擇。

至於親愛的小老鼠們，你們這樣小，這樣活潑天真美麗。當我看見你們的時候，真不知道是怎樣歡喜你們，想擁抱你們，和你們在一塊兒玩耍。不妨害人，也可以生活，而且生活得更爲心安理得；你們還年青，祇要肯學好，總可以學得好的。别學你們的那些先輩，别走他們走過的路，别信他們給你們的一切教唆。凡妨害别人的生活，自己將得不到生活。縱然現在還未能這樣，將來也定會這樣的。努力吧，悔悟吧，新的前途，成爲人類的朋友的前途，正期待着你們！

一九四二，五，六，晨，桂林

擁護《忠王李秀成》

《忠王李秀成》是一個劇本，歐陽予倩作，這幾天正在桂林上演。關於戲劇或藝術批評之類，我都十二分外行，不能講什麽，但是我擁護《忠王李秀成》。這和這劇本的内容或形式以及演出技巧都不相干，我擁護的是這劇名：《忠王李秀成》。

歐陽予倩先生是否創作了一個成功的劇本，是否創造了一個歷史上的人物，我不知道：無論怎樣，我也不認爲是一件了不得的事；衹有他在一切之先，把這劇本大書特書地叫做《忠王李秀成》，纔是一個偉大的成功，是一件足以正人心，息邪説，距頗行，放淫詞的美舉、義舉、壯舉。寫太平天國的史實的劇本不是没有，像《太平天國》、《石達開的末路》之類；寫李秀成的劇本也不是没有，像《李秀成之死》之類。但是從那些劇本，尤其是那些劇名，都很難看出作者對於他們作品中的英雄的是非可否乃至予奪的態度來。衹有《忠王李秀成》，一望而知，一聽而明，作者對於他的英雄是贊美的，歌頌的，因爲它堂哉皇哉地給李秀成戴上了那光榮的王冠“忠王”。“一字之褒，榮於華衮，一字之貶，嚴於斧鉞”的春秋筆法，是我國文人的優良傳統，縱然那王冠本是他自己的，在文人的筆下，也不能輕易給他戴上；但既然給戴上了，就誰也不能輕易取下。如果從這樣一種見地去理解《忠王李秀成》這劇本，至少是這劇名，作者對於李秀成的景仰，是不啻若自其口出的。景仰李秀成，就是肯定李秀成；肯定李秀成就是肯定太平天國——雖然同時也是否定太平天國的那班敗類；肯定太平天國，言外就是否定滿清，尤其是否定那班替滿洲打平太平天國的所謂“中興名將”。這在當前可以説是一件無大八大的大事。

抗戰剛開始，我從上海回到武漢，看見武昌有一條馬路叫做“胡林翼路”；雖然不知道是否還有“曾國藩路”、“左宗棠路”……但我的心是憤恨的。同時，漢口有一種小報，似乎名字就叫做《民族日報》，副刊上天天刊載一些民族英雄的格言之類，那裏面竟引了許多曾國藩之流的所謂“中興名將”的話，我不禁爲之大驚失色。諸如此類的事，一定還有許多，我就寫了一篇文章，題爲“談是非”，説明那些所謂“中興名將”衹是滿清的忠臣，如果以中興滿清皇朝爲“是”，則推翻滿清皇朝的辛亥革命是“非”了。投到大公報“戰綫”去，過了幾天，被退回了。據編者説，總編輯張季鸞先生——讓我們向這位死者致敬吧，不知道現在“公葬”了没有——不主張采用云云；後來，就在一個衹出了一期的小刊物《哨崗》上發表了。

幾個月前，我從報上讀到“名人軼事”，説有一個名士自謂生平最崇拜某古人，那某古人就是那所謂“中興名將”之一：曾國藩。這更使我毛骨悚然：抗戰已經四年，中華民族的兒女爲了争取民族生存，已犧牲了百萬千萬，而我們的知識分子，我們的名士，還在崇拜這樣一個人物，有什麼比這還可怕的呢！那些“中興名將”，不是身爲漢人，却爲異族的主子，親手絞殺了同族的民族革命運動的麼？他們鞠躬盡瘁，忠心耿耿所輔保的異族的主子的後裔——愛新覺羅溥儀，一直到現在，不還在甘心受日寇的豢養，大做其滿洲國皇帝，誓死與中華民族爲敵麼？

我真不懂一些人的腦筋裏的是非觀念何以如此薄弱：比如説吧，秦檜、吴三桂之類，固然没有人崇拜，但那些格殺太平天國革命，中興滿清皇朝的“名將”，到現在居然還被人稱頌。其實秦檜與吴三桂，雖然爲異族服務，藉異族的力量翦滅同族的異己的力量，終於把整個錦綉河山，雙手獻給異族，但秦檜時候的宋室，吴三桂時候的明室，實在已經成了西山的落日，無力自保，真所謂大勢去矣！宋太祖杯酒釋兵權，是史書所艷稱的，一開國，他就替異族把自己的羽翼爪牙都一齊剪光了（此意，文天祥曾有論列，見宋書文傳）；明朝列祖列宗的嚴刑峻法如剥皮庭杖之類，專與忠良爲仇，也無久享之道。太平天國興起的時候，情形和宋明之季剛剛相反，西山的落日是滿清，太平天國倒在長時期中是朝氣蓬勃的。雖然太平天國與滿清的勝敗，有不少的原因，但客觀上，那些所謂“中興名將”，總算以旋乾轉坤，掀天揭地的本領使滿清中興，使太平天國滅亡了！那麽，那些“中興名將”的罪浮於秦檜、吴三桂等輩，豈不是比一加一等於二還要清楚明白的道理麽？何以還有人崇拜呢！

天下真有些怪事：在新舊交替之際，新朝的異族主子以刀鋸鼎鑊逼迫舊朝臣民的當時，人們都求全責備，要求舊朝臣民以死殉國；所以不但阮大鋮、馬士英爲人唾棄，就是僅僅不能一死的錢謙益也不易得到諒解。這自然不壞；可是轉眼之間，新朝的天下事大定矣，刀鋸鼎鑊换上一些别的羈縻人心的東西，雖然主子仍是異族主子，自己仍是舊朝臣民，不過稍爲時過境遷，就不妨屈膝稱臣，侯方域應順天鄉試，吴偉業以詩史豪於一代，民族國家的界限似乎不但自己早已撤消，就是别人都熟視無睹。再後一點的人就是更幸福，不但滿口國朝今上，歌功頌德，并且掉過頭去譏笑那些被迫的先輩爲靦顔偷生。有清一代，這樣的名公巨卿實在太多了。别人爲生死所應該不受的東西，他們爲了萬倍不重要的理由而奔競以求之；别人爲生死所應該守住的東西，他們爲了萬倍不重要的理由把它拋棄了。這是一。黄梨洲一代大儒，自己穿戴明代衣冠，到處講學，却叫兒子去和清人共修明史，并以此爲條件，换取自己的衣冠自由，其心較顔之推所記，教子弟學鮮卑語，彈琵琶，以服侍胡貴的，爲更不可問。這是二。清初有些明季遺老，感於國破家亡，無力挽救，最後的表白，是不事僞朝；他們是漢人，明朝的皇帝也是漢人，而新朝則是異族，這中間至少客觀上包含着民族意識在内。民國時代也有些清季遺老，大概也感於國破家亡，無力挽救，所以最後表白，不爲民國服務；但他們忘記了自己是漢人，清室却是異族，甚至於他們自己在清季也不是什麽要角，毫無爲清室守節的必要；而他們却反引明季遺老爲同調，不知彼此所守，剛剛相反！這是三。另外恐怕就是崇拜那些所謂“中興名將”了。自然，崇拜他們，并不是崇拜他們那對於中華民族的罪行，而是崇拜他們的文章道德，治兵治學的方法；但是他們第一篇經世大文章已經全盤錯誤，還談什麽雕蟲小技？大節已經虧損，還談什麽私人道德？古今中外，聖賢豪杰，名將名儒，在任何方面，超過他們的人何止萬千；就是學些技術之末，更怎能談到崇拜？而且，他們無論在其它方面，有多少美點，比起對於我們民族所犯的罪惡來，都是毫不足道的。反而正因爲他有學問，有些小忠小信小智小慧，足以使人嘆服，他的欺騙性就比其他的人的都要巨大、持久。他的美點都是幫助他的罪惡的，本身自然也就變成了罪惡，這一點應該首先明白。

儼然知識分子的“名士”，尚且還崇拜那些所謂“中興名將”，那麽，不知今世何世，抱殘守缺的迂夫子，不識不知，順帝之則的蚩蚩之氓，也就是我們的親愛的同胞們，其不明是非，不知順逆，不辨邪正，以太平天國爲“長毛”，以滿清爲“我大清”，而滿口“曾文正”、“左文襄”、“胡文忠”的人，恐怕還不在少數。這是個萬分嚴重，也萬分迫切的問題；正因爲我們的同胞的民族國家觀念如此一塌胡涂，日寇纔能長驅直入，汪精衛那班東西纔敢膽大妄爲，日寇所到之地纔有僞組織，纔有“皇協軍”，纔能安全固守，予取予求！如果現在還不急起直追，趕快糾正，我們的抗戰就衹是白抗，百萬千萬同胞的死難也是白死，最後勝利的到來也就愈加遥遠。所以現在雖然民國已經三十年了，我們的文化人，思想家，藝術家，還有大聲疾呼地指斥那班甘爲清廷作倀的無耻之徒，表彰太平天國的孤臣孽子的必要；而指斥那班甘爲清廷作倀的無耻之徒，也就是表彰太平天國，表彰太平天國也就是指斥那班甘爲清廷作倀的無耻之徒。所以我説《忠王李秀成》這劇本，而尤其是這劇名，無論它在藝術上是成功還是失敗，都是足以正人心，息邪説，放淫詞，距頗行的。所以我擁護《忠王李秀成》。

一九四一、二、一五、桂林

關於《擁護〈忠王李秀成〉》

一、林帆先生來信

澹臺滅暗先生：

看了《野草》三卷三四期合刊之後，對於先生大作《擁護〈忠王李秀成〉》一篇，表示非常擁護。《忠王李秀成》這幾天正在重慶上演，劇本我也看過，的確是“足以正人心，息邪説，放淫詞，距頗行”，先生對於“中興名將”以及一般“名士”們的没有國家民族觀念，認爲“萬分嚴重”，在下也有同感，不過先生不知不覺地造成了兩點小小的錯誤，似乎值得提出來討論討論。

一、先生説“秦檜與吴三桂，雖然爲異族服務，藉異族的力量翦滅同族的異己的力量，終於把整个錦綉河山，雙手獻給異族，但秦檜時候的宋室，吴三桂時候的明室，實在已經成了西山的落日，無力自保，真所謂大勢去矣”，下面雖然没有説明，但是由語氣上看來，任何人都知道是什麽了。先生把秦檜和吴三桂兩個賣國賊的罪行，輕輕地推到“大勢去矣”上，讓它替他們作替死鬼，我以爲是不必的。未必“大勢去矣”，就允許他們賣國，認爲是“情有可原”嗎？我想先生既然否定“中興名將”，當然不會肯定秦檜吴三桂之流，不過，由語氣上看來，先生實際上等於在替他們辯護。接着先生又説：“太平天國興起的時候，情形和宋明之季剛剛相反，西山的落日是滿清，太平天國倒在長時期中是朝氣蓬勃的……”“但是那些所謂‘中興名將’總算以旋乾轉坤掀天揭地的本領，使滿清中興，使太平天國滅亡了。”關於這，我不想多説；太平天國興起時，的確是蓬勃的，因此太平軍由廣西出湖南，陷南京，一路勢如破竹，打了不少勝仗，那時，那些“中興名將”們，并没有把他們滅亡，反而節節敗退，這可見“中興名將”們并没有什麽“旋乾轉坤”的本領，太平天國的滅亡，還是内部的分裂和政治的腐敗，等到後來，各王殘殺殆盡，忠王軟禁天京，天王日漸荒淫昏懦，群小亂舞的時候，真是所謂“大勢去矣”，那時，清兵纔攻入天京，滅亡了太平天國。這恐怕也不能算是“中興名將”們的“偉績”，而是太平天國“實在已經成了西山的落日，無力自保”。如果照前面秦檜吴三桂的那種説法，那麽先生雖在否定“中興名將”，却不啻在爲他們辯護——“這豈不是比一加一等於二還要清楚明白的道理麽?”

二、先生説清季遺老全是漢人，不應該爲清室守節，這很有民族意識，當然是對的。可是接着又説，“他們在清季也不是什麽要角，毫無爲清室守節的必要”，這句話，就頗有商量的餘地：1. 既然説是“在清季不是什麽要角，毫無爲清室守節的必要”，難道先生未必説是：“如果是要角，也不妨爲清室守一守節嗎?”我以爲即使是“要角”，可是自己是漢人，也不應該替别人出力的，這在客觀上包含有民族意識在内，如不然，那麽，現在我們的敵人如果委先生一個“要角”的“職位”，先生不也去“鞠躬盡瘁”地爲“大日本帝國”“守節”了麽，太含糊了。2. 這條“定理”如果擴而充之地應用起來，“要盡力，必須身爲‘要角’”，如果自己不是“要角”，就隨隨便便，可東可西，這似乎也不大好。我們在整個的中華民族中間，不是什麽“要角”，難道我們就“毫無爲中華民族盡力的必要嗎”?

以上兩點，雖屬很小，但先生在立論上確是犯了相當的錯誤，這是個“萬分嚴重”的問題，因爲，像這樣，至少是不能“正人心，息邪説，放淫詞，距頗行”的。

林帆　三月二十一日重慶

二、答林帆先生

“竊鉤者誅，竊國者諸侯”，這是莊子的名言。對這名言我不知道有些怎樣的解釋；但無論怎樣解釋恐怕都不能把莊子的本意，當作竊鉤者應爲諸侯，竊鉤無罪或竊鉤乃是大丈夫光明磊落的行爲等等，那麽莊子雖然把竊盜分爲竊鉤與竊國兩種，也并没有替竊鉤者辯護。語曰：“兩利相權，取其重者；兩害相權，取其輕者”，不但利與害各有輕重之分，功與罪也應各有大小之别。任何情勢之下都不允許賣國，是立論前提；但各種情勢之下的賣國罪并不絶對同其輕重大小，説甲情勢下的賣國罪重於乙情勢下的，决不是説乙情勢下的就“情有可原”，也就并不是“辯護”。先生所指爲秦吴辯護之點是落空的。

墨子公輸篇：“子墨子見（楚）王曰：今有人於此，捨其文軒，鄰有敝輿而欲竊之；捨其錦綉，鄰有短褐而欲竊之，捨其粱肉，鄰有糠糟而欲竊之，此爲何若！王曰：必爲竊疾矣。”墨子説不應竊人敝輿短褐與糠糟，决不是説如果鄰人所有的不是敝輿短褐與糠糟倒是文軒錦綉與粱肉，無論自己有無文軒之類，都應該去竊。文章本有擒縱進退之法，不可膠柱鼓瑟地解釋。偷竊奸淫都是犯罪的，誰不知道？然而談話之間也常有這類的句子：爲了十萬八萬而偷竊，倒也罷了；可是某甲偷竊不過極少數的錢！爲了美好少女而逾墻鑽隙，倒也罷了；可是某乙的對象却老而且醜。其意是説犯一回罪不上算，并不是勸人偷竊多金，奸淫少女。一定要作如此解釋，也無法可想，天下本有許多迂執的聽話人；而“欲加之罪，何患無詞”，善於羅織的訟師和法官歷來也很不少。先生以爲我好像説如果是要角就不妨爲清室守節的問題，我作如此觀。

先生引用了我的原文“但是那些所謂中興名將總算以旋乾轉坤掀天揭地的本領使滿清中興，使太平天國滅亡了”之後，説：“太平天國的滅亡，還是内部的分裂和政治的腐敗……”好像我對於這一點毫無所知。但是我的原文是這樣：“雖然太平天國與滿清的勝敗有不少的原因，但客觀上，那些所謂中興名將總算……”并没有抹煞太平天國主觀力量上的弱點，甚至還包含着當時國際援助的得失等問題。先生用割裂的方法來顯出我的無知，態度是有些欠平允的。先生又説：“太平軍由廣西出湖南，陷南京，一路勢如破竹，打了不少勝仗，那時，那些‘中興名將’們并没有把他們滅亡，反而節節敗退，這可見中興名將們并没有什麽‘旋乾轉坤’的本領。”這似與史實不合。我們所説的中興名將是指曾左胡彭之流，在太平軍陷南京以前，他們還未起用，還未握權，并不足以證明他們没有旋乾轉坤的本領。

但這些都是小事。重要的是先生説“太平天國的滅亡還是内部的分裂和政治的腐敗”，并用我説宋明兩代的話説他們“大勢去矣”，“實在已經成了西山的落日，無力自保”云云。我不想在此羅列太平天國滅亡的原因，指出那些原因的主從以及互相糾結互爲因果的關係，因爲那非三言兩語可了，也似乎逸出了討論範圍。我衹想説，無論太平天國滅亡的原因如何繁複，但在論中興名將的場合，過於强調太平天國内部原因，認太平天國滅亡，簡直“不能算是中興名將的偉績”，其實是爲中興名將洗刷——太平天國完全是自己滅亡的，與清室和輔清室的漢奸無關。替他們辯護的不是我而是先生自己。先生反説我的不與先生苟同的論調，“却不啻爲他們辯護”，文意非常費解。下面還用我的話來回擊我：“這豈不是比一加一等於二還要清楚明白的道理麽?”老實説，這是比一加一獨不等於二還要難以清楚明白的道理！

匆覆不恭。

澹臺滅暗　四月八日

論《封神榜》

《封神榜》這部書，一向没有登過大雅之堂。字句粗陋，章法呆板，結構草率不説，把許多後來纔有的人物，姓氏，軍用器具，文章體裁……都扯到商周時代去，實在值不得“博雅君子們”的一笑。儘管這樣，《封神榜》却作爲大衆讀物之一，在中國舊社會裏面，占着它確乎不拔的支配地位。“姜太公在此，諸神迴避”的紙條兒，到處都可以碰見；財神趙公明，東岳大帝黄飛虎以及麒麟送子的三霄娘娘……的廟宇，各地都有。至於三頭六臂的哪吒，八九玄功的楊戬們的英勇的戰績，就是不認識字，没有直接看過這書的鄉下放牛的砍柴的人們，也背得出一兩套來。有一年，我在軍隊裏，打仗打到東江很偏僻的鄉村，那些鄉村裏，什麽都没有了，衹剩下幾堵没有燒完的土墻。那些墻上，高高地貼着些褪了色的紅紙條兒，上面寫着“金靈聖母神位”，“火靈聖母神位”之類；雖然到現在我不知道那些地方的農民把“聖母”們當作怎樣的尊神在供奉，爲什麽要供奉，平常以怎樣的方式在供奉。中國的舊小説，在舊社會裏，已經失掉了小説的意義而成功爲歷史的經典的，《封神榜》，恐怕要算第一部書了。

然而大衆選擇了《封神榜》這部書，并不是偶然的。除了書中的故事架空詭幻，足以歆動并非“博雅君子”的大衆以外，這書還：第一，對舊社會所迷信的神道的來源，給了一個歪曲的解答。第二，告訴他們，“朝廷”如果無道，使得民不聊生的時候，就會有真命天子出世。第三，教他們在自己的困苦的生活之中，咀嚼着神奇的超現實的幻想來作自我麻醉。這三點，對於大衆都是要不得的。迷信在某種制度裏面本是免不掉的。大衆的知識，不能分析、瞭解許多“不可思議”的現象，於是衹好推之於超越的神；到了推之於神之後，“神又是從哪裏來的呢？”這問題又馬上發生。《封神榜》答復了，這答復却使大衆迷信更愚昧。真命天子出世，本來不是大衆自己的希望。大衆的希望很簡單：生活的改善。江湖術士之流乘機起而告曰：要生活改善，除非真命天子出世。這樣，大衆纔把這怪物收爲己有了。至於不教大衆在現實生活中學習奮鬥，反教學會麻醉，顯然又是一種陰謀。這裏，大衆完全處於被欺騙的地位。

不過《封神榜》，如果要説它好，不見得就没有話。譬如説它暗示着多少革命的意義，似乎也可以。我們有很多教我們"爲國家，秉忠心，食君禄，報皇恩""除暴安良，改邪歸正"的書，像《施公案》、《彭公案》之類；誰敢大膽跟皇家作對，那結果一定很慘，像以"誨盜"著名的《水滸》，也不是教一百單八將去爲朝廷平寇，就是爲朝廷所平。至於把舊的朝廷推翻，重新建立新的朝廷這種話，就很少人敢提。到現在爲止，每一個時代都有那一個時代的説話的困難。居今論古，推己及人，安知《封神榜》的作者，不是自己的思想太危險，不容易存在，所以轉彎抹角故意找出武王伐紂這一確有的史實來，又故意使它穿上神怪的衣衫，以掩飾它的内容的呢？例如周跟殷，用歷史的眼光看來，不應該是像後世那樣嚴格的君臣關係。《封神榜》寫得那樣像煞介事，如果不是對歷史的無知，説不定就是别有用心。自然，即使這樣解釋，也并不能提高《封神榜》的多少價值。這書所寫的革命，并非起自民間，結局又不見真有制度的改换。在現在看來，豈非"以暴易暴兮，不知其非矣"？雖説這話對若干年前的《封神榜》的作者，未免太苛。

《封神榜》上最雄辯的兩句話是："成湯氣數已盡，周室天命所歸。"就這兩句話，演出了許多"正"教跟"邪"教的衝突。什麽"氣數"，"天命"，"正"跟"邪"之類，固然玄妙難測，衹是江湖術士的濫調。但剥去那江湖術士的外衣，也未嘗不可以有樸素的脚踏實地的解釋。作惡多端，殘害人民的是"氣數已盡"的舊勢力；爲那舊勢力效力的是"邪"教。代表人民，反對獨夫的是"天命所歸"的新勢力；效忠於新勢力的是"正"教。在"氣數已盡"跟"天命所歸"的兩方的對比，《封神榜》寫得很爲盡致。氣數已盡的那方面，一切的權力都在他的手裏。他可以調動天下的兵馬去撻伐他的仇敵。他的祖宗在幾百年以前就替他留下許多根基，養成許多忠臣義士來替他效力。許多“君要臣死，臣不敢不死”的理論家替他辯護。許多武士極周密地爲他守衛。他有許多高官、厚禄、空名或實惠可以獎給效忠於他的人們。甚至跟他毫無關係的人，像通天教主，申公豹之流，都各各爲了自己的某種原因，暗地爲他奔走、拼命。一句話，一切形勢都是利於他的。但是他的壽命延長一天，就是他的罪惡加重一天，加多一天，種種掙扎的手段，剛剛都變成了他的罪惡，不過格外使人民認清他、惱恨他、加强打倒他的决心罷了。另一方面呢，恰好相反，起初，人是少的，力量是小的；但是他們是“天命所歸”，於是登高一呼，萬衆都響應了。撲滅他們！他們的敵人永久也不會忘記。瞧，“三十六路伐西岐”，“誅仙陣”，“萬仙陣”，多厲害！并且“亂臣賊子”的頭銜，刻在他們的額角上，一離開隊伍，未必不真會“人人得而誅之”！然而無法，他們終要“會師孟津，觀政商郊”，打倒舊的朝廷，建立起新的朝廷來。自然，他們失敗是有的，苦痛，死亡也是有的，那有什麽關係呢，種種挫折造成了他們的最後勝利。并且那時候“正”教跟“邪”教的道法究竟誰高誰低也判然了。

又，舊勢力方面，白白死了許多忠臣義士武人説客，没有發生什麽效果，是很可惜的。用《封神榜》的説法，這些枉死的人們，或者是因爲“執迷不悟”吧。但像通天教主那樣法力無邊，該不會再執什麽“迷”；乃因門下畜牲道中的角色太多，竟受小傢伙們的撥弄，想用自己的道法，挽回已倒的狂瀾；卒至身敗名裂，遺臭於天下後世，未免太不上算。還有申公豹先生，本是“玉虚門徒”，也很懂得點“天命”“氣數”，本可以“返本還元”，成爲真仙的吧，又不料爲了一點私人意氣，甘心叛教，不辭勞瘁地到“三山五岳”去煽動“道友”們來跟同教的師友弟侄們作對，以致斷送了許多“道友”的性命，自己也身填北海，更爲不值。這些“逆天行事”的榜樣，《封神榜》也寫得不錯。

總之，《封神榜》這部書，光憑它的神怪這一點，就毒害了中國社會不知多深多久，是誰都不能辯護的。不過我們“讀書人”，本有點愛作

“翻案文章”的怪癖，如果體會歷來説話之難，肯到沙裏淘金，弦外尋韻，就是很無聊的書，也未必不可以尋出多少意義來。若説想借“天命”“氣數”等江湖術士的濫調來妖言惑衆，則吾豈敢？

一九三四，七，六，上海

小雨點

三四流以下的作家的罵人文章，就像小雨點灑在身上。

——梁實秋

一、贊　壕

新的英雄站在高高的擂臺上大聲喊叫："誰有本事就上來較量較量!"

可是擂臺周圍是一條深而寬的壕溝，壕溝裏盛滿着糞便，便是游泳家也衹好皺眉，嘆氣。

於是我們的新英雄至今而且恐怕會永久碰不到一個敢和他交手的人，因爲他的地位站得好。

二、揚　威

希特勒對民主國說："你們'圍剿'我，你們就錯了。依賴人多勢衆的辦法，正是我們（!）所最鄙夷的一種手段。獅子老虎總是獨來獨往，衹有狐狸和狗纔成群結隊!"

然而希特勒仁兄，你爲什麼還要説"我們"呢？正是自詡爲獅子老虎的時候，屁股下却拖出狐狸尾巴來。

獅子老虎又是什麼東西呢？是獸類，却吸别的獸的血，吃别的獸的肉。這吸同類的血，吃同類的肉的畜牲!

獅子老虎也吃人，但據説有一種美德：不吃死人肉。吃死人肉的衹是野狗蛆蟲之類。

三、定　分

貝當佛朗哥之流說：“我們容忍一切，就是不容忍那‘不容忍’的態度。”詞藻多麼美麗，又多麼確切呀，衹一句話，把自己的身份和性格都表現無餘了。容忍主人所施給他們和别人的一切，但决不容忍奴隸們的無法容忍時的憤懣和反抗。而且貝當佛朗哥在這一不容忍上是極端“自由”的，這些卑怯的奴隸總管們！

四、明　術

楚平王是偉大的，因爲他的尸體也可以使英雄們建功立業。

伍子胥也是偉大的，因爲當他鞭打楚平王的尸體的時候，那尸體連哼也不敢哼一聲。

然而在伍子胥却是無法可想，興師動衆地趕來，楚平王已經死了，就衹好鞭尸泄憤。伍子胥的徒孫們則不然，楚平王活着時，一個個銷聲匿迹，不知躲在何處；剛一死，他們就從各個黑角落裏伸出頭來。楚平王的尸體莞爾而笑曰：“山人早已算就了！”

五、懷　古

我尊敬阿 Q。

他不曾說：“我的臉被趙太爺親手打過，所以我了不起。”

也不曾說：“趙太爺打我，所以他不是東西。”

更不曾跑到趙太爺的仇家——假如趙太爺有仇家——捧着臉說：“瞧，我早就忠於府上了，姓趙的那老東西打過我的耳光，就是憑據。”

世道衰微，阿 Q 的樸質遺風尚有存焉者乎！

六、估　價

浮士德簽過靈魂的賣契之後，他的肉體就得到完全的“自由”了。

浮士德的靈魂多少錢一斤，書無明文，這是歌德的疏忽。

考據家曰：每斤五百馬克。

原來價錢也果真是價錢。可是一説，那正是馬克狂跌的時候。

七、感　劇

舊戲裏有一出《打花鼓》：打花鼓的女人在跟大相公如此如此之前，討價還價，扭扭揑揑地説：“我們是人家人，清水貨。”我聽了要作嘔。

江湖賣藝的女人，真有在火坑裏修行，出污泥而不染的蓮花吧，但她决不會動不動表彰她自己“是人家人，清水貨”。她無須説，也没有機會説——她不和人在某一種勾當上討價還價。開口閉口“是人家人，清水貨”的，這種“清水貨”其實早就和野鷄咸肉差不多，滿身梅毒花柳了；如果誠實是美德，比野鷄咸肉恐怕還要等而下之的。《夜上海》裏的吴姬説：“人家别的舞女，并不是什麼學校的高材生，還不都是假造身世，假門假事地編了謊話來自我宣傳?”真是一語揭破。好在大相公之流，總是明知故昧，并不計較這些。

“我們是自由主義者，”這是一句好話，可惜説出的場合，那意義常等於“奴奴是人家人，清水貨”!

八、頌　家

某教授説：天下之所以還如此其糟者，因爲一部分人想有一個家而不可得也。這話，對一部分人是確切的。

那麼，我們祈禱那一部分人早日得到一個家吧。

那麽，我們爲那想家多年而終於得到了家的人們慶賀吧：堂哉皇哉，美奂美侖，歌於斯，哭於斯，從今以來，不再是“喪家的”什麽了！

如魚得水，如虎添翼，真是得其所哉！得其所哉！

九、喜　雨

或本《金瓶梅》上有一個回目：《王婆幫閑遇雨》。幫閑而風不吹，雨不淋，安安穩穩自自在在拿白花花的銀子，固然很好；但未免顯不出幫閑的勞績。如果遇雨，雖非什麽滔天大禍，而一身濕漉漉，不必開口，也够使人想到“爲誰辛苦爲誰忙”，不能不多掏腰包了。

然而遇的雨太大，説不定也會傷風咳嗽，於身體也不很適宜；頂好，遇着的是微雨，既可討好，又不傷身，兩全其美。

那麽，小雨點，去吧，去灑在王婆身上，她會歡迎你，爲了你是她的恩物。

一九四二，一，八，桂林

魔鬼的括弧

哥倫布在汪洋大海中第一眼看見一塊木片，一片草色的時候，他是如何地狂喜呀，“陸地！陸地?”他大叫。從此，他勝利了，成功了。自有人類以來的最大的勝利，成功。

哥倫布曾經怎樣狂喜，魔鬼也怎樣狂喜；哥侖布曾經怎樣高叫，魔鬼也怎樣高叫，當魔鬼從人們那裏發現了括弧的時候（就是那别名引號的括弧——“　”。人們有時候用這括弧）。從此，它勝利了，成功了，自有魔鬼以來的最大的勝利，成功。很快地，差不多一秒鐘的萬分之一的時間，它就學會了運用那括弧，而且比無論誰都用得好。魔鬼是聰明的。

魔鬼的敵人是神。神在人們中間的信仰是不可動摇的！神的言詞是不可駁復的，神的勇力是不可戰勝的，多麽長的時間喲，魔鬼就爲這些事而苦惱着。現在，這些苦惱没有了，它笑了，它有一個巧妙的武器：括弧。人尊敬神麽？它在神上打一個括弧；神是崇高的麽？它在崇高上打一個括弧；神是正直，勇敢的麽？它在正直，勇敢上打一個括弧！無論什麽，衹要是屬於神的，它都毫不躊躇，毫無例外地給打一個括弧。這樣，就無須乎再忙於摇撼神的信仰，忙於駁復神的言詞，更用不着和神的勇力比賽，神就自然不是神而衹是“神”：神的崇高，正直，勇敢也就不是崇高，正直，勇敢，衹是“崇高”，“正直”，“勇敢”。在括弧裏的字樣，向例是含着諷刺的意味的。

但是縱然這樣，魔鬼還是不肯罷休，它還没有得到完全的勝利，完全的成功。它還必須在自己身上打上括弧，在自己的屬性上打上括弧，比如卑劣，邪惡，怯懦等等。這樣，不用説，魔鬼就不是魔鬼而是“魔鬼”，卑劣，邪惡，怯懦也不是卑劣，邪惡，怯懦，而是“卑劣”，“邪惡”，“怯懦”。而括弧裏的字樣，向例是含有反語的意味的。

於是神不但不是神，反而衹是魔鬼；魔鬼不但不是魔鬼，實際的意義，反而是神。不言而喻，崇高反而是卑劣，而卑劣則是崇高；正直反而是邪惡，邪惡倒成了正直；勇敢不過是怯懦，怯懦却正是勇敢；這真是旋乾轉坤，化男爲女，移山倒海，俾晝作夜的神通，而魔鬼却并未費吹灰之力。不過輕輕地在無論什麽上都打一個括弧而已。魔鬼是聰明的。

從前，神和魔鬼的分别是明顯的，一望而知；現在似乎漸漸混淆起來了。從前是神不説魔鬼的話，魔鬼不説神的話的，現在，神雖然仍舊不説魔鬼的話，但魔鬼無論做着怎樣反神，瀆神的行爲，却滿口都是神的語言了。既然也有聽覺，記憶，發音器官，神的無論什麽話，它都可以聽到，記住而且説出的；不過衹有留心人纔聽得出它的話裏頭的括弧。

“親愛的魔鬼哟，您的方法雖然巧妙，豈不也有點阿Q氣麽?”

“您瞧!”魔鬼回答，它指着阿Q獰笑，原來它早已在阿Q上打上括弧了，“阿Q”。

魔鬼就這樣在一切之上打着括弧。

衹有兩件事是魔鬼不能明白的：

1. 在一切之上打括弧，其實等於對什麽也未打括弧。

2. 明眼人會看出它的括弧是魔鬼的括弧；而魔鬼的括弧，也就等於没有括弧。

一九四一，八，二六，桂林

裝腔作勢的男人

舊年年底前一日的《大公報·文藝》副刊上，有一篇上官碧先生（沈從文）的《廢郵存底》，裏面有這樣一段話：

> 你説的最近的刊物，我見不着，内容如何也不明白，但據我估想……有些人生活不得意，用“文化人”名義寄食於他所看不起的人籬下，牢騷滿腹，既無勇氣向腐敗的負責者攻擊，又無知識向社會或歷史算一算賬，無事可做，到末了自然衹好在小刊物上，向同行中名氣較大爲人注意較多的，發發牢騷。或訓練自己在冷處空處來那麽一箭……寫作的情緒既如此，文章不高明，態度又欠佳，事情都極其自然……即駡到頭上，我還覺得可以同情，不會生氣。

意思很明白：這位上官碧先生，是“文化人”中的“名氣較大，爲人注意較多的”大好老，什麽時候被人駡了，他是大度的，“還覺得可以同情，不會生氣”。駡他的人是誰呢？值不得一提，寄人籬下，“既無勇氣向腐敗的負責者攻擊，又無知識向社會或歷史算賬”，“文章不高明，態度又欠佳”，真是“什麽東西”！至於我們的上官碧先生自己呢？不用説，并不寄人籬下，或者所寄的籬，又不屬於他所看不起的人；現在正以大無畏的精神攻擊腐敗的負責者，用大知識向社會或歷史算賬，文章高明，態度佳妙，而且有不看刊物的内容，就能“估想”一切的神通。一言以蔽之曰：了不得！

然而對不起得很，這文章似乎早在什麽地方看見過。大概是十多年前吧，陳西瀅教授們就説過魯迅不敢攻擊軍閥，曹錕賄選時，他也在教育部當僉事，以及放暗箭等等。現在的教授們應付論敵的方法，還是這一套。莫非“歷史”果真停頓了麼？這真要有大知識的上官碧先生之流和它算算賬纔好。以下還有什麼“巢許讓天下，商賈争一錢”，就是説他自己是巢許，駡他的人是商賈，“有些人所思慮，或在這個民族將來的命運，有些人却衹爲個人出點小風頭便已得到滿足”，是説他自己正在思慮民族的命運，而駡他的人却衹知道出小風頭等等。因此“若衹是成天與二三似通非通的‘文化人’在小刊物上打筆仗，各執一是，如《吕氏春秋》説的妄人争年故事，兩人争年，以最後歇口者爲勝，未免太小覷自己的生命了……”。“以最後歇口者爲勝”，那的確是《吕氏春秋》時代的“妄人”的争年法，對於現在的教授們，衹消把自己説得如何尊嚴，崇高，偉大，而把論敵看成豬狗不如，不屑與之争論，這就行了；有這樣一副對聯：“大人大人大大人，大人在三十三天上替玉皇大帝蓋瓦；小的小的小小的，小的在十八層地獄爲閻王老子掘煤。”我們的教授，衹消把“大人”和“小的”改成“我”“你”兩字，使對聯爲：“我在三十三天上蓋瓦；你在十八層地獄掘煤。”這就行了。以最先歇口者爲勝！

文章中還有這樣的話：

> 我們對於“文學”與“人生”看法，和一部分人的雖無是非可分，無高下可分，然而却實在有點“不同”，這不同從短短時間中論辯上糾纏，了無意義，不會有何結果……

爲什麼呢？不是説“巢許讓天下，商賈争一錢”麼？不是説“有些人所思慮，或在這個民族將來的命運；有些人却衹爲個人出點小風頭”麼？高下是非，一眼可辨，一言可決，有什麼不可分，有什麼“糾纏”，爲什麼“了無意義，不會有什麼結果”呢？

如果有人像這樣問上官先生，那一定是個大傻瓜。我們的上官先生，我們的大人物，大好老，豈是輕易和别人辯論什麼的？好像《東萊博議》上有這樣的話：“勢相敵而後訟。趙孟不與輿隸訟，陶朱不與乞丐訟。”否則，就是“勝之不武，不勝爲笑”。而且如其真是一品當朝的趙孟或大腹便便的陶朱公，縱有無天無法，不度德，不量力的車夫，衙役，乞丐之流敢於捋虎鬚，也祇消叫警察抓去就得了，何以“訟”爲？

莫里哀寫過一個劇本：《裝腔作勢的女人》，可惜莫里哀死得太早了，如果活到現在，拜見這上官碧先生，一定又可寫一個劇本：《裝腔作勢的男人》！假如上官碧先生是個男人的話。

一九四一，三，一三，桂林

壁　畫

在某次宴會中碰見某咖啡店老闆，是一個會喝酒又喜歡高談闊論的角色。酒酣耳熱，話匣打開，嘮嘮叨叨，决不休止，也决没有一絲兒隙孔可以讓别人插進嘴去。他有一副高亢的嗓子，有一種辟易千軍的氣魄，有上天下地，宇宙蒼蠅，永無窮竭的題材，而且有話説出來就算，别人聽不聽，喜不喜歡聽，贊成或者反對，非笑乃至厭惡，都絶不計較的雅量。他是個天生的“發言人”，他的任務就是永遠“發言”。他一發言就萬喙俱息，整個屋子裏衹有他的聲音在迴旋排宕，縱横馳騁：德國大使每晚必找他喝酒，并且頂喜歡吃他自己做的大菜；魯迅終於做了和尚，於是“我們浙江”有了不少的名和尚，例如弘一法師，魯迅法師等等。而最難得的是他家的房子被日本强盗燒毁了，他不但不難過，反而哈哈大笑地説：“從今以後，我家裏不會再有肺病鬼了；我以後蓋造新洋樓，也不會有人反對了。”爲什麽呢？中國人的房子常常一住幾百年，不興翻造，不興消毒，甚至不興遷居。那裏面不言可知，是一切傳染病菌發榮滋長的自由王國。他家裏似乎曾有不少的人在他那屋子裏染上肺病而死去；而他又曾有要造新房子，被親眷戚族用風水或别的理由阻止了的經驗。德國大使喜歡什麽和魯迅爲什麽出了家之類，老實説，我不曾感到興趣；但關於中國人的房子的一段話，却不禁深爲佩服了。我也曾有一棟房子，也是被日本强盗炸掉了。我聽見這消息之後，也曾大爲高興，甚至比之於拔掉一顆痛牙，覺得渾身都輕鬆了。但爲什麽這樣高興的呢？一直到現在，還没有找到説明。聽他一説，這纔恍然大悟：積鬱甚久，要説而不知怎麽説出的話，原來如此！當然，多少的不同是有的，比如説，他恨老房子也因爲妨礙他蓋新房子，我却連舊房子炸掉之後，也不曾想到過這些，我知道，建造新居之類，是我的能力以外的事情。

我的房子，不用説，是祖傳的，以前有如何長遠的歷史，不得而知；歸爲我家所有，則是曾祖手裏的事。它矮塌，狹窄，潮濕，昏暗，空氣不流通，而且因爲年紀太大，到處的墻壁都是東倒西歪，千瘡百孔。要不是母親隨時記得修葺苴補，恐怕早已不能住人了。父親和這房子的感情似乎也不很好，曾經幾次想把它賣掉，主要的是因爲窮，但也因爲它給與我們的恩惠太少：人口不興旺，幾代人很早就死掉，又都是“痰火病”死的。陰陽先生説是房子的方嚮和别的什麽玩意兒都不很好的緣故。不過也終於没有賣，如果真賣掉，面子未免太難看了。人非到了真正山窮水盡的時候，面子總應該維持的。

這房子給我印象最深的，是厢房裏的壁畫。一提到壁畫，或者會聯想到什麽教堂、廟宇或宫殿裏的一些名家的杰作，如《最後的晚餐》之類。我們家裏的壁畫，却與這樣的東西無關。它們是一些散漫的小物件，手杖，菌子，撑開的陽傘或雨蓋，飛行的蝴蝶，樹頂上的船，戴斗笠的農民，向水面騰空跳起的游泳家，頭朝下脚朝上正在翻筋鬥的孫悟空，扛舉着千鈞之鼎的楚霸王，乃至一些無以名之的各種形象，顔色在暗黄微緑之間，是一種帶着微光的膠質的東西，好像一個個地貼在那昏黄了的石灰墻上，有些地方還乾涸得微微地翹起來。房裏本來没有窗户，衹靠樓口那裏的明瓦送來的一點稀薄的光綫，光綫又衹能達到一點很小的地方。小時候，我每年夏天都要打擺子，每當高熱之際，在這昏暗的房子裏，我就清清楚楚看見墻上的蝴蝶，游泳家，農民，楚霸王，孫悟空們都是活的，甚至手杖，菌子之類，也無不在那裏跳躍飛舞，并且一個個和我講着話。他們是那樣快樂，自由，那樣彼此毫無關聯，也毫不關礙，簡直就像到了無政府主義的理想鄉一樣。畫這些壁畫的是誰呢？是我的父親，是父親的哥哥，是父親和他的哥哥的父親。他們正像蘇洵、蘇軾、蘇轍父子兄弟都是文人一樣，一門三杰，都是畫家。用什麽東西畫的呢，并非别物，就是他們肺腔裏的痰！親愛的讀者，寫到這裏，我實在覺得很惡心，不能再給你們詳細地描摹了。總之，我的祖父、伯父、父親，都曾在那厢房裏住過，他們都是抽鴉片，有痰火病的人，每天早晨——其實是中午——一醒，第一件事是咳嗽，接着就是吐痰。那時候，痰盂政策似乎還不很普遍，所以他們也就没有采用。起初大概是吐在地上，但那須要勤掃，不掃，地上就黏不漬漬的，不好走；鞋底鞋面也不免要巴上，并且附帶巴上一些别的東西。簡便的辦法，就是吐在墻上，人總不會常常到墻上去走的，縱然他有飛檐走壁的本事。痰是液體，所以雖然剛剛到墻上的時候，近於圓形，不久就往下流。痰又是有黏性的，流得非常緩慢，不等流到好遠，就乾在墻上，變成上述的各種形象的壁畫，也成爲我小時候悦目怡神的欣賞物；尤其是在打擺子，發高熱時候給我以安慰的良伴。

我在外面流浪了二十年，衹在抗戰開始的那年回去過一次。剛到家裏的時候，覺得故鄉的街道窄狹，房屋低矮，和記憶中的故鄉似乎有很大的分别。但一跨自己家裏的門，馬上就證明這不過是錯覺，其實一切和十多年前是完全一樣的。“天地君親師”，還是外祖父那老貢生寫的那幾個字。神櫃、方桌、靠椅……還是原來的那些東西，連地位也没有移動一下。神櫃上貼的“天地陰陽百無禁忌”，“××取字××親友請呼”，“元旦試筆大吉大利”等等，仍舊是我自己的“墨寶”。小小的卧房裏仍舊擠滿了櫃子、桌子、床鋪，人在裏頭幾乎轉不過身來。床上的被窩似乎還是我離開家的那床被窩，摺叠的式樣也是我從前的所常摺叠的。打開書櫃，熟習地取出了舊時的窗稿：《潁考叔純孝論》，《半部論語可以治天下論》……那上面還有老師的硃筆圈點和批語：“沙明水净”“清光大來”之類。衹有那間厢房，母親因爲家裏人少，租給别人住着了。聽説那厢房裏的一切陳設都是我們的，也就都是那些老東西。雖然没有進去看，我相信那裏面的擺設的東西一定也和從前一樣。衹有那壁畫，現在恐怕更多了。因爲現在住着的那個人，和我年紀差不多，却也和我的祖父、伯父、父親一樣，是個抽鴉片煙的痰火病鬼，每天早晨我都聽見他咳嗽、吐痰。我有時曾想：如果我在家裏不出來，不知會變成個什麽樣子。現在知道了，我已經看見不到外面過這十多二十年的我的尊容，就是那個住屋的人，骨瘦如柴，面灰如土，眼目昏暗，兩腿顫抖，簡直就像將就木焉。這人就是我的替死鬼，如果我不在外面，在那廂房住着的應該不是他而是我，而我恐怕也已經上了大煙癮而且染上了痰火病了。這真是一個奇迹，快二十年了，這屋子裏的東西，一切都照舊，一點改變都没有，我幾乎疑惑母親頭上還是那幾根白髮，臉上也還衹那幾條皺紋。時間是如何地福佑這座古老的山城啊，他總是在别處轉來轉去，永遠不到這城裏來印上他的足迹，他簡直把山城的人們忘却了。我曾在外面過過十多年麽？曾經走過幾千幾萬里的路麽？曾經做過這樣那樣的事情麽？不，没有。那一切都是虚幻，都是夢，我不過是十幾歲的未越雷池一步的山城裏的孩子，這屋子裏就是我的整個世界，這屋子裏的生活纔是我的真實生活。我完全變成十多年前的我，我的感情完全變成十多年前的感情了。我本想躲在家裏讀幾個月書，寫點較長的文章的。誰知不行，一回家，一看見家裏的情形，連半點讀書寫文章的欲望也没有了，外面辦刊物的朋友寫信給我催文章，我連回信也懶得寫。我覺得什麽刊物哇，寫文章的朋友哇，都與我不相干，正像火星上的人和地球上的人不相干一樣。要不是聽説日本强盗快打到漢口，漢口如果失掉，家裏也無法住下去的話，也許我就那樣躲在家裏不會出來。但是一到外面，我又覺得像我那樣的家，像那樣塗滿了壁畫的房子，實在不是活着的人所能住下去的。人是如何愚蠢可笑的生物哇，明明知道在那樣的家裏無法生活，但是回去了幾乎不能拯拔出來，甚至已經拯拔出來了，還對它有多少留戀，覺得它對自己還有不少的誘惑性。正像疼痛的牙齒，本應一下拔掉，百事消除。却總以爲那牙齒是自己的，對自己有用的，寧可在走路的時候，恨不得在地上打滚；半夜裏睡了又叫唤着坐起來，也不肯到牙科醫生那裏去請他行一次簡單的手術。而我的這樣意志消沉，精神萎靡的處世態度，也正是在那充滿了壁畫的矮屋裏，在那矮屋的空氣裏養成的。現在好了，日本强盗一個炸彈，一把火，不問我願不願，把我的痛牙拔掉了。我不能説簡直没有對於祖業惋惜的心情，但一面也實在覺得這樣倒也痛快。所以聽了咖啡店老闆的一番話，便因爲同感而佩服了。不用説，他和我之間還有着一個不小的距離：他似乎是求之不得，得其所哉；我呢，我不過無可奈何，聊復爾爾罷了。

然而那老闆的話是錯的，我對於痛牙的依戀態度也是錯的。我們的房子太舊太壞太不衛生，必須改造，至少也該消毒，打掃，這是事實。但是做這些事的必須是我們自己：必須完全出乎我們的主動，并且用我們自己的手來完成它。也衹有這樣，纔能照我們自己的企圖稱心如意地改造；改造了之後，居住的纔仍舊是我們自己。日本强盜的炮火，究竟衹是破壞和誅夷，他不會替我們建造新的房舍，縱然建造了，居住在裏面的主人也不會是我們。而强盗們的寸草不留，毫無容赦的態度，不但我們的房屋，連我們自己，我們的父母兄弟妻子兒女，也無不在破壞，誅夷之列的行爲，至少，在被破壞和誅夷的我們看來，總是人類的悲劇。好萊塢的電影商攝製過許多“文明人”征服“野蠻人”的影片，內容大都在描寫文明的人在那些荒僻的地方受野蠻人的迫害，終於不能不發大兵去征剿他們，用意在替文明人的野蠻辯護。這和蘇聯的北極探險之類的影片，是一種非常鮮明的對比。非帝國主義的先進國，所要征服的衹是自然，即人迹罕到的荒野，所誅滅的也衹是毒蟲野獸；而帝國主義的槍炮火藥，對準的却是和文明人一樣用兩脚走路的人類。自希特拉横行歐洲，日本强盗進攻中國以來，白人已在大量地吞噬白人，黄人也未嘗不吞蝕黄人，連種族的藉口也没有了。如果不明白這一點，單單着眼於舊東西的毁滅，以爲什麽時候，幸存的我們可以在舊的廢墟上竪立起新的建造來，那就日本强盗不但不是我們的敵人，而且反而是我們的恩主。我們就先在認識上成了帝國主義文化的俘虜，很容易變成歌頌異族，“爲王前驅”的洋奴，漢奸。

不能假手别人來替我們改造，决不是説我們自己可以因循苟且地不改造或賴債似的今天推明天，明天又推明天的明天，緩期改造。因爲像我的家那樣窄狹低矮的房屋實在不適宜於居住，墻上的壁畫實在不斷地傳播病毒。衹要我們對這樣的房子不肯翻造，不肯消毒，不肯遷居，那房子的不適宜居住和容易生病的原狀决不會自己改變，我們的生活也决不會好起來。這是一種可悲的落後現象，衹要這現象存在，那些自稱文明人自以爲是天之驕子的帝國主義像納粹德國和日本强盜之流是决不會放鬆，一定要來代勞，也就是破壞和誅夷的。其實這樣的“代勞”早已開始，早已在强制執行；今天更是空前劇烈。我們固然要抵抗日本强盜的破壞和誅夷，同時必須以最大的努力，最大的速度，自己改造我們一切陳舊腐朽的東西，房屋之類，猶其小焉者也。也衹有不斷地徹底地迅速地改造，我們的國家，我們的民族纔能卓立於世界，纔能抵禦任何野心家的“代勞”。

然而任何改造都不是很容易的事：一生一世生活在那充滿了壁畫的房屋裏的人，常常是精神萎靡，意志消沉之輩，首先就不會有任何改造的欲求。縱然有，而人生幾何，多一事不如少一事，大事化小，小事化無的退嬰哲學又影響着他，是一。這樣的人大都是嬌生慣養的破落户，手無縛鷄之力，家無隔宿之糧，縱欲改造，也力不從心，是二。習慣於原來的住宅，在新的房屋裏反覺得處處拘束，不如舊屋舒適自由——比如説：不能隨意吐痰，豈非人生一大恨事！因之也無心改造，是三。看見别人都健康活躍，而自己萎靡消沉；别人的房子寬宏朗爽，而自己的房子湫溢陰濕，因妒生恨，因恨成仇，視一切改造和改造論者儼如大敵，終身成爲壁畫的擁護者歌頌者，是四。起初爲見聞所拘，以爲天下的美好的房子極盡於自己的住宅；漸而爲成見所囿，以爲别人的房子雖好，亦有缺點；終於因爲積重難返，變成自己的住宅爲天下住宅之極則與正宗，别種住宅都不過是醜惡的左道旁門的鬼把戲。人都有正人心，息邪説，維正道，排異端，先天下之憂而憂，後天下之樂而樂的高貴情操，對於房子的見解，一到這樣程度，就順理成章，勢所必至地成爲壁畫的歌頌者，擁護者，同時也就是一切改造和改造論者的敵人，是五。其他以堪輿家的青龍白虎，五行生克，黄曆上的不宜破土，不宜修葺，不宜灑掃遷居之類爲金科玉律的正人君子，更不用談。爲了民族的安健，爲了同胞的衛生，爲了自己和子孫後代的發榮滋長，而有志於解决衣食住行四大問題之一的房屋問題的人，一方面固然要和破壞我們的房屋的日本强盜戰鬥；一方面也應該説服那些反改革論者，和反改革論者戰鬥。

像咖啡店老闆，既不能戰鬥於前，反而認强盜的破壞摧毁是改造的良機於後，縱然没有任何更大的危險，也是十分阿Q氣的。

今天，正有許多前輩先生或準前輩先生在鼓吹東方文化，提倡精神文明，表揚中國陳舊的道德思想，例如説中國文化是世界上最富於青年精神的文化，古先聖王以孝治天下的遺意是政治哲學的極軌之類。那些前輩先生或準前輩先生，大概都是我們所敬重的尊長、師友乃至父兄；誰不願意自己的民族國家强大？誰不希望自己的子孫後代綿延於無窮呢？苦口婆心，用意非常之好。無奈他們的意見，衹是幾千年以前的老話，對於已經進步發展了幾千年，還要繼續進步發展下去的今天的中國社會和中國青年，那適應性多少應該打些折扣。我們决不反對孝順父母，决不主張打爺駡娘，欺先蔑祖；但要强調孝道爲最高道德標準，要把它貫串於一切行爲道德之中，就無異把人類，社會，民族，國家等多方面的人還原爲家庭兒女，這應該容許有多少異議存在。我們的父兄，我們的師長，無論做了什麽，在他們主觀上可能都無貽誤我們之意，我們知道。但是决不能證明他們的意見一定是對的。正像從他們肺裏吐出來的痰，或者説他們親手所畫的壁畫，决不是爲了害我們；但作爲後一代人的我們，至少須有這樣一點常識：它傳播病癥的力量，决不比别人吐的或者説畫的，會小些。

一九四一，一二，二〇，桂林

知父莫若女
——一個美國紳士的側影

有一種叫做《吾家》的書，是幾個小姑娘寫的日記。原文大概是英文，有兩種譯本。兩種譯本的書名上都標明“林語堂女兒的日記”字樣。著者而聲明是某人的女兒，想是一種美國作風，美國的著者想是都用羅斯福總統的内侄，赫爾總理的表哥的侄女婿之類的資格著書的。中國呢——那説不了，現在自然是落後，不久恐怕會趕上的。

林語堂先生，即那幾位少年女作家的老太爺，究竟是個怎樣的人物呢？不清楚。憑貧弱的腦子想，一定是個大偉人，人都有關心大偉人的私生活，嗜好或者性格的古怪興趣，我自然也有。那麽，這位大偉人林語堂先生的性格，嗜好或私生活，是怎樣的呢？真想知道一下纔好。不過，想知道也并不很難，他的女公子們合著的這本《吾家》裏就記載得很詳細。一讀完這本書，我就好像看見了這位大偉人。并且和他相處過很久似的。這本書是白報紙精印的，買起來很貴，説不定并不能人手一册。有没有福分讀到這本書，而又想知道林語堂先生是怎樣的人的麽？我可以略爲介紹，怎樣介紹呢？曰，把這書中關於林語堂先生的記載的精彩部分，摘録摘録是也。

父親和舊金公司猜獎

舊金公司的猜獎在美國很普遍，有一次父親也去參加過。起先他想買他的紙煙，但後來我們知道可凑空殼包時，我們大家就幫着找尋空殼包。這十萬美金的頭獎，當然任何人都想得到的，這是一個大數目的金錢呀！

父親日夜的爲此忙着，有時遭到了困難他會到哥倫比亞大學圖書館去找尋解答。我們都認爲至少我們可得十元獎金。父親不願用他自己的名字，所以我們取了一個“林語珠小姐”的名字。母親認爲父親是瘋狂了，她决不相信他會得獎的。但父親說：“假使别人可以得獎，爲什麽我不能？我也并不在一般人水準之下呀！”所以我們孩子們都幫着父親凑集空殼而猜度出東西來。後來有人把答案刊出來，每本五角錢，父母便買了一本，查對以後，發現了兩個錯誤。所以他换名再試。因我們又凑集了五十個空殼了。有一夜我們拿出來，一直工作到十點鐘！有一個答案，父親認爲他是對的，而波斯頓人把答案刊出來出售的書裏有一個却是錯的，所以父親把上星期的答案郵寄給舊金公司去，那是很興奮的。我們等候着舊金公司的來信，説這十萬美金是我們的，但一個月後，答案已刊出在報紙上，有一千個人得着頭獎，所以我們的神經又緊張起來了。我們找尋林語珠的名字，但——没有，一點也没有林語珠。我們於是再查答案，纔發現一個是——錯——了，父親很失望。但這却教訓了父親，著書是比較猜獎確能更多的賺錢。

——亞娜作（譯本頁三九—四〇）

亞娜是一位十三歲的小姐。這位十三歲的小姐的天真無邪的筆下，把這位林語堂先生的尊容可謂描寫得淋漓盡致了。瞧，“這是一個大數目的金錢呀！”“父親日夜的爲此忙着，有時遭到了困難，他會到哥倫比亞大學圖書館去尋解答。”“假使别人可以得獎，爲什麽我不能？”“父親很失望，”而且最後的神來之筆，是林語堂先生大徹大悟：“著書是比較猜獎確能更多的賺錢。”假如這還不是林語堂先生的風貌，那就一定是他的靈魂。

林語堂先生是怎樣一個人物呢？答曰：一個美國的紳士。

附注：前幾天看見報載，纔知道林語堂先生是好萊塢某電影公司的顧問。一個朋友問我："林語堂爲什麽要進好萊塢呢?"我因爲不理解他，無法答復。現在，我有點兒懂得，可是那位朋友不知道到哪兒去了。如果碰見了，我倒要反問他："林語堂先生爲什麽不進好萊塢呢，假如確能更多的賺錢?"

一九四二，二，六，桂林

胡風的水準

郭沫若先生在武漢尚未淪陷的時候，曾在《自由中國》第三期發表過一篇《抗戰與文化》。裏面説：

> 抗戰所必需的是大衆的動員，在動員大會上，用不着有好高深的理論，用不着有好卓越的藝術……所謂抗敵理論并不怎麽高深，否，實在是極端的單純。敵人的大規模的侵犯是企圖滅亡我，我如不起來抵抗，便是坐而待亡，但敵人是外强中乾的，因爲缺乏種種的資源，所以纔來孤注一擲地對我作大規模的侵犯，我如徹底加以抵抗，便是斷絶敵人的資源而促進敵人的滅亡。所謂“抗戰到底，最後的勝利必屬於我”的理論，的的確確是很簡單的。但我們需要有多量的方法來表現這種理論，并需要有多量的機會來發揮這種理論，務使理論化而爲行動。對於這種理論的表現和發揮，是應該不厭其繁雜的……大衆既需要簡單的理論，而尤需要這種理論的翻來覆去的重述。普及并深入於民間的民謡和箴言，所含的理論并不怎麽高深，有的重述了幾千百年，而大衆并不加以厭棄，否，反而您感覺親切，所謂習慣成自然，也就是條件反射積久而成爲無條件反射。

二十七年十月中旬，《國民公論》的第三號上，登載了一篇胡風先生的《要普及也要提高》，裏面有着這樣的話：

> 有些熱心的人説：戰爭是應該把精力集中在一點上的非常緊張的事情，哪有工夫談文化的提高呢？而且戰爭是非常簡單的行爲，

> 衹消把"抗戰到底，最後勝利必屬於我"這種簡單的理論再三再四地告訴民衆，使他們"習慣成自然"，由"條件反射"變成"無條件反射"就成了，哪裏用得着"高深的理論""卓越的藝術"呢？想在戰爭裏面提高文化，那衹是浪費民衆的力量，結果是等於妨害戰爭，也就是等於漢奸的行爲了。

從這兩方面的文章看來，這中間實在有點兒理論的問題，至少，郭先生的文章一再强調某一點，毫不加以聲明或限制，是很容易使人誤解的，雖然胡風先生推論到以爲主張提高文化水準，便"等於漢奸"，未免多餘。

這事情已經過去兩年了，郭先生在《文學月報》七八合期上又發表了一篇《無條件反射解》，據説，胡風先生的"要普及也要提高"和郭先生的主張"并没有兩樣，衹是在術語上有些誤會"。原來條件反射和無條件反射，是兩個不習用的術語，"胡風先生根本没有懂得"。於是郭先生講述了一番鮑佛葉夫的無條件反射説的大略之後，還應用到當前的問題上説：

> 其實所謂"戰爭的政治動員"者，就是條件反射，因有此戰爭的條件，故有此民衆動員的反應，但我們須得用種種方法來使它變成經常的運動，便是説即使没有此戰爭的條件也能經常保此政治動員，使大衆變得"無條件反射"。

然而胡風"竟把條件反射解釋成木偶的活動去了"："在叫做《玩具世界》的影片裏面"，胡風説，"當猛獸們侵入了'玩具世界'的時候，勞萊哈臺慌忙地開動了玩具兵隊身上的機關，這些玩具的兵隊居然挪着前進，把那些侵略者打出了國境。我曾用這來譬比過愚民政策的信仰者們，但現在的這個'無條件反射'論，其實也和勞萊哈臺的夢想一脈相通的。"

胡風既如此不行，也就難怪郭先生要發感慨！

> 説穿了，可以説完全是一幕小小的悲喜劇。……我們中國的批評家，在自我修養上，倒似乎應該再把知識水準提高一些纔好。

但是作爲讀者的我們看來，郭先生的話未免太躊躇滿志了。

第一，郭先生的“抗戰與文化”固然“是以動員民衆爲前提，故須得側重在普及方面”，但在文章裏因爲太“側重”了，不但完全忽視了提高，并且從“用不着有好高深的理論，用不着好卓越的藝術”之類的詞句看來，還似乎有反提高的嫌疑。“側重”一面和忽視另一面尤其是反對另一面，這差别決不算小。就是在現在的這篇文章裏，雖然一再聲明胡風先生的主張要普及也要提高，“這主張和我的并没有兩様”，“而且是認定普及爲提高的手段的”；但同時却説，“我自己似乎并未糊涂到把教育幹部和教育民衆的工作混爲一片的地步”，又似乎是説，教育幹部固然必須提高，但教育民衆却衹須普及就够了。和胡風的主張仍舊“兩様”。

第二，從胡風的文章裏，一點也不能看出他不懂（雖然也不能看出他懂）條件反射和無條件反射這“玄學”的術語。胡風所説的“木偶活動”，他已明言指的“愚民政策”；“無條件反射論”，不過和這愚民政策“一脉相通”，而不是其本體。他所説的“無條件反射論”，就是以爲戰時没有工夫談文化的提高，衹消把簡單的理論再三再四地告訴民衆就成了的意見，質言之，就是郭先生在《抗戰與文化》中發揮的理論。“無條件反射論”，不過順引原文，并不曾加過任何解釋，也似乎用不着加任何解釋，自然更没有説是“木偶活動”。用郭先生的大名打個比喻，胡風説：“沫若者，‘無條件反射解’的作者也。”郭先生偏説：“沫若者，像泡沫也。”并且用這解釋來非難别人不懂這名字的含義。這真是“説穿了，可以説完全是一幕小小的悲喜劇”，郭先生没有看懂胡風的文章，或者裝作没有看懂，於是打了一陣“風車”。

第三，退一步説，胡風真不懂得“無條件反射”這術語，又有什麽值得大驚小怪的呢？他并不是萬知博士，有所知，當然也有所不知，衹要他没以强不知以爲知，没有以知驕人，玄賣所知，且以爲人必不知，加以嘲笑，似乎毫無損於胡風之爲胡風。若干年前，周作人就説他没有研究藹理斯就動筆寫“林語堂論”；現在郭先生又指出他不懂“無條件反射”，雖然有點冤枉。如果胡風真的埋頭於藹理斯或者鮑佛樂夫，他將來的水準一定會提高，現在的文壇天下，也許會比較太平，但讀者的我們，却寧可早有一篇没有深研究藹理斯的《林語堂論》和不懂“無條件反射”的“要普及也要提高”；而胡風大概也决不會傻到要精通一切學問，備具一切專門學問中的“常識”了，纔來寫批評。

第四，希望中國的批評家提高自我修養的水準，自然隨便什麼時候，隨便什麼場合都可提出，而且决不會有毛病。在一般的文化水準低落的中國，批評家也真不是雲裏金剛宋萬，摩着天杜遷，可以在一百單八個好漢中獨充長子。但是又豈止批評家，其他的什麽家，也同樣需要提高的。比如郭先生，誰都知道是二十多年的老作家了，但他寫的文章，有時也并不强過一個普通中學生的作文。取例并不在遠，“無條件反射解”的附記説：“這篇稿子寫好了後已經擱置了一年了。……怕引起不必要的論争，耗費彼此有用的精力……覺得在目前發表是無妨事的了，因爲胡風先生的主張和我并没有兩樣……。”既然彼此主張“并没有兩樣”，不是早發表，遲發表都是一樣麽？何以早發表就會引起論争，消耗精力；一定要“在目前發表”，纔萬事大吉呢？假如不是拼字房裏的朋友給遺漏了多少詞句，這文章老實説，有些欠亨。似乎郭先生也該和胡風一道，提高一點水準。

一九四〇，一二，一

附 録

關於"無條件反射"的更正

××先生：

關於"無條件反射"的解釋，因爲手中無書，自己鬧了一個很大的錯誤，真是應該向你們告罪。

鮑佛樂夫的用語，我把它解釋反了，事實上是狗見食思食爲"無條件反射"，狗聞鐘思食方爲"條件反射"。因此《無條件反射》一文中，有兩小段是應該加以修改的，今更正如次：

"據鮑佛樂夫的實地研究（主要是用狗），一切大腦活動在其本質上不外是反射作用，但可由人爲的條件而使之錯綜。例如狗見食物則是思食的生理反應，聞鐘則不必思食，但如予食與狗而同時扣鐘，如此反復行之，則狗可至僅聞鐘聲即呈思食的生理反應。這見食思食便是"無條件反射"，言無人爲的條件制約而自然是食慾的反應也；而聞鐘思食則爲"條件反射"，言有人爲的條件制約而生食慾的反應也；普通所謂自發性或自動性其實均是"條件反射"，都是由於歷史的鍛煉而養成的，而且鍛煉還須長久的持續，如中輟過久，自發性可以消失，這也由鮑佛樂夫用實驗來證明了，便是條件反射有消失的可能性，例如狗經訓練可至聞鐘而思食了，但如屢次僅扣鐘而不予以食物，則狗所獲得的"條件反射"逐漸消除，竟反其聞鐘而不思食的故態。"

"又'戰争的政治動員'者就是條件反射，因有此戰争的條件而生成民衆動員的反應，但我們須得用種種的方法使它變爲經常的運動，便是説使這所獲得的'條件反射'不要喪失，歷久而養成'自發性'或'自動性'，與自然的'無條件反射'無以異。"

以上敬請在貴報上登出，以免貽誤，但我不用説是應該同時向讀者們告罪的。

郭沫若十月十日

《此時此地劇運》補義

爲了寫文章，纔翻到一本戲劇刊物，《劇場藝術》第七期。意思是想偷點什麼材料或者找點什麼油頭，以便胡扯一番，動機實在不純正的。既然如此，也就不必多翻，第一篇：《此時此地的劇運》，夏衍作。我就談談“此時此地”的劇運吧。

據作者說：

> “八一三”以來，中國的劇運，可以大致説已經完成了普遍化的第一階段了，緊接在這一階段之後，我們的任務是在如何纔能使這普遍化的戲劇能够作一步更大的前進了，普遍，同時更要深入，這是我們的課題。……
>
> 不知從什麼時候起，中國話劇就留下了一個并不值得感謝的傳統。這，就是對於演出（導演）和演技的忽視……
>
> 無原則的“鬧劇第一主義”阻礙了演出和演技的進步，演出和演技的無風狀態使中國戲劇停留在一定的深度……

於是，他大聲疾呼：

> 强調演出和演技（以及其他舞臺藝術）在戲劇藝術中的身份，在磨煉的時期裏面建立起我們新的戲劇藝術的最合理的分工，讓無數的新的演出者和演員有一個試煉他們纔能磨煉他們技術的機會，讓無數新的劇作者可以不必顧慮“生意”而能够有一個放膽地描破這時代的真實的機會，這不是此時此地應該做的事麽？

刊載夏衍的文章的刊物是在上海印行的，上海，目前是一個很難説完全話的地方；我又不大看，也不容易碰得着戲劇刊物，不知道作者或者别人對於這一問題是不是另有詳説的文章，單就這一篇文章説，雖説這文章裏的話是完全正確的，我總覺得：也許正因爲作者對於戲劇太内行了的緣故吧，作者的意見似乎太着重戲劇的演出和演技方面（以及其他舞臺藝術）。

我并不否認演出和演技，對戲劇是生命一樣的東西，演員或導演，如果在演出和演技方面顯不出才能來，就無異説他應該另尋别的行業；我也并不否認抗戰以來的許多救亡劇團，雖然已經收到不小的效果，却也因爲對於演出和演技無暇講求，無法講求，或者根本忽視，而大大減低了戲劇在民衆中間所應該發生，可能發生的影響。我祇是想説，作爲全般的劇運，劇本的創作——提高劇本的水準，至少也是同樣重要的。關於這一點，作者没有正面地提出積極的主張，祇是暗示着如果注重演出和演技，打破“鬧劇第一主義”的傳統，也可以影響劇作者，“讓無數新的劇作者不必顧慮‘生意’而能够有一個放膽地自由地描破這個時代的機會”。

我們常常聽見説抗戰提高了中國的國際地位，加强了中國人民的民族意識，改變了人民的生活，使無數的本來貪生怕死的人民英勇地走上了抗日民族自衛的戰場……假如這些話是真的，抗戰也一定擴大了文化運動的領域，提高了一般的文化水準，加强了人民消化食糧的能力。人民不僅在戰争中工作、戰鬥、流亡、遷徙，同時也在戰争中獲得了接近、理解，乃至創造文化或藝術的機會。極偏僻的地方，現在也有了抗戰的歌聲，極頑固的老太婆也懂得鬼子、漢奸、中國、日本……這些名詞的基本的涵義，連花鼓戲之類也不容易看見的地方，現在甚至於看厭了男學生女學生們合演的抗戰戲劇了。以前我們成天地喊：面嚮大衆，什麽什麽大衆化，可是大衆在哪兒呢？不知道！好容易找到一個兩個“大衆”，他們根本不感到有什麽文化藝術的需要，根本也没有餘暇，因而也没有自由，甚至於没有刺激，使他們和文化藝術什麽的打交道，并且也根本不相信我們這些穿長衫的，穿學生服的，穿中山裝或西裝的所謂文化人藝術家以及別的什麼人物。至於僻遠地方的大衆，更是没有路費到上海、北平以及别的通都大邑找尋文化藝術！今天，情形可完全不同了，日本强盗的鐵蹄踏到了祖國的大地，焚毁了工廠、作坊，洗劫了村莊，田野，奴役或殺死了兄弟父老，奸淫了妻女姊妹，廣大的人民離開了工廠和土地，失去了家鄉，失去了祖先的墳塋和自己辛勤的成果，每個人都必須選擇戰或降，生或死的道路。而必須執干戈以衛社稷，犧牲自己以求民族生存的又首先就是他們。他們的眼界擴大了，自己和民族或國家第一次似的發生了密切的關係，無數新奇的問題眩惑着他們的眼睛和腦子，同時也有了許多機會碰見我們這些演説的，唱歌的，畫畫的，演戲的……許許多多所謂文化人或什麼家之流。他們站在我們面前，我們站在他們面前，他們向我們毫不客氣地無言地吆喝："拿東西來!"我們現在不是應該不應該大衆化的問題，而是把什麼東西給大衆的問題。

抗戰不但使一向居住在文化國土以外的人民改變了，同時也使文化國土的國民的腦筋不得不改變，從前以爲是對的，到現在看來，偏偏不對；從前以爲不對的，現在或者反而對了；以前或者還不失爲好人的，現在却當了漢奸敵探；朋友變成了仇敵，仇敵變成了恩人。人事變了，倫理道德的準繩也變了，人和人之間的關係也變了。尤其是拿筆杆兒的人，尤其是藝術家，文藝作者——小説家，詩人，劇作者……開拓了無邊的視野，豐富了生活經驗，眼前堆積着無盡藏的題材，到處是可歌可泣的故事，衹要能够把握到十分之一，百分之一，千萬分之一，馬上就是一個了不起的作家。假如以前坐在亭子間，前樓，拿起筆，曾爲不曉得寫什麼好而着急，那麼，現在應該是爲寫不完，不知該怎麼寫而發愁了；從前爲避免身邊瑣事，衹好向不可知的國土探險；現在就是身邊瑣事，也無不與抗戰有關，無不與民族的存亡有關，極腐朽的東西，現在都神奇得了不得了。生在這樣一個偉大時代的作者是何等的幸運囉！先拿戲劇説，我們的劇作者，能够説現在應該仍舊停滯在《賽金花》、《武則天》階段，應該走"出奇"的路，用"鬧劇"來拉"生意"麽？而且縱然這樣做，做得通麽？

因此我想，此時此地，不但舞臺工作者要像夏衍所説，“强調演出和演技”，打破“鬧劇第一主義”的傳統，使戲劇的影響普遍而且深入；而劇作者尤其應該放棄“出奇的路”，放棄“生意眼”，放棄“鬧劇第一主義”的捷徑；不但導演和演員應該受“難劇”的磨煉，把“平淡而真實”的劇本也表演得有聲有色，使劇作者有“描破这時代的真實的機會”；劇作者更應該大膽地寫出平淡而真實的劇本，使導演和演員有受“磨煉”的機會。也衹有劇作者和導演演員都有這種覺悟，纔能談到“戲劇藝術的合理分工”，戲劇運動纔能得到合理的發展。

抗戰以來，打鬼子劇風行一时，現在形成了宣傳劇的公式。那些劇本，有一個共同的缺點，就是看不見人，即活生生有血有肉的真實的人。人在戲劇裏演着非常不重要的角色，不過是準備了幹劇作家當作聽講演，跑過場的一種工具，自己并没有靈魂、思考，乃至并不活在這世界上。鬼子來了，一個人起初并不覺悟，經過一番政治工作，於是英勇地打鬼子了，光榮地勝利了。人類社會似乎就很少這樣的事，也很少這樣的人。并且真這樣，抗戰這回事也就并不艱苦，更無所謂偉大的了。可是我們的戲劇却是靠了那些粗劣的東西去接近了群衆的。起初也未嘗不使他們興奮一時，到了三番四次地重複以及抓不住他們的真正癢處，就漸漸倦厭起來，簡單的打鬼子以及打鬼子的勝利，已經不能滿足他們了。他們要求着更真實的，更富有着人間味的，多樣性的，錯綜複雜的作品，不是説藝術家是靈魂的建築師麽？我們的劇作家應該不但在劇本裏宣傳抗戰擁護抗戰，而且要把握住抗戰中的真實的人們的生活，思考，感覺，情緒，建築起抗戰期間的各色人等的偉大靈魂來，用夏衍的話説：“普遍，而且深入”，這就是“課題”!

末了，我要説，一個劇本的好壞，决不决定於它的鬧或静，平淡或出奇，乃至打不打鬼子之類，而在於真不真實。鬧也好，静也好，平淡也好，出奇也好，打鬼子不打鬼子都好，衹要是真實的。今日的中國，本來并不像西北秋後的原野，衹是一個單一土黄色，當然有鬧的出奇的一面，前方或後方都有許多熱烈緊張，曲折離奇的新的羅曼斯。不過無論是這或那，都衹有和時代的脉絡同起落的作者，纔把握得住。在文化水準不斷提高的過程中，在中國人民不斷地覺醒中，在整個中國不斷地進步中，我們的劇作者，當然隨着一同前進；而且他們的努力也更推動時代的前進的吧！我期待着我們的劇運的昌隆。

一九三八，十二，八，金華

回　信

在《記一個叫做托爾斯山的青年》一文裏，涉及另一個青年。現在那青年在衡陽某報副刊上發表了一篇《致聶紺弩先生》，除了對於我在前文涉及他的話，并没有任何具體答覆外，文中頗提到一些不相干的人和事，尤以關於宋雲彬的爲最多。瑣事不必談，他説宋雲彬捧孔子捧章太炎，是教青年“學古”，“鑽牛角尖”，曾被魯迅駡過，“要不得”，輯“魯迅語録”，又似有侵害版權之嫌等等，我覺得這些都是認識問題，應該説幾句話。那麽，就在這裏給他一個回信吧。

宋雲彬寫的關於孔子的文章，我記得最清楚的有兩篇，一是《中學生》上的《我愛孔子》，另一是《野草》上的《言志》。我讀過《我愛孔子》之後，對作者講：不該在《中學生》發表，因爲青年不容易讀得懂。他同意，而且有一陣子曾痛感到對青年講話之難，表示以後少在《中學生》上發表文章。余所亞有一篇《談諷刺畫家》，他説某種社會不容許諷刺，容許諷刺的社會却又無須乎諷刺。這是見道之言，可以幫助我們看懂許多不容易懂的文章。宋雲彬是懂得這道理然而又不能不説話的，所以他的文章，常常是用心平氣和不動聲色，輕描淡寫有時甚至與世無涉等外衣裹着，裏面却是火是刺。他的談陶潛，談汪有典以及最近發表的《雜談》，如果過細讀了，決不會還説他勸人“學古”或“鑽牛角尖”。《我愛孔子》也正一樣，他對那些尊孔的人説：你們尊什麽孔呢？孔子本人實在和你們太不像了。與其繁文縟節，假門假事地在形式上尊孔，倒不如脚踏實地地學學孔子的好處。作爲理論分析，自然不算全部正確，作爲尊孔的反響，更是不見得充分。但他寫的是雜文，是避重就輕的側面文章，是對尊孔者流的回戈一擊；而且在尊孔聲中，就我所知，似乎還衹有他的文章。這正是他在思想上領導我們的地方，我們反因此而對他不滿，未免太辜負他了。至於“言志”，比“我愛孔子”的含義更爲明顯。不是有些學校常常鬧些這樣那樣的問題麽？他告訴學校當局們説，要没有任何問題，非常容易，衹消兩個字：博大。孔門那多學生，不曾鬧來鬧去，就因爲孔子能容納懷着各種各樣志向的人。不信，請看“言志”！要説“捧孔”自然也可以説，然而他捧得不對的麽？寫文章不容易，看文章也不容易，看了之後用點腦筋，替作者想想，把四周看看，應該多有所獲，人也從這中間得到進步。如果魯莽滅裂，粗心浮氣，三行兩行不對勁，就大發青年脾氣——應該説是少爺脾氣，總不見得是值得怎樣贊美的事。

章太炎是一代儒宗，早年還是個優秀的革命理論家和實行家，他的學問思想發生過很大影響。不幸的是，他處的時代，已經海禁大開，中國顯出了中國各方面的弱點，我們需要學習的東西太廣太多，社會進步也太快，青年學子，因之很少局限於所謂國故裏面，而章太炎也就没有以前的同樣學者們那樣普遍地被人歡迎乃至熟悉。他的復古思想是有革命性的，在滿清而要求復古，其實是回復漢族衣冠，漢室河山。這也有壞的一面：以爲古的總好，所以寫起文章來，遣詞用字就惟恐其不古，而他的廣博的文字學知識，恰巧又助長他的這一錯誤，於是他得到的就是和青年的隔絶。青年讀不懂他的文章，對他不理解，以致把他的光輝的一面都埋没了。晚年有些行爲的事不值得佩服，所以魯迅説他是白璧微瑕。但是瑕瑜不能互掩，章太炎也還有不失爲章太炎者在，也還有值得青年瞭解與學習者在。正因爲他的文章難懂，懂得他的人少，因而讀懂了他的書的人談談他是可貴的；正因他有瑕有瑜，能够把他的學問思想整理整理，寫出什麽是瑕，什麽是瑜，對於青年是有益的。宋雲彬是很少數有這種能力與興趣的一個，他的關於章氏的文章，正應該用感激的心情去讀，而不應該隨便加以抹煞。那位青年説章太炎“不足爲青年的楷模”，一部分道理是有的。但天下并没有一個專爲爲青年楷模而生的人，也没有一個無論什麽都可以爲青年楷模的人，更不是一個人如果不能完全做青年楷模，便無論什麽都毫無價值。問題在於那個人是好處多，還是壞處多；是好處重要，還是壞處重要。能够分出人家的好處和壞處，能够把人家的好處作爲楷模，把人家的壞處作爲鑒戒；能够尊敬有大而多的好處的人，不因爲他有小而少的壞處而動摇；憎惡有大而多的壞處的人，不因爲他有小而少的好處而原宥，纔是知善惡明是非聰明正直的青年。這樣的青年，無論在什麽地方，無論從什麽人都能得到自己的楷模，不必向某一個人身上去求全責備，比如章太炎學他的“以革命家現身”，不學他的“消極”；學他的“駡袁世凱”，不學他的“不敢過問政治”(引號内均《致聶紺弩先生》中的話)，他也未嘗不部分地“足爲青年的楷模”。其次，宋雲彬談章太炎，并不一定是説章氏是青年楷模，也没有教青年都學他。正像他也談陶潛，談汪有典談周作人乃至談秦始皇，并非就是教人學陶潛、汪有典，乃至秦始皇。如果衹有青年楷模纔能談，而完全的青年楷模又不易得，就衹好不談。那青年似乎很崇仰魯迅，假定魯迅是“青年的楷模”吧，但魯迅衹有一個，天下人寫起文章來，要談到人，就都衹能談魯迅，文章的範圍未免太狹窄，題材也未免太枯窘了吧!

就此就談到宋雲彬和魯迅的交往吧。宋雲彬寫過一篇《魯迅先生往哪裏躲》是事實，魯迅也在一篇文章裏面提到，也是事實，但魯迅并没有覺得宋雲彬有“要不得的模樣”。魯迅也提到過我，而且都是説我不行的，可是没有説我“要不得”，我也没有因此而“要不得”。魯迅的雜文裏提到的人物，多是些反派，因此而誤會宋雲彬也是反派，這是讀者的粗心；敵對態度與友誼態度，原文是分得很清楚的。宋雲彬最受非難的是輯了一册《魯迅語録》。他自己用心地讀了一回書，用心地加了一番選擇，又費力抄寫了一回，覺得還有點小用處，一時又有地方可出版，於是就出版了。以爲這就是自己的著作，以爲這本小書對魯迅有怎樣的功勞，以爲對於讀者有莫大幫助，這類的意思宋雲彬自己恐怕從來不曾有過。他所選輯的話未必都好；有些好話，未必都選上了，這就説明他有他的見解，這本書裏面有他自己的東西灌注其間。不是硬抄，不是東拼西凑的所謂選集，也不是任何一本原作者的著作。這樣一本書，我真不懂有什麽應該非難的。而且這樣的書不是有幾種麽？何以没有人談到别的，獨談到這一本書呢？從非難者以魯迅版税的保護人的姿態出現，而説得振振有詞的理由看來，似乎是因爲這本書的銷路還不壞。但銷路不壞，豈不正證明這本書是有用的麽？要選得好纔銷路好，選得不好，就銷路也不好，豈不又證明與魯迅的原作没有多大關係，尤其是與魯迅的著作版税没有什麽妨礙麽？縱然是别有用心的假裝吧，衹要肯裝作關心魯迅的版税，也未嘗不好；不過我擔心這樣的先生們别的東西也許都是精選的，衹是一雙眼睛，不免有些市儈氣。我疑心正因爲他們自己無論做什麽都先問賺不賺錢，所以纔對别人的事，也首先看是賺不賺錢的。爽興把野馬跑得遠一點吧，《魯迅全集》是依年代編的，對於研究魯迅的全部思想，尤其是對於研究他的思想的發展過程的人，極其有用，但對於研究局部問題的人，却未免太浩瀚了。我是對於語文問題有點興趣的，魯迅對於這一問題的見解特多而且精闢，因此不免時常要翻翻他的書，但每次都要翻動許多那樣厚厚的本子，實在感到苦惱。我深恨没有一本專輯這種文章的書，有時甚至想自己來編。無奈一則自己能力不够，二則生性太懶，三則不免想到一些人的市儈眼，所以至今没有動手。其實分門别類的全集或幾種單行本，説不定正是有些讀者所盼望的。不但此也，就是好的選集也未嘗不需要。如果真有像何凝那樣卓越的選家，把魯迅全部作品精選一次，就是魯迅自己也未見得不贊成。何凝的《雜感選集》，不是不但未被魯迅認爲侵害版權，反而增進了彼此的友誼的麽。而那版税或編輯費却是何凝獨得了的。但做這樣的勝業，要有充分的能力，嚴肅的態度，現在還要加上不怕長着市儈眼的人非難的大無畏精神。何凝正是好的人選，不幸，他已不在人間了。老話説“道大似不肖”，宋雲彬因此而受人誤解；反過來説，不肖也可以似道大，真所謂人禽之界，衹在幾希，差之毫厘，謬以千里的。希望我的話不會成爲一些翻印家的護符。

三點要説的已經説完，似乎不必拖什麽尾巴，那麽，這封回信就結束了。

一九四二，二，一〇，桂林

魯迅——思想革命與民族革命的倡導者

魯迅先生説："我總覺得周圍有長城圍繞。這長城的構成材料，是舊有的古磚和補添的新磚。兩種東西聯爲一氣造成了城壁，將人們包圍。"(《長城》）這幾句話，本是寫一九二四年以後某一時期的現象的，我以爲借來説明近百年來的中國的運命，也再恰當没有。那古磚是中國的封建勢力，新磚是國際帝國主義的侵略，兩種勢力聯結一氣，形成一座無形的長城，把中國人民包圍得密不通風。如果用社會科學家們的説法，就是：半封建半殖民地的社會。也正如魯迅先生在文章裏常常提到過的，"中國人一向是被同族和異族屠戮，奴隸，敲掠，刑辱，壓迫下來的，非人類所能忍受的楚毒，也都身過。每一考查，真教人覺得不像是活在人間"(《病後雜談之餘》)。"中國人向來就没有争到過'人'的價格，至多不過是奴隸，到現在還如此，然而下於奴隸的時候，却是數見不鮮的。"(《燈下漫筆》)

原來封建制度建築在農民剥削這一基石上，是最不把人當人的東西，從反映在政制上的君臣觀念看來：所謂"普天之下，莫非王土；率土之濱，莫非王臣"；所謂"君要臣死，臣不敢不死"；所謂"君者，發令者也……民者，出粟米麻絲以事其上者也……民不出粟米麻絲以事其上則誅"！可見民，一向衹有兩條路：獻出辛勞的成果——"粟米麻絲"，或者被"誅"。然而獻出了粟米麻絲，果真就天下太平，百事大吉了麽？并不！還要隨時準備脱褲子給那些聖君賢相派來的青天大老爺打屁股，隨時挨受地主紳士老爺們的凌辱，還要準備給盜賊像黄巢，張獻忠之流來殺戮，不然就給本族的或異族的有道明君或無道昏君像永樂、乾隆之流來殺戮！天才們給中國人民取了一個雅號："蟻民"，就是説，人們的生命像螞蟻一樣的不值錢；生命尚且不值錢，別的什麼自然更談不到。如果是鳥，應該有翅子，嘴或爪子；如果是獸，應該有角，爪子或牙齒；然而不是，他們是人！説是人，豈不是也該有人的羽翼和爪牙麽，像思想，智慧，欲望之類？有大概也有的罷，然而聖君賢相們用火，牢獄，鞭笞和仁義道德之類來剪掉了！於是他們變成鳥中的鷄鴨，獸中的牛羊！多麽長的日子喲，我們人民生活和死亡在這黑暗的世界裏！

滿清末葉，國際帝國主義的鐵蹄踏到中國來了，中國人民在舊的壓迫之上，添加一重新的壓迫。那些帝國主義者根本把殖民地半殖民地的人民都當作應該征服，虐殺的野蠻人看待，所謂有色人種，除了日本帝國主義，就是人以外的一種特殊的名詞。殖民地半殖民地比之於帝國主義國家，真也有些落後或甚至野蠻的地方罷，然而落後或野蠻就不是人，就應該征服，虐殺的觀念，却是他們"文明人"所獨有的東西！尤其是日本帝國主義，原先也和我們一樣是東方落後民族，一樣也是有色人種，一旦强了起來，便像奴才做了主人，比原來是主人的更殘酷更刻毒地壓迫別的奴隸。又因爲它處於東方，是中國的緊鄰，所謂近水樓臺，侵略中國，比其他的帝國主義更爲方便；侵略的方法也就更能無微不至。這帝國主義者們，不但自己常常聯合一氣，向中國進攻（最大的表現是八國聯軍），并且和中國的封建勢力勾結，裏應外合地殘害中國人民。民國以來，有很長的一個時期，中國始終不能逃出循環內戰的圈子，就是國際帝國主義，尤其是日本帝國主義玩的巧妙戲法。因此，帝國主義纔是貫串着中國的一切束縛的總束縛，它的地位駕凌於封建勢力之上，又把封建勢力改編在它自己的陣營裏頭了。

五四運動，有人比之於歐洲的文藝復興，文藝復興的根本思想，被稱爲人的覺醒，那就是説五四運動也就是中國社會的人的覺醒。其實豈祇五四運動，百年來的各種改革運動，無不帶有人的覺醒的氣氛，而且這人的覺醒的内容，比文藝復興更爲豐富；不但是民權的覺醒，同時也是民族的覺醒。文藝復興期的歐洲社會，祇受到封建制度的束縛，所要推翻的祇能是封建勢力；至於中國呢，到了人的覺醒的時候，國際帝國主義的無情侵略已經加到中國頭上，中國不僅需要中國人民從封建傳統的束縛之下解放出來，同時也需要從帝國主義鐵蹄之下解放出來。人的覺醒不僅是民權的，同時也是民族的。魯迅先生的思想正是這一需要的代表。

有一回，我竟在畫片上忽然會見我久違的許多中國人了，一個綁在中間，許多站在左右，一樣是强壯的體格，而顯出麻木的神情。據解説，則綁着的是替俄國做了軍事上的偵探，正要被日軍砍下頭顱來示衆，而圍着的便是來賞鑒這示衆的盛舉的人們。

……我便覺得醫學并非一件緊要事，凡是愚弱的國民，即使體格如何健全，如何茁壯，也祇能做毫無意義的示衆的材料和看客，病死多少是不必以爲不幸的。

——《吶喊·自序》

許多人所怕的，是“中國人”這名目要消滅；我所怕的，是中國人要從“世界人”中擠出。

——《隨感録》三十六

人類向各民族所要的是“人”——自然也是“人之子”——我們所有的是單是人之子，是兒媳婦與兒媳之夫，不能獻出於人類之前。

——同上四十

世界雖然不小，但彷徨的人種，是終竟尋不出位置的。

——同上五十四

大同的世界，怕一時未必到來，即使到來，像中國現在似的民族，也一定在大同的門外。

——《兩地書》一〇

這就是説，我們需要的是人，是自己變成人，這人是新的人，精神和身體一樣强壯的人，在世界上有强固的位置，可以和世界上的任何種族的人并駕齊驅，一同走向大同社會的人。怎樣使這樣的人實現呢？首先，自然是政治改革。但中國并不是没有改革運動，并不是没有反抗封建勢力與國際帝國主義的運動；剛剛相反，差不多百年以來，層出不窮地爆發過各種各樣的改革運動，比如洪楊革命，義和團運動，戊戌變法，辛亥革命，以及其他部分的，上到下的改革等等，也有許多次的改革，還得到了不少的成功。不過以前的改革者們，把問題看得太簡單，太表面，太局部，政治家以爲衹要一道皇帝的聖旨，革命家以爲衹要打倒一個皇帝，實業家以爲衹要開幾個工廠，教育家以爲衹要廢科舉、興學校，軍事家以爲衹要有槍炮戰艦，老百姓以爲衹要趕走或殺掉幾個洋教士……都忘記了如果人民的腦子不從封建文化的束縛之下解放出來，人民不獲得人的知識，人的思想，無論什麼改革，無論那改革得到怎樣的勝利，也將是表面的，形式的，换湯不换藥的。於是摧毁舊的文化思想，建立新的文化思想，就成爲一個重要的課題。“這歷史没有年代，歪歪斜斜的每葉上都寫着‘仁義道德’幾個字。我横竪睡不着，仔細看了半夜，纔從字缝裏看出字來，滿本都寫着兩個字是‘吃人’!”（《狂人日記》）“中國的文化，都是侍奉主子的文化，是用很多的人的痛苦换來的。”（《老調子已經唱完》）。這就是魯迅先生的對舊文化思想的估價。

看看報章上的論壇，“反改革”的空氣濃厚透頂了，滿車的“祖傳”、“老例”、“國粹”等等，都想來堆在道路上，將所有的人家完全活埋下去。……有些人們——甚至於竟是青年——的論調，簡直和“戊戌政變”時候的反對改革者的論調一模一樣。你想，二十七年了，還是這樣，豈不可怕。大約國民如此，是决不會有好的政府的；好的政府，或者反而容易倒。也不會有好議員的；現在常有人

> 罵議員，説他們收賄，無特操，趨炎附勢，自私自利，但大多數的國民，豈非正是如此的麼？這類的議員，其實確是國民的代表。
>
> 我想，現在的辦法，首先還得用那幾年以前《新青年》上已經説過的“思想革命”。還是這一句話，雖然未免可悲，但我以爲除此没有别的法。
>
> ——《通信》（給徐炳昶）

然而思想革命不能離開政治活動而獨立，封建文化又隨同封建勢力一起被帝國主義收編了。《略談香港》裏所説的“金制軍”（港督，英國人）和什麽“太史”，“爵紳”（都是中國人）結成一氣提倡國粹的事，《述香港恭祝聖誕》裏所述的可笑可耻的事，我們該没有忘記。魯迅先生説：

> 有些外人，很希望中國永是一個大古董以供他們的賞鑒……
>
> 中國廢止讀經了，教會學校不是還請腐儒做先生，教學生讀《四書》麽？民國廢去跪拜了，猶太學校不是偏請遺老做先生，要學生磕頭拜壽麽？外國人辦給中國人看的報紙，不是最反對五四以來的小改革麽？而外國總主筆治下的中國小主筆，則倒是崇拜道學，保存國粹的！
>
> ——《忽然想到·六》

這樣看來，思想革命不但和政治運動分不開，而且先天地和民族革命分不開。

魯迅先生的最早的作品中，有一篇《斯巴達之魂》，寫“西曆紀元前四百八十年，波斯王澤耳士大舉侵希臘，斯巴達王黎河尼佗將市民三百，同盟軍數千，扼温泉門，敵由間道至。斯巴達將士殊死戰，全軍殲”焉的史實。文中對非勝即死的國法，寧戰死，不生還的武士精神，尤其是羞爲生還者之妻的少婦，推崇備至。逝世前幾個月，在答某派信中强調現在中國人爲人的道德，指出在抗日民族革命戰爭爆發的前夜，還在用“高超的”理論，漂亮的詞藻，欺騙人民，破壞抗戰的到來，簡直違反現在中國人爲人的道德。

在魯迅先生的著作裏，有許多是談異族統治中國的黑暗的，像《隔膜》、《買小學大全記》、《病後雜談》、《病後雜談之餘》等等，一方面固然在希望人們“告睹往而知來者”，舉一隅而以三隅反，而某種限制，也使他不得不選擇了比較容易下筆的題材，所以雖説的過去的事，也應該當着説話的當時的材料看的。其他的《略談香港》、《再談香港》之類，就直接暴露着帝國主義的壓迫，《藤野先生》裏所記的日本學生對中國學生的歧視，又顯示着弱小民族的悲哀，《踢》、《“抄靶子”》等等，則充滿着對于洋大人和“高等華人”之流在中國横衝直撞，“勿要哇啦哇啦!”的憤懣。關於中華民族的積弱的情形，他曾經這樣描畫過：

> 香港雖衹一島，却活畫着中國許多地方現在和將來的小照：中央幾位洋主子，手下是若干頌德的“高等華人”和一夥作倀的奴氣同胞。此外即全是默默吃苦的“土人”，能耐的死在洋場上，耐不住的逃入深山中，苗瑶是我們的前輩。
>
> ——《再談香港》

> 上海是：最有權勢的是一群外國人，接近他們的是一圈中國的商人和所謂讀書的人，圈子外面是許多中國的苦人，就是下等奴才。
>
> ——《老調子已唱完》

這樣，民族革命的需要是至爲明顯的，無奈長期地被封建文化束縛得麻痹，孱弱了的中國人，偏有許多對外妥協的分子，於是，他對他們説了很多憤嫉，鞭策的話：

> 記得宋人的一部雜記裏有市井間的諧謔，將金人和宋人的事物

來比較。譬如問金人有箭，宋有什麽？則答道，“有鎖子甲。”又問金有四太子，宋有何人？則答道，“有岳少保。”臨末問，金人有狼牙棒（打人腦袋的武器），宋有什麽？却答道，“有天靈蓋！”

——《補白》

中國人對於異族，歷來祇有兩樣稱呼：一樣是禽獸，一樣是聖上。

——《隨感録》四十八

愛國之士又説，中國人是愛和平的……或者這話應該修正：中國人對外國人是愛和平的。

——《補白》

不能革新的人種，也不能保古的。……土地給了别人，則“國寶”雖多，我覺得實在也無處陳列。

——《忽然想到・六》

尤其是九一八以後，對於日本帝國主義和一切恐日病者，他寄與了最大的憎恨與憤怒，寫了許多嚴肅的以及嬉笑怒駡的文章，像《“友邦驚詫”論》、《“非所計也”》、《九一八》、《漫與》、《安内和攘外》、《有名無實的反駁》、《不求甚解》、《論“赴難”和“逃難”》、《學生和玉佛》、《真假堂・吉訶德》……都是。而《答徐懋庸并關於抗日統一戰綫問題》，《論現在我們的文學運動》，以及提倡《民族革命戰争的大衆文學》，更證明他一貫地爲民族革命戰争的到來而努力着。自然，如果説真方，賣假藥，混淆民族革命的對象，反而有意或無意地爲日本帝國主義服務的所謂“民族主義文學”，魯迅先生則斷然地處於反對的立場。對《國門之戰》、《黄人之血》、《大上海的毁滅》等作品的批判工作，是屬於這樣的意味的。

或者有人説，人的覺醒本是資產階級的東西，歐洲的資產階級就是人的覺醒，纔從封建束縛解放出來的。現在説魯迅先生根本思想就是人的覺醒，是不是説魯迅先生的思想就是資產階級的思想？不錯，人的覺醒是資產階級的，但是指新起的革命的資產階級，并不是指没落的腐爛的資產階級。中國人的覺醒，像前面曾經説過的一樣，不僅是階級的，同時是民族的。歐洲資產階級到了資本主義繁榮的時候，本身就變成了原來的資產階級的對立物，不但抛棄了人的覺醒，反而成爲束縛人的發展的怪物，所以雖然由它而有了人的覺醒，確不能由它完成人的實現。人的實現還需等到更高級的社會。人的覺醒如果不中途褪色，變爲利己的貪慾的個人主義，就恰恰是到高級社會的準備。中國的各種的改革，連思想革命在内，都承繼着五四的任務，不過超過那一時代所能達到的點而已。説中國的人的覺醒完全等於歐洲文藝復興時的覺醒，是不對的；説魯迅先生的思想完全等於文藝復興時代的歐洲思想家們的思想或者完全是資產階級的思想，是不對的。魯迅先生繼承了過去的思想家，豐富那思想的内容而且超過了他們所能理解所能達到的。

或者又有人説，前面説過，中國的人的覺醒不但是民族的，同時是民權的，魯迅先生的思想裏頭的人，不僅是民族的人，同時也是社會的人，現在單獨地强調民族的人道方面，是不是有意地忽視了另外的一面呢？我以爲并没有忽視。説人的意義有兩方面，并不是説這方面是一回事，另一方面是另外一回事，兩回事各不相干；剛剛相反，兩方面的意義，衹是一回事，不過爲了説話方便，可以當作這一意義或那一意義而已。中國是半封建半殖民地社會是周知的，中國人民不但需要民權平等，而且更需要民族的獨立，是周知的。中國歷來的改革運動，無不包含着民族的與民權的兩種意義，或者説，民族的和民權的兩種意義，無不不可分地統一，糾結於各種改革運動之中，不過因爲時機，環境，對象的不同，有的運動這一意義特别顯著；另一運動則顯著的是另一意義，除了程度的差異，本質上，并没有不同。因此，當我們説某一運動是民族運動的時候，其實就包含得有民權的意義在内，説民權運動的時候，也含有民族的意義在內。對魯迅先生的思想的場合也正是如此。既然束縛中國的是封建勢力和帝國主義的侵略，帝國主義的力量又超過封建勢力，成爲貫串一切束縛的總束縛，反映中國人民的要求的魯迅先生的思想，民族性特别濃厚，提到這一面，就代表了另一面，是非常自然的事。抗戰的勝利，將不單以得到民族解放，也必然會得到社會的解放。我們知道抗戰能使中國進步；同時也應該知道，中國必須進步，纔能得到抗戰的勝利。中國如果進步，將决不限於新式部隊新式武器的建立和配備，一定會改善人民生活，解除人民思想上的束縛。社會解放，社會人的實現，就依存於這種進步之中。而且這不是將來的事，現在已正在逐步地前進，例如文化運動的範圍的擴大和深入，人民目擊身受日寇的殺掠而增長對帝國主義的憎恨等等，都是，雖然距離需要的程度還遠。那麼，强調魯迅先生的思想中的民族的人這一點，由於抗戰給我們的啓示，或者倒是極中肯的。

或者更有人説，既然中國一切改革，都離不開人的覺醒這一根本思想，既然中國的人的覺醒，先天的含有民權與民族兩種意義，豈不是魯迅以前的改革運動者們和魯迅同時的五四運動的參加者們，以及五四以後的文化工作者們的思想中，也都有人的覺醒這一要素。他們的人的覺醒也都有和魯迅相一致的地方，那麼魯迅究竟比他們多了什麼，有什麼特異之處，使得現代的青年，每一個進步的中國人民，瘋狂地，盲目似的，崇拜偶像一樣地崇拜他呢？不錯，魯迅先生的思想，并不比差不多一個世紀以來的改革思想的綜合更多，他不是空想家，也不是什麼思想界的怪杰之類，和每一時期的最進步的改革思想有什麼本質的差異。然而魯迅先生以前的改革思想中的人的覺醒的要素，有的衹是不自覺的潛伏着的多少萌芽，有的又衹閃着一鱗片爪的光輝；衹有在魯迅先生的思想中“人”，纔顯著，自覺，貫串組成而爲有機的整體。無論某一時期某一種類的改革思想，我們幾乎都可以從魯迅先生的思想裏找出若干的影子，而魯迅先生的思想，比任何人的都更豐富，更完整。而且别的改革者的思想，往往局限於一定的時期，一定的境界，時過境遷，就褪色，退嬰，乃至消失，所以終不能有徹底的人的覺醒；衹有魯迅先生正像他推崇别人的時候所説：“作時世之前驅，與童冠而俱邁”（河南盧氏曹先生教澤碑文），自始至終，爲“人”而吶喊，戰鬥。這衹要看看康有爲，章炳麟，林紓，严復們的晚年不都有些可訾議的地方麽？胡適、陳獨秀，不是都消沉了麽？汪兆銘、周作人等輩不甚至背叛民族，覥顔事仇去了麽？魯迅先生却戰鬥了一生，從不曾向任何惡勢力低頭。還有魯迅先生不但是思想家，同時是藝術家。他用他的藝術的筆表現了中國人民的生活的黑暗，用具體的形象證明他自己的思想的正確。證明思想革命，民族革命的必需，這一點，在近代中國許多有改革思想的人們中間，衹好讓魯迅先生獨步的。由此可以知道魯迅先生在中國文化思想史，民族革命史上牢固的地位，决不是偶然的，也决没有人盲目地把他作偶像。

以上是魯迅先生的思想的一點粗略的叙述。現在談談和他的思想一起，烈火一樣地燃燒了現代中國的青年們的心的魯迅精神——戰鬥精神。

魯迅先生一生的歷史就是戰鬥的歷史。他和一切壓迫中國人民的惡勢力戰，和一切壓迫者的幫閑的正人君子們戰，和一切有利於壓迫者的道德或教訓，如貞操觀念，復古思想之類戰，和人民在黑暗生活中被養成的自私，自大，卑怯，苟安，中庸，微温……劣根性戰，乃至和一切假裝前進或假裝并不前進的分子戰。五卅時代，他反對舊文化舊道德最激烈也最徹底，五卅、三一八後，反對上海英捕槍殺市民，反對段政府槍殺學生；九一八以後，反對日本帝國主義，反對李頓調查團，反對恐日媚日的中國人們。至於在文壇上和各種各樣的不正確的理論鬥争乃至和支持不正確的理論的文藝派别或個人鬥争，和文壇上的無正義感，無氣節，無行或無文的落水狗，媚熊猫，吸血的蚊子，掛鈴鐺的山羊，喪家的乏狗，骨子裏的暴君，酷吏，偵探，小人們鬥争，更是周知的。他説：世界如果還有真要活下去的人，就先該敢説，敢笑，敢哭，敢怒，敢駡，敢打，敢於直面慘淡的人生，敢於正視淋漓的鮮血，在這可詛咒的地方，擊退了可詛咒的時代。他自己就是這樣一個人。

他告訴我們：“我們目下的當務之急，是：一要生存，二要温飽，三要發展。苟有阻礙這前途者，無論是古是今，是人是鬼，是《三墳》、《五典》，百宋千元，天球河圖，金人玉佛，祖傳丸散，秘制膏丹，全都踏倒他。”（《忽然想到·六》）他告訴我們：“我們能够大叫，是黄鶯便黄鶯般叫；是鴟鴞便鴟鴞般叫”（《隨感録·四十》）“能做事的做事，能發聲的發聲。有一分熱，發一分光，就令螢火一般，也可在黑暗裹發一點光，不必等候炬火。”（同上四十一）這就是關於戰鬥的解釋。

然而戰鬥并不是一件輕而易舉，悠閑自在的事，伴隨戰鬥而來的是刀鋸鼎鑊，鞭笞縲絏，飢寒困苦，譏笑怒駡。古人説：“富貴不能淫，貧賤不能移，威武不能屈。”到這種程度，説不定還會被父兄的訓誨，妻子的規諫，師友的導誘，輿論的指謫所動摇。古往今來，固然有不少的戰士；而退縮，投降，悔過的戰士都很多。正如《這個與那個》所説：“中國一向就少有失敗的英雄，少有韌性的反抗，少有敢單身鏖戰的武人，少有敢撫哭叛徒的吊客；見勝兆則紛紛聚集，見敗兆則紛紛逃亡。”因此，戰鬥固然可貴，韌性的戰鬥則尤其可貴，“世間有一種無賴精神，那要義就是韌性。聽説‘拳匪’亂後，天津的青皮，就是所謂無賴者很跋扈，譬如給人搬一件行李，他就要兩元，對他説這行李小，他説要兩元，對他説道路近，他説要兩元，對他説不要搬了，他説也仍然要兩元。青皮固然是不足爲法的，而那韌性却大可以佩服”（《娜拉走後怎樣》），“無論愛什麽，——飯、異性、國、民族、人類等等，——祇有糾纏如毒蛇，執着如怨鬼，二六時中，没有已時者有望”（《雜感》）。這就是韌性的釋例。

魯迅先生的一生的戰績，不是三言兩語可以包舉得了的。他的創作，使他成爲中國新文藝的開山，也是至今還没有人能够達到的最精粹的作品；他的反對舊禮教、舊文化尤其是舊文學，提倡民權女權，提倡新文學，提倡白話文，大衆語，新文字的各種文章，比如《我之節烈觀》，《老調子已經唱完》，《娜拉走後怎樣》，《我們現在怎樣做父親》，《無聲的中國》，《門外文談》以及無法臚列的許多篇章和斷片，仍舊是從新文化運動起，一直到抗戰的今天爲止的最豐富最正確最深透的寶典。假如我們能够具體地理解魯迅先生在從五四時代起的二十年中的每一個戰鬥的原因，環境，對象，以及交綏的實况，那寶典的價值就愈高，説不定可以當一部二十年來的文化鬥争史看。可惜的是發抒了和魯迅先生對立的見解的許多大文，不是已經消滅，散失，就是無人過問，以致非常不容易搜集，“於是到得後來，就衹剩了一面的文章了，無可對比，當時的抗戰之作，就都好像無的放矢，獨個人在向着空中發瘋”（《“題未定”草·八》）而已。

總之，魯迅先生在他的全生涯中，自始至終，聲嘶力竭，所倡導的就是思想革命與民族革命。所痛心疾首，深惡痛絶的就是思想革命與民族革命的阻礙者，反對者。在中國，人的實現，必須經過民族革命戰争的階段，無論這階段有多麽長，多麽艱苦，却是絶對無法避免的。衹有民族革命戰争纔能挽救中華民族的危亡，衹有民族革命戰争纔能促進中國的政治，中國的國民經濟，中國人民的生活，思想等等的改造。一句話，衹有民族革命戰争纔能使舊中國變爲新中國，舊生活變爲新生活。現在英勇的抗戰持續了三年多，中國人民已經邁開了人的實現，從非人走到人的第一步，而且他們還要走完這艱苦的全程，這是中國歷史上不曾有過的壯舉，也是積弱的中華民族的一個無比的轉機。它已經給予每一個不願做亡國奴的中國人以最大的興奮與歡悦，而作爲思想家的魯迅先生爲抗戰所盡的任務是無可否認的。然而正像他自己所説：“精神界之偉人，非遂即人群之驕子，轗軻流落，終以夭亡。”（《摩羅詩力説》）剛剛在這偉大的民族革命戰争爆發的前夜，這戰争的先覺者自己却喪志以没，無法目睹了。

但是魯迅先生雖然死了，他的遺教决没有因之而减少絲毫光輝；剛剛相反，由於抗戰的興起，那些不朽的著作，更顯得光芒萬丈，照徹了天空，照澈了世界。“血債必須用同物償還。拖欠得愈久，就要付更大的利息。”（《無花的薔薇之二》）中國人民正接受他的遺教，向日本帝國主義連本帶利的索回血債；而且還要繼續他的戰鬥精神，韌的精神，把抗戰堅持到底，完成他所昭示的思想革命與民族革命的任務。

末了，附帶地說，由魯迅先生的思想所照徹的黑暗的一面，像多少年前就被胡展堂先生斥爲“政娼”，而現在正倒行逆施喪心病狂的漢奸汪兆銘等輩，正像魯迅先生曾經說過的，假如中國全亡，這班醜類雖然積有金資，滅亡較遲，他們的子孫，“要住最不適於居住的不毛之地，要做最深的礦洞的礦工，要操最下賤的生業。……”（《無花的薔薇之二》）抗戰能够持續，中國决不會亡，不待多説。現在是從陶希聖的文章看來，那班醜類，不必等待他們的子孫，他們自己已經在精神上的不毛之地操着最下賤的生業了。驅策着他們的日本帝國主義是决不會把他們當作人樣看待。另外還有一種魯迅精神的叛徒，雖然不像漢奸們一樣的罪大惡極，發展下去，前途却也大可危懼，就是在這國難期間，首先打自己的算盤，利用政治上或其他的什麼地位，大發國難財，在暗中給抗戰以打擊的人們。魯迅先生說：“我覺得有許多民國國民而是民國的敵人。我覺得有許多民國國民很像住在德、法等國裏的猶太人，他們的意中別有一個國度。”（《忽然想到・三》）應用在今天，對不起，衹能説指的就是此輩。如果他們不能在抗戰中自己拯拔，就一定會在抗戰中沉落下去。抗戰雖是中國的人的實現，但對於自絶於人，意中別有國度的非中國人乃至非人，却絶對無法顧全。

魯迅先生實在太廣大了，幾乎没有什麼曾逃過他的眼與手，口與心。海洋一樣，汪洋浩瀚，無際無邊；不但風雨晦明，各有異景，就是觀海者的智力與所處的方位，也無不影響欣賞的收穫。“以蠡測海”，自知謭陋，而終於寫出者，不過在他逝世四週年祭的今天，略表追念之意云爾。

一九四〇，一〇，八，於桂林

夢讀天書記

天書，據説是没有字的，像剛買回來的拍紙簿。然而，在有什麽急事的時候，一翻，上面却清清楚楚有字，一段文章或者一句話，至少一個字，總之指示你的迷津，無論什麽難問題，都可以替你解决。及時雨宋公明就得到過一本這樣的天書。當然，得到這樣天書的也不止一個。至於我，没有急事，没有迷津，更没有困難問題，自然也没有天書。但是，榮幸得很，却碰見過這樣的天書，不過是在夢中。

什麽時候做的夢呢？春天或者夏天，午時三刻，半夜子時？

這些都忘記了，人是不容易記清楚做夢的時間的。

在什麽地方做夢，又夢見在什麽地方呢？

這些也忘記了，人是不容易記清楚做夢的地方和夢見的地方的。

那麽，夢見了一些什麽人，誰給那天書給你看，誰又説那就是天書呢？

不用説，這些更忘記了，人怎能記清楚夢裹頭的這些麻煩事呢？

那麽那麽，你就説你看見過一本怎樣的天書，那天書上究竟寫着一些什麽吧？

對呀，對呀，我正想説這，我也衹記得這。首先，我要説我夢見的天書，决不像拍紙簿。拍紙簿，我所見過的，都是白報紙的；但天書却是土紙的，黄顔色，正像我們中國人的臉。其次，拍紙簿總是在劣等裝訂作裝訂的，一扯，往往甚至於半扯，就一張張的掉了，這是一；拍紙簿的封面總是牙牙烏的紙頭，比裹面的紙頭還要壞的紙頭，這是二；拍紙簿的封面字的印刷也是很拆烂污的，如油墨，顔色之類都不講究，這是三。天書則不然；精裝，布面，燙金！拍紙簿，從來不印上著作人的名字的，天書上却印着×××博士或×××教授或者×××學者著，堂哉皇哉。可惜究竟是博士呢，學者呢，還是教授以及什麽博士，什麽學者，或者什麽教授，我又忘記了。真無法，人就這樣容易忘記要緊的事，甚至忘記夢裏面的要緊的事的！

你説你夢見的天書和那天書的文章啊，扯這些話幹啥。

對了對了，我正要説這。不過，你又何必打岔呢？你不打岔，我也是要説這上面來的，而且，豈不反而還快些麽？我所夢見的那天書，其實也就是一本普通的書；所不同的在於，你不看的時候，它并没有字，衹是一頁頁的白紙，不，應該説一頁頁的黄紙。但是衹是據説如此，不看的時候，我就没有看，根本不知道它有字没有。另外，看過之後，它又没有字，又衹是一頁頁的白紙，不，黄紙，習慣真不容易改變！這也衹是據説如此，我看過之後，已經是看過之後，究竟有没有字，也不知道。

你究竟説不説正經話的？

當然説的呀。你何必性急呢？你一性急，反而多了你的廢話，更多了我答覆你的廢話的廢話。好吧，現在就談正經的。所謂正經的也者，就是那天書的内容。那内容我衹看了一點點，是一篇論文，題目是：《家庭爲一切之本論》。至於那本文，對不起，我也忘記了。人不是很容易忘掉在夢裏面看的文章的麽？

胡説！這有什麽意思呢？這何必講呢？

誰對你説有什麽意思呢？我本不過告訴你：我夢見過天書罷了，又何必要什麽意思呢？

那麽，那文章的意思總該記得一點吧。

記也記得些。比如説，“爲一切之本”的那個“本”字，天書上特别解釋過，仿佛就是那個“標本”的本字，也就是剛上學的小學生蒙在紙裏頭照着描字的“引本”——我們家鄉叫做引本——的本字，自然也是成語的“藍本”的本字。

這倒有點奇怪，説吧，究竟是什麽意思呢？

這有什麽奇怪呢？本來一切——政府，機關，學校，民族，國家……都是以家庭爲標本，引本，藍本，而一切都是家庭的複本。

誰説？

天書上説呀，我夢見的那本天書。可惜記不清楚，天書上説得蠻有理由的。比如説，學校，學校不就是家庭的複本麽？

不懂你的意思。

你應該説，不懂天書的意思。你看，家庭不是有家長麽，比如父兄。學校裏也有校長啊。

家庭裏也有母親，嫂子。

對對，天書好像準備你這樣問的，它早就回答了：學校裏也有女先生。

胡説，母親嫂子是父兄的妻，女先生也是校長的妻麽？

爲什麽不可以是呢？假如他們自己願意的話。而且校長太太總喜歡管學校裏的事，正像母親或者嫂子喜歡管家庭裏的事一樣。

夫家庭者，説穿了，就是性交的場所也。祖父跟祖母，父親跟母親，兒子跟兒媳婦，哥哥跟嫂子，弟弟跟弟婦……難道學校也是這樣麽？

學校爲什麽不可以是這樣呢？像你這樣新的腦筋的人，總該不會反對男先生和女先生戀愛，男學生和女學生戀愛，男先生和女學生戀愛，甚至女先生和男學生戀愛吧？既不反對他們戀愛，有什麽權力反對他們性交呢？家庭裏的配偶性交，不也是避着人的麽？學校裏的配偶，或者説還不到公開程度的配偶，不過更避着人一點罷了；不過家庭裏的配偶雖然避着人，人家還是曉得，學校裏的，人家不一定曉得罷了。至於天書所説的家庭爲一切之本，并不是指這些横的關係，倒是專指縱的關係而言的。

强詞奪理，百分之百的强詞奪理！不過，既不是天書上的話，也就罷了。你且説縱的關係。

天書説，校長或教師可以打學生，因爲父母可以打兒女，曾子的父親一次幾乎把他打死了，别人還説他不孝，如果真被打死，就會叫他父親落一個惡名的；他應該“小杖則受，大杖則走”。學校呢，小學生，自然是那些頑皮的，愚蠢的，現在還正在挨着打，且不必説；就是中學，大學，也應該打學生。

學校可以開除學生，家庭也可以開除子弟或兒女麽？

當然可以呀。某將軍不是登報聲明和他的漢奸弟弟脱離關係麽？某富翁不是登報聲明和他的逃妾脱離關係，縱然回來，也不收留麽？脱離關係也者，就是開除他或她的家籍也。

這是你的話，還是天書上的？

天書上的。

天書上連最近的事都談到了麽？

豈僅這樣，連後五百年的事都談到了哩。

且不説這些，會越纏越遠的。我祇問你：校長可以换，學校也可以换，難道父親也可以换，家庭也可以换麽？

你以爲父親和家庭是不可以换的麽？這倒不必天書指示，人就早知道了的。哈孟雷特的父親被叔父謀死了，母親被叔父强占了，不是换了父親麽？詩僧蘇曼殊，據考證，是個拖油瓶，不是换了父母，還换了家庭麽？女子被規定了要换家庭的；有的男子招贅，也就是换家庭……

父親把飯給兒女吃，把錢給兒女用，把財産傳給兒子，天書總不能説校長也養學生，把財産傳給學生吧？

一點也不錯，天書上正是這樣説：校長養活學生，把財産傳給學生；不過他給的是精神的飯，精神的錢，傳的是精神的財産，即學問之類。而“精神重於物質”，現在恐怕連三歲小孩也知道這句話了。

唉唉，這真是……没有再奇怪的話了吧？

奇不奇怪，我不曉得，天書説：校長或者代理校長或者甚至於教師，可以把學生關牢，像石碏把兒子石厚關在家裏，像狂人日記裏的哥哥把發神經病的弟弟關起；甚至於可以殺掉。

殺掉？什麽話！校長殺學生？

因爲家庭也這樣的呀。“父要子亡，子不敢不亡。”這不是老話麽？石碏大義滅親，把兒子滅了，易牙把兒子蒸給齊桓公吃了，孝子郭巨活埋過兒子，文王和樂羊都吃過兒子的肉，姚期，郭子儀都曾綁子上殿，樊梨花和楊六郎又都曾轅門斬子，戚繼光終身懼内，據説是因爲把獨子斬了。至於周公誅管蔡，唐太宗殺建成，元吉；齊桓公，晋文公都殺過弟兄或弟兄的兒子……又足見校長可以和校長鬥法，教員可以趕校長，校長自然更應該撤教員的差，雖至流血亦所不惜。不過，這又説到横的關係上來了，天書的本意并不在此的。

這是天書説的麽？天書竟説這樣的話麽？

正因爲説這樣的話纔是天書呀。人想不到它想得到；人説不出，它説得出；人不敢説，它敢；所以可貴。否則……

那麽那麽，天書上還説什麽？

還説，還説，讓我想想看，哦，還説學校應該特别化，因爲家庭也特别化的。

什麽叫做特别化？

父親對兒子説："老大，你到外面去看老二在做什麽，回來告訴我，我給你兩毛錢買糖吃。"這叫做特别化。母親叫老媽子打聽女兒偷情的事，也叫做特别化。

爲什麽叫做特别化呢？這倒特别得很。你看清了麽？你這好忘事的傢伙，記得清楚麽？

這個……也許有個把字不的確，意思總差不多：特别化。

唉唉，這真難懂！

可不；但不難懂又何以叫做天書呢？

一九四一，一一，二二，夜，桂林

韓康的藥店

韓康是個賣藥的，在十字街頭開着一家小小的藥店。

韓康人老實，賣的都是真藥；向來把錢財看得淡，又没有親朋老小要照顧，藥價都定得便宜；再加上人和氣，容易説話，拖欠他一點錢也不大要緊。人們都樂於照顧他，門口常是穿進涌出，人山人海。

有一天，西門大官人打他門口走過，人擠得幾乎叫大官人穿不過馬。大官人問玳安，爲什麽這兒有這麽多人？玳安回禀是到韓家買藥的。大官人大吃一驚。大官人剛纔就是到自己的藥店裏去算過賬的。因爲生意清淡，管事的都吃喝着大官人的血本，大官人正打算收業，却爲了體面而躊躇着。怎麽韓康藥店裏的生意却這麽好呢？想是這店開在十字街頭，居全城之中，來往行人甚多，故爾如此。藥店招牌，名唤“壽世”，病家更自歡喜。“我且再作理會！”大官人對自己説。

第二天早晨，韓康正在賬桌上登賬，兩個夥計在櫃檯上招呼點藥。衹見人叢裏擠進一個人來，叫道一聲：

“韓老闆在家麽？”

韓康起身看時，却是西門大官人的親隨玳安，心裏一愣，但連忙臉上堆笑，唱了一個肥喏：

“不知今天甚風吹得大叔到小人寒舍？怎不請到店内坐地？”

“打攪不當，正要借一步講話。”

韓康把玳安請到櫃檯後面一個小房裏坐好，斟了一杯茶奉上，口裏説：

“寒舍窄小，不成看相；藥臭衝天，有冒大叔貴體，大叔休得見怪！”

“韓大哥有所不知。我家大官人不知聽信誰家閑言，好好的大藥店，説是要收業了。你説可笑也不？”

韓康不懂玳安的話裏有什麽意思，却不得不隨口應和：

“大人不幹小事，大官人何處不省下些銀兩，藥店濟得甚事？”

“可知怪麽，却想重開一家小的。”

“也好，還是小營生自在。”

“因此，大官人命玳安來問，韓大哥這般大小藥店，該得幾何銀兩？”

“有甚難見處？上連屋瓦，下連地泥，也不到百十兩銀子。”

“既是這般，大官人假若好賫發大哥一些銀兩，大哥願把寶店出頂麽？連招牌在内。”

“大叔取笑，小人無福，怎得大官人正眼兒覷到小店上來？”

“衹問大哥願不？”玳安兩眼盯住韓康。

韓康尋思，這回糟了。要待允時，誰不知西門慶是説真方賣假藥的都頭，若非這等，怎的店裏鬼不上門？借給他自家招牌不幹甚事，傷害别人性命，可是罪過。要待不允，那厮平日欺壓良民，爲非作歹，説得出，做得到，連官府也奈何他不得，怎能與他計較？罷，忍得一時之氣，省得百日之灾，且换些銀兩再説。於是答道：

“若得大官人真實看顧小人，可知小人前世修得。”

“還是大哥爽快。銀兩隨帶在此，便請清點。”

“且慢，”韓康按住桌上銀兩説，“小人尚有一言，須得大叔稟明大官人，纔敢收下銀兩。小人自幼生長藥材行裏，不解别種營生。今得大官人賞賜銀兩，恐日後仍作藥材母金，請大官人休得降罪。”

“這個自然，大官人豈能斷人生路？”

“衹是小人淺見，還望大叔海涵則個！”

閑言少叙，且説大官人頂了韓康的藥店，便將舊有的大藥店歇了。舊店的存藥，都搬到新頂的小藥店來，生意十分興旺，大官人看了暗自歡喜，便從韓康藥橱裏檢出些香料補品，帶回分給月娘，玉樓，金蓮等使用。

可是不到半年，小藥店門口又冷落下來了。韓康留下的藥早已賣完，老店的存藥便大量補充。病家出了大價錢，買回藥去，却醫不好病。

這時候，韓康却搬到東街，換了招牌，又開了一家小小的藥店，名喚“濟世”。

韓康的藥店一開，一傳十，十傳百，轉眼之間，通城的人都曉得了。不但東街，就是南街，西街，北街的人，也都到韓康店裏去買藥。門口依舊穿進涌出，人山人海。

韓康也没有别的，不過貨真，價廉，可以拖欠而已。

這事又叫大官人得知了。大官人尋思，東方生門，正是賣藥之所，不料又被這厮搶了先。咱却叫他自己理會。

一日薄暮，韓康正待收店，忽然一個彪形大漢，闖進門來，對着韓康問：

“韓大哥在家麽?”

韓康招呼：

“客官有何需要，韓某便是小人。”

“三年前，借去五十兩紋銀，迄今本利俱無，是何道理?”

“客官息怒，韓某生平不曾向人告貸，何處借得客官銀兩? 且客官尊姓大名，韓某尚未得知，向來亦未拜識尊顔，何從向客官告貸?”

那人咆哮道：“韓康，你竟是這等無良之輩，當年告貸時，何種好言不曾講過，今日却喬作不相識，意圖抵賴。”

“便是真有此事，從來借貸須有保有據，客官如有保據，韓某還錢不遲。”

“有，有，”那人向門外招手道，“張三哥怎地還不進來，代小弟索逋? 當年如不是三哥擔保，誰肯把錢借給這乞兒來!”

馬上一個黑漢子從門外進來，随即發話道：

“這就是韓大哥的不是了。縱然一時無力，亦可好説寬限，何得竟説烏有? 字據今在小弟處，須抵賴不得。”

説着，便從身邊掏出一張字紙，遠遠地示給韓康，韓康看時，雖因天色已晚，不能仔細，但却已看出不是自己筆迹，并且似乎并非借據。韓康道：

“請借字據近處一看。”

話還未了，那大漢就隨手抓住一根木棍，大喝一聲，將屋樑上吊下的一盞琉璃花燈打落下來，跌得粉碎。韓康正待叫喚，那大漢向瘦些的那人説一聲，“不趁此時動手，尚待何時!”就一個擒住韓康兩手，一個用破絮塞進韓康嘴内，然後用繩子將他脚手捆倒在地。店内夥計見勢不妙，早已逃得無影無踪。天已昏黑，街上行人稀少。兩人舉起棍棒將店内藥橱門窗，床榻桌椅，一齊打得七零八落，落花流水，藥材像雨點般落在韓康身上，幾乎將他埋了。好半天，兩人興盡，纔指住韓康道：“便宜了你，明天還不將欠項還清，須不這般輕易了事。”説罷揚長而去。

過了好久，夥計回來，掌上燈火，纔把韓康從藥堆裏拔出。韓康一面與夥計收拾零亂的什物藥料，一面仔細參詳，料是西門慶指使，西門慶迎娶李瓶兒時，也曾如此這般，打過蔣竹山的。但是若是這厮常來打鬧，這便如何是好?

次日，韓康也不開門應市，衹請了幾位鄰居父老，同在家中坐地，等那兩位閑漢來時，便好與他分説。但一連幾日，那兩人的影子也不曾見，末後，又是玳安來與韓康談了一席話，韓康又把藥店連招牌一齊出頂給西門大官人，自己却到南門口另開一家小店。一來韓康不會别的營生，二來勤儉人，閑着就不知道怎地打發日子。

不用説，韓康的店一開，又是穿進涌出，人山人海，西門大官人頂下的兩個店裏，依舊冷冷清清，連韓康留下的藥物，這回也賣不完了。

反省，在人類，尤其是像西門大官人之類的人，是一件困難的工作，西門大官人就從來没有想到自己賣的藥和藥價，總想着是韓康存心和他搗亂，西門大官人本是個寬宏大量的人，但對於存心搗亂的傢伙們，却决不輕易放過。自己本來足智多謀，左右能够出謀畫策的人又着實不少，也就總有方法把韓康的藥店頂到手裏來。

韓康呢，實在是個不肯討人歡喜的傢伙，自己的藥店頂給别人了，總不肯從此收業。東街的藥店頂出去了，在南街裏開，南街的藥店頂出了，在西街裏開；現在西街的藥店又頂出去了，却早在北街開了一家。

西門大官人憤怒極了。有韓康這厮在這城裏開藥店，自己的藥店裏的生意總不會好的。一不做，二不休，大官人想好了一個最毒辣的計策：除非如此這般。

一天夜晚，韓康和夥計已經睡了。街上静静的，忽然有兩個人拍門問：

“這裏是韓康老闆的藥店麼?”

夥計在門裏答應，問他們幹什麽的。并且説，如果買藥，請明天白天裏來。

那兩個人在外面説：“我們是遠方客人，特來韓家買藥，有百十兩銀子的交道。現在天已大黑，剛到此地，不知何處是客棧，請讓我們進店胡亂睡一夜，不等天亮，把藥買好了，還要趕路的。”

韓康本是容易講話的人，聽聽門外人的口音，果然是外鄉人模樣。人家辛辛苦苦，遠道趕來，怎好不開門呢？反正店裏有些空屋，便讓人家睡睡也没有什麽。就吩咐夥計掌燈開門。不料門一開，却是兩個彪形大漢，面貌十分兇惡，足登麻鞋，腰跨樸刀，把夥計嚇了一跳，以爲又是來打店的。

兩人進來時，便和韓康寒暄了一會，也略略談了些要買的藥物的名目和分量。就由夥計帶領他們在一間小空屋裏睡了。

半夜時分，韓康由夢中驚醒，聽見門外又有人擂鼓般敲門。説是查夜的。這些日子，梁山泊的强人聲勢浩大，各縣地方，恐有强人出没，户口調查甚嚴。常有半夜三更，官憲率領兵丁，到民間查點等事。韓康一聽，早捏了一把汗，自己店裏正有兩個不認識的客人。事已至此，後悔不及，衹得硬起頭皮起來招呼。這時候夥計已把大門開了。

“你們家裏有幾個人?”查夜的老爺問。

“兩個。一個夥計，一個我。”韓康答。

“再没有别人了麽?”

“還有兩個買藥的客人，剛到不久，天亮就走的。”

“什麽樣的人，叫他來看看。”

説到這裏，夥計和韓康還没有去喊，那兩個客人就出來了。衣服穿得好好，似乎并没有睡。

“兀那黑漢，你不是黑旋風李逵麽？我可認得你。”一個做公的指着那粗笨的一個客人説。

“什麽？黑旋風？梁山泊的强人，趕快替我拿下！”老爺説。

可是幾個公人聽見説是强人，大家都嚇得動也不能動。倒是“黑旋風李逵”大喝一聲：“你黑爺爺便是黑旋風李逵，他是俺哥哥神行太保戴宗，便待怎的？”説着，就和“神行太保戴宗”掄起大拳便打，公人和老爺都連忙閃在一旁，讓兩個强人逃跑了。

過了好半天，查夜人們仿佛從夢中驚醒了。老爺指住韓康兩人説：

“你們好大狗膽，竟敢窩藏匪盜，左右，還不拿下！”

這回，左右可都勇敢當先，大喝一聲，就把站在一旁，早已目定口呆有口難分辯的韓康和夥計都綁起來了。

話休絮煩，從此韓康吃官司去了，他的最後一個藥店抄没歸官，又由西門大官人，用便宜的錢從官家買了回來。

現在城裏衹有西門大官人的五家藥店，十字街，東街，南街，西街，北街，每處一所。可是生意仍舊不佳，好像這城裏的人，城外的人，離城不遠的人們，都忽然一起不生病了；或者生病就寧可死掉，也不吃藥了。

這故事到這裏就算完結，有人説，韓康吃了一回官司却并没有死，幾年之後，被開釋出來，那時候，西門大官人，已經死在潘金蓮的肚子上，五家藥店都被掌櫃們捲逃一空，關門大吉。剩下一些粗笨的藥櫃之類，又被韓康買回去開了新藥店。説也奇怪，韓康的藥店一開，人們又重新生起病來，吃起藥來，韓康的藥店門口，仍舊穿進涌出，人山人海。不過這是後話。

一九四一，一，二，末日，桂林

記一個叫做托爾斯山的青年

魯迅逝世五周年前幾天，我又回到《力報》編“新墾地”：大概投稿者想到新墾地在那一天是要有幾篇紀念魯迅的文章的吧，多蒙不棄，就着實寄了幾篇這樣文章來了。裏面有一篇是詩，署名塗去了，旁邊寫作：“托爾斯山”。關於詩，因爲自己太外行，容易出亂子，所以特爲請了一位保鏢，詩人彭燕郊，凡是詩稿，都請他看，這一篇自然也無例外之理。但在正要交給他的時候，我發現原稿的上面角上有幾行小字：“××先生：此稿如不合用，請勞神送入字紙簍中。”幾乎凡是來稿，都附有一封信，頂普通的自然是說貴墾地如何如何合胃口，自己本不會寫文章，現在嘗試一下，請修改發表，否則加指示後退回某處之類；但有時也有些奇奇怪怪的話，像托爾斯山先生的這樣的句子，也并不算什麼；但我一時心血來潮，却把這首詩收回來自己看了。原文——

哭

——爲魯迅先生逝世×周年而作

魯迅：

　我恭敬地叫你一聲“先生”，

因爲——

　你已經死了。

魯迅：

　我把花圈獻於你的墳前，

因爲——

　你已經死了。

魯迅：

我拍電報慰問你的家族，

因爲——

你已經死了。

魯迅：

我爲你寫洋洋大篇文章，

因爲——

你已經死了。

魯迅：

我爲你開盛大的追悼會，

因爲——

你已經死了。

魯迅：

我稱崇你爲文學的巨匠，

因爲——

你已經死了。

魯迅：

我説你是思想的先進，

因爲——

你已經死了。

唉呀呀！唉呀呀！

我敬愛的魯迅先生啊！

你難道就這樣的死了嗎？

唉呀呀！唉呀呀！

我崇拜的魯迅先生啊！

你爲什麼要死呢？

大家來看呀！

我的眼皮哭腫了哪！

大家來看呀！
　我的枕頭也哭濕了哪！
唉呀！魯迅先生啊！
　我真悲哀死了，
　我真傷心死了，
我是一把眼泪，一把鼻涕來紀念魯迅先生哪！
　唉呀呀！唉呀呀！

實在没有想到是這樣一首詩，我是用一種嚴肅的心情去讀的；讀到中間，感情逐漸地改變了，覺得像被鬼騙了一下。這不是一首諷刺的東西麽？雖然不是直接諷刺魯迅本人，但諷刺紀念魯迅的人，多少也有點污辱魯迅吧。不過，我想，就是紀念一下魯迅，本也不是一件輕而易舉的事，説不定有連生命都要賠上去的時候。今天，我們還衹受到一點什麽人的譏笑，實在已是萬幸，而且是應有的。如果連這樣一點也没有，或者反而顯不出魯迅之所以爲魯迅，而我們也不配談紀念他。至於托爾斯山先生的這篇大作呢，衹當作被蚊子，臭蟲什麽的叮了一口，拉倒算了，雖然已經是秋天了，在桂林天氣還是很熱，住在鄉下，蚊蟲之類本來頗不少的。這樣想，果真心下坦然，從此拉倒了麽？也不，在過了不很久的時間之後，還是照原文的調子奉和了一首，聊作回答，人究竟是有感情的呀。奉和的詩是這樣：

笑

——爲魯迅先生逝世╳周年奉和托爾斯山先生

魯迅！
　你是什麽東西呢，
因爲——

你已經死了。

魯迅：

我把一切咒罵堆在你的墳前，

因爲——

你已經死了。

魯迅：

我╳你的祖宗。

因爲——

你已經死了。

魯迅：

我要寫一萬篇文章駡你，

因爲——

你已經死了。

魯迅：

我在你的尸首上吐一口唾沫，

因爲——

你已經死了。

魯迅：

我説你是文學上的害蟲，

因爲——

你已經死了。

魯迅：

我説你是思想界的匪類，

因爲——

你已經死了。

哈哈嘻！哈哈嘻！

可惡的魯迅呵，

你難道也有今日的麼？

嘻哈哈，嘻哈哈！
　罪該萬死的魯迅呵，
　你爲什麼活了這麼久呢？
大家來看呀：
　我的腮幫子都笑痛了！
大家來看呀！
　我的下巴都笑落了！
哈哈，魯迅死了，
　我真快活極了，
　我真高興極了，
再没有魯迅，像撥雲霧而見青天呵。
　哈哈嘻！嘻哈哈！

雖然是一種報復似的東西，自謂也還畫出了一部分人的真面目！希望魯迅早死，魯迅死後，便以爲撥雲霧而見青天的人，即使没有托爾斯山先生的這首詩來證明，我也知道不會没有的。兩首詩都在十月十九那天發表了。有人覺得可笑，有人覺得不嚴肅，也有人認爲看不懂，最奇怪的是有一位遠道的讀者，好像自以爲獨得天下之秘，寫信來説：“我知道，那兩首一定都是你寫的，所謂托爾斯山者，不過是你的化名也。”另外還也照原調子和了一首，表面上像是駡我，其實并不，然而也并没有其它深意；彭燕郊説，“中國是不能講幽默的！”事情就到這兒爲止，豈不蠻好麽？然而一下子就到了演《忠王李秀成》，來了一些關於劇本或演出的稿子。稿子，捧場的居多，無傷大雅，隨便看，也隨便發；但是裏面有一篇的署名竟又是托爾斯山。這使我吃了一驚，托爾斯山先生爲什麽又來稿了呢？老實説，我以爲托爾斯山先生是不會再來稿的：他不是嘲笑對於魯迅的紀念，而我不是還回敬了一下麽？深仇大怨雖然談不上，但總不能説没有一點嫌隙吧。他竟毫不介意，照常來稿，這大量，頗難解。看文章，平常，一點以前的詩的怪氣也没有，可以用。於是我想，莫非對那首詩看走了眼麽？再取出那詩來看，無論怎樣，也得不到另外的解釋，這倒使我惶惑起來：這位托爾斯山先生是怎樣的一個人呢？莫非他一點兒也未感到他傷害了我的感情；也并不覺得我傷害了他的感情麽？想了一會，不得要領，也就罷了。第二天上午，有人打電話給我：

“我是托爾斯山。”

“啊啊。”我説。

“寄了一篇關於忠王李秀成的文章……”

“看見了。”

“用不用?”

“不用!”其實，這以前，我并未决定。

“我寫得有通信處，退給我吧!”

“好好。”

但是電話掛上之後，我又想到，不退給他！人似乎有一種使自己不高興的人多少不舒服一點的卑劣本能。

下午進城，偶然轉到畫家余所亞的寓所去，就是那畫魯迅的像總畫得不像的余所亞，我常常到他那裏去玩玩的。這一回彭燕郊也在一路。談着談着，外面來了一個人，穿得很整齊，身體很魁梧，年紀輕，臉上甚至還有點兒漂亮，微有缺點，就是戴着眼鏡，足見眼睛不很好。正在不知是誰的時候，余所亞介紹：“這位是……就是托爾斯山!”“哦哦，”我説，我把伸出去了一半的手收回來了。我坐下，低着頭，没有講什麽，接着就走了。“爲什麽就走呢?”余所亞有點驚異吧；我也没有回答，其實自然是不願和托爾斯山先生周旋。晚上，又翻出托爾斯山先生的詩和批評忠王李秀成的文章來看的時候，不覺對彭燕郊説（忘記他本在一路）：

“今天，我看見那托爾斯山了。”

“我也在場，”他説：“看樣子，還是個青年！那是個什麽青年呢!”

可不，“是個什麽青年呢?”我也這樣想。

和托爾斯山先生的往還，就到這裏爲止，這“記……”也應該到這裏爲止。但是讀者一定不滿足：這有什麽意思呢？至少，在托爾斯山先生的詩和我的和詩被認爲不懂乃至被認爲是我個人在變把戲之後，我會想到有人會不知道這文章有什麽意思。自然，多麽大的意思是没有的，不過略略表白一點自己的狹隘，説得好聽一點，也就是認真。我不高興托爾斯山先生那首詩，因爲也不高興作詩的他本人，我不願意和他交往，認識，周旋，就老老實實地説出。同時也叫托爾斯山先生知道：也許他不過是開點小玩笑，但開玩笑有時候是會碰釘子的。宋雲彬寫過一篇《辭作家》，有一個青年在衡陽發表一篇文章，硬説宋雲彬是作家，既是而又辭者，是因爲他辦的什麽刊物曾説宋雲彬是作家，那刊物和宋雲彬不是一幫，而又不向任何方面領津貼之故也。不許人家辭作家，已經霸氣得可觀；談到什麽"幫"，已經是血口噴人；還要説什麽"領津貼"之類，裏面更含着無窮的毒惡卑劣的意思，簡直不像有理性的人説的話。那青年，我是認識的，還榮幸地和他同過事；他常在新墾地發表文章，肯寫，還有點想寫好，又在自己花錢印"習作"。一向，我都認爲他很老實；不料現在竟寫出這樣的話來，莫非果真"士别三日就當刮目相看"麽！有了這樣的經驗，再看托爾斯山先生的詩，我覺這詩的含義的惡劣處，决不在那位青年的文章之下，不過表面上裝得嬉皮笑臉一點罷了。

然而托爾斯山先生的確很年輕，文章通順流利，字也寫得很好，明明是個大有可爲的青年。如果衹是不理解魯迅在中國新文化上的貢獻，不理解魯迅何以成爲新文化運動的旗幟，不理解紀念魯迅的嚴肅乃至嚴重的意義，是可原諒的；青年總有些事看不順眼，看不順眼就發泄發泄，更是可原諒的。問題在於是否如此，那要問托爾斯山先生自己，我們這裏不過寄托一點微末的希望而已。

是爲記。

一九四一，一一，八，夜

追　記

這篇文章寫好了，一個朋友來看見了説：“托爾斯山我是認識的，并不是像你所想的那樣的青年。那詩，據他的本意是諷刺那班在魯迅生前拼命駡魯迅，恨不得魯迅早死，死了之後，又猫哭老鼠似地假惺惺，逢紀念會必到，到了必有演説，或者必有文章發表，倒像是魯迅的知己朋友一樣的人的。”這樣一説，我的這篇文章，完全是誤會，不消説得；詩裏頭的這樣意思，也可以看出；而他那毫不在乎的態度，也就得到了説明。但是誤會他的詩的，恐怕不衹我一個，要人理解，至少是需要一點解釋的。那麽，這篇“記……”就算是一點解釋吧，雖然過於冗長了點。而且，如果這樣，在人生的長途上，我和托爾斯山先生會成爲朋友的吧；這篇“記……”又豈不正是一個有趣的友誼的紀念麽？

後二日

關於哀悼魯迅先生

幾十萬群衆到魯迅先生靈堂去瞻仰過遺容，上萬的群衆眼睛裏噙着熱泪，心裏含着悲哀，口裏唱着《哀悼歌》和《安息歌》，肅穆地送魯迅先生的靈柩下了葬。在出殯的時候，幾千人密集在萬國殯儀館的草場上，大門口，乃至馬路上。一聲喊："有人願意拿花圈麽?"回答是聽不清，看不明的一片嘈雜和騷動，於是幾百人變成"花圈隊"了。一聲喊："有人扛挽聯麽?"馬上又是幾百人變成"挽聯隊"了。"唱挽歌的人集合!"成千的人就在一塊兒發出他們的沉痛的歌聲了!

連日以來，我們在報紙上看到全國各地追悼魯迅先生的消息，那些消息代表着各地更多的群衆的眼睛裏的熱泪，心裏的悲哀，和没有瞻仰遺容，没有參加送殯的行列，没有當上"花圈隊"，"挽聯隊"，"挽歌隊"的遺憾!你們看見過這樣的"挽聯"麽?一塊比手巾大不了多少的骯髒的白布，上面寫着像初小一年級學生的杰作一樣的字迹，從那字迹所表示的是一種最簡單的言詞："魯迅不死!"或者"哭魯迅!"下面呢，有的是一大堆的名字，那些名字，我們在無論什麽地方都没有碰見過；有的却一個名字也没有，代替的是"××工人識字班"，"××店員讀書會"等等。他們也許每人衹凑出了一兩個銅板，也許連一兩個銅板也没有凑出，不過利用了一塊現成的白布。然而他們的悼詞，却成了挽聯隊争奪的對象，不用説，也就成了優勝者的錦標；至於有些用華麗的質料，工穩的言詞做成的，耀眼的，達官貴人們的東西，在這場合，却悲哀地枕藉在人們的脚下受着踐踏，最後纔由失敗者們赧顔地舉起。像那樣的挽聯，全國各地衹有更多，多到不該有多少倍，如果集合起來，那該是一個多麽沉痛的壯觀呢!

然而我們現在還没有用任何方式來哀悼魯迅先生的自由!假如現在

有幾百萬、幾千萬乃至幾萬萬的群衆，要同時在一個地方來追悼魯迅先生，要用一個盛大的遊行來紀念他，是完全可能的麼？恐怕誰也不能有肯定的答復。從"出殯路由"的被限制，從那些用骯髒的、劣拙的挽聯來向魯迅先生表示敬意的人們，簡直没有機會來送殯的這些事實看來，我們所有的自由并不比一個囚徒所有的還多。有毫無限制地哀悼魯迅先生的可能的地方，在中國的版圖之内，實在是太少了！在這樣大的限制之下，公然有幾十萬群衆來瞻仰遺容，有上萬的群衆來送殯，有更多的群衆在全國各地完全自動地追悼着他，這對那些説魯迅先生不過是個"孤獨的老人的身影"，"多餘的人"的先生們，是多麽清脆響亮的耳刮子喲！

我們應該知道，在那些此刻現在還有着權力的人們，要"國葬"他們的死者，要花百萬千萬乃至萬萬的金錢爲他們的死者造一所墳墓，是容易的；要下令全國下旗志哀，要把一省、一縣、一條馬路、一個公園改成他們的死者的名字，要在許許多多的公共場所竪立他們的死者的銅像以及其他的任何紀念方式，是容易的。然而一小塊骯髒的白布，一個真誠地從民衆心坎裏流出來的字，一個自動表示哀悼的人民，如其他們需要，恐怕就祇有來向魯迅先生這裏借去了。

有權力的人，什麽都可以做到，而且也無需自己做，自然有些"奴隸總管"巧立名目，不擇手段地來逢迎主子。魏忠賢當權的時候，全國都有他的生祠，并且還進過聖廟，和孔老夫子坐在一塊兒；祇是你不能問他怎樣死以及死後的情形！讀過《水滸傳》的人總該記得"生辰綱"這個名詞；那就是那時候的聖君賢相們的德政。可惜我知道的歷史掌故很少，不知還有没有"結婚綱"，"生兒女綱"，"娶媳嫁女綱"，"添孫兒孫女綱"等等名目，縱然没有，如果他們要做也一定可以做到的吧。做到了怎樣呢？那結果我們已經知道了：第一，是"水泊梁山"；第二，是東南半壁的偏安天下；第三，是偏安天下也一齊完蛋大吉！嗟乎！"齊景公有馬千駟，民無德稱焉！"伯夷叔齊餓死於首陽之下，而使人聞風興起，稱道不衰。有人説："身後是非誰管得，沿村聽唱蔡中郎！"我説：

不！那些齊景公，魏忠賢以及宋朝的聖君賢相，縱然在生前，要是和我們的魯迅先生相比并，老百姓也是一望而知的。正像魯迅先生所引用過的話："一方面是莊嚴的工作，一方面是荒淫與無耻！"

魯迅先生逝世後十二日

没有青年的國

一個奇異的國度。同别的國度一樣，有種種色色的人，男的女的，高，矮，肥，瘦，富，貧，貴，賤。衹是，衹是没有青年。

男人都是很長的鬍子，有的黑，有的白，有的不黑不白，有的又黑又白。頂毛都秃露着，并且放着光，可是牙齒都很健全，不，鋒利。

女人，都很美麗，頭毛相當於男人的鬍子。

每個人的面上，都像一幅文明國的地圖；有許多界與限，鎮與城，山脉與河流，鐵道同航綫。

這是一個很古的國。古代的偉大的文明與文化都一點未被古人帶走地留給他們了，而他們也很像他們的古人。一切，他們都保存着，使人看見他們，就可知道他們的古代是這樣，可省掉了好多的歷史的記録。

這是一個老大的國，國民性是堅忍不拔。富貴不能淫，貧賤不能移，威武不能屈，假如他們有了某一種信心的時候。信心，他們是老早就有的，就是對於本國的文明與文化的尊崇，他們相信，没有任何國家的任何時代的文明與文化能够比得上自己所有的。一切的人與一切的文物制度，思想學説，都是不足道的，除了本國的所有；即使有的什麽他們正在仿效，推行。他們解釋這樣的舉動，不過是偶爾的利用，自己的所有，纔是主體。

他們，因此，對於本國古代的聖經賢傳，都是爛熟。自然，他們的聖經賢傳，我們很少瞭解，可是可以拿我們的話來作一個比喻，譬如他們對每一本聖經賢傳，都能從“子曰：學而時習之”，背到“三嗅而作”。

他們每個人都能説着極好聽的話，每句話，都起碼有三個“仁義道德”之類的字樣。這種字樣越多，話就越漂亮；可是衹有年紀越大的人，他的話所含的這種字樣越多，因此他們的話也就越漂亮。

他們没有固定的權威，也可以説，有固定的權威。他們的權威，在能説最漂亮的話的人的手裏。就是在那話中含有最多的“仁義道德”之類的字樣的人，或者説年紀最大的人的手裏。他們每個人都尊崇，擁護，而且是心誠悦服地對於“仁義道德”。權威者説，“你去做什麽事”，你便得去做。假如你不去，或不願去，那是表示你想多聽幾個“仁義道德”的字樣，因爲，他若一説“仁義道德”，你便會自然地願意，自自然然地去了。權威者説，“你死”！即使你很貪生，他却可以説“仁義道德!”你便覺得死是無上的光榮而且極端的甜蜜，假如你死慢了，未必不被别人搶着先死了去。那時你是會後悔的，因爲失去了光榮與甜蜜。

他們没有戰争。如果有，那不過是一個辯論會。誰能説得更多“仁義道德”，誰便是勝利者；不用説，勝利者永遠是年紀最大的人。這樣的人，永遠是被尊敬着，被歌頌着，被擁護着。他的生活，比住在天國還要幸福，錦衣玉食，嬌妻美妾，崇樓峻閣，一切都爲他所有。

在另一方面，有許多人因爲生理的缺陷，不能説出“仁義道德”。他們的喉與舌不能發出“仁義道德”之類的字樣的音；然而，却極愛聽這之類的字樣的音，因爲權威者都説的這之類的音。他們的嗜好高尚，能得權威者的喜悦，所以很容易生存。可是因爲他們生理上的缺陷，永遠被權威者所統治。可是，那是一種極合理的統治，“仁義道德”的統治。

被統治着的，首先是女人。女人，幾乎都具有生理的缺陷，正如她們在另一生理構造上也像是缺陷的具有者一樣。其次是，怎樣説呢，是老百姓，可是他們并不是使用着這一個名詞，同我們使用“黔首”，“黎民”一樣，他們稱着“皓首”，因爲他們的首，都是相當的皓。

就是這樣的一個國度。一個很古而且是偉大的國度，而且會永久古而偉大下去，那是誰也用不着擔心的。一個“仁義道德”的國度，而且會永久“仁義道德”下去也是誰也用不着擔心的。

有這樣一個國度，没有一個青年，太陽也很少光臨。

有人説，這個國度也是有青年的，不過居住在精神上的另一個國度裏。

“愛智廬”

——川游雜記之一

神州大氣，腐穢蝕人；西望峨眉，遠在天外，瞻仰弗及，我勞如何。

——仲

成都是個很好的住家的地方，許多房子的院子裏都栽的有好多樹；光靠這一點，就比譬如説南京北平那些地方好；何况氣候又好，冬暖夏涼，外帶常常夜晚下雨白天晴；因此，在四川做過官，帶過兵，發了點財的人，都愛在成都住家，雖説他不一定是成都人，甚至不是四川人。

既然是住家，既然又是多少有幾文的人，就不一定在幹着什麽很忙的事。反正多的是工夫，在玩古董，吸“漂膏”，姨太太，吟風弄月之外，如果爲了擺擺自己的家風，炫耀炫耀過去的“光榮”，而有什麽設施的話，那應該不會受到什麽非難。成都僻静一點的街巷裏的房子，大門口往往掛着一塊金匾或一副對聯，叫人從那中間可以知道這府上的尊姓乃至這府上老爺的台銜，這辦法，我以爲比小時候在鄉下看見人家把“某某世家”或“賜某某出身”之類寫在燈籠上要高明得多。因爲燈籠衹有逢年遇節纔掛，匾對却時時刻刻掛着；像我這樣的過路人，要知道某府上的尊姓或台銜的好奇心，難道衹有逢年遇節纔會有麽？

不過，除了那樣的匾之外，我也看見過别的東西，那就是“愛智廬”。

有一天，我跟一個朋友從黄瓦街走到支機石公園去玩，中間不知經過一條什麽街，我忽然看見一塊并不很大，也没有金字匾那樣堂皇的木板上刻着三個藍字：愛智廬，横在一家大門的横木上頭。大約從這三個字中間看不出這府上的尊姓或台銜之類吧，當時恐怕有幾秒鐘的時間，我的眼光停留在這塊牌上。我的朋友該是正在跟我談着什麼話吧，他像另起話頭地忽然問我：

“你曉得吴老頭子麼?”

突如其來的這樣一問，真叫人有點摸不着頭腦。愣了這麼兩秒鐘，我感到一點侮辱，這傢伙太瞧不起人了，我怎會連吴老頭子也不曉得呢?於是我鄙夷地回答：

“不是吴稚老麼?那真是誰個不知，哪個不曉哇。”

“不是——朋友笑——我説的四川的吴老頭子。”

怎麼?四川的?……四川也有吴老頭子!我總以爲吴老頭子衹有一個，就是吴稚老；四川也有姓吴的，四川姓吴的也有老頭子，我一向没聽見説過，我應該承認我的簡陋。於是我紅着臉説：

“我我……”

“不知道?——朋友睁着吃驚的眼睛——瞧，就是吴又陵啦!”

哦，吴又陵!這個吴老頭子我是知道的，不過我没有把他想爲是“四川的”，同時也没有想爲是一個“老頭子”。雖説他在“打店”的時候，就有人稱他爲“老英雄”了。但是這時候爲什麼提起他來呢?經過朋友的解釋，纔知道掛着剛纔引起我的注意的“愛智廬”三個字的房子就是他的住宅，他現在就住在裏頭。

十年以前，對於這位吴老頭子的文章，我是個熱情的讀者。他給予我的影響，在當時怕很少人能够比得上。十幾年來，雖然再没有看見他的文章，也不知道關於他的半點消息，可是一碰到或觸及我們的固有道德的場合，一讀到江亢虎博士或十教授們的名言讜論的時候，總不由自主地想起他來。我懷念着他，已經不是一天兩天，一年兩年的事了。現在説我到了他的住宅的門前，説是要是我願意，就可以馬上進去看見他，我的心情是怎樣地激動着喲!可是這心情我没有讓同路走的朋友覺察。我以爲有時候人應該把自己的無論什麼都隱藏起來的。

“愛智廬”已經落在我們的背後，我像毫無存心似的向朋友詢問一些關於這位老頭子的事。從朋友口中，我知道他前幾年在川大教書，不知爲什麽，現在却不教了。這話很叫我高興。雖是朋友説他的不教書是不知爲什麽，我却覺得我倒像知道點爲什麽似的。在十教授之類正堂哉皇哉地發表他們的集團的高見的現在，像這老頭子，教書本就該没有他的份；如果公然能安安穩穩地教書一直教下去，恐怕他已經不是我所懷念的老頭子了！

朋友又説，這老頭子很好玩，常常有些人去跟他“擺龍門陣”；調皮點的就拿些新生活運動之類的話去質問他。他總是不回答，他總是笑，他總是説：“孩子們嘞，你們究竟讀了幾本書?”多謝天，我所懷念的人還能够笑，能够在雄辯家的圍困之中，找到最適當的應付；不過，還容許他笑，還忍耐他的傲慢的回答，人們的寬宏大量真也值得稱贊。

關於這老頭子，我聽到的衹有這麽多。以後，我很快就離開了成都，竟没有再到“愛智廬”前去望一望。這在我，是比没有去游峨嵋山還值得懊悔得多的事。因爲有這種懊悔，在離開四川的輪船上，我還常常想着他，幻擬着他的容貌，甚至還想默念出一篇或一段分手了十幾年的他的文章。

誠然，《吴虞文録》的基本觀念，在現在看來，該有不少值得討論的地方；他因爲要對“孔家店”發議論，就抬出老莊諸子，甚至把李卓吾都捧得什麽似的，好像要“出楊”，就定要“入墨”，忘記了我們所需要的是“楊”“墨”之外的“一個新信仰的宇宙觀及人生觀”(借用另一個吴老頭子的話)。那是即使是區區也不敢苟同的。那怕這樣，就全體説，在“打店”運動上，却演了一個了不起的角色；并且，《文録》中的談禮説孝的文章，就我所知，到現在爲止，還是最勇敢，最透澈，最確切，最淵博的東西。記得小時候讀《論語》讀到“林放問禮之本，子曰大哉問……”的時候，覺得以下的話，并没有談到什麽“禮之本”，很疑心孔林之間有什麽言語的隔膜，到了讀到《文録》的禮論，纔恍然大悟，孔子的答詞原來在這裏！至於《論語》上某某問孝，某某問孝，我也以爲與其看那“子曰”以下的話，倒不如看吴老頭子的“説孝”的，雖然他説的衹是“孝”，不是“孝之本”。在新生活和十教授的復古運動的影響之下，禮或孝之類，馬上會如日月經天江河緯地地在中國，乃至在全世界昌明起來的吧。趁這時候，我們多懂得一點禮之本，孝之本，總該會像喝十全大補湯一樣地有益無損。那麽，我願意在此向我們的同胞捧呈吴老頭子十幾年前寫的一本薄薄的書，正像我願意“愛智廬”中現在藏的有更好更多的未刊稿的一樣。——可惜的是我不是一折六扣的書店老闆。

一九三四，五，六，上海

道統論

在“自由談”上看到何如先生的《京派的起源》中，有這樣幾句話：“自己想做聖人之徒，不免造出一個道統，把堯舜禹湯文武周公孔子之道傳給自己的老師，他們的衣鉢纔算歸了自己。”可算把一些道統先生的醜臉譜活畫出來了。近來祀孔空氣，瀰漫全國，説不定道統先生們又會耀武揚威起來。因把舊前幾年寫的一點讀書雜記，拿出來寄給《動嚮》。

道統一詞，不見於經傳。孔子曰，“述而不作，信而好古”，又説，“周監於二代，鬱鬱乎文哉，吾從周”。曰“述”，曰“好”，曰“從”，雖表明自己的志趣，究未公然承認自己承繼某人的道統。中庸云，“仲尼祖述堯舜憲章文武”，是爲道統論之最初的暗示。然亦不過暗示而已。韓愈在《原道》上説：“堯以是（道）傳之舜，舜以是傳之禹，禹以是傳之湯，湯以是傳之文武周公，文武周公傳之孔子，孔子傳之孟軻，軻之死，不得其傳焉。”纔大吹大擂地把道統的意義及係屬具體表明出來。然亦未明用道統二字。宋人□□（恕我記不清他的名字）作《傳道正統圖》，以明道伊川承繼孟子，道統二字始聯爲一詞。就此可見有兩件事是所謂道統的致命傷。

第一，出身不正。道統二字，并非與道以俱來。真正有道之士并不知道有統。而是以道自居，以道自炫，竊附於古道以自重的人所捏造：如韓愈之自詡“尋墜緒之茫茫，獨旁搜而遠紹”是。否則就是及門私淑者流，爲其所崇奉的長師祖先而附會之，如中庸之於仲尼，□□之於明道伊川。

第二，道之爲物，歷史上無所謂傳；無所謂傳，即不能謂有統。所謂傳應當是由先有道的人，恐道之中絶，見有後起之秀，而授以衣鉢，如堯之禪舜，舜之禪禹。今所謂傳道，除堯舜禹，衹聞其禪以天子之位，并未聞傳之以道外，則禹不知後世有湯，湯亦不知後世有文武周公，文武周公更不知有孔子，孔子復不知有孟軻。禹湯文武周孔孟軻亦未預先聲明本人的道，將藏之名山，傳之其人。且必如湯始可繼禹，必如文武周公始可繼湯，必如孔孟始可繼文武周公；則孔孟是否有當於堯舜禹湯文武周公，文武周公孔孟是否有當於堯舜禹湯，湯與文武周公孔孟是否有當於堯舜禹，實爲問題。是以道，實無所謂傳，道統之出身不正，蓋如第一說。

孔子曰："名不正則言不順，言不順則事不成。"所謂道統，根本不能成立。若更就堯舜禹湯周孔各各的道的本身一細研之，道統之説尤屬荒謬。近來有一個顧頡剛，編著了一部《古史辨》，不但把堯舜的神聖牌位打得粉碎，即禹是否誠有其人，亦在懷疑之列。堯舜既無其人，當然無所謂堯舜之道；禹之有無，既成問題，則禹之道或禹所受堯舜之道，尤爲動搖。若就較可知的説，則（一）湯無道；（二）文武不同道；（三）孔孟道不盡同。

孟子書所載伊尹五就桀，五就湯。在伊尹看來，桀與湯都是行己之道的傀儡，初無所擇，不過終就湯。復以湯誅桀，故世盛稱湯而貶桀。若終就桀，且就桀之力以平湯，後世必盛稱桀，而湯或且寂寂無聞。孟子之世，盛傳伊尹以割烹要湯，孟子辟之曰，吾聞其以堯舜之道要湯；未聞以割烹也。可見湯之道，乃伊尹之道，且由於伊尹之"要"，如武昌起義時，黎元洪被人從床底下搜出來而爲都督。故曰湯無道——湯無道者，是説湯没有所謂道，不作暴虐無道解。

孔子説，"文王三分天下有其二，以服事殷"；孟子稱"武王一怒而安天下之民"，并引書作證，曰："天降下民，作之君。作之師，惟曰其助上帝，寵之四方，惟我在，天下曷敢有趣厥志，一人横行於天下，武王耻之。"文王之道是妥協的，不管獨夫紂如何横行於天下；武王之道是革命的，不許獨夫紂横行於天下，故曰文武不同道。

《中國哲學史大綱》説："孔子講政治的中心學説是'政者正也'，他的目的祗要正，正己，正人，以至於君君臣臣父父子子的理想的郅治，孟子……不但尊重個人，尊重百姓過於君主，還要使百姓享受樂利……”若用西方政治學的名詞，我們可以説孔子的是“爸爸政策”，孟子的是“媽媽政策”。爸爸政策要人正經規矩，要人有道德；媽媽政策要人快活安樂，要人享受幸福。故孟子所説的“五畝之宅樹之以桑，五十者可以衣帛矣；鷄豚狗彘之畜無失其時，七十者可以食肉矣”，這一類衣帛食肉的政治，簡直是“媽媽的政治”。這是孔子孟子不同之處。故曰孔孟不盡同。

由是觀之，世盛稱湯而湯無道，文武并稱而文武不同道，孔孟似一家矣而道亦有異，何况説孔子之道即文武之道，文武之道即禹湯之道，禹湯之道即堯舜之道，且一係以相傳乎？孔子曰，“道不同，不相爲謀”；韓非子曰，“聖人不期修古，不法常可；論世之事，因爲之備”，固無所謂道統也。

關於知識分子

曹聚仁先生近來很看不起知識分子。記得他曾發過“百無一用是書生”之類的感慨，現在又在《五一霉菌補正》（十月八日《自由談》）這篇文章上説了下面這樣的話：

> 我覺得知識分子最靠不住，固然善於義憤填膺，同時也最會賣身投靠。梁啓超推許楊度爲最有血性的青年，而捧袁世凱上皇帝寶座的就是他；在上海做愛國運動領袖的趙欣伯，他現在在那兒做第一號漢奸；如黄遠生所自述，他自己做學生代表，自己先去投考所謂“專制”的南洋公學。知識分子的游離意識是最可怕的，把五四運動的學生代表，當作純潔的社會運動者來描寫，那是最危險的……學生代表肯自始至終爲社會服務，真太少了！

知識分子因爲所處的社會地位的關係容易變動是周知的，不消説的。必須指出的是曹先生所説的“最不可靠”，主要的指先“義憤填膺”，後又“賣身投靠”，不“肯自始至終爲社會服務”，即變壞的意思。當然，這種話有些好處。譬如説，可以教知識分子以外的人，在幹什麽運動的時候，要靠自己的力量，不要盲目地相信知識分子，要時時監視督促，防止知識分子的退嬰，變節及自己的被騙。同時也可教知識分子自己警惕，加强决心，克服弱點。

然而曹先生把知識分子的變壞，好像説成宿命的，無法挽救的而且全稱的了。如果知識分子的變壞是宿命的，我們這些寫文章的人對無論什麽運動都無需捧呈自己的熱情，更無需克服自己的劣根性，因爲反正無法挽救，倒不如各人知趣，早點“賣身投靠”的直截了當。如果祇要是知識分子就靠不住，群衆當然應該完全看輕他們的智多星，把這種“非我族類”的傢伙早點從隊伍裏趕出去。這種解釋，如可容許，曹先生的意見够危險了。

首先，曹先生所説的知識分子，衹是個抽象的名詞。從這名詞，除了知道是有知識的這一點，我們得不到别的無論什麽。知識是怎樣的知識呢？某知識分子，他的生活環境怎樣呢？這些條件没有瞭解，就斷定他靠不靠得住，未免太早計了。譬如鄭孝胥前“滿洲國”國務總理，豈不是個知識分子麽？林語堂“大師”，又豈不也是知識分子麽？他們一個在“滿洲國”做“第一號”以上的漢奸，一個住在中華民國捧“滿洲國”王的祖先所御用的漢奸“曾文正公”。依曹先生看來，當然是“靠不住”的確證了。但是“可以托六尺之孤，可以寄百里之命”，保幼主中興，鞠躬盡瘁，豈不是“一點孤忠節烈之氣”即“蠻子氣”的最高表現麽？那麽，曹先生認爲“靠不住”的，却正是鄭“總理”引以自豪的“靠得住”，也就是林“大師”所崇拜的“靠得住”了。彼此所説的靠不靠得住，爲什麽這樣不同呢？我以爲該從他們的那知識的本身，尤其是他們的生活環境上去找尋答案。同時，那些從來没有好過，也就無所謂特别“變壞”的知識分子，是大可不必放在感慨之列的。

其次，知識分子并不是無論誰都靠不住。現在在群衆中活躍着的知識分子姑且不提，歷史上從群衆運動中産生出來的偉大的領袖，知識分子就不少。不過臨難苟免賣友求榮之輩，往往被故意地做了夸大的宣傳，使有心人像曹先生之流摇頭浩嘆；至於威武不屈慷慨就義的消息，却又被封鎖，壓煞，倒無從刺激人的腦筋罷了。

同時，曹先生所説的從“義憤填膺”變成“賣身投靠”，也衹算看見了知識分子的一面。另一面，也正有許多知識分子從“賣身投靠”變成“義憤填膺”。像巴比塞，就是例子。并且在這轉變的時代，知識分子衹要把握住了正確的知識，從“賣身投靠”到“義憤填膺”的人衹有比從“義憤填膺”到“賣身投靠”的人多。當然，要知識分子“自始至終爲社會服務”，本不容易，今天從“賣身投靠”走了來，難保明天不可從“義憤填膺”走回去。但是衹要他不斷地在群衆隊伍中切實地工作，是可以不斷地從那鐵様堅强的群衆的巨力攝取影響，來逐漸鍛煉自己的，知識分子的“游離意識”，是由他的游離生活——對工作，對社會的，實踐的游離所養成。

還有，曹先生因爲不滿意學生代表後來“賣身投靠”，就對五四運動作了過低的估價。這是錯的。五四運動的價值應該從那運動本身所包括的社會意義上，從它在歷史上演的角色上去估計，不需着眼在幾個學生代表的個人行爲。學生運動衹是五四運動的一翼，學生代表又衹是參加學生運動的一部分人；學生代表的賣身投靠，如果不是直接出賣運動，給那運動以打擊，那運動所能發生的作用不會減少，運動本身的價值是不會减低的。何况曹先生所説的“賣身投靠”，是指以後的事；因爲以後“賣身投靠”，就推定他當時就不“純潔”，理由很欠充分。曹先生似乎很相信黄遠生，黄遠生因爲他自己“無主義，無理想，無節操”，所以也就無認識；他把整個運動的社會作用跟個人行動混爲一談，用以偏概全的辦法，對學潮或革命都作了錯誤的估計，這裏無暇申説。但他豈不明明説，“吾於科舉時代，絶無作官思想，至爲留學生將畢業時，則謀生之念與所謂愛國之念交迫於中”（曹先生原文所引）麽？可見一個人縱然後來有了所謂“謀生之念”，但以前的“絶無作官思想”，也可以是千真萬確的。當然，我不想爲“賣身投靠”的分子辯護，也不想把五四運動的意義故意夸張。如果我們從某一學生代表個人的發展過程上，能够證明他的“賣身投靠”跟五四運動有着多少因果關係，也衹能説五四運動本來衹是某一階段的社會運動，到了社會運動發展到更高的階段，原來參加過那種運動的分子，不能隨同社會前進，於是没落；“賣身投靠”不過是没落表現之一種罷了，無傷於他原先的純潔，更無傷於他參加過的運動。

末了，曹先生説：“我們自己應該如黄遠生那様自己認錯，自己暴露自己的惡性梅毒，不要用好聽的詞語來掩飾！”這話是非常好的。但是衹限於作爲自我清算，作爲一個新方嚮的開始的場合。如果一面“認錯”，一面又悲觀，畏縮，自我否定，那又從“惡性梅毒”變成爲不可救治的憂鬱症，怯弱症了。赤裸地“暴露自己的惡性梅毒”，應該勇敢地就醫求治。否則，縱不恨病自殺，也没有什麽可貴的地方。并且知識分子既然善“用好聽的詞語來掩飾”，認錯風氣一開，安知没有人用“認錯”這美名來掩飾自己呢？

總之，知識分子容易動摇是周知的。可是因此認爲會宿命地變壞，給以過分的輕蔑，却反使知識分子走投無路，那也大可不必。被奴役被蒙混了幾千年的無智的大衆，不用説是被全部地奪去了知識。在把知識奪回以前，在争取自身解放的運動中，正迫切地需要着進步的知識分子的助力，知識分子如果能把最大的努力獻給他們，在群衆運動中的作用是不會小的。當然，天生的十全十美的知識分子也很難想象，往往是對群衆貢獻了知識，同時也帶給了自己的弱點，縱然在熱烈的運動之中，也未必不有隨時背棄群衆或被群衆所棄的可能。但是一個知識分子没落下去，更多的知識分子會在群衆中成長起來。就没落的個人説，或者有什麽悲觀之處；整個社會運動却會無視這種悲觀，勇敢地邁着巨人的脚步。

一九三五，一〇，二五

天文家是“不爲什麼”的麼？

《星火》第二卷第一期第一篇林庚先生的《爲什麼爲文學》的“論言”，他説：

> 我常常羡慕一種人，那便是天文家；這種人，不知社會應該判他一種什麼徒刑？第一，他先犯了逃避現實之罪……這人簡直被帶出了天文臺，帶出了地球，帶出了太陽系去；那麼他這樣一直的被帶了去，究竟是爲什麼了呢？不爲什麼，所以尤其可惡之至！

一句話，天文家是不爲什麼的。天文家果真不爲什麼麼？我想林先生大概對于社會生活游離得太厲害了。如果他是一個農人，他應該知道清明、穀雨、春分、夏至這些季節於他的耕作上有怎樣的作用，天氣的陰晴寒暖於他的莊稼有怎樣的影響。確定季節或時日，預測天氣，這不需要天文或氣象的知識麼？如果他是個漁夫或船户，他應該知道潮汐漲落和他有怎樣的關係。潮汐漲落又是屬於太陽系的問題。或者他是個荒野或半夜的行軍者，他應該會從天上的星星的位置，來辨别他在地上的方嚮，使他不致迷惑。再若他是個航海家，他不但需要辨别方位，還有許多問題需要天文知識。天文學就從這種實際需要産生出來。無奈林先生雖然吃飯，可是并不耕田；魚也吃，船也坐，可是從來不問潮汐；旅行或航海，自有推車趕馬的。領海掌舵的負責，需要知識的事都委托給别人做了。林先生實在是個自由人，他看一切人都是自由的。天文家當然也是自由的。瞧，“天文臺上”，“望遠鏡前”，“不爲什麼”，“却永遠閃着真理的靈光”，又清閑，又舒服，又好玩，又偉大，真是值得“羡慕”哇！“不知稼穡之艱難”的人説：“天下饑何不食肉糜？”他跟林先生可説是“魯衛之政”。

天文學發軔於紀元前六、五世紀的希臘，因爲那時候希臘社會的經濟起了劇烈的變化，以前自足經濟占統治地位，生産目的在滿足自己的需要；這時候商品經濟發生，自足經濟就站不住脚而開始崩潰。最先起變化的是希臘沿海的殖民地，因爲那裏的商業，航業，交通的發展比别處迅速得多，需要科學知識也比别處迫切得多，於是天文學就作爲實用科學的一種和别種實用科學如氣象學、幾何學等同時産生出來，它起頭就不是“不爲什麽”的。

到了十五十六世紀，正是所謂“資本主義原始蓄積時期”，封建經濟迅速地崩潰，商業資本迅速地發展，由於生産力的擴大，爲了生産品的交换和運輸，在地理上展開了空前的視野；便利的交通路綫和完備的交通工具，成爲那時的迫切需要。於是尋取決定海上位置的便利可靠的方法，尋取決定經緯度及潮汐漲落的方法等技術問題就被提出。定緯度的問題，在於觀察天體；而其解決，要靠光學器械的存在及關於天體運動的知識。定經度的問題，如果借助於經綫儀（Chronometer）原可以得到最便利最簡單的解決，不過經綫儀是在十八世紀三十年代纔被發明，那時候還没有這種方便，那麽，決定經度就衹有藉助於月球及諸恒星間的距離的測量。所以這時候不但哥侖布發現了新大陸，剛馬發現了到印度的航路，天文學上也就有哥白尼的地球繞日説，使天文學完成了一個飛躍的發展。就拿牛頓説吧，牛頓雖不是天文專家，他的《物界原理》第三卷却是專論行星的運動、月球的運動，以及關於航海中經綫儀運動不均等問題、潮汐問題的。前面説過，直到經綫儀的被發明爲止，月球的運動在決定經綫上占根本重要位置；這就是説，月球運動定律的研究，在編製準確的經綫決定表上占根本重要位置。所以牛頓曾兩次三番地討論這問題，英國經綫會議曾懸重賞獎勵研究月球運動的工作。那些天文家們没有一個人“不爲什麽”地去研究天文，倒都是爲了什麽的。爲什麽呢？爲那時商業資本的實際需要。

由於望遠鏡的被發明，天體在人類的眼睛中不知擴大了多少倍，天空星的數目也不知增加了多少倍，同時，人類對於天體的瞭解自然也隨之增加。這樣場合，如果發現了某些看起來和人類社會的實際需要好像没有直接關係的星球，那是必然的結果。如果因爲這樣，就以爲天文學或天文家是“不爲什麽”的，未免太淺見了。且不説那些星球可以怎樣使人類的知識更爲豐富，就算一無用處，天文家却并非爲了找尋那些無用的東西，倒是找尋他們所需要的東西，纔跑上天文臺去的。

林先生因爲要宣傳文學上的“不爲什麽”的教義，爲了使他的宣傳成爲有力的東西，於是想情商天文學或天文家來登臺客串；不幸天文學或天文家却教他碰了一鼻子灰，原來他們向來不是跟林先生一鼻孔出氣的。林先生自己的作品和“論言”，大概是“不爲什麽”的吧。作品之類，很少拜讀，無從懸測；從這“論言”看來，却并未貫徹他的“不爲什麽”的宗旨。因爲宣傳“不爲什麽”，其實就大大地爲了什麽。爲要閹割文學最强力的部分，使它成爲無用的東西；爲要直接給文學功利論者以理論的打擊，奪取他們手中的武器等等，就是這“論言”的企圖。這企圖不是從林先生開始的，大概也不會到林先生就收場。不過我們要告訴林先生，無論這企圖第幾千幾百回出現，無疑地，它必然會得到應有的回敬，而且必然在那回敬之下消滅。向天文學搬不動兵，林先生和别的林先生大概還會努力去找另外的材料的吧，我們等候着。

懷南京[①]

上海抗戰開始後四個月，我們的首都南京失陷在日寇手裏了。那時候被困在南京的部隊聽説有多少師，人數有多少萬，在寇軍的飛機大炮的追擊之下，倉皇退却，奪路而走，所謂“兵退如山倒”，不説直接死於敵人的炮火，就是自相踐踏而死的戰士聽説也要用千，甚至用萬來計算。我想南京的市街，那時候一定成了血的長江，血的大海，無論是敵人或自己的戰士，活過來的，恐怕都免不了有一雙紅的脚和腿了。敵人自然是喊殺連天，聲威百倍；就是我們奉令撤退的大軍，料想也有悲壯的呼號和怒吼，如果這樣，那聲音恐怕會遮没了飛機炸彈的聲音，吞蝕了大炮和步槍的聲音，一句話，人的聲音壓倒了一切的聲音。有人不知道帝國主義國家怎樣屠殺弱小民族的人民麽？不知道日本法西司蒂的瘋狂到了怎樣的程度麽？請到我們中國來，在這裏，南京的失守，已經不是第一次的大血戰，大概也不會是最後一次的。哦！多麽大的一筆血債喲！

然而我們的損失還不僅這些。那從異族手裏奪回了漢家天下的朱洪武的墓上，那推翻了愛新覺羅氏的統治，一生裏高喊打倒帝國主義的孫中山先生的墓上，如今，聖潔的貞女被淫污了似的，有了侵略的脚印了，十年來政府的建築（這裏通常用“建設”）：大學、研究院、圖書館，一切文化事業上的設備；軍械庫、飛機場、汽油汽車的堆棧、無綫電臺，一切軍事或交通上的設備，都被敵人或自己燒成灰燼了！豪商、小市民、公務員們的産業，貧民的草棚，種田的、種菜的人們的田莊或菜圃一定也給徹底地破壞了，多少逃出了的人民失了業，失了家，離開了家人父子，在百里之外，千里之外，遥遥地望着那龍蟠虎踞的石頭城裏，從自

① 本篇亦題作《失掉南京得到無窮》。

己的產業，自己的辛勤的成果上發出來的煙火而悲傷嘆息！

南京是我的第二故鄉，我在南京足足住了五年之久。我初到南京的時候，城内還没有一條寬闊平坦的馬路，街面上盡是破舊低矮的瓦屋，從北門橋到唱經樓那一條又窄又短的小街，在那時候還是南北交通的要道，汽車，馬車，人力車，和步行的人們，每天都擠得水泄不通，每天都會有幾件爲了擁擠而發生的争吵，撞傷而至撞死人的事情。至於路邊的建築，更是什麽都没有，古拙的鼓樓算是這城裹唯一的壯觀。一年兩年，五年十年，南京完全改换了面目，有了全國最好的柏油路，有了富麗雄偉的會堂，官廨，學校，戲院，商號，飯店，菜館，咖啡店乃至私人住宅，不説别的，衹説那荒凉空寂的玄武湖，在最近一兩年去的時候，都幾乎認不出是什麽地方了。南京，猛進中的南京，繁榮的南京，如今，全被日寇的炮火毁得乾乾净净了！

然而南京的失守，對於全面抗戰决不算是嚴重的打擊，剛剛相反，在無意中倒給予抗戰一個莫大的幫助。何以見得呢？這裹讓我講一個故事。

有一個朋友是和我同時到南京的，也和我一樣是個窮光蛋，憑着一張法政什麽學校的畢業證書特地到新的首都來找職業。我覺得他是誠樸，豪爽而又熱情的青年，在那時候，像那樣的青年，要找個小小的位置還不很困難，似乎没有多費力，就到某機關辦公去了。薪資很微薄，他的生活也很簡單，他一面做事，一面很努力讀書，年紀輕，離開學校不久，對於所學的東西有着不小的自信力，常常表示，衹要職業能够保存，衹要不至於真正餓飯，對於法學總要繼續研究下去，三年兩載，總會把研究的心得發表一點出來，一句話，很有點想成爲一個法學家的野心。他不但留心書本子，還留心各種各樣的問題，像醫生看社會上人們的生活，許多都不合乎衛生，許多人的行動都是病態表現一樣，在這位未來的法學家的眼睛裹，就到處都是無法非法玩法違法的現象。前面説過，他是個熱情的青年，無論什麽，一認爲不滿，就表現出極端的憤慨，一點也不含蓄。然而這種態度，和他的生活環境并不適宜，爲了這我也曾費過不少勸慰的唇舌，甚至於使他認我爲富於妥協性的分子，終於不大和我來往。五年以後，我離開了南京，似乎不到一年，忽然聽説他不知由於怎樣的因緣，平地一聲雷似地做了某某部的司長了。在社會上混了好些年，人多少變得乖覺些了，雖説知道他所學的東西和所擔任職務没有絲毫關係，也并没有覺得稀奇；祇是想象他那樣的青年，既然占得相當高的地位，總會多少認真做點事吧。但是等我再會見他的時候，他已變成了汽車階級，有一個極其摩登的太太，人發了胖，臉上添了不少的紅潤，那樣子幾乎比從前還要年輕些。這自然都不足爲奇，奇怪的是他，和我談了大半天的話簡直没有對於任何事情表示不滿。從前那種憤慨的詞色，似乎完全絶了迹。

南京的官員們，不，公務員們，有一個共同的嗜好，喜歡買地皮蓋房子，舊的南京，本來很少或者説簡直没有適當的住宅，連那舊式的不適當的住宅，因爲人口增加，房租也被抬高得教人難以相信的程度。於是和機關造衙門一齊，公務員們祇要怎樣能弄幾個錢就把錢拿來蓋房子。由於那些公務員們的努力，南京就有了許許多多的什麼里什麼坊什麼村和許多單家獨院的嶄新的洋房子。每月祇有百十塊錢的薪水的，都有人住着自己新的住宅，甚至於有房子租給别人。大概他們除了節儉之外，還有我們不懂得的辦法。

這位朋友既然已經是汽車階級，蓋房子的能力當然比許多人要充分得多，這時候他已經在某某部背後造起了一座相當宏敞的樓房了。我正是在他的府上會見他的，大門以内，正房四旁，是一片青葱的草地，有各種各樣的花木，房子的某一邊旁凌空架着不少的鴿子籠，成群的鴿子在邊旁飛舞，他告訴我許多種鴿子的名字，出產的地方，購買的價格，以及烹調出來的滋味，他對於鴿子的知識，似乎超過了他的法學的知識，至少是更有興趣些。那園裏的動物，并不祇鴿子，還有猴子，兔子，小狗，小猫之類，没有事的時候，他就很高興地和那些小動物們玩耍。

這房子的樓下有一間寬大的客廳。墻上糊着不知是什麼圖案的花紙，玻璃窗上絶對尋不出一點灰塵，淺碧色的細緻的窗簾使光綫變得比較陰暗，雖然天氣已經很熱，但在屋子裏，縱然没有那天花板下的電扇不停地轉動，也正像休息在大菩提樹底下一樣凉爽。西洋油畫，都錦生彩色織錦，宋徽宗、仇十洲以及幾個當代名人的書畫，挂在壁上；我不能辨認的什麽瓷瓶，瓷羅漢，金屬的小小的工藝品之類擺在紅木案上；收音機，鋼琴，書橱，沙發茶几……都陳設在好像由各自選擇的一個最適合於自己的位置上，并且各各有一點點模糊的倒影，被攝進那光亮的地板裏；那地板，除了我剛纔踏上的灰土的脚印以外，没有一處有半點不應該有的痕迹。

我那時候的心情已經記不很清楚了。對於煊赫在自己眼前的陳設，大概有些羡慕的吧。然而那完全是個陌生的地方，我面前的主人也完全是個陌生的人！我想，這位華貴的私邸裏的老爺，不，公務員，就是七八年前的我所熟識的那位窮光蛋麽？就是那立志要做個法學家的法政學生麽？就是那對於這也不滿，那也不滿，成天在憤慨裏討生活的熱情的青年麽？我把周遭的環境打量了一下，又把他從上到下，從下到上打量了一下，發現他和從前那一位，簡直没有絲毫相同的地方。啊！一個人的變化是太大了！

我和這位朋友是從小在一塊兒長大的，他家裏的景况，我知道得清清楚楚，這房子和房子裏的一切自然不是他家裏原有的東西，却也决不是現在做了官特爲從家裏拿一筆錢來造房子撑門面的，他家裏根本就没有錢，不言可知，都是做了一兩年什麽長的成績。於是我一半開玩笑，一半也是真實地説：

“‘富貴不歸故鄉，如衣錦夜行’，衹憑這客廳裏的這點東西，如果是在故鄉，該使多少人縮不進舌頭去呀！”

“莫亂説！”他有點忸怩却又很正經似的説，“這算什麽呢，這是一種腐化的生活呀！”

“真的麽？”我的反問是一種欣悦的表示，我想，他既然知道這一點，總該有把自己拯拔出來的可能，我很希望他能够真正自覺。可是這意思很難找出適當的話來傳達，口裏衹是離題萬里似的説：“你近來對於法學自然格外進步了?”

“哪裹哪裹，我的法學知識本來很淺，又丢了幾年，早已摸頭不是腦了。年紀一天大一天，記憶和穎悟的能力也不比從前，做了官，要辦公，要應酬，要幫親戚朋友想法子……在這種生活裹頭，還談什麽呢。”

“你不是嫌這生活腐化麽?我相信這腐化衹是表面，你個人一定還有不腐化的私生活。”

“没有，慚愧得很，真正没有。我衹是覺得這種生活不對，有時候還真想擺脱，不過，有什麽法子呢?我有父親，母親，丈人，丈母，弟弟，妹妹，老婆，兒子，我不過這種生活，這一大家子人就没有飯吃。中國這社會，真不叫玩意兒，把不知多少人的生活負擔，壓在很少的幾個人頭上。那些把自己的負擔壓在别人頭上的人們，除了虚榮，除了物質欲望，什麽也没有，什麽也不懂得，并不説他們有意地這樣幹，可是事實上却真像擺下了誅仙陣萬仙陣一樣，向你包圍，不動聲色地逼你向墮落的路上走，朋友，我不是聖賢，也不是豪杰，對於自己的周圍，看不十分清楚，所以不知不覺上了他們的當，而且現在縱然覺察了一點，却已經騎虎不能下虎了!你想象我這樣的人在南京，簡直要多少有多少，除了做官，還能做什麽呢?一句老話:‘文不能當謄録生，武不能當擔架兵’，衹有還是做自己的官，做得一天算兩個半天，自己咀嚼着自己的靈魂過日子!這自然衹是我現在的心境，至於不久的過去却比現在更爲麻木，成天在設法打洞找升官，找兼差，找發點不義之財的機會。你瞧，這房子這一切，你以爲是靠規規矩矩的薪水换來的麽?一個月幾百塊錢够什麽用呢?不過，那不屑談的，反正你也不一定懂。雖説你在南京過過幾年，政治舞臺上的黑暗，官僚們的貪污和卑鄙，那情形你未必真正看見了什麽。”

他臉上表露出來的苦悶，證明他的話有相當真誠，可是仍然不知對他説什麽的好。於是我撇開他個人，就一般的情形説説。我説，國家的現勢，可説是危亡無日，日本强盗隨時都準備并吞中國;中國的政治機構如果不改革，政治舞臺上的人們如果還不覺悟，一定無法抵抗，怎麽這一般官老爺們還在爲個人爲家庭打算呢?

“對呀,”他説,“中國的政治這樣腐敗,決不能抵禦外侮,不是老早就有這麽一句話麽?‘中國不亡是無天理’,你説這話在那些官僚們中間引起了怎樣的反應?他們説,趁現在還未亡國的時候,多做幾天官,多弄幾個錢,多舒服幾天,日本人一來,就什麽都完了。”

這也許是個很高明的見解,可是也是個無藥可醫的痼疾;我想説日本人一來,就什麽都完了,也未見得,日本人來了,也需要中國人做官,并且正需要這樣的官。不過這話不能告訴他們,一告訴,他們就更無忌憚了,所以當時對那位朋友也什麽都没有説。

和這位朋友一别又是幾年,最近偶然碰到一個故鄉人告訴我説是他死了,起初我還以爲是日寇轟炸南京的時候被炸死了的,那位同鄉説不是,上海抗戰發生後一個星期,他就請了兩個月的假,送家眷回鄉裏,不知怎麽,在鄉下生了病,假期滿了還不能去銷假,於是撤了差。近來寇機無情地轟炸南京,南京不知受了多大的損失,他的房子好像也被炸毁了。走的時候仗打得還好,他没有想到會這樣的,所以回鄉也并不打算搬家,聽説房子裏很有些值錢的東西;他有病,又丢了官,丢了房子和一切東西,正是火上添油,病上加病,在南京失守以前就死了。

别人説他死的原因是這樣,證以從前他對我談的話,至少死去的心理還要複雜一點。不過我也無暇分析;衹是想:他的房子毁了,那房子裏的鴿子,猴子也一定毁了;名貴的書畫古董,收音機,汽車之類自然也都毁了,他説過,在南京像他那樣的人,要多少,有多少,那麽,那些什麽坊,什麽村,什麽寓的人,大大小小的貴人公子們是不是也受了和他一樣的遭遇呢?縱然不完全一樣,也該部分地一樣吧;那麽,他們要在亡國之前,多享受些舒服的企圖,現在怎樣了呢?爲了生活的負擔,爲了供應父母妻子親戚朋友而不能不貪污卑鄙的辯解又怎樣呢?

不錯,南京是中國的首都,然而是腐化的首都,不足以領導全國抗戰的首都,像我的朋友那樣的人們的房産的存在就是鐵證!現在這首都失陷了,不用説,爲了保衛它而犧牲了的戰士,是應該哀悼的;文化機關教育機關，可以剿滅日寇的軍火儲藏機關，以及居民們的室家的被摧毁，是值得惋惜的；朱洪武、孫中山的聖地的被淫污，是應該引爲耻辱的；日寇的暴行是可憎恨的！然而衹是如斯而已，其它的什麽建築之類，自然也是中國人的智力體力財力，中國老百姓的血汗的成果吧；可是都是於國計民生没有什麽補益的東西！讓那些秦淮河邊的歌臺舞榭去吧，讓那些飯店、咖啡館、影戲院……去吧，讓那什麽院什麽部的衙門，什麽禮堂會場之類去吧，讓那些達官貴人們的邸宅和那裏頭的秦磚漢瓦，巴黎香水，紐約雪花膏之類去吧，在這抗戰期間，那些都是無用的廢物！

魯迅先生有一句詩“金風蕭瑟走千官”，現在這般“走”着的“千官”們，回想起在南京的高樓大厦及一切，是不是像做了一場春夢呢？如果是，現在是覺醒的時候了！徹頭徹尾地懺悔吧，革面洗心地改過吧，誠心誠意地感謝抗戰把你們從腐爛生活中拯救出來了吧！能够這樣，没有了南京那腐化的首都，無論在什麽地方都可以建立起一個堅强的能够抗戰到底的新的首都來；能够這樣，我們一定可以收回南京和每一寸失去了的土地。

南京是失陷了，然而官老爺們的腐化生活的憑藉，貪污卑鄙的成績，也在被摧毁了，如果這能够促成他們的覺醒，加强他們抗戰到底的决心，於民族解放運動的前途是有莫大的利益的。失掉的是南京，得到的將是無窮。

一九三七，一二，二〇，漢口

懷《柚子》

十多年前，我曾讀到過魯彦的小説：《柚子》。

《柚子》的故事現在記不清楚了。背景是湖南。在人們通常叫做大革命的直前直後，或者以前的什麼時期，湖南某地方天天殺人，并且成群成群地殺。那些“驗明正身，綁赴刑場”的被殺的人們中間，當然也有盜匪什麼的，但多數恐怕還是青年，直到現在，某些人談起，還一定要在那形容詞上加個引號的前進的青年。殺了之後，人頭到處挂起，人走到什麼地方都可以碰見。人頭究竟不是件平常的東西，看得太多，可以使人神經失常的，那小説裏的某人後來在柚子上市的時候，一看見柚子了就聯想到人頭或者就以爲是人頭。終於悲哀地説：“你們湖南，柚子不值錢，人頭也不值錢。”（大意）《柚子》的内容大概如此，似乎還會引起湖南人的起哄，把作者趕走了的；後來，被收在書名《柚子》的小説集裏面，又似乎曾被魯迅收入《新文學大係》的小説若干集裏。

那時候，我對於文藝什麽的，毫無理解，看過《柚子》之後，并没有什麼興感，衹把裏面的幾句話，和别的一些不相干的事情一齊記住了。人的記憶頗有些奇怪，要記的東西，縱然費許多力，還是會忘得乾乾净净，没有存心記憶的，又往往在没有想到它的時候，自己從記憶裏浮現出來。《柚子》裏的那幾句話，就是如此。不知過了若干時日，不知是第幾次記起那幾句話，這纔如有天啓，恍然大悟地叫道：“這不就是人權思想麽?”於是我想：在咱們貴國，自古以來，殺人總是件極平常的事，殺了之後，把人頭挂起示衆，更其平常。人已經被殺了，即已經失去了知覺，他的頭之被挂不挂以及挂在什麽地方，在他真所謂無關痛癢了。民國初年，正是我十來歲的時候，住在城内，讀書的小學却在城外，有一陣子，幾乎每天放晚學回家，都會看見城門口高挂着一兩個血迹模糊，膚色烏黑的人頭。同時城門瓮裏還一定有一張布告，宣佈那死者的罪狀，死者的名字上有一道通紅的硃筆杠子，似乎就用死者的鮮血涂的。

我不但看見那些人頭，還常常看見殺人。那時候，土匪和國民黨人似乎都特别多。土匪不必談，黨人被捉住了也往往要殺頭，據説是“亂黨”。起初，土匪是土匪，“亂黨”是“亂黨”，罪狀分得清清楚楚，也不同時殺；後來不知經過了些怎樣的過程，兩者就混淆起來，殺也一道兒殺了。但這，其實古已有之，據《新約》所載，耶穌就和竊賊同時在一塊兒上十字架的。當時看見殺人，因爲年紀小，什麽事也不知道；後來回想一下，那些被殺的土匪和“亂黨”，有許多其實兩樣都不是，倒不過是鄉下的真正老牌的良民。咱們貴國人的固有的美德或民族性，據説是中庸，即不爲已甚；和平，即不嗜殺人；以直報怨甚至以德報怨，即至少不誣陷自己的敵人。但這恐怕是指大家在平心静氣地過日子，與世無争，殺機未動的時候。這樣的時候，他們常常在茶樓酒肆不吃不喝，稱兄道弟，搶得惠鈔，而且以搶着了爲快樂。然而“唯口興戎”，縱使這樣的場合，也不一定永久融融泄泄，和氣一團。萬一三言兩語意見不合，馬上就面紅耳赤，瞋目戟指地對駡起來。起初止於“×你的十八代祖宗”之類，無傷大雅。如果×不赢了，就不難聽見這麽一句話脱口而出：“你是××！”如果那時候“土匪”兩個字是要人家的腦袋的，××就是土匪，决不是别的；如果“亂黨”當令，××就是“亂黨”，因時制宜，以此類推。但這樣當面指駡的，平心而論，或者衹是一些所謂陽份人，相駡無好口，一時氣憤，并未顧及話的利害，縱使顧到，也不過想制伏對手，其意若曰：我有這樣的法寶。你還不投降麽？本意倒不在真地致人死命。至於被特殊任務的同志在鄰座聽見了，那衹能算是對手倒霉，他自己不負責的。有一種陰險傢伙，當面什麽都不説，甚至人家駡他，他都不回言；但衹要兩天不見，他却早已溜進城裏告下狀了。狀子上寫的正是上述的××。不但告狀，還要自己作證，還要串通别人出來作證，還要買活死囚出來攀誣，還要賄賂上上下下的公家的人們。“一不做，二不休”，“殺人不死反成仇”，一到這樣程度，那就傾家蕩産，在所不恤，衹要能够把對手制死，好像對手真地╳過他的十八代祖宗似的。在鄉下，足以引起這種事件的原因非常多：紳士和紳士鬥法，張家和李家比武，地主老爺懲戒佃户的欠租，大姓侵占小姓的田産，其起因往往很微，結局却常常很慘。官府是異鄉他人，和本地人無關休戚，辦的土匪和“亂黨”的案子多，就顯得他有才幹，有政績，能得到上峰的嘉獎乃至升遷。同時又可趁此收到一邊或兩邊的“包袱”，把宦囊裝得滿滿的，不但眼前可以置姬妾，買田産，一生吃著不盡，將來子孫還可感激涕零地追念：“我們現在之所以得有飯吃，全靠╳世祖在某處做過官的原故！”何樂而不爲？據我所知，有一個紳士被另一個更有力的紳士指爲土匪，因爲没有確證，衹好關在牢裏。恰巧那時候有一個同姓的土匪也關在牢裏等候處决，那更有力的紳士顯出最大的神通，在處决那土匪時，移花接木，把紳士抓出去應名殺掉了（所謂應名，即“驗明正身”時，必定點名，要犯人答一聲“有！”纔能“綁赴刑場”，但這時候，將被殺的人早已魂飛魄散，聽不清堂上喊的什麽，也不知道答應“有！”往往是提案人代答，所以可以舞弊），則當時殺人之多以及殺人之不問青紅皂白或故意混淆青紅皂白也可想見。

殺人有殺人的行列：走在前面的是“刀斧手”，穿着短裝便衣，挽着袖子，手裏提着雪亮的鬼頭刀，刀把上拖着一道鮮紅的綢子，也像是用誰的血染紅的；臉上帶着一點酒意，昂着頭，挺着胸，雄赳赳，氣昂昂，儼然天下無敵的英雄。接着是一排軍隊，全副武裝，肩上荷着槍，槍上上着刺刀，走着正步，軍號：“打大低，打大低！”皮鞋底在地上：“沙沙沙沙沙”，威風凛凛，殺氣騰騰，像開到戰場上去似的。再就是被綁赴刑場的犯人，灰白的赤膊，灰白的臉，他身上一定從來不曾有過血，縱使殺也殺不出血來；那臉隱藏在堅硬的，茨叢似的，長而且髒的頭髮和鬍子之間，呆板得和死人的一樣，假如不是有一對細小的眼睛正在躲避着陽光的迫害，同時也放出一點微弱的反光，你會懷疑他在被殺之前，早已死了。他的手反剪着，左右兩個人擒住他，推着他走，否則，他的發着顫的腿，發着顫的全身會一步也走不動，連站也站不起，難以走完他在人生的旅途上的這最後幾步的。這些犯人，這些被拖去殺的傢伙，都是一些特殊的人類，他們的樣子就極其特殊。除了他們，人决不會再看見那樣灰白的臉和赤膊，那樣髒的長頭髮和長鬍子，那樣害怕陽光的眼睛，那樣發顫的腿，臂腿和肩背！凡是拖去殺的人都是那樣子，凡是不拖去殺的人都不是那樣子，由於經驗的積累，於是得到一個確切不移的結論："挨刀的相!"那樣的相的生之目的與意義就是挨刀，不是今天，就是明天，不是在這兒，就是在那兒，總是要挨刀的，雖是麻衣或柳莊相法上不知道規定過沒有。有這樣一個故事：一位什麽老爺天天殺人，以致他的朋友都寒心了，於是勸他少殺幾個。他説："我從來沒有殺過一個人，從公案上望下去，綁赴刑場的沒有一個是人的。不信，你下次站在我背後看看。"那位朋友後來果真站在他背後一看，這纔恍然那些拖去殺的傢伙都是本該殺的，因爲他看見他們衹是一群猪羊！我雖然沒有站在老爺背後看過，挨刀的是猪羊的事，却相信一定千真萬確；否則，在行列的最後，前呼後擁，坐着四人大轎的監斬官的態度，决不能那樣泰然自若。

招摇過市之後，終於到了西郊的刑場。打久了瘧疾的人，常有人勸他去看殺人，據説可以嚇走附在身上瘧疾鬼。是否真能如此，不得而知，但因此可以明白：殺人的場景頗有些可怕的。記得第一次擠在人群裏看見一衹"猪羊"身首異處，我嚇得渾身打顫，以致忘記了跟着别人一齊拍手。那一次被殺的是兩個人，看見殺了一個，就連忙從人群中擠出，不敢看第二個了。看殺人的人們，在人頭落地的當兒，定要拍手，好像聽見精彩的講演或看見精彩的戲劇表演一樣，不知是什麽道理。父親告訴我：如果那人是該殺的，拍手的意思是："可殺！可殺!"如果是不該殺的，意思則變成："有手難救!"但我自己以及由觀察而感得的别人的拍手，却實在并無此意。事先和事後，我們都無從得知被殺的人是屬於哪一種：拍起手來也非兩下一頓或四下一頓那麽有板有眼的。那時候有一支軍隊叫做"留鄂軍"，弟兄們都是河南人，大概官長們也是的。假如我們那兒的人對於河南人有什麽印象欠佳之處，就是那軍隊不但好殺人，并且幾乎每次殺了人都要把死者的心肝挖出來在老百姓家的門樓口用磚瓦搭成竈了炒得吃；軍隊裏的伙食太值不得稱贊，打牙祭恐怕衹逢年遇節纔有，平常都是像魯智深所説：“口裏淡出鳥來！”口饞的人，想吃點油葷或嘗一點異味，都是極平常的事。

看見過許多次的殺人的行列，看見過許多次被殺的人身首異處的情景，也看見過許多次的人頭挂在示衆的地方。但是從來都没有想到裏面會有些什麽問題，魯彦却把它當作題材，寫成小説，向人類提出了他的控訴。

死刑的廢止，大概還在遥遠的將來，我們今天還處於一個殺以止殺，能殺纔能生的悲慘的時代。但無論將來怎麽遥遠，一定要從現在走去：無論走得怎樣遲緩，也一定要走。因此，關於殺人的誰殺，殺誰，怎樣殺，也就是是否合乎殺以止殺，以殺爲生的原則的問題，不能不有所考究。不幸的是，衹要略一考究，除了對於漢奸，賣國賊，貪污，違犯軍紀，喪師失地等人的殺以外，很少合乎這個原則；而這種殺，在無數的殺人事件中，却衹占着極少的數目。漢朝殺功臣韓信、彭越等，清朝殺權臣年羹堯等，不合乎這原則；孔子殺少正卯，秦始皇坑儒，清朝殺戴名世及屢次由文字賈禍的人，也不合乎這原則；龍逄、比干、岳飛、袁崇焕、譚嗣同等人的被殺和文天祥、史可法、李秀成、秋瑾、徐錫麟、史堅如、熊成基、宋教仁等人的被殺，更没有一個合乎這原則。原來在這原則之上，還有個更大的原則，即權力者的自私：維持他們自己的統治。他們所希望止的是他們自己的被殺，也就是他們自己的生。孟子曰：“不嗜殺人者能一之。”血污的統治，决難持久，他們自己也未必就能因之而生，即未必能不被别人殺掉。當然和上述的原則衝突。殺人中之最理直氣壯，名正言順的是懲治盗匪；但盗匪是政治不良、民不聊生的結果，不從改良政治，改良人民生活着手，衹是殺人，未免捨本逐末。老子曰：“民不畏死，奈何以死懼之？”實際也未能止殺，未必有人能因之而生。何况統治者誅戮異己的時候，尤其對於代表進步勢力的個人或團體，無不指爲盗匪，而刑罰則比施之於盗匪的還要酷烈。滿清對於太平天國，民初的北洋政府對於國民黨……就是例子。

凡是落後的民族，或各民族在過往的時代，法律思想不發達，道德觀念薄弱，同情心缺乏，對於罪犯的處分，不知道分爲若干等級，或所分的等級極少，輕微的過失也都處以死刑，而且方法極爲殘酷。殺了人不但毫無愧怍，反以多殺爲雄武；以死者臨命時的觳觫驚恐，宛轉哀啼以及對尸體的若何處置，爲可賞玩或者泄憤。古書上有“投畀豺虎”，“食肉寢皮”的忿語，有炮烙，蠆盆的傳説，有以人爲祭品，作死人的殉葬的記載，可考的死刑有：烹、菹、醢、坑、車裂、腰斬、凌遲、剥皮等等，罪犯死後，則人頭可以作“飲器”，可以挂起示威，血可以“釁鐘”，治病，心肝可以醒酒，生殖器可以“專車”。無論怎樣痛苦的死，都不過是短時間的，死者總能忍受也無法不忍受，死後的種種處置更與死者無關。問題是殺人者竟能想出如此其多而殘酷的殺人方法；竟能在别人如此其悲慘地死去的時候，從容逸豫，不動聲色；竟能從死者的尸體上想出如此其多的用途！在我們日益接近文明的今天的人看來，實非常難以理解！不知道尊重别人的生命的人，自己的生命也必不被别人尊重，自己有時且欲尊重而不可得；不知道同情别人的痛苦的人，不能希望别人同情自己的痛苦。或者正因爲不知道尊重自己的生命，自己没有痛苦的感受官能，纔也不尊重别人的生命，不同情别人的痛苦。凡此種種，都由於心靈的麻痹，感情的粗暴，人性的喪失，人與人之間的隔絶而來，同時也使心靈更麻痹，感情更粗暴，人性的萌芽更無從茁長，人與人之間的障壁更加厚而且堅！有如此麻痹粗暴的王侯將相高高在上，必然有同等麻痹粗暴的草民匍匐在下，或者被殘酷地殺掉，或者奔走擁擠，鑒賞别人的被殺；縱有一二不麻痹粗暴的人或改進這麻痹粗暴的人，則往往更其不幸，他們要覺醒的靈魂去忍受那衹有麻痹粗暴的人纔能忍受，鑒賞那衹有麻痹粗暴的人纔能鑒賞的殘酷！一部二十四史，都是如此寫下；到了魯彦纔提出他的控訴，雖然未免太遲，却也幸而已經提出了！

五四新文化運動，被稱爲中國的文藝復興。主要的思想内容，就是人的覺醒——人權思想的覺醒。這運動在歐洲衹是有産者文化的抬頭；中國的情形稍爲複雜一點，也因之直到現在，我們還没有走完它的全程。

關於人權思想，在藝術上盡過最大的努力，也獲得了較大的成功的：自然是魯迅（魯迅也寫過殺人的場景，《阿Q正傳》和《藥》）。但羅馬非一日一人之力所建造，藝術與思想的殿堂，也决非一磚一石所可完功。因爲和盧梭同時有許多大大小小的盧梭，盧梭纔能寫成他的《民約論》；因爲和達爾文同時有許多大大小小的達爾文，纔能證實達爾文的進化論的真確。魯迅的偉大，决不由于他是一個孤獨的天才，倒是因爲他的前後以及同時的許多魯迅中的最大者。魯彦不但寫過《柚子》以及和《柚子》近似的别的小説，同時還翻譯過不少的被壓迫民族的作品，如顯克微支的集子《老僕人》之類，對於新文化的羅馬，對於人權思想的藝術殿堂，是盡過了他的一人一日之力；他的《柚子》及同性質的作品與譯品，也會永效着一磚一石之勞的。

今天，抗戰已經七年多了，軍事的頓挫和各方面進步的迂緩，使得二十多年來，其實并未宣告下野，倒無時無刻不在找機會奄有天下的中國舊文化思想以及浸透了舊文化思想的别的東西，連自己也看見了面前的墻壁。倘没有若何的改變，勝利的前途確保到如何程度，恐怕不容易斷言：於是朝野上下，同時喊出了“民主”“憲政”的呼聲。光看中國的先例，呼聲常常衹是呼聲，或者衹是白紙上的字迹，或者衹是湯水的改换，對這次的呼聲，也不必樂觀得太早；如果同時也看看先進國的人民所走過的路程，則悲觀又太無理由。那麽，魯迅、魯彦以及許多别的先覺者所倡導鼓吹過的人權思想，遲早必定在中國發揚光大起來吧。自然，即使這思想現在已經浸透了每個角落，也嫌太遲；但中國民族究竟太老大，舊文化思想的歷史究竟太悠久，新思想若能早日貫徹，或者反是奇迹。無論經過怎樣的迂迴折曲，艱辛困苦，衹要有貫徹之日，衹要貫徹的前途，像遠海的帆影一樣能爲我們所辨認，我們也就够安慰了。展望當前，回顧既往，一面爲未來的新中國祝福，一面向先行者們的業績致敬，同時，也不期而然地感到自己肩頭上的負荷了。

一九四四年

論通天教主

通天教主，跟獅子是畜牲們的王一樣，他是畜牲們的教主，他的門下幾乎全是龜靈聖母之類的畜牲：幾乎所有的畜牲都是他的門下或與他的門下有關。方以類聚，物以群分，用王安石的説法，就是："畜牲出其門，此人之所以不至也!"因之，他的徒子徒孫們都是逆天行事，保紂王的江山的：紂王的江山，其實也是妲己的江山，妲己也就是畜牲——狐。他跟師兄們一路，參與過封神的決定，天命所歸，不是不知道；當廣成子三入碧霄宫的時候，還很想把門下整飭一下的。無奈他的耳根軟，沒有定見，門下的畜牲系統又嚴密而鞏固，他就被徒子徒孫們的花言巧語或甜言蜜語所惑，死心塌地做畜牲們的傀儡了。和師兄們一樣有道行，有神通；但别人的神通，都做了些正事；衹有他的，却替畜牲保鏢而與人爲敵，親自和師兄們交手，使自己永遠作爲邪教教主的榜樣!

《封神》上的反動人物，結果都很慘：申公豹身填北海眼，紂王首懸太白旗，通天教主雖然不知所終；但就是活着，也衹是一種羞辱的生存，要目睹自己曾以全力反對的新勢力的繁榮；要悼念那些因爲自己——他們的教主——的一念之差而身首異處了的死者；要欣羡，要懺悔，要忍受人間一切事物，那些事物都不期而然地故意嘲弄着他，那是比死還痛苦的精神的刑罰。

一九四五，四，三〇，重慶

論申公豹

我們有一種錯誤的用語，過去謂之“以前”，未來謂之“以後”，過去的某一天謂之“前天”，未來的某一天謂之“後天”。就這用語説來，我們在時間上是面嚮着過去，背嚮着未來。而歷史的行程，也是越走越趨向往古，“前進呀，時間!”叫得越凶，進得越快，就越接近“渾沌初開，乾坤始奠”的黄金時代。説中國現在或歷來的復古思想，都由這些用語産生出來，自然是笑話，但從復古現象聯想到這些用語，想到它們彼此竟如此巧合，有時不免深爲詫怪。

《封神演義》上有一個申公豹，在殷紂没落、西周興起的時候，因爲自己没有得到“封神”的使命，心懷嫉妒，在路上與奉得了使命的姜子牙爲難。不料碰到南極仙翁，没有難着别人，反把自己的腦袋弄得扭轉向後了。從這時候起，他就到三山五岳去訪尋道友，來阻礙姜子牙所統率的西周義師。大勢所趨，那些道友除了用自己的血染污了歷史的車輪以外，不過苟延了殷紂的若干時日。不必提它。有趣的是申公豹先生自己的尊範，他的頭是向後的，以背爲胸，以後爲前，眼睛和脚趾各朝着相反的方嚮，他永遠不能前進，一開步就是後退。或者説，永遠不能瞻望未來，看見的總是過去。這副尊範，配上他的勛業，内容形式，精神肉體，倒是統一得很。

肉體的申公豹，衹是幻想中的人物，實際上不會有的吧。但精神的申公豹却隨時都有。對於這樣的人，千萬莫勸他前進，縱然他永遠躺在床上，也莫勸他起來走。因爲，他一走縱然他主觀上以爲是在前進，客觀上却越是退到後面去了。

一九四五，五，一，重慶

再論申公豹

知道一種大變革要來，要獻身於那變革。要憑自己的本事或才能，在那變革中起較大的作用，原也無可非難。變革也真不怕人有本事，有才能；本事越大，才能越大，它可能發生的作用就越大。但有本事，有才能的人，很容易有一種自驕自傲的心理："當今之世，舍我其誰?"這句話從好的方面説，是志氣，即事業的開端；從壞的方面説，是個人英雄主義，"老子天下第一"！自以爲"老子天下第一"的人，一定看不起别人，另一面就是"你是什麼東西"！

比如尼采，就是"老子天下第一"的人物。他的話是在拔地幾千尺以上的高空説的。他覺得太陽如果没有照過他，太陽自己應該覺得厭倦；無論誰的吊桶放在他的井裏，都會汲出滿桶的珍寶。我何以如此智慧，我何以寫出這麽好的書！不勝其自我耽溺之情。我疑心他要像傳説裏的水仙一樣，因爲常到水邊去賞玩自己的倩影，終於失足落水死了！把"你是什麼東西"表現得最充分的，恐怕要算杜林。黑格爾算什麽呢？達爾文算什麽呢？馬克思算什麽？聖西門、傅立葉、歐文、拉薩爾，碰着誰就給誰一頓辱駡。或者有人説：儘管他們如此狂妄，衹要他們真有才能，真有成就，豈不也無所謂麽？但才能并非一切。才能的面前有兩條路，一條通上帝，一條通魔鬼。才能一旦與"老子天下第一"、"你是什麽東西"相結合，就無異貼了一張"姜太公在此，諸神迴避"的條子，無論什麽足以使它發榮滋長發揚光大的學問思想，都會無法撞進。上帝那邊，於它就"此路不通"了。相反的，"水流濕，火就燥，雲從龍，風從虎"，一切足以使他墮落，犯罪，作惡的東西，無不誘惑它，遷就它，奔赴它，與它合而爲一，沆瀣一氣，它的終極地一定是魔鬼的老家。所謂成就，不能離開真僞，善惡，是非，邪正而另有標準，即不能離開人群的禍福，歷史的進退而另有標準。魔鬼的成就，我們決不認爲是成就；成就越大，也不過越足以表示犯罪作惡的能力與程度的驚人而已。而且究竟有什麽成就呢？杜林的理論全盤是錯的。假如也有多少值得一提的地方，也不過從黑格爾或别的他所辱駡的人那裏剽竊的，或與他們相同的。這算成就麽？尼采是法西斯思想的祖師，是周知的了；最有名的格言："到女人那裏去，切莫忘記帶鞭子。"這豈不是無知的男子，被貧窮勞苦壓得喘不出氣，無處發泄，衹好恃横裝醉，毆打自己的妻子的男子，實行了幾千年或者更多的年代的普遍現象麽？還有什麽值得説的？説出來還算什麽思想？在本來虐待婦女的社會傳播虐待婦女的教義，要他們更虐待，更虐待，有什麽意思呢？如果這也是成就，這成就未免太"輝煌"了！

申公豹在那最初階段，是不是也狂妄到尼采和杜林的那種程度，書上没有詳細的描寫。但他認爲"斬將封神"的大業，應該由他去作，衹有由他去作；像姜子牙那種碌碌無能之輩，是不配作，不能作的。這種心情已經有目共睹；至於中途阻攔，要姜子牙私相授受，把任務交給他，不然，就要各顯身手，見個高低，拼個死活，態度的咄咄逼人，已經不是狂妄，而是凶惡了。有人懷疑既然申公豹的本事更大，他們的老師爲什麽一定要把《封神榜》交給姜子牙呢？現在明白了吧：憑這種行爲，就不配擔當什麽偉大事業。他的爲人，老師當是觀之有素了。

一九四七，七，八，香港

道德一論[①]

有一種意見，道德這東西，衹有弱者纔需要，比如小羊，它是弱者，狼也要吃它，虎也要吃它，它就需要一種“不殘害生命”的道德來限制虎狼，希望虎狼遵守這種道德。至於虎狼呢？不需要這種道德，它們需要的，如果也可説是道德的話：就是把小羊吃掉！

然而人類的虎狼，却不如此簡單。對於小羊，吃是要吃的，却决不一口吞下了事；在吃之前，在正吃的時候，在吃之後，總要有一番冠冕堂皇的説詞，證明他該吃，吃得漂亮，有趣，乃至勞苦功高，纔能吃得長久。因之，道德，在强者也是必要的。

提倡道德，規定道德的内容，裁判道德與不道德，是極容易極便宜的事。比如你一提倡孝，哪怕你天天在家裏打爺駡娘，人家也會以爲你是孝子。孝的含義本來很含胡，你可以把你的一切行爲解釋成孝，也可以把别人的一切行爲解釋成不孝或沽名釣譽的假孝，而事實上天天真在那裏“昏定晨省，冬温夏清”，遵守每一個繁文縟節的孝道的，恐怕一個也没有。那麽，人家没有任何冒犯你之處還罷了；如果有，你用不着挖空心事去想罪名來懲治他，衹消説他不孝就够了！别的道德也這樣。因此，道德的種類越多越好，規律越嚴越好，含義越曖昧越好，内容越陳腐，越和實際生活不相干越好。假如有一萬種道德或者更多，一定是不道德的人更多。打一個呵欠，不道德；放一個屁，不道德；天下還有合乎道德的人麽？天下人都不道德，你就可高興裁判誰就裁判誰，高興討伐誰就討伐誰，名正言順；因爲他們不道德！而你膺懲他們的不道德這件事，又證明你道德。萬一他們把規定的一切道德都遵守了——那是無

① 本篇亦題作《道德論》、《强者的道德》。

論如何也辦不到的——那就一定變成乖乖的綿羊：什麼時候要宰掉就宰掉，而不會有絲毫反抗；而他們之由你宰掉而不反抗，又正合乎盡忠殉節成仁取義的道德。至於自己呢，那又當别論：道德的標準是自己定的，無論做了什麼都可以説是合乎道德。縱然還有不合乎道德的，也没有誰敢來裁判、討伐，因爲權力在自己手裹！

管子曰："禮義廉耻，國之四維；四維不張，國乃滅亡。"如果所謂國，是某種政權的意思，他實在道破了道德的秘密，所以他的話，就永爲强者的經典。

莊子曰："爲之仁義以矯之，則并與仁義而竊之。"則更道破了强者的秘密，如果强者能把一切東西都搶到手，他決不會從中間揀出道德來摔掉，倒是加强它的尊嚴！

一九四三，八，三，重慶

讀魯迅先生的《二十四孝圖》

魯迅先生的《朝華夕拾》上有一篇《二十四孝圖》，説：“我幼小時候實未嘗蓄意忤逆，對於父母，倒是極願意孝順的。不過年幼無知，衹用了私見來解釋‘孝順’的做法，以爲無非是‘聽話’，‘從命’，以及長大之後，給年老的父母好好地吃飯罷了。自從得了這一本孝子的教科書（按：即《二十四孝圖》）以後，纔知道并不然，而且還要難到幾十幾百倍。”自然也有不難的，如“陸績懷橘”，“子路負米”之類。但也有非人力所能辦到而且還有性命之憂的，前者如“孟宗哭竹”，後者如“王祥卧冰”；而最使人不解，甚至於發生反感的是“老萊娱親”和“郭巨埋兒”兩件事。“郭巨埋兒”甚至於使他覺得祖母和他勢不兩立。他説：“我從此總怕聽到我的父母愁窮，怕看見我的白髮的祖母，總覺得她是和我不兩立，至少，也是一個和我的生命有些妨礙的人。後來這印象日見其淡了，但總有一些留遺，一直到她去世——這大概是送給《二十四孝圖》的儒者所萬料不到的罷。”關於“郭巨埋兒”，同治年間就有人以爲是“忍心害理”，光緒時候的胡文炳并且以爲“揆之天理人情，殊不可以訓”。在自己編刻《二百四十孝圖》的時候，把它“割愛”了（見《朝華夕拾》後記），足見并不是魯迅個人獨特的見解。

讀過這篇文章，有點拉拉雜雜的感想先聲明，我做兒子已經任滿了，現在正在做父親。雖然不算年紀大，也四十幾歲了；不算讀過多少書，比之於古人的五車子竹木板，總要多得多；不算跑過多少地方，也國內十六七省，國外四五國。不是自己賣廣告，不過想説明大概不算太年幼無知，見聞狹隘。恕我説老實話，我没有看見一個人是孝子。我不是。我的父母不是。我没有兄弟姊妹，我的妻不是。我的兒女不是。我的隔壁三家，對門四户的人們不是。我的親戚朋友門生老師不是。大家平平常常，對父母有相當感情，如斯而已。至於專門講些繁文縟節，如所謂昏定晨省，冬温夏凊之類，或作些奇奇怪怪的事情，如卧冰埋兒之類的，正和挖空心事來虐待父母的人一樣，連一個也没有。講孝的故事或文章儘管多，也和《聊齋誌異》、《子不語》、《閲微草堂筆記》、《封神演義》、《西游記》之類的書儘管多，却不能真正證明真有這種事實。因此，二十四孝，或二百四十孝裏面的人物是不是都真正那樣講過孝，不免有點懷疑。

我覺得這懷疑不算完全没有理由。大舜號泣於旻天，文王爲世子，都年湮代遠，難以憑信。舜的故事是孟子和跟孟子同時的人説的，孔子時代就没有。孔子時代的人不知道的事，孟子們忽然知道了，這就可疑。文王雖確有其人，他的故事也是後人傳述的。古代帝王或闊人都於人民有大功績。盤古開天地，女媧補天，伏羲畫八卦、興庖厨，神農教稼穡，軒轅製衣裳文字，大禹治水，湯武搶奪人家的江山，似乎没有什麽好處，却又叫做“吊民伐罪”，也了不起。當中衹有堯舜無話可説，於是堯是垂拱而治，有治績；舜是孝子，品行好。文王“三分天下有其二以服事殷”，本來可謂忠了，但忠却和他的少爺的“吊民伐罪”有點矛盾，必須再加點什麽美德，這就來了孝。開天地，補天，是完全的神話，存而不論；别的東西，大概也都是逐漸發明。讀過社會進化史之類的書的人，應該可以理解。許多東西，説是帝王所發明，一面固然由於古人的愚昧，不知那些東西從何而來，强作解事的信口雌黄，一面也應該是一種大的欺騙。凡作帝王的人都於人民有大功績，人民就不應該反對他，後來的帝王雖然自己無功績，但他的祖先曾經有過，也不能輕易反對。漢高祖時代的話就比較難説了，人們漸漸不容易受騙，著書立説的人也漸漸多，許多東西已經發明，新的東西又不是説要發明就可馬上辦到的。做了幾年皇帝，他的父親還要跪在門口接他，與孝似乎太不相干。於是來了新的欺騙：他是龍種，他的母親跟龍睡過覺的，并且他的鼻子大。人怎能叫自己的母親跟龍睡覺呢？應該睡覺的時候，自己還没有生出來，也無法督促。至於鼻子呢，人是很少方法使它變得大些的，正像西哈諾不能把自己的鼻子變小一樣。那麽，皇帝衹好讓劉邦去做，我輩小鼻人種，趁早不要痴心妄想。孝也是一樣。你想做皇帝麽？除非像舜和文王那樣講孝，没有了父母的人首先就没有資格。有資格的，如果真的像他們那樣盡孝，孝來孝去，就會壯志消磨盡净，絲毫想做皇帝的野心都没有了。

“君子曰：潁考叔純孝也，愛其母，施及莊公。”這是“君子”太老實。潁考叔的話，本是有政治作用的，不一定真的想帶肉給母親吃。陸績也許是被人發現了，臨時往老太太身上推，正像李鬼遇見李逵要殺他，就説“家有八旬老母”一樣。老萊子這個人就無事迹可考，有人説是老子，而老子的傳記上又没有記載。曹娥江的故事和徐文長故事一樣，到處都有，不過各地的姓名不同。大概凡是深水懸崖有點危險性的地方，總有一個這類的傳説。我親臨過的孝子潭，孝子崖就不下十餘處。“古迹”之類本是用各種方法造出來的；關心倫常的人説是孝子孝女什麽的；維持風化的人就説“望夫石”，“露筋寺”；嚮往佳人才子的就説“胭脂井”，“小青墓”；而現代的朱家郭解之流也就在西子湖邊創造出“宋義士武松墓”來了。孟子曰：“盡信書則不如無書。”曹娥故事也可以這樣理解。孔子曰：“孝哉閔子騫，人不間於其父母昆弟之言。”這不過説他家裏人説他好，别人也并不懷疑罷了，并没有説怎樣孝法。“母在一子寒，母去三子單”，也是後人的創作。子路負米，平易近人，但在故事中，却不占重要地位。其餘嘗糞，割股，埋兒之類，使人想起有人説的“中國人的心靈根本不健全”這句話，至少有些人的心靈是不健全的。埋兒得金跟打虎救父，哭竹生笋，卧冰得鯉等等，簡直是神話鬼話。在科學昌明的現代人看來，不值一笑。而且有些縱然是真的也太浪費，老萊子七十幾歲還在着五色衣作嬰兒啼，倒不如趁早作點别的有益的事，於人於己於父母都較無遺憾。

其次我以爲創造孝子故事的人似乎自己就不很孝。他們對於自己的父母印象欠佳，以致對於天下古今的父母的印象都欠佳。他們的故事中的父母，往往是殘忍，苛酷，脾氣古怪，有“虐子狂”（恕我杜撰）的一些特殊的人物，和通常的情形相差很遠。塞門諾甫的《飢餓》裏的父親捨不得把東西給兒女吃。那是一種艱苦的情形，大動亂中，食物太難到手，不免顯出人性的自私的一面來。屠格涅夫的《父與子》，寫父代與子代的新舊思想的衝突，避免了父子之間的直接的場面。其實父母干涉兒女的思想或婚姻之類的事，倒是很多的。但這衹限於父母特別落後，兒女特別進步的場合，而父母對於兒女的虐待的心，也不一定有。《紅樓夢》賈政待寶玉很嚴厲，我也寫過我的母親常常打我。這都是因爲教，并且誤以打爲教的緣故。不一定是虐待，説不定倒是因爲愛。俗話説："衹有瓜戀子，没有子戀瓜。"父母大概都是愛兒女的。可是二十四孝裏的父母却往往不同。舜的父母拼命要把他弄死。雖然母親是後母，不免有偏心，何至一定要殺他？況且父親是自己的呀。黄香的父母眼睜睜地望着兒子喂蚊蟲，自己一點不動聲色；老萊子的父母明知兒子七十幾歲了，還要讓他挑水，已經很奇怪；王祥，孟宗的母親以堂堂的大人，偏在冬天裏問小孩子要鯉魚，要笋子，莫非古代養家贍眷的事情，大人不管，都該小孩子負責的嗎？我的母親雖然歡喜打我，在我小的時候，從來不曾向我要什麽東西吃，倒是她常常買東西給我吃。就是我養她的時候，她也從來不挑剔這樣或那樣。我的母親也并不是親母，脾氣也相當暴躁的。説到這裏，我要以曾經做過兒子，現在正在做父親的資格，向那些編造故事的人們抗議——一方面爲我的父母辯護，我的父母決不是像他們所説的那樣；一方面也爲自己和妻辯護，我們在做父母的場合，也決不像他們所説的那樣。

作算天地之大，古今之久，人性大概又各種各樣，不能没有多少奇事。比如孟宗，王祥被母親打罵得上天無路，入地無門，跑到竹林裏哭，河裏去找鯉魚或者是想跳水自殺，孩子們没有知識，不是没有可能，衹是生笋得鯉是無知的人加上去的。但是既然這樣，何以古往今來，天下之人，都很少對於那些父母加以任何貶詞，倒衹在勸兒女盡孝呢？本來我們有些不可解的事，比如一個女人遇見强暴，在强暴那方面的公式是不免淫心頓起，以致生出許多事來，事後的評論家們總不責備强暴，衹問這女人屈服了没有，以定題詩作賦來頌揚或是不齒於人類來懲罰。但是那是强暴，對於强暴，實在也很少理講；倒也情有可原。何以對於父母的場合也取同樣的態度呢？難道父母那樣殘忍苛酷，虐待兒女，還不能算世道人心之隱憂嗎？父母不好，兒女年齡和智力都有限，不能逃出家庭的天羅地網，已經是極悲慘的事；編故事的還拿這來説教，勸人盡孝來回答！簡直有意勸孩子們向暴力屈服。少成若天性，習慣成自然，這樣童而習之，長大了也定是慣於向强權屈膝的柔順的奴才。這也許正是編故事的人們的本意，因爲它於皇帝閹人之流是有利的。不過中國人能够做皇帝閹人，外國人也能來中國做皇帝閹人。外國勢力能到中國來，不用説，總是强權。對强權屈膝，既早已習慣，也就無暇分什麽中國的或外國的了。如果不嫌扯得太遠，就説那些高明的故事，和今天漢奸順民之産生有多少關係，恐怕也不算過分。

《吴虞文録》有好多年没有翻了，手邊又無書，就前些年看的印象説，那裏面關於孝的論列，大致是可同意的。魯迅在《魏晋風度及文章與藥及酒之關係》裏所説的“孝治天下”的道理，也很精闢。不妨向讀者推薦。至於我呢，我覺得既然家庭制度還存在，社會的變革又不是一天兩天就可完工，家庭經濟權操在父母手裏，父母大概大都愛兒女的，就今天説，把我們的民族國家的未來主人翁們付托在别人手裏，都不比付托在他們各自的父母手裏更爲適宜。那麽，兒女們在不太特殊的情形之下，對父母順從，服役，愛；在新舊思想衝突的場合，給以可能的諒解；衰老時候的奉養等等，是應該的，也就是孝。衹是不必講得太難，太離奇古怪，甚至于要兒女們的生命。二十四孝如果删成十孝八孝，也許并不壞。

現在的學者教授們有一種妙論，説孝是青年文化，詳論少見，不大理解是什麽道理。孝自然多是青年的事情，可是如果從新二十四孝裏面的一些心靈不健全的創作看來，孝似乎不是青年文化，倒是青年受苦受難的文化。而發這種妙論的先生們自己早已不是青年，而且高高地坐在什麽交椅上指導青年，受青年的朝拜的了。這也就不難悟出他們的話裏面的正確性的多少來。

一九四一，八，七，桂林

由蕭軍想起的

《八月的鄉村》以外，蕭軍寫過好幾篇值得稱贊的好小説：《鰥夫》、《羊》、《江上》、《同行者》。作爲藝術品，除了《江上》略嫌綫索紊亂以外，可以説都比《八月的鄉村》的價值高。但《八月的鄉村》却使他享了盛名，擁有了較多的讀者，掩蓋了他以後的其他作品，連《第三代》在内的光輝。爲什麼呢？因爲當時廣大的群衆的抗日熱情都非常高揚，《八月的鄉村》那樣寫中國人民武裝抗日鬥争的作品，最爲讀者所需要，所能接受，所喜見樂聞；儘管它在藝術的成就上，比之於《毁滅》什麼的還差得很遠，像魯迅先生在序文上説過的一樣，這件事説明：一個作者如果要爲讀者所愛戴，應該揀選爲讀者所需要的題材。當然，這裏是説真實的作品，與投機取巧的無聊文人的風花雪月之類無關，哪怕那些人的東西也相當能騙錢。

不過《鰥夫》以下各篇却在朋友中間赢得了比《八月的鄉村》更大的尊敬。比如我自己，就常有有蕭軍在，我們的文章還到哪裏討生活的感覺。從那些作品，要説作者不憎恨地主（《鰥夫》、《同行者》），不憎恨統治者（《羊》），不同情工農（《江上》、《鰥夫》）和不幸的受難者（《羊》），是不可能的。蕭軍之所以爲蕭軍，也確實不僅因爲《八月的鄉村》而已。有道是：一個藝術家，應該同時是一個思想家。思想家，談何容易？不如説應該有思想，搞通思想。蕭軍的那些作品，連《八月的鄉村》在内，要説在思想上能看出什麼明確的東西，堅定的東西，縱然在作爲他的朋友的我們，恐怕也很不容易。他的英雄，都帶有一種流浪者的氣氛，與真實的工農大衆，有着多少距離。因此，在思想上，衹能説有一點點朦朧的傾嚮性；要成爲一個堅實的作家，還有待更多的努力，更好的發展。

文壇上似乎討論過這樣的問題：一個作家應不應該有正確的世界觀呢？不用說：正確的世界觀，不一定就是寫好作品的保证；没有它，也不一定就寫不出來像樣的作品。但一個優秀的作者，如果有了正確的世界觀，就一定會有更卓越的成就。没有它的作者，應該從學習努力中，生活實踐中，以及和題材的搏鬥中去獲得。不錯，歷史上的巨匠們，談不上我們今天所説的世界觀；但這不過證明我們所處的時代比他們幸運。没有這種世界觀，在他們，應該是遺憾萬千的事；如果能有，他們的光芒一定比我們現在所看到的會巨大得多。比如果戈理，就决不會費許多心血在替乞乞科夫尋覓超升之道，以至終於燒掉了《死魂靈》的續稿；羅曼·羅蘭的《愛與死之賭》也不會教我們同情吉隆特黨人及其同情者，面對羅伯思比爾抱反感了。在我們的蕭軍的場合也一樣，假如他在思想上早有所獲，决不會在延安過了十年之久而没有長進；假如在延安時能有所獲，也不會到了今天，還在哈爾濱表演摔跤的把戲了。

盧那卡爾斯基的《解放了的堂·吉訶德》是一部鞭策了所謂“中間分子”，“自由主義者”的好書。堂·吉訶德的俠義精神，反抗暴力，同情弱者，打抱不平的熱心與勇敢，在舊世界裏面，是一種極可寶貴的東西，其可寶貴的程度，决不下於我們知識分子不斷地與黑暗勢力搏鬥而形成的一種和外界不妥協的精神狀態。這種精神狀態形成之後，就是我們在戰鬥中的戈矛與甲胄。使我們能够屹立於濁世之中而不屈不撓。但是無論是堂·吉訶德的俠義精神也好，我們的不妥協的精神狀態也好，都衹限於在舊社會，纔是寶貴的，如果到了新社會中，没有更堅實的精神武裝，它就不但不能支持自己，使自己繼續戰鬥，還往往成爲一種笨重的行李（術語謂之“包袱”），滑稽得像把手工業時代的生産工具帶進機器工業的工廠裏一樣。堂·吉訶德可耻地反對革命的“暴力”，營救了反動的謨爾却伯爵，使革命受了很大的損害，和今天的蕭軍説什麽“各色帝國主義”，反對解放戰争，以及别的許多不常識，與反動宣傳一鼻孔出氣的話，頗有些相像。

跌過同樣的跤的也不僅衹堂·吉訶德和蕭軍。紀德的《從蘇聯歸來》，曾慨嘆過蘇聯的小學生不知道巴黎有比高爾基文化公園更大的公園，配給的布匹全是一樣的花色，窮鄉僻壤的電報局長看見拍給史大林的電報没有形容詞就不肯收拍等等。紀德大概不至於説謊，至少，我願意相信他不説謊。但是縱然他所舉的例都值得研究，也不過説明一個偉大的社會改革是如何不易，蘇聯那時候還處於一種怎樣艱辛的改造過程中。何况那些例子其實是值不得一提的：蘇聯的教育有使每個小學生都明白巴黎有怎樣的大的公園的必要麽？配給布在任何時期都應有各種各樣的花色麽？蘇聯政府應該或必須禁止每一個工作者愛戴史大林到那種迂拙的程度麽？至於對史塔哈諾甫運動中，一個工人四小時完成了以前需八天完成的工作，他説，是不是他們以前把衹需四小時的工作，拖到八天纔完成呢？更是表露出他對蘇聯的無條件的反感。其實，縱然他的話不幸而言中，史塔哈諾甫運動也無可懷疑，它究竟把過去的怠工現象糾正過來了！

在中國，更有過我們所熟知的王實味事件。王實味的《野百合》中所指摘的現象，延安的工作者曾經否認過，即使他説的全部真實，我也以爲意義很少。在中國革命這樣一個大運動中，這樣龐大的革命隊伍中，如果那些參加者不是從天而降的一種天神似的人物，什麽值得指摘的現象不可能有呢？革命本來不僅是改造社會，同時也改造人，改造革命者自己；所謂自我改造，豈不正因爲那自我正有着需要改造之處麽？問題在於發覺了某種錯誤現象，能不能改正；指摘那種現象，取着怎樣的態度。王實味的態度是頗近似於紀德的。

蕭軍的態度比紀德和王實味還要壞：紀德總没有影射蘇聯是赤色帝國主義；王實味也没有説日本士兵是日本的工農大衆，與中國的士兵是同階層同命運的人，因此，中國軍隊不應和日本軍隊打仗，打，就是“箕豆相煎”之類的胡話；而蕭軍却這樣説了，雖然他説的敵軍是蔣軍。無論這些話是不是别有用心，它表示作者的無知，是確切不移的。真不懂一個作者何以能無知到這種程度？蕭軍那樣的人何以在延安過了十年之久，還發出這種謬論？知識分子的改造或進步何以如此困難？

有些作者，對於凡是有關思想性的書籍，比如説，社會科學書籍，馬列主義書籍抱着一種先天的反感，無論怎樣都不許自己和它們有接近的機會，好像一接近，他所追求的藝術什麼的就會被打成粉碎。藝術什麼的果真如此脆弱麽？那還有什麽追求的價值？不是這麽脆弱麽？爲什麽不讓它和思想性的東西結合得試試？或者你們的藝術已經與一種思想結合，不願意它接近别種思想，那麽，你們以爲你們的思想是真理麽？真理與否，祇有在和别種東西的比較和戰鬥中纔能證實，爲什麽不讓它和别種東西碰碰呢？不是真理麽？爲什麽不拋了它而追求真理？有真理也有非真理麽？爲什麽不想法把它們辨别出來？或者你們以爲祇要有藝術就够了，另外已無所需求？那麽，對不起，你們是爲藝術而藝術的“藝術”家，但爲藝術而藝術本身就是一種思想！不和任何思想有關的藝術是抽象，是無物，難道這就是一個藝術家所追求的麽？

我不是説一個作者要有思想上的獲得，祇有讀書一種方法；但在我們知識分子，讀書却比較簡便。蕭軍，在延安，在哈爾濱那樣的生活環境中，還對於政治上的事那麽無知，除了托大，自滿自得等小有産者的根性以外，也就有和有些作者相同的不讀書之過——我不相信竟有人這麽頑固，讀過馬恩列史的書，還是無動於衷；更不相信那些書的説服力這麽弱，竟不能使蕭軍有所改變！

有些所謂自由主義者，擔心着一件事：共産黨統治了中國，“人民”（意即自由主義者）會没有自由，他們相信國民黨不會給“人民”以自由，共産黨也不會給“人民”以自由。國民黨，共産黨，在他們看來是完全一樣的。他們的自由是祇有在舊世界纔有的麽？足見是與舊世界的統治者相一致的；在新社會裏應該没有。是在舊世界不能有，祇有在新社會裏纔會有的麽？那一定是和真正的人民相結合的，還有什麽問題？是兩個世界都可以有或都不會有的麽？那種自由和上述的和任何思想無關的藝術一樣，是抽象，是無物，用不着擔心。

話雖這樣説，事實却不一定完全如此。蕭軍事件就證明解放區的自由主義者有着過多的自由。在哈爾濱公然可以發表反蘇反解放戰争的言論，出版發表那種言論的報刊，難道還不能使自由主義者們滿意麽？至於蕭軍的言論碰了壁，摔了跤，那是因爲别人也有反對蕭軍自由的緣故。自由主義者該不反對别人的自由吧？至於我，却不願意蕭軍有這麽多的自由，作爲他的朋友，至少不希望他有太多的跌跤的機會；正跟不希望我自己或别人常常跌跤一樣。

一九四九，一，二〇，香港

魚水篇

一

我們消失於延安，如魚消失於大海。

這是何其芳的詩。對這詩，有書面批評没有，不知道。却聽過口頭批評：爲什麽會消失，爲什麽要消失呢？原來那種消失感，并非人人都有。艾青的《向太陽》的結句：

甚至想在這光明的際會中死去。

連書面批評也看見過：抗戰之後，還要建國，爲什麽死呢？

這樣的批評家，不用説，不曾有，也不理解，投身於光明際會中，契合無間，心滿意足，死心塌地，渾然忘我的幸福心情。但另一面有這種心情的也不止一二人，魯藜詩：

爸爸早晨好！
媽媽早晨好！
史大林早晨好！

何等天趣盎然的在新社會中的魚水之樂呀！

二

提到魚與水，不禁想起主觀派與反主觀派論爭中，一個有名的譬喻：游泳與水。

> 喬木：游泳必須在水裏。
>
> 胡風：在水裏不一定就是游泳。
>
> 喬木：游泳不在水裏，難道應該在沙上麽?

都對，但作爲論戰，却是各説各的。游泳必須在水裏這話，并無凡在水裏就都是游泳之意；在水裏不一定就是游泳這話，也并無游泳應在沙上之意。

作爲作家與人民的關係，游泳與水這譬喻雖説明了作家應與人民結合，同時也暗示了作家與人民的結合仍是有限的。游泳家儘管有時游泳，但在游泳之前與游泳之後，總住在陸上。

但這譬喻，用之於主觀派，却相當確切。主觀派的理想境界是做游泳家，住在陸上，有時下下水；因爲是游泳家，所以能向永不下水，下水而不會游泳的人驕傲。祇有一點點不愉快的事：水裏面有魚。如果一旦碰見，説不定會發現：魚，大概無所謂主觀，至少是没有主觀派所謂的主觀，甚至不知道自己在游泳，却永遠生活在水裏。

上面説的“理想境界”，意即尚非現實境界。因爲，有些人下過水没有，何時下水，尚不得而知。

三

下水不等於游泳，最好的例子是蕭軍。

蕭軍是“自行失足落水”（借用）者，不會游泳，也不肯學游泳，但水不是不會游泳又不肯學游泳的落水者的樂園，甚至不是他的暫時休憩之所。水將把他拋出，否則吞掉。這吞掉，照字面直解，與消失無關。於是水，在這樣的落水者看來，是可惡的，正如舊世界之於進步者。

問題稍稍有點複雜的是，這樣的落水者，在舊世界又曾是若干程度的進步者。因此他的落水雖是“自行”，却非真的“失足”。同時，他的不學游泳，也并非游泳果真難學，而是他先就反感於水了（先反感水的原因，下面還要談到）。因爲水，除了對於魚，并非什麼太合胃口的東西。就是游泳家吧，要變成魚，也不容易，何况連游泳家也不是！

水不能使人都變成魚，甚至不能使人都變成游泳家，也許真是水的遺憾。但水裏自有成群的魚，各種各樣的魚，也并不反對任何人變成魚。這裏就顯出主觀派的見解的輝煌來了：主觀要求這東西確是重要，可惜祇限於在這場合。而且，主觀的意義，當然是放在一定的解釋之下的吧？否則，寧可被吞掉也不肯學游泳的落水者，假如真有這種人，他的主觀精神豈不也應歌頌？

四

> 有一類人是切感着歷史的和現實的黑暗的重壓的，對於黑暗的攻擊是猛烈的，然而看不到歷史上和現實上的光明與人類的力量，或者看到而不承認它是光明，或者承認而覺得它和自己很隔離，很生疏，很不合自己的意。於是他是虚無的，孤獨的，個人主義的，傲慢而悲觀的，結果依然是黑暗的。這類人，雖是很敏感，對於現實常取强烈的反抗與批判的態度，但對於光明的認識與擁抱，却顯得非常軟弱；這是因爲他們雖與黑暗敵對，却仍被黑暗拖住，同時和真真戰鬥的人民又是本質的隔離或甚至敵對的緣故，結果有的是因爲抱不到光明，便對黑暗的威脅與重壓也模糊起來。……

以上是雪峰的《對光明的擁抱力》(《有進無退》) 裏的話，我覺得裏面有主觀派的影子在，至少是和人民隔離這話；如果記起那辭群衆，逃集體的名言，那就徑説是“敵對”也没有錯。

有人以爲，强調主觀，是主觀派的强處。不！是他們的弱處。既與人民隔離，藝術的源泉難免有枯涸之虞，就衹好乞靈於内在的，不知從何而來的主觀精神，人格力量等等。假如連這一點也放棄了，就會什麽也没有了。

主觀精神，人格力量之類，在人民還是自在階段的時候，對于舊世界，是有意義的。積極的方面，成爲“叛逆的猛士起自人間”、“敢於直面慘淡的人生，敢於正視淋漓的鮮血”(三一八時代的魯迅先生的話)；消極方面是獨善其身，造成一種安貧樂道，特立獨行的高度的人生境界，如歷來的聖賢或高士們。但在人民已經覺醒而且戰鬥着的現在，人民要以自己的力量奪取政權，改變社會制度，這是千萬人的行動，解决的是千萬人的問題；就是“叛逆的猛士”，如果單獨存在，也會顯得弱小無力，還有什麽個人的人生境界可以相提并論呢？主觀派説：“難道革命者不要人格麽?”誠然，革命者是要人格，有人格的。但那是因爲革命，在革命過程中自然形成的革命人格；并非爲了完成含義模糊的什麽個人人格，這纔革命的。

不但主觀精神，人格力量，是和人民隔離了的惟一的依據，就是“一粒沙可以看全世界”，“無處没有鬥争”，“人民身上充滿奴役的創傷”等理論，都是與人民隔離了纔想出的。這些話也許都有理由，可惜在這裏盡的任務，衹是爲和人民隔離的主觀派辯護。一粒沙可以看全世界，是不是粒粒沙中所看出的世界完全相等？無處没有鬥争，其實也就是無處没有人民，爲什麽偏要辭群衆，逃集體？至於人民身上有奴役的創傷，那是專就離開了集體的個體的人民立論。人民總是集體名詞，儘管把他們分成單獨的個體了看，可能個個身上都有奴役的創傷，但當他們結成集體的場合，却仍可以是英勇的隊伍。集體的意義决不止是個體與個體相加。而且，通常所説的人民，如與人民結合，向人民學習，都是指覺醒的，積極的，鬥争着的人民，不但不是落後的個人，也不要盡着反動任務的集體。以兵士爲例，當然是解放軍裏的，而不是蔣軍裏的。

五

又有一類人，他們自然是渴求光明，要擁抱光明的，但也許他們腦子裏的光明的圖案的確是完整，潔白而無疵的，於是遇到現實的光明的時候，他却祇看見瑕疵，缺點，不足。有的還據説是萬分熱情的，“不遠千里”的去找光明，而找到的光明却使他“失望”。這類人，不但忘記了光明或“理想鄉”不會在真實裏或雲端上存在，於是光明不但是血肉的，而且還不免帶着污穢的。這類人還甚至不願將光明與黑暗去比較一下，彷佛他們的天責是享受現成的光明，照他們的腦子裏的圖案所造成的，一有欠缺，便是人民有虧於他們了。但公平地説起來，光明却不是憑任何人的事先幻想的圖案所能造成的，現在還没有現成的光明，它也不是享現成福的人所得享受；因爲光明是必須用帶血帶汗的手，用鬥争所造成的，它憑着現實的鬥争的發展而發展；現在還祇在生長中，没有血、汗、鬥争，就没有光明，而没有用過力參加鬥争的人也自然無從理解真的光明。

這裏面似乎完全説的蕭軍。不過祇是過去的蕭軍；現在的蕭軍，已經不以此爲止境，意識地或非意識地，敵視光明，儼然成爲在光明中的黑暗的代表了。

魯迅先生的名言：“還有真想活下去的人麽？他先就該敢説敢笑敢哭敢駡敢怒敢打，在這可詛咒的地方，擊退這可詛咒的時代！”時與地，原是表明得很清楚的；敢説敢笑敢哭敢駡敢怒敢打，也決不是胡説胡笑胡哭胡駡胡怒胡打。但蕭軍却曲解這幾句話，胡説胡笑胡哭胡駡胡怒胡打，想在光明的地方擊退這應歌頌的時代。

光明决不使人不敢説不敢笑不敢哭不敢駡不敢怒不敢打；它不過不怕你説笑哭駡怒打，要做到使你無可説笑哭駡怒打，而且糾正你的胡説胡笑胡哭胡駡胡怒胡打。

縱然是在舊世界曾是若干程度裏的進步者吧，如果没有一定的認識，没有受一定的思想的洗禮，没有真正參加血肉的鬥争，在像雪峰所説的“不但是血肉的，而且還不免帶着污穢的”光明中，像主觀派衹看見了人民身上的創傷一樣，剛剛衹看見了光明中的“污穢”，而以局部爲全體，暫時爲永久，偶然爲必然，現象爲本質，自己個人的感受爲一切人的感受。那就無論光明怎樣使人無可説笑哭駡怒打，在他看來無一而不可説笑哭駡怒打了。如果真以爲光明是可詛咒的，而以大勇者現身，雖然客觀上不過胡説胡笑胡哭胡駡胡怒胡打，倒也不過可悲而已。如果明知道光明不是詛咒的對象，偏要逞個人意氣，胡説胡笑胡哭胡駡胡怒胡打，倒也不過可笑而已。惟有真以光明爲敵，不惜投身黑暗，代表黑暗向光明進軍，那就可耻可恨了！

唐·吉訶德打過風車，受傷的不是風車而是他自己。蕭軍想在光明的地方擊退光明的時代，未卜先知，被擊退的一定不是光明而是這位新唐·吉訶德！

六

對於新社會的投身以及與人民結合，最高的境界，還是如前所説，如魚之與水。但要達到這境界，在我們小資産階級知識分子却是難事，真像要人變成魚一樣。現在的説法“脱胎换骨”，意義也正如此。因此，我們一面看見有些人的魚水之樂；一面也看到另一些人對於水的游離，抗拒和掙扎了。

一九四九，愚人節，香港

迎駱賓基

一

太陽或月亮被天狗吞掉了的時候，我覺得陰暗；太陽或月亮終於未被天狗吞掉，當他脱離了狗口的時候，我覺得亮爽。駱賓基的被捕和被釋，我的友情的心境，也同樣有着陰暗和亮爽的感覺。太陽或月亮，我知道不是天狗真的吞得掉的，但是作爲一個個體的駱賓基，却是能够真的被“人狗”吞掉的。因此，他的被捕，在友情的心上引起的漣漪，其實不止于陰暗；他的被釋，我的感覺也較複雜於亮爽。

雪峰在“虐殺”那篇文章（《有進無退》）裏説過：虐殺者的瘋狂，不是因爲他强，而是因爲他弱，他先在被虐殺者的仇恨的眼睛下恐怖了。要除掉那敢於明露或深藏仇恨的心的眼睛而虐殺；要搜求没有仇恨的眼睛而驚異仇恨的眼睛之多而瘋狂；既已瘋狂，就看任何眼睛都有仇恨，於是虐殺而無休止（大意。原文極精辟，惜手頭無書可抄引）。虐殺者——舊世界的統治者，實欲殺盡一切人，因爲一切人至少都因爲虐殺者的虐殺而更明露出仇恨在眼睛裏。虐殺者——舊世界的統治者，實欲殺盡一切文化工作者，藝術工作者，文藝工作者；衹要是真正的文化工作者，藝術工作者，文藝工作者，一定是最會明露或深藏全體被虐殺者——被統治者的仇恨的心，而且使别人也更會明露或深藏那種心的人。真的文化，藝術，文藝，在舊世界的統治者看來，都是炸藥，都是炮彈；真的文化工作者，藝術工作者，文藝工作者也就都是敵人。衹要還有一天有權力，連人帶物，都是要盡力鏟除的！這就説明：德國納粹頭子們爲什麽有“提起文化，我就想起我的手槍”的名言；駱賓基（這裏姑且止限於駱賓基)，一個現中國的優秀小説家，爲什麽一再地被捕，一再地幾乎被虐殺掉了!

但駱賓基終於未被虐殺掉，終於勝利地脱離了虎口(或者説“人狗”口)!這是人民的勝利；人民的力量强大了，不可抵禦地勝利了。老話説：“道高一尺，魔高一丈。”這不是説魔總比道高，道高一丈，魔就會高十丈。這是説魔之所以能高一丈，因爲道還衹高一尺。假如道高一丈，魔會高一尺；道高十丈，魔就衹能高一寸；道再高，魔就衹有消滅。駱賓基事件是最好的證明：他被捕於人民力量還没有今天這麽强大的時候；被釋於反動政權被解放軍壓迫得分崩離析不能不僞裝和平的時候。人民力量更强大，會有更多被囚的駱賓基得到自由；終于是反動政權全體消滅，以後永無任何一個駱賓基關在牢裏!

二

得到駱賓基在東北被捕的消息的時候，我在重慶。

那天，帶着沉重的心，買了一本《貝多芬傳》(羅曼·羅蘭著，傅雷譯)。翻開扉頁，上面有譯者加上的這幾句話：

> 天將降大任于斯人也，必先苦其心志，勞其筋骨，空乏其身，行拂亂其所爲，所以動心忍性，增益其所不能……(孟子)

我好憤怒!瞧，我的朋友駱賓基，被萬惡的統治者捉去“苦其心志，勞其筋骨，空乏其身，行拂亂其所爲”去了。這裏面，没有他本人戰鬥的，爲人民獻身的實踐的意義，没有統治者渴血的瘋狂，没有壓迫階級與被壓迫階級之間的仇恨；一切都是天意，而且是天的好意。“天將降大任”給他，所以先假手於統治者用嚴刑峻法來鍛煉他一下，使他“動心忍性，增益其所不能”，而成爲能擔當“大任”的大人物。他不是被統治者捕獲的待决之囚，反而是天之驕子；我們應當感謝天，替他慶幸獨得了天的偏寵。至於統治者，連同他的集中營、保密局、特務、憲警、劊子手，無論怎樣胡作非爲，罪惡滔天，殺人如草，殺人如麻，都是在替天“玉成”擔當“大任”的大人物。桀紂、幽厲、秦始皇，哪裏是暴君，他們是替天行道的聖天子！何等無耻的統治階級的代言人的欺騙囉，從這幾句話，我看穿了孟軻，也看穿了説什麽“貧賤憂戚，玉汝於成也”的張載；同時還哀憐那被騙信了的《貝多芬傳》的譯者。

虐殺者——舊世界的統治者的統治，整個都是對人民的虐殺；却并非把每一個人都用刀鋸鼎鑊之類，直截了當地治死。假如衹是這樣，倒衹能説是屠殺而不能説是虐殺了。通常而巧妙的，是用種種方法，“苦其心志，勞其筋骨，空乏其身，行拂亂其所爲”，使人民在“動心忍性，增益其所不能”中倒斃。實際殺人而不居殺人之名；不直接殺，却比直接更苛虐百倍地殺！“苛政猛於虎”的具體内容，必定有這種虐殺在内。否則，它就衹能等於虎而不能超過。

許許多多的倒斃者中，必然也有不倒斃者在，否則，豈不連人民的種子都没有了？那些不倒斃者，或者本來堅强，在“動心忍性”的過程中變得更堅强了；或者本來不堅强，在“動心忍性”的過程中變得堅强了。這些堅强者，纔真正是統治者的勁敵，纔真有反抗統治者和向統治者進擊的力量，纔真能在反抗與進擊的鏖戰中變得更堅强，而且獲得輝煌的戰果，而且推翻現有的統治，不用説，這些堅强者，都是在被虐殺中變得堅强或更堅强了的；但對於統治者，我們却無可感激，統治者并非爲了造成堅强者的堅强，并非爲了造成他自己的勁敵，這纔虐殺的；剛剛相反，是爲了消滅被統治者的堅强的成分，以免他們成爲自己的勁敵，這纔虐殺的。堅强者在被虐殺中堅强起來或更堅强起來，成爲統治者的勁敵，乃至推翻那統治，在統治者，倒是一種無可奈何的意外。這時候，有人出來，撇開統治者的虐殺，撇開那虐殺所給與被虐殺者的心靈和肉體的殘害，撇開無數在虐殺中倒斃了的犧牲者，雖不好意思叫人直接感謝那虐殺，感謝統治者；却説天怎麽長，地怎麽短，叫人忘却那虐殺的仇恨，叫人感謝天，也就是間接感謝虐殺者。無論説得怎樣巧妙，他的話是爲誰説的，於誰有利的，豈不也一聽就會明白的麼？怎麼還會有人被騙信呢？

駱賓基，我的朋友，他是堅强者，他會在被虐殺中，即在“苦其心志……動心忍性……”的全過程中，更堅强起來！縱然不是堅强者，他也曾在被虐殺中，即在“苦其心志……動心忍性……”的全過程中，堅强起來；衹要他不倒斃，不真被虐殺者吞掉！然而那“苦其心志……動心忍性……”的全過程是艱苦的，不拿出力量來，不把自己的生命的意義發揮到最高度，是不能戰勝的！我一面相信我的朋友，一面又擔心過大的災難不是人力所能抵禦；一面明知他通過了那全程，就會成爲千錘百煉的英雄，一面又深感到在錘煉中，究竟太過痛苦。因此，我説，在那時候，我的心情不止是陰暗。

三

駱賓基到港後第×天，我同他一道看英國電影《紅鞋》，影片名翻譯家則譯作《紅菱艷》。多麼惡劣的譯名呵！報上有人指出：“大概因爲‘艷’字的生意眼吧。”衹是這樣倒好了；他是從“鞋”字想到中國過去的婦女裹的“三寸金蓮”的，衹有那種小脚纔瘦小伶仃，像菱角！

這電影是根據安徒生的童話（中譯本作《魔鞋》）改編的。童話原意，一個女孩穿一雙紅鞋去赴舞會，不料那紅鞋是魔物，舞會完了，鞋却使女孩的脚一直跳着，這裏那裏跳着，永不休止，連回家看看家裏人都不能够，終于衹好叫人把脚砍掉。安徒生的中譯者陳敬容説，那女孩想穿紅鞋是由於虚榮心，那麼，這作品就是勸戒小孩子們不要有虚榮心的了。但除此之外，我覺得還可以看出較大的寓意來。

藝術這東西，真像一種魔物，具有魔力魔性。不接近它則已，一接近——不管以怎樣的動機去接近，爲虚榮心，爲好玩，或者别的，都可能一樣，衹要真接近了，豈但廢寢忘食，簡直非竭盡生命的全力以赴不可；簡直欲罷不能，不由自主，像着了魔一樣，像藝術裏面真有什麼魔術世界一樣。原不是以嚴肅的心情去接近它的，等接近了，也可以使你的心情變得嚴肅；原來并没有什麽才能的，它也可使你變得有才能。有所謂第三種人説過“死抱住藝術不放”，第三種人哪談得上這種境界？但真有這種境界的人，我們也很難辨出，究竟是他死抱住藝術不放，或是藝術抱住他不放一直到他死。豈但如此；以嚴肅的心情接近藝術或在藝術的天地時把心情變得嚴肅了的人，他將不但真正認識了藝術，而且還通過藝術而真正認識世界。等他真認識了世界，他就將不僅是一個藝術工作者，同時還必然是一個戰鬥者；他將在藝術裏戰鬥，以藝術爲武器而戰鬥。這樣，他看穿了藝術：藝術没有什麽神秘，更没有什麽神聖；不過是一種鬥争的武器。藝術的地位似乎降低了。同時，藝術并非什麽玩玩的東西，并非與現實生活無關的東西，是可用以戰鬥的，是可以用戰鬥充實的，是和戰鬥不可分的；藝術的魔力魔性就更大，更迷人，它的地位又反而提高了。這樣的藝術工作者，一面用藝術進行戰鬥，一面在戰鬥中完成藝術，終於我們會分不清他究竟是藝術家還是戰鬥者。這裏就來了一個嚴重的問題：這樣的藝術家或戰鬥者，必然和一切部門的戰鬥者一樣，和一切革命家，思想家一樣，他的事業和他的“生活”是衝突的，和親子之愛衝突，和夫婦之樂衝突，和暖衣飽食安居樂業的一般的生活常態衝突。起初或者還衹是魚與熊掌，二者不可兼得，後來日常生活逐漸變小，事業逐漸變大，終于生活成爲一種世俗的，無足輕重的東西，他的腦子裏就衹剩下事業，在這場合，就是衹剩下藝術和戰鬥了。另一方面，這樣的藝術家創造出來的戰鬥的藝術，在戰鬥的對象看來，在舊世界的統治者，舊秩序的維持者看來，像前面説過的，無一不是炸藥、炮彈，藝術家本人也就是真正的勁敵，衹要還有力量，總是要把這樣的藝術家和他的作品連根鏟除而後快的。藝術家到了這種場合，纔看見自己的藝術真正發生力量了，自己真正創造出藝術了，正是他的躊躇滿志的時候，當然不會中途氣餒；但縱然在長期的戰鬥過程中，有時有多少倦厭的心情，也悔之晚矣，無可奈何了。回想起以不知什麽莫名其妙的動機接近了藝術的當初，豈不恍如夢境！安徒生的童話，應該可以看出這樣的意義來。

這意義，電影的編劇者是看出了的。但他却藉之表現藝術與戀愛的衝突的無法解决，女主角因之自殺了。這，無疑的，把原作的意義不知縮小了多少倍。這不知縮小了多少倍的意義，又因爲對人物與故事處理的不妥當，没有得到可能和應有的效果。這電影是失敗的。

安徒生之所以大，在于他用他的“魔鞋”一口喝破了整個舊世界的人們的理想與現實，精神與肉體的分裂。安徒生的大之所以有限，即在於他的童話没有指出在新社會裏，這分裂的兩者又能够統一。舊世界的整體是分裂的。消費者與生産者，地主與農民，資本家與勞動者，統治者與被統治者是分裂的。反映於人生，就成爲理想與現實、精神與肉體的分裂。新社會則不然。它將消滅人與人之間的分裂，它將變人民的理想爲現實，它將解除人民的精神與肉體的衝突的苦悶。那時候，真正的思想家一定就是人民的領袖，軍師；真正的藝術家一定就是人民英雄。而且它將使人人都有思想，都能創造藝術。還會有什麽藝術家窮得不能生活乃至被迫害被虐殺的事呢？

我和駱賓基在電影院裏這麽談着。他的兩眼在昏暗裏放出興奮而愉悦的光。駱賓基，這不知怎樣接近了藝術，以藝術和舊世界戰鬥，在戰鬥中被統治者一再迫害，一再幾乎虐殺掉了；同時也由那些迫害證實了他的堅强或鍛煉他成爲更堅强者了的駱賓基，他的兩眼放着興奮而愉悦的光。因爲他知道新社會已在眼前，以後永不會有什麽灾難了。

新社會來了，我們要大踏步迎上前去，瞧啊，多少人和我們走在一起，人這麽多，駱賓基，别跑開了。咱倆靠攏些！

一九四九，兒童節，香港

一九四九，四，二一，夜

敵人不投降，
就消滅他！

——高爾基

一

我們命令你們：
奮勇前進！
堅决，
徹底，
乾净，
全部地
殲滅
中國境内
一切敢於抵抗的
國民黨反動派！

我們命令你們：
奮勇前進！
逮捕
一切怙惡不悛的
戰犯；

（不管他逃到哪裏！）

特別注意

匪首

蔣介石！

以上是毛主席、朱總司令寫給全體人民解放軍的偉大的詩篇！試敲敲看，它會發出鋼鐵般的當當的響聲，而且餘音嗡嗡，會迴蕩到全世界，永久，永久！

快黄昏的時候，我正在屋裏躺着看書，一聽到這聲音，把書向上一拋，拋得它撞到屋頂，然後掉到不知什麽地方去了。我從床上一躍而起，舉起雙手，以阿剌伯人在沙漠上祈禱的姿勢（蕭乾先生的話），向窗外高呼：

萬歲！

萬歲！

半個中國，

二萬萬以上的人民，

要由這偉大的詩篇而得到解放了！

二

街上的燈火還未射出燦爛的威光，煤汽燈衹顯着熒熒的濃緑色，這僻静的街上，很少行人。鐵道橋邊一個十來歲的女孩子在賣號外。明知道她賣的就是剛纔看見過的那一張，還是走攏去向她買了。我願意把它全部買完，然後給朋友們一張張地送去。一想到别人這時候大概也看見了，就不禁自己笑起來。賣報的女孩接過錢，遞了一張給我，就一面喊着“號外！號外！”向更僻静的街上跑去了。她赤着脚，穿着一身破爛的衣服，但那披散的頭髮底下有一雙閃亮的大眼睛，向你一望，就像傾訴着無窮的感情，像人和人之間衹隔着肥皂泡似的那麼一點點薄膜，衹要吹一口氣就會破滅。“好美呀!”我想。突然起了一種强烈的欲望，想抱着她 kiss 一下，像 kiss 我的女兒一樣；但是她已經跑了！“號外！號外!”她不知在哪裏喊，那聲音裏充滿着愉快乃至幾乎不能承受了的幸福，正像她的眼睛。

我向熱鬧的地方走去。想在人叢中，發現一個，幾個，乃至許多熟人，朋友，同志；我想起我的妻子，女兒，一切愛我者和我愛者。我願意在這時候，向他們和她們傾瀉出心頭的狂喜；我願意在這時候，讓他們和她們在我面前傾瀉心頭的狂喜。我幾乎站在十字街頭向來往的人們：

> 我們命令你們：
> 奮勇前進!
> 堅决，
> 徹底，
> 乾净，
> 全部地……

朗誦出毛主席和朱總司令的偉大的詩篇。

“嗚嗚嗚……”

一輛汽車從我身邊擦過，幾乎把我撞倒了!

三

> 堅决，
> 徹底，
> 乾净，
> 全部……

半夜了，睡不着。不能看書，那偉大的詩篇的句子在我耳邊響；不能打什麼文章的腹稿，那詩句在耳邊響。去你的吧，還有什麼書，什麼文章，是必要的呢，在這偉大的詩篇面前？

熄了燈，閉上眼睛，睡不着，那詩篇還在響。我想，在那洪亮的詩句的號召之下，今天，今夜，就是此刻，長江下游，六百里地帶，我們的解放軍，我們的指揮員和戰鬥員，我們的人民英雄，我們的革命健兒，我們的巨人，我們的新的歷史的創造者，正在——

渡江！

我仿佛聽見兩岸的槍炮聲，喊殺聲，敵人的兵艦、橋頭堡、機關槍和炮兵陣地，被摧毀聲；甚至江水的汩汩聲，汽船摩托的突突聲，木船和槳橈的款乃聲，成千成萬的橈手們的邪許聲！仿佛看見幾千祇幾萬祇船在朦朧的夜色裏，在江上，飛駛。江心的群星抖亂，銀光閃爍，炮火的紅光，時現時隱；隨即一齊爲船陣所遮没。而對岸的敵陣則正在中彈、起火，燃起滿天的紅霞。……

好像我自己就在某一隻船上，和無數鄰船，同時并進。江水被船陣阻塞，激成巨浪；使船和船互相撃撞，互相妨害；船身傾蕩，浪花濺上軍衣。和全體戰士一樣，我屏着氣，臉上發燒，心頭怦怦地跳，身上微顫，不知是夢是真。手揑着槍支，幾乎要使槍支格格地發出響聲來。我焦灼，我迫不及待，我要立刻到岸，我要向敵人刺殺，我要呼喊，我要狂叫！

好像我又是在北岸等候渡江的英雄，還没有輪到自己，急得在岸上跺脚，恨不得生出兩隻翅膀飛過去；而且就是現在輪到，頭功也叫他人搶跑了！好像又是本在江南的豪杰，正向就近的敵人撲過去，用行動迎接渡江的同志們！

可是我没有這麼幸運，没有這種光榮。我没有參加這偉大的、空前的、劃時代的渡江的戰鬥！如果我是一個兩岸的居民，乃至一個婦女，乃至一個兒童，哪怕祇捧着一碗白開水，歡送或歡迎我們的英雄的行列；

哪怕衹站在一個戰士的面前，怯生生地説一聲：“辛苦了，同志!”或“喝水吧，同志!”我也滿足了。甚至如果是一個敵軍軍官，乃至兵士，能够在這時候，率領自己部下或者獻出自己的一支槍，向解放軍説一句：“我投降了!”我也滿足了。衹要真看見一眼就滿足了；衹要真聽見一點聲音就滿足了！……

我起來，走上天臺，迎面吹來一陣凉風。街燈發着强烈的白光，照得對面的墻壁死人的臉一樣的蒼白。向下望去，街上遠遠近近，没有人，没有車，連遠處都没有任何聲音。香港和九龍似乎全睡死了！哦，這麻木的夜的都市喲，難道不知道我們的解放軍此刻正在渡江麽？

四

蔣介石的末日到了！李宗仁、何應欽的末日到了！四大家族的末日到了！軍閥，官僚，買辦，大地主的末日到了！帝國主義在中國的勢力的末日到了！一切依附封建勢力和帝國主義生存的魑魅魍魎們的末日到了！封建勢力統治了中國幾千年，帝國主義和封建餘孽共同奴役中國人民，也已有百多年，現在連想倚仗長江天險，僞裝和平，在半個中國地面苟延殘喘的機會也没有了。他們的末日真正到了。

逃跑哦，蔣介石！逃跑哦，“白狐狸”！逃跑哦，四大家畜！……火車裝不完裝不及，輪船裝不完裝不及，汽車裝不完裝不及，飛機裝不完裝不及！恨爹娘少生了兩條腿，恨早未學過化裝術、變形術、隱身術！恨自己的地位爬得太高了，發的財太大了，搜刮、殘害的老百姓太多了！爲什麽早不是工人，不是農民，不是茶房聽差呢？來不及了，什麽都來不及了！讀《資本論》也來不及了，讀《列寧全集》也來不及了，讀《新民主主義論》和《論聯合政府》也來不及了！説“我也是貧農出身”或“毛澤東和我一同吃過飯”也來不及了！扯下上將的領章，燒掉特任官的任命狀，這些東西往哪裏塞呢？老百姓的衣服哪裏有呵？

我睡不着，我胡思亂想，多可笑，簡直好像在爲戰犯們擔着心！哦，不能這樣想下去！

江南的父母們，國民黨吞掉了你們的多少兒女！江南的兒女們，國民黨毁滅了你們的多少父母！江南的妻子們，國民黨拉去了你們的多少丈夫！江南的丈夫們，國民黨强奸過你們的多少妻子！他們用金元券换去了你們的辛勤的成果，騙去僅有的一點點黄金和白銀；拉你們的壯丁，用繩子捆着，用槍逼着，用鎖鎖着，用鞭子打，用脚踢，克扣你們的糧餉，讓你們吃不飽，穿不暖和，没有一個零用錢，而且還要當炮灰！這血海的冤仇，你們不會忘記吧！現在，報仇的日子來了，替你們報仇的人來了！不要收留一個戰犯，不要隱藏他們！衹要有一個人從你們的門口過，就要把他捉住，捆起，解到解放軍來！

全世界的無産階級的弟兄們，全世界被壓迫民族的人民們，全世界中國的友人們！你們都明白：以血腥的統治不知屠殺了多少人民；重重地，久久地壓在人民頭上，使中國人民今天纔能翻身；作爲國際帝國主義與中國封建勢力的化身，不但阻撓中國的進步，也間接阻撓了世界的進步的，就是這些戰犯們！你們自己，你們會督促你們的政府，在你們的國境内的各碼頭、各車站、各機場，拒絶這些戰犯們入境！這不是中國一國的事，也不是今天一天的事呵！

全世界的人們，全中國的人們，一切星球的人們，一切過去了的人們，一切未來的人們！歡呼呵！鼓舞呵！高歌呀！爲了我們的百萬雄師的

渡　江！

明天，真正衹是明天，全中國就一齊解放了！全世界都要改觀了！

一九四九，四，二二，香港

女子教育一文獻

我們有所謂女子教育，始於一九〇七年即清光緒三十三年。當時《學部奏定女子師範小女學章程》上有許多話是説明教育宗旨的。手邊偶然有這材料，姑摘録幾段：

第三節

一、中國女德，歷代崇重，凡爲女爲婦爲母之道，徵諸經典史册，先儒著述，歷歷可據，今教女子師範生首宜注重於此。務時勉以貞静順良慈淑端儉諸美德，總期不背中國向來之禮教與懿德之風俗；其一切放縱自由之僻説（如不謹男女之别及自行擇配或爲政治上之集會演説等事），務須嚴切屏除，以維風化。至於女子之對父母夫婿總以服從爲主。

第四節

凡教修身之課本務根據經訓，并薈萃：《列女傳》漢劉向撰，《女誡》漢曹大家撰，《女訓》漢蔡邕撰，《女孝經》唐侯莫陳邈妻鄭氏撰，《家範》宋司馬光撰，《内訓》明仁孝文皇后撰，《閨範》明吕坤撰，《温氏母訓》明温璜録其母訓語，《女孝經傳通纂》任啓運撰，《教女遺規》陳宏謀撰，《女學》藍鼎元撰，《婦學》章學誠撰，等書……九，家事，其要旨在使能得整理家事之要領兼養成其尚勤勉，務節儉，重秩序，喜周密，愛清潔之德性……十，裁縫……十一，手藝……

第十三節

學堂既有寢室，女生皆須住堂，不得任意外出，其星期及因事請假者，必須家人來接，方令其行。

其中女子小學章程有許多話的詞意近似，不録。從上面的那些話看來，可知女子教育一開始就以造成完全的女性爲目的。所謂完全的女性：孝女，順媳，賢妻，良母，慈姑。具體地説，是學會一種爲女性所必須知道和遵守男性則可以不必知道和遵守的知識，同時，男子們必須知道的東西，不許女性知道。務必使女性在家庭裏雖然可以爲孝女，順媳，賢妻，良母，慈姑，但一跨出家庭的門坎，就馬上變爲一無所知，一無所能的低能兒，寄生蟲，冗餘者，可憐蟲，廢料，於是家庭就成爲女性的天國，良人爲終身的仰望，夫死必須從子。有家庭，她們就是救父的緹縈，替父的木蘭，舉案齊眉的孟光，桴鼓助戰的梁紅玉，風雅的蘇蕙、李清照、管夫人，教子成名的孟母、陶母、岳母；雖然有時不免爲吴起所殺掉的妻，張巡所殺掉的妾，以及遇人不淑的朱淑貞、雙卿等等，姑且假定爲是一種特殊的惡運，不算在内。如果没有家庭，老實不客氣，她們的路，除了自尋短見的不算，大概不出尼姑、丫頭、老媽子、乞丐等有數的幾種。做尼姑或娼妓，如果有才貌也可以成爲魚玄機、薛濤、李香君、賽金花、林黛玉（《九尾龜》裏的名妓，實有其人），一様可以“流芳百世”，但恐怕女子教育的目的又絶不在此。

一九〇七年，和現在實在相隔很遠，但人們對於女子的看法，恐怕還很少改變，“女子的真正地位在家論”，“母教爲建國之本論”，前兩年還不是有學者們在對我們諄諄訓誨麽？近來這種高論雖似沉寂，但那是理論時期已經過去，現在到了埋頭苦幹的階段了吧？正像没有人提倡文言文，文言文却都由教育家們編進中學教本去了一様，這一點，則實在表示我們中國是在“進步”中。

一九四六，一〇，二六

論怕老婆

一、問題的提起

孤陋寡聞得很！比如胡適吧，衹知道他發表過“事未易明，理未易察”論，學生應“多做夢”論，“五四不是政治運動”論，“三無”論等等；豈知翻翻北平的報紙，他還發表過“怕老婆的故事多，則容易民主”論！

據説（《北平日報》五月六日副刊），他曾對學生這樣説過：

> 一個國家，怕老婆的故事多，則容易民主；反之則否。德國文學極少怕老婆的故事，故不易民主；中國怕老婆的故事特多，故將來必能民主。

這段話，自然是一種玩笑性質。作爲大學校長的他，正如談五四時所説“認識了青年學生的力量”，自己又毫無辦法，除了勸做夢和三無之外，就衹好嬉皮笑臉油腔滑調地胡説一番，企圖以玩笑來解消學生們對嚴肅工作的情緒了。但無論他自己怎樣玩笑，學生們總是以嚴肅的心情聽的。那麽，他的話對不對，似乎也不妨檢討一下。同時，也不妨把一般的對於怕老婆問題的看法檢討一下。

二、怕老婆者怕老公之反常現象也

在過去，一個女人，在三從四德賢妻良母主義之類的教育或熏陶中長大，和一個漠不相識的人訂婚，然後離開自己的父母兄弟姊妹，像關雲長單刀赴會一樣，像郭子儀單騎見回紇一樣，像陳麗卿空手入白刃一樣，嫁到一個陌生的人家，以别人的父母爲父母，以别人的兄弟姊妹爲兄弟姊妹，這空氣首先就令人窒息。如果母家没有勢力，隨身没有妝奩，自己没有姿色，婚後没有兒女；往往上受公婆折磨，下受小姑刁唆，中受老公嫌棄，一家人站在一條綫上與自己爲敵，自己的父母兄弟不能幫助，鄉黨鄰里不能干涉，無異陷身人間地獄，任有天大本事，也離不開，拔不出，擺不脱，丢不掉！這種場合，怕老公還來不及，怕老公一家人還來不及，怎談得上使老公怕呢？

這種老婆，真所謂“滔滔者天下皆是也”。可是没有一個人指出：“她怕老公呀！”爲什麽呢？人們以爲這現象是應當的，合理的、必然的、正常的。一個人經濟權掌在自己手裏，老婆關在自己家裏，家裏的父母兄弟姊妹，全是自己的人，體力比老婆壯，知識通常也比老婆高，活動範圍比老婆大，如果還不能制服自己的老婆，那還是什麽男子漢，大丈夫呢？老婆什麽的，不教她有點怕懼，自由自在，無法無天，那還成什麽世界呢？詩云“刑於寡妻”（刑者刑也。即尼采所説的“鞭子”，物質的和精神的。舊解作型之借字，似非。今引尼采説訂正）；子曰“唯女子與小人爲難養也”尼采説：“到女人那裏去，切莫忘記帶鞭子！”這真是萬衆感佩的至理名言，難怪他會成爲聖哲的！

女人的命運就這樣被注定了。如果萬一有靠了自己的智慧、才能、姿色、妝奩、母家的後援，加上翁姑的賢明，老公的良善，得到老公略假詞色，稍給發言權，似乎就爲天地所不容，神人所共嫉了，馬上物議紛騰，不可終日。而且物議的戰術巧妙之極，不直接向老婆進攻，歷數老婆之罪；也不明説老公不該縱容老婆，却向老公用一種嘲笑的口吻，大驚小怪地説：“啊啊，你怕老婆呀！”或向别人説：“某某怕老婆呀！”好像怕老婆真是一件可耻可笑可悲可憐的事！阮玲玉説：“人言可畏！”輿論的威力，誰敢不怕？多少老公就因此而收回那詞色和發言權，即使不立刻就拿起鞭子！“你爲什麽要這樣呢？”“他們説我怕老婆呀！”

因此，怕老婆者，一般的即是怕老公的反常現象也。也許包括真怕老婆者在内，主要的衹是指未叫老婆怕而已。而人們喜歡把這術語對於某一特定人物説來説去，用意蓋在於叫他們夫婦之間，恢復怕老公的常態云。

三、怕老婆不一定是真怕老婆

何以説怕老婆這術語的涵義衹是指未叫老婆怕呢?

第一，有以敬愛老婆爲怕老婆的。人没有結婚，或結了婚老婆不過也算是老婆而已，那没有什麽可説；否則，他應該明白，老婆實有各種各樣的可敬愛之處。除了模樣好，會撒嬌弄痴的以外，有的德行好，能刻苦耐勞，毫無怨色，如孟光；有的有見解，能知人論事，如鄧曼、無鹽；有的有學問，能吟詩作賦，如蔡文姬、謝道韞、李易安；有的有眼力，先爲老公的風塵知己，後又爲賢内外助，如梁紅玉；有的對於某一種學問有天才，有毅力，如居禮夫人。……所有這些好處，可能一人而兼備幾種，因爲社交不公開，别人不得而知，可以信口雌黄，“唯女子……”，“謀及婦人……”，做老公的却不能不知道，也就不能不敬愛。其實與怕無涉，但一般人都謂之爲怕。提到居禮夫人，我想特别向居禮先生表示一點敬意。我們常見老婆犧牲，完成老公；少見老公犧牲，完成老婆。最理想當然是各完成各的，互不妨害，互不犧牲。若在必須犧牲一邊的場合，而老婆的才能又真在老公之上，成就會大得多，老公爲什麽不應該犧牲自己，完成老婆呢? 因此，我覺得《居禮夫人》影片中的居禮，那種一切爲完成老婆而努力的精神，着實可佩。

第二，有以失掉眠花宿柳，偷情納寵的“自由”爲怕老婆的。試舉關於納寵的二事爲例：北周静帝後殺死了一個嬖人，帝憤而出走。群臣追返，他哭説：朕貴爲天子，乃不自由如此! 謝安要納妾，老婆反對，他叫子侄們去勸，就是《禮》所容許的。老婆問：《禮》是誰作的? 子侄們答：周公。她説：周公作的，當然如此；如果是周婆作的，一定不容許這樣。千古傳爲笑談。這也通常被認爲怕老婆。對這種事，書上也有歸咎於老婆的，説她“妒”，翻成口語，即好吃醋！關於這，還有幾句話想説説：女人不是人，在母家是女兒，嫁後是老婆，有了兒女是母親。舊説爲三從，從父，從夫，從子。從，不是依從之從，倒徑是主從之從，以父，夫，子爲主而己爲從也。專説做老婆的階段吧，如前所説，經濟權操在老公手裏，住在老公家裏，姓老公的姓，生的兒子接的老公家的禋祀，她什麼都没有，衹有一點點可憐的幾乎是滑稽的地位，即她是老婆，也就是老公的性的對象。老公而要眠花宿柳，偷情納妾，她就連這一點點可憐地位，也發生問題了。她再還是什麼呢？吃醋，不必説别的道理，衹説爲了自衛，也無可非議。

第三，有以不屑與老婆計較爲怕老婆的。有的老婆，固然像前面説過的有許多可敬愛之處，却也有毫無可敬可愛，反而愚頑無知，不可理喻，却又喜歡惹是生非的。舊社會中，婚姻不由自主，結婚了又不能離婚，碰到這種老婆，爲了減少麻煩，老公衹好讓步。

以上三種，其實都不能算是怕老婆。

四、真怕老婆在老公是天公地道，在老婆是遇人不淑

有没有真怕老婆的呢？當然有。但説起來却是老婆的悲劇。“良人者所仰望而終身也”，女人都希望嫁一個有聲望，有地位，有丈夫氣概，知識能力都在自己之上的老公，走出去，旁人看見了，即使口裏不説，眼光却關不住：“這位是某夫人！”這樣她就遍體光輝，連自己也覺得自己年輕了二十年，漂亮了一百倍。回到家來，鋪床叠被，殷勤體貼，縱然挨老公幾聲責罵乃至責罵以上，也都忍氣吞聲，心甘情願。若是嫁了一個無志無能，庸懦愚昧，奇形怪狀，誰也看不起的老公，自己又并不那麼無德無知無才無貌，那就連旁人也會憤憤不平，“一朵好鮮花……”，“痴漢常騎駿馬走……”，自己又怎能不“啞子吃黄連，有苦説不出”呢？眼看見别人的才貌不過和自己相仿，有的甚至在自己之下，誰不是郎才

女貌，洋洋自得？獨有自己的，三分像人，七分像鬼，車不轉，撥不亮，叫不應，趕不走，真叫人越看越氣，越想越恨，這一股子怨氣，不發在他身上還發在誰身上？老公方面，大概也自慚形穢，自知非分，衹好俯首帖耳，唯命是從了！

舉例來説，像朱淑貞、雙卿，那種才德俱全的女性且不談；就談潘金蓮吧，難道嫁給“三寸丁谷樹皮”的武大郎，别的道理不講，單就模樣，智能方面，可算匹配得當麽？試問武大郎怕老婆，是不是天公地道？潘金蓮嫁給他，是不是“遇人不淑”呢？這自然是一種極端的例，但真怕老婆的人，恐怕多少都具有武大郎或者别種缺點。所以女人决不願老公怕自己；怕老婆的人不但爲老婆所不喜，也被别的女人所嘲弄。這也許是習慣的成見，但如果是根本看不起無用的男人，則她們并没有錯。

另外也還有真怕老婆的人：一種是仗老婆的勢而升官發財的，如從前的駙馬都尉之類的官以及各樣的豪門贅婿。他們有老婆就有一切，没有老婆就没有一切，老婆是金枝玉葉，他不過服侍金枝玉葉的面首，怎敢不怕呢？另一種雖非駙馬都尉，也定是同等闊人或更闊的人。這種人，儘管有秘書老爺替他們説，“霖雨蒼生”，“膏澤下民”，其實倒總是從“蒼生”“下民”那裏吸收點“膏澤”乃至“霖雨”去的。而且還必須有一些另外的蠅營狗苟，纔能有今日，維現狀，圖發展。這一切，也許瞞得過别人，却瞞不過老婆；有些事還正要老婆出面，自己纔好裝得像煞有介事；至於獻美人計，拉裙帶關係，更非老婆不行。一經這樣，如果再加上惹草沾花，對不起老婆，老婆大人虎威一發，一切都可能完蛋，那就衹好怕老婆了！不過這是闊人們的事，我們知道得太少，還是不談吧！

五、怕老婆故事未必多更未必好

現在，接觸到胡適的論點吧！他似乎衹注意在怕老婆的故事，而不在怕老婆本身。我們就談故事。

怕老婆是一回事，怕老婆的故事是另一回事。表面上看，怕老婆故事多，似乎就是怕老婆的人多，其實剛剛相反。正因爲怕老婆的人少，怕老婆的事纔被認爲稀奇，不正常，可耻可笑，纔被編成故事，傳播開來。如果怕老婆的人多，怕老婆的事，大家司空見慣，習以爲常，誰能覺察得出？縱然覺察，也都彼此彼此，心照不宣，又怎會傳爲故事呢？新聞記者們有言："狗咬人不算新聞，人咬狗纔算新聞。"就是這意思。不然，前面説過，怕老公的事，真是滔滔者天下皆是也，何以没有一個故事稱之曰怕老公，而且連"怕老公"這術語都没有呢？

中國是否怕老婆的故事特多呢？很難答覆。如果不能把世界各國流行民間的同類故事全部或大部知道，誰多誰少，也很難斷定。不錯，我們知道中國的這種故事特多，那是因爲我們是中國人，在中國的時間久。但除了一些小笑話以外，真正反映在文學上的故事，也并不特多。幾種文學價值較高或流行較廣的書，如《紅樓夢》、《水滸》、《金瓶梅》、《儒林外史》、《西游》、《三國》、《封神》等，或全無這種描寫，或寫得極少，極不重要。《水滸》雖寫過怕老婆的武大郎，却也寫了更多的殺妻的英雄——宋江、楊雄、盧俊義。《聊齋》上有幾篇：《馬介甫》、《江城》，但在三百多篇中，篇數也未免太少。不但中國，各國文學都少有這種故事。怕老婆的事實，客觀現實中本就少有，較深地觀察，又恐怕還可以看出和現象相反的東西來。大作家所樂於表現的女性，往往是林黛玉、安娜·加裹寧娜之類的犧牲者，因爲婦女處於犧牲地位，無可争辯。衹有低級的糊涂的作者，纔寫怕老婆之類的無聊故事，如《十日談》、《聊齋》、《笑林廣記》等。

所謂故事，又是一些什麽東西呢？以《馬介甫》爲例：怕老婆是完全没有原因的（《江城》中的怕老婆是由於前世冤孽），不但老公怕老婆，連公公也怕兒媳婦，叔叔也怕嫂嫂，侄兒也怕伯母，甚至客人也怕主婦，怕得不近情理。中間一個插曲：異人馬介甫給一種"丈夫再造散"那懦夫（楊萬石）吃了，他一時怒從心上起，惡向膽邊生，看見老婆就打，打得老婆反而怕他了。但等到藥力一消，他仍舊怕老婆。後來，老婆改嫁給一個屠户，想發發舊日威風，不料屠户不接受，把她吊起來，在她屁股上割下一塊肉，任她叫喊，頭也不回，徑自上街做生意去了。以後，老婆永遠怕這屠户。要不怕老婆麽？要做“丈夫”麽？方法簡單得很：打她！割她的肉！——就是這故事的教唆。别的怕老婆故事，縱然不説得這麽明顯，基本意義也離不了“切莫忘記帶鞭子”之類。如果這樣的故事一多，就容易民主，那所謂民主，恐怕也無非鞭子和屠刀的民主吧！

六、結　論

男女平等，夫婦平等，纔是真民主；尊重女權，尊重妻子兒女的人格和人權，纔是真有民主思想的人。衹有多有這種互相尊重的平等夫婦，纔可以説已經民主；衹有夫婦平等成爲普遍現象，纔可以説容易民主。但這樣的夫婦關係，却與怕老婆毫無共同之點。怕老婆是老公怕老婆，它的不合理，正和怕老公一樣，都與民主無關。

胡適所説的怕老婆是真怕老婆麽？則無異説多有武大郎，楊萬石之類的人或馬介甫之類的故事，就容易民主了。這玩笑未免開得太無邊際。是并非真怕老婆的那些反常現象麽？則不但堂堂學者，大學校長，自稱“讀書人”的讀書人，不應與一般人的見解一樣；而失掉某種胡作非爲的“自由”的怕老婆者，也與民主精神太相違背。是平等夫婦麽？誣平等夫婦爲怕老婆，則又無異在平等夫婦的鼻子上抹一道白粉叫他們“好看”。雖説“好看”倒是胡適自己，而不是平等夫婦或者别的。

彷彿聽見了胡適的辯解：“事未易明，理未易察呀！”如果這就是一切，那真是胡説萬歲！

一九四八，四，二九，九龍

西餅[①]論

從舊書夾裏檢出一份剪報，是一九四三年四月二十九日，桂林《大公晚報·小公園》載的署名“落塵”的《論學做西餅》。原文爲某大某某團女青年股主辦“制西餅學習會”，“參加女生甚多”而發：

> 本來西餅之類的東西實在好吃，在上流或者中流社會之間也還普遍，倘若自己能做，又做得好，則不但方便，而且可以當做賺錢的本事，開一間餅食店自己做老闆了。學以致用，做西餅便正是實用的知識，從粗淺的道理上説來，我也要高舉我僅有的兩隻手表示贊同。不過我不明白，做西餅是否可以包括無涯無際的全部實用知識，或者可以超越其他的實用知識，如果做西餅并没有這樣了不起的“造化之功”，那麼“西餅之學”便一定不是當務之急了，那又何必若饑若渴地去學呢？

意思好像説，西餅不能全部包括超越其它的實用知識，不是當務之急，所以不必“若飢若渴地去學”。其實，世界上就没有一件事情可以包括全部或超越其它的實用知識。實用知識既然“無涯無際”，有涯之生，反正不能全部學完，超越其它的實用知識的實用知識，我們現在似乎還未確定是什麼，那麼，先學學不包括全部，也不超越其它的實用知識的做西餅，似乎没有什麼，自然，做西餅，不是當務之急；但我們也很難一定説某一件或幾件事是當務之急，衹好因人而異。而且人生於世，并非衹做當務之急，倒是常常做些不當務之緩。必須自己所認定的當務之

① 西餅，粵語，通語爲西點。

急，同時也做些不當務之緩，纔算是正當的，生趣盎然的生活。落塵先生認爲不是當務之急，而“參加女生”認爲是她們的當務之急，或者雖然也認爲不是當務之急，覺得也不妨學學，那也實在不妨學學的吧。難道落塵先生以爲那些“參加女生”除了學做西餅之外，果真都在做什麼公認的“當務之急”麼？

我們不妨對於女學生或男學生，女青年或男青年存一種希望，假如没有這種希望，就無異説人類社會的進步現在已經到了止境了，但是我們也應該知道，有些學生或青年，姑且專就女性説吧，求學衹爲混資格，做嫁妝，準備服侍老爺，除了這樣，就不會或者不肯做别的事。反正不學做西餅，也未必比學做西餅較好或者同樣有本事，何不學學做西餅呢？與其將來因爲不會做西餅，而爲和老爺之間的愛情的裂痕，何不先學學做西餅呢？有些太太們喜歡打牌，我也不認爲是壞事，因爲即使她們不打牌，空出許多時間，也不一定能做出比打牌更好的事來，如果不做出更壞的事的話。對於女學生或女青年學做西餅，也是同樣意見。我對於她們的希望未免太低。我承認：不過從一般社會及有些理論家們對女性的觀念看起來，我寧可讓我的希望低一點。希望高，失望也大。失望大，如果真有血性，縱然不自殺，於身體總是有損無益。再説，如果女學生或女青年能够如我們的希望。成爲於民族、國家、社會有用的人才，多會一種做西餅，也未必就會有什麼妨害。

進一步説，學做西餅，也未必就没有大道理存乎其中，比如落塵先生就説：“可以當做賺錢的本事，開一間餅食店自己做老闆。”這請莫笑，如果是男性或者女性和先生一道兒開，原不值一提；如果是女性單獨開，那就不算一件太小的事。因爲它就叫做“女子經濟獨立”，而女子經濟獨立却是和男女平等乃至和民主政治分不開的。一般女性的今日的地位，恕我直説，還不過是家庭的奴隸。奴隸，同時就是危險物，頂好不讓她們有任何的工具和技能；否則，哪怕是做西餅吧，説不定她們也會藉此造反，借此翻身的！

但這衹是就學做西餅一方面而言；至是教做西餅，提倡做西餅，那顯然別有用心；麻醉女學生，轉移女學生對正當學業的興趣，造成婦女回厨房去的風氣——一句話，××主義在婦女問題方面的實踐！惜乎，×西主義者，竟不知道婦女如果學會了做西餅，也可以用西餅打倒他！

一九四六，一，一五

論娼妓

一

娼妓是惡之花。生長於惡的土壤之上，吸收的陽光、水分、空氣，無一而非惡，人類的惡，制度使人變成惡的惡呀！衹有她自身至少不是惡，如果不可徑説是善。

這花，也有古老的名字：火坑蓮。蓮者，出污泥而不染者也。

二

娼妓是淫蕩者？不！娼妓是不被允許有節操的聖潔者。没有誰像娼妓一樣從心底憎恨性行爲，以它爲羞辱，爲苦痛，爲灾難，而無法擺脱。

無論怎樣純貞的情侣，無論怎樣貞淑的夫婦，一當她們在一起的時候，都太猥褻了！

一切人的性行爲都有淫蕩成分，惟娼妓則否。

娼妓是風化的妨害者？不！是被風化妨害者。正因爲有所謂風化，有人要維持風化，所以另一方面不能不有娼妓。娼妓是社會秩序，幸福家庭的破壞者？不！是被社會秩序，幸福家庭所坑陷者。正因爲有所謂社會秩序，幸福家庭，有人要維持這秩序，這家庭，所以另一方面就不能不有娼妓。假如現社會的其他條件不變，衹是没有娼妓，至少在都市上，必會更多奸淫，更多情死，更多謀殺。會不會還有風化或幸福家庭，是可疑的；社會秩序的尊嚴，是可疑的！

娼妓是病毒的傳播者？不！娼妓是法定的病毒的吸收者。在一切人之中，再没有如此宿命地以身殉病的了。

三

娼妓是文明的懷疑者。她用自己的存在，證明這文明包含有人身買賣與性的買賣。

娼妓是人性的懷疑者，有人買她，有人賣她；誰買，誰賣；如何買，如何賣；她知道得很清楚。

娼妓是父母的懷疑者，尤其是父慈母愛之類的説詞的懷疑者。她也是父母的女兒啊！她們中間，很多是被父母賣掉或被父母逼迫的。假如她們能够不賣掉或逼迫她們，現在也許正在炫示他們的“養育之恩”咧！

娼妓是婦德——貞操之類的懷疑者。一切没有成爲娼妓的婦女，是因爲她們可以不成爲娼妓。她如果也可以不成爲娼妓，她早就不是娼妓了。

同時，也是莊嚴的男性的懷疑者。他們中間自然没有娼妓，那是因爲他們不能成爲娼妓的緣故。但安知没有自恨不能成爲娼妓者？

四

再没有像娼妓的品德這樣無可非難的了。

她賣弄風騷？她應該賣弄風騷！她迎新送舊？她應該迎新送舊！她搽胭抹粉，奇裝異服？她應該搽胭抹粉，奇裝異服！她花言巧語，虛情假意？她應該花言巧語，虛情假意！她……？她應該……！

一切都是職業規定的。

倒是附庸風雅的薛濤，桴鼓助戰的梁紅玉，却未免多事。但也證明了一事，即娼妓何事不如人——她們中間不也有才女賢妻麼——而竟淪爲娼妓！但也無須證明，雅典的娼妓本來都是女知識者。

但非職業的娼妓，無論男女，哪怕衹具有那品德的一枝一葉，都是可耻的。而且人們怎樣會具有那種品德呢？從娼妓學去的麼？如非其人在娼妓之下，何至以娼妓爲師？不是從娼妓學去的麼？足見那種品德非娼妓所獨有。

五

爲什麽有男女？爲什麽衹有女性纔能做娼妓？爲什麽有娼妓制度？

如果是自然的劃分，自然是錯誤的！如果是歷史的演化，歷史是錯誤的！如果是社會的促成，社會是錯誤的！

娼妓是爲這一切錯誤而犧牲的受難者！

六

最需要幫助而最無助，最需要得救而最無自救能力的是娼妓。

一切不幸者中間，娼妓將是最後的得救者！

七

向娼妓驕傲吧，輕視她，唾棄她，踐踏她吧！一切人間的幸運兒們！

沈崇的婚姻問題

近來受到侮辱、誣衊和迫害最厲害的女性莫過於沈崇。她被强奸之後，挨警察大人的耳光，被認爲并非良家婦女，曾有一元兩元的討價還價，隨後就被這個那個醫生以及非醫生檢查，看有處女膜突破的傷痕没有，甚至看有精蟲没有。此外，還要一次兩次地在稠人廣衆之中講述被强奸的經過。我真不知道一個二十歲不到的“小姐”或“學生子”之類的人，何以能經過如此沉重，頻繁而又無耻的壓力與灾難而不倒。但也有一件事值得感謝，即經過如此沉重，頻繁而又無耻的壓迫與灾難之後，還不能成爲剛强的女性，就未免太可怪了！

偶然在一篇什麼文章上看到一句話：“有人在爲沈崇的婚姻問題擔心！”擔怎樣的心呢？那文章没有説，大概是不容易嫁人了吧？這擔心的人是很懂得這吃女人尤其是吃女人的國度的國情的！從前，女人的脚都被纏成三寸金蓮，以致走路裊裊娜娜，用西厢的名句“似垂柳在晚風前”！是不是美呢？無心研究，姑且算美麗。却衹適宜於平居無事，若不幸而遇到離亂，即有官兵、土匪或天兵天將突然來了，安寧秩序無法維持的時候，這“似垂柳在晚風前”的殘廢的女性，不能逃跑，不能抗拒，衹好像西厢的另一名句：“盡人調戲”乃至污辱，好像特爲替污辱者們準備着的一樣！被污辱是没有問題的。被污辱了之後，如果長期離亂下去，大概也没有問題。問題是不幸離亂過去了。那一聽説什麼來了，仗着自己的大脚粗腿，早就逃之夭夭，委棄自己的妻女姊妹給人污辱的父兄丈夫們回來了，回來不打緊，可是第一件大事就是注目於他們的妻女姊妹的生殖器，她被污辱了没有呢？如果被污辱了，不但對不幸的弱者毫無同情，反而用一種異樣的眼光看她，用那能够飛出刀射出箭來的眼光看她。而她呢？也就正像小説《紅字》所説，似乎精神上什麼地方被烙上可耻的紅字了，要永遠在那眼光之下低下頭去。不但在父兄丈夫面前，還要在一切不相干的人甚至同樣是女人的同樣的眼光之下低下頭去。那些不相干的人甚至女人，他們的妻女姊妹或自己未被污辱，多優越呀！“亂臣賊子，人人得而誅之”似的，都自以爲有權利向這個不幸的弱者投出殺人的眼光來！被污辱是自願的麽？被污辱了，説一加一等於二就不對了麽？如果是居禮夫人，她發現的鐳就無用了麽？如果是喬治·桑，她的作品就不好了麽？如果是梁紅玉，她擂的鼓會不響；如果是木蘭，她的刀槍就殺不死敵人麽？爲什麽要用異樣的眼光看她！尤其可怪的是不但被污辱者本人，連她的父兄丈夫們身上也像烙得有紅字，别人也用異樣的眼光看他們，好像説：“你的女兒被污辱了，多可耻呵！你的姊妹被污辱了，多可耻呵！你的妻子被污辱了，多可耻呵！”而他們也就真以爲可耻，“唉唉！我怎麽做人呢？我怎能在人面前抬起頭來呢？”并且又把從别人那裹得來的羞辱，一齊變成更厲害的異樣的眼光，轉加在那曾被污辱的弱者身上，“你死罷！你死了，我就出頭了”，他們是不是這樣開言吐語，不得而知，但又何須開言吐語？無聲的語言比有聲的還要殘酷百倍！那被污辱者，如果真是弱者，她會耐不住别種眼光而且自殺的罷？哦哦！是怎樣的吃女兒的父親！吃姊妹的兄弟！吃妻子的丈夫呵！如果是强者，她會耻於做了這種父親的女兒，兄弟的姊妹，丈夫的妻子，而覺得生不如死的罷？一個人，做了漢奸，做了賣國賊，做了洋奴，在人們看來都比一個女人被污辱要光榮些，這是怎樣的一種是非顛倒，本末倒置的國度，怎樣的一種是非顛倒本末倒置的人間呵！受了種種摧殘的沈崇，活在這樣的國度，這樣的人間，可能以後還遭遇到許多不幸的，所以，“有心人”就爲她的婚姻問題擔心了！

然而時代進步了，也還在進步着，吃人的禮教，“餓死事小，失節事大”論，處女膜主義，以妻子的整個一生均爲丈夫所有，丈夫有要求妻子婚前的白璧無瑕之類的權利等等，對於一個知識婦女正在逐漸消失其威力。女性的天地擴大了，社會上各種事業正期待着她們。沈崇如果真在灾難中鍛煉得堅强起來了，她的前途是遠大的，她不會没有和婚姻同等重要乃至更重要的事業，而在努力中，戰鬥中，又不愁没有志同道合的配偶。她將根本唾棄那些抱着以婚姻爲女性的終身大事的高見的思想落伍者的“擔心”!

中國是個陳腐、衰老而又貧弱的國家，是個人民在國内國外的暴力之下輾轉呻吟的國家，中國的人民的生命和身體毫無保障，尤其是女性，更多爲殘酷的灾難所乘的機會，沈崇不過是其中之一而已。然而她們會在灾難中覺醒、起立，會和一切造成灾難的現狀抗鬥，未來的新中國，將不再衹是男性的天下!

一九四七，二，二一

《妻》

華盛頓·歐文在短篇《妻》裏面説：

> “我親眼看見一個柔弱的女流，她是很柔弱而且依靠人的，連一點小小的風波都經不住的，正走着人生的順境，忽然竭盡心力來做在顛沛之下的她的丈夫的安慰者和扶持者，在厄運的風颸中安然堅定地處下去。”——蹇先艾，陳家麟譯文。

接着就叙述“知心的朋友賴世禮娶了一個美麗的受過教育的女郎”，把他的財産去做投機事業，結婚没有幾個月……他的産業一掃而空。於是他的妻，“可憐的瑪麗”，被關在一間悲慘的茅屋裏，不得不勞苦工作，關心她的破爛的住處。但是最難得的却是她對於她的丈夫“一味地恩愛、温柔、安慰”！讓我們看作者怎樣描寫到他和賴世禮到那陋巷的茅屋裏去的情景吧：

> ……我們剛一到，便聽見音樂的聲音了。……那是瑪麗的歌聲，有一種真摯感人的調子，想是她的丈夫最愛聽的小調。
>
> ……瑪麗跳躍着迎接我們，她穿着一身白色的村裝，她的美髮上插着幾朵野花；她的頰上新鮮絢爛，滿面笑容——我從來没有看見她這樣可愛過。
>
> “我的親愛的喬治，”她喊道，“……我已經在茅屋後面美麗的樹下擺下一張桌子，我摘了一些很美味的楊梅，因爲我知道你愛吃它們——我們又有很好的牛奶酪……呵，我們會多麽的快樂呀！”

當然，“可憐的賴世禮是被感動了”，“斷然地”說：“决没經過像那樣美妙的幸福的時光。”

意思非常明顯：丈夫可以把關係共同生活的産業用在無論什麼投機生意上，妻子無權過問，發了財不問是怎麽發的，衹跟着享福好了；窮了，不問是怎麽窮的，跟着受苦。不，還要以苦爲樂，做丈夫的“安慰者，扶持者”，“一味地恩愛，温柔……”。中國古時候有一個顔回，是孔子弟子，窮到“一簞食，一瓢飲，在陋巷，人不堪其憂”，可是他還“不改其樂”，所以孔子稱贊他：“賢哉！”但比起“可憐的瑪麗”來，却又容易得多了。他窮，并不是因爲他的太太或者别人把他的家當打牌賭博輸了的。怪得着誰？他自己就是丈夫，至少也不是妻子，縱然没有太太“一味恩愛温柔”地“安慰”他，“扶持”他，却也用不着這樣去“安慰”，“扶持”别人。他，孔子還説是“賢哉”！瑪麗應該被稱着什麽呢？我想，如果稱之爲賢妻，大概不算太没有根據吧？不過有幾點條件不能忘記：要像瑪麗一樣“美麗”，“受過教育”，恕我還添加一點：不吃醋，或者衹撒嬌撒痴地吃點無傷大雅的小醋，就更十全十美，賢上加賢了。

女子要成爲這樣的賢妻，除了美麗，聰明（能接受教育）有取得爲妻的資格的天禀以外，就必須具備“嫁鷄隨鷄，嫁狗隨狗”，“良人者所仰望而終身也”，“閻王要命，丈夫要妻”，“隨遇而安”，“逆來順受”，“在任何情况之下與丈夫同甘苦共患難”，以及諸如此類的“妻生觀”而又能徹底實踐。同時完全處於依賴，寄生的地位，毫無自力更生的可能；完全孤立，没有一個男的甚至女的朋友，能够在緊要關頭誘惑，幫助，使她抛棄妻的神聖任務。末了，還加上一點體質上的缺陷：“柔弱”，“孱弱”，不但“一點風波都經不住”，也一點風波都興不起。這一點，中國的老辦法是可佩的：替女人裹小脚，使她簡直連路都不能走，除了躲在家裏做妻以外，真是一無所能。這樣，做丈夫的，豈僅做投機生意，就是做了什麽直接危害妻的地位，侵犯妻的權益的事，也都百事大吉，高枕無憂了。

在這些條件之下，如果妻一定賢，個個賢，賢妻這名詞就不會存在，

《妻》這樣的大作也不會産生了。一定有不肖，有不賢也有不肖，這纔顯出賢的難能可貴，賢纔是值得贊美的，贊美賢纔是有意義的。比如“可憐的瑪麗”，處在那種境遇裏不是那麽“一味地恩愛、温柔、安慰”，誰能批評她麽？不能。甚至噘噘嘴，扳扳臉孔，嘆嘆氣，就壞了麽？也不太壞！可是我們堅强的男子漢大丈夫，在自己家裏，從自己的妻那裏，簡直得不到“恩愛、温柔、安慰”，甚至還要看面孔，聽喟嘆，那吃得消麽？就算忍耐一下子吧，但又何貴乎有妻呢？所以，必須她“一味地恩愛、温柔、安慰”，加倍地恩愛、温柔、安慰，把丈夫把家當攪光了，看作最值得獎勵的事，把貧窮看作最可怡樂的事，這纔是賢妻，是我們所需要的，值得贊美的。於是《妻》這大作就出現在讀者眼前了。

寫到這裏，看見上海某報上有一篇小説，知道江浙某處有一種唱本或戲本叫做《嚴蘭貞盤夫》，裏面有幾句唱詞：

官人好比天上呀月，
爲妻的好比月邊的星；
月若明來星也亮，
月若暗來星也昏。
官人若有千斤擔，
爲妻的分挑五百斤……

那小説衹引了這六句，但已經很够了，這正是丈夫所要求的妻的聲音。作爲咏那“可憐的瑪麗”的詩，非常恰當，衹有她分挑的擔子，衹是痛苦的生活；至于財産尚在的時候對於財産的處理權，却屬於她的丈夫一個人，她倒輕省得很，半斤四兩也不用着“分挑”。

有一個老笑話：晉朝的謝安要討姨太太，他的夫人不允許，子侄們勸她，説是《禮》上規定了的，謝夫人問：《禮》是誰作的？子侄們答：周公。她説：周公是男子，當然規定男子可以娶妾；如果周婆制禮，一定不這麽規定。這話，我們笑了一千多年，一直到近代，纔有人理會它的嚴肅性。但如果真叫周婆制禮，如果周婆没有女性的自覺，制出來的禮，恐怕跟周公制的也差不多。班昭是女性，她作的《女誡》比男子作的要求女性的書還要苛細，這一點，不知道誰制禮的謝夫人當然是不知道的了。

要明白男性對女性的要求是否合理，用不着請教“周婆”，我們衹要照《妻》之類的作品一絲不改地另寫一篇《夫》，説太太把家當攪光了，丈夫“一味地恩愛、溫柔、安慰”……然後再唱“娘子若有千斤擔，爲夫的分挑五百斤”試試看。

論烏鴉

上

二十多年前，胡適博士寫過一首詩，題爲《烏鴉》吧，有這樣一些句子：

人家討厭我，
説我不吉利，
我不能呢呢喃喃
討人家歡喜！

整日裏飛去飛回，
整日裏又寒又飢，
我不能讓人家繫在竿頭
賺一把黄小米！

其實，胡博士雖説“不能”或不屑“賺一把黄小米”，却并不怎樣不“討人家歡喜”。那時他的文章没有呢呢喃喃，討某些“人家”歡喜，固是事實；但廣大讀者却是“歡喜”的。他也因此而成爲新文化運動的一員。没有幾年，我們博士就不再是烏鴉了，在用青年們的“歡喜”墊高了地位之後，摇身一變，變成天使一樣美麗的白鸚鵡，“呢呢喃喃，討人家歡喜”，并且“賺一把小黄米”去了！

胡博士“豹變”後若干年，又有人引他的這首詩而自比烏鴉，那就是曹聚仁先生，當他辦《濤聲》的時候，編印過一本書：《肉食者言》，是專記大人物們吐出來了又吞進去的各種唾沫的，《濤聲》也確有些不滿現狀的言論。這當然不“討人家歡喜”，也不能“賺一把黄小米”，於是就自比烏鴉了。

據説，唐時人到終南山當隱士，是做官的捷徑；説不定今日自命烏鴉，就是變白鸚鵡的捷徑。你大户“人家”呵，還不拿出你的“黄小米”來，瞧，我就要做烏鴉，使你時常感覺得“不吉利”了！“人家”爲了避免“不吉利”，就衹好拿出“黄小米”來。這并非苛論，胡博士豹變，已爲陳迹，而曹先生現在就在上海經常發表皇皇大文，論吴滿有、論共産黨、論青年……并且以羅素的“經典”做翻天印來打擊中國現在的新生力量。“呢呢喃喃”，大概很“討人家歡喜”，同時也已“賺”得一把或若干把“黄小米”了！

十多年前，曹先生曾慨嘆五四時代從事改革的青年後來都變成了達官貴人，并因之提起黄仲則的“百無一用是書生”，對知識分子是憤慨的。七八年前，談到周作人時，説周是從陶潛到蔡邕，也頗露鄙視之意。現在看來，那憤慨、那鄙視，在曹先生，都未免太早計了！

“百無一用是書生”，當作牢騷語或在某種特定的場合，原也不無意義的吧？但要把它當作一種理論，無限制地適用，就太危險。無例外地否定知識分子，而自己又正是知識分子。自己把自己否定了，要不成爲自輕自賤的阿Q就很難。我算什麽東西呢？我這樣那樣有什麽關係呢？再進一步，就會放僻邪侈，無所不爲。因爲既以爲努力向上，守身礪行，於世無益；那麽，無所不爲，豈不也於人無損麽？又何不胡作非爲一下子，倒落得個下半世的享受呢？

人當年輕力壯，匹馬單槍時，厠身今日社會，衹要不聾不瞎，誰無大志？誰不想在改革運動中一顯身手？於是浮躁凌厲，激昂慷慨，有時不免憨態可掬。不幸的是，孔子曰：“四十五十而無聞焉，斯亦不足畏也已。”如果僅僅“無聞焉”，説不定自己也并不怎樣“畏”；可怕的是“四十五十而無吃焉”！四十五十是大丈夫功成名就的時候，也正是兒女成行，婢美妾嬌的時候。妻妾兒女，人之大欲存焉，但要是祖先不預先刮了一筆地皮存在那兒，就不免有一件最惱人心的事：要飯吃。社會真愈過愈狹窄，吃飯與激昂慷慨有時竟似勢不兩立；像編印《章太炎白話文》、《章太炎講演録》，一面借章太炎的名字賣錢，一面又在那書上駡章太炎，以示自己的進步，那樣兩面討好的事，未免太少了！自我否定於前，妻妾兒女啼飢號寒於後，面對着魚與熊掌，究應何去何從，何取何舍？古往今來，原有許多"書生"之流發生過晚節問題。如今衹剩下一點小小的悲哀，即"改邪歸正"之後，仍舊要以"文章報國"，有時就不免在讀者面前，表演自己吞回吐出了的唾沫，今日之我與昨日之我打架的趣劇。但是誰叫你是書生的呢？誰叫你從前那樣激昂慷慨的呢？

但這衹是就真有多少光榮史的人物立論，却并不十分吻合於曹先生，曹先生是一開始就以投機取巧的姿態出現的，《章太炎講演録》的辦法，已如上述；此外，還搶印過顧頡剛們的《古史討論集》，而他自己并未參加討論；又曾用"陳思"這名字編印過《散文甲選》，《小説甲選》，乃至《乙選》，《丙選》，總之什麽書容易騙錢，衹要能够搶到手，他總會撈一筆的。同時，縱然是浮躁凌厲的時代吧，也幾乎没有一篇大作的意見或態度是可取的。大家總不會忘記把魯迅的文章和楊邨人先生的文章編在一個刊物上的事吧，那編者就是曹先生！這種人，什麽事會做不出來呢？觀人於微，他今天的"呢呢喃喃"，我們早在他自比烏鴉的時候就看出了。

下

寫了上文後，發現《文彙報》有一個新書廣告：《魯迅》，曹聚仁編，輯有魯迅自傳，張定璜、景宋等關於魯迅的文章，同時也有曹聚仁先生自己寫的。讀過上文，見到這廣告，應該會發出一種會心的微笑："曹先生又在那裏演他的拿手好戲了！"

魯迅自己寫自己的文章，有人要看的；别人寫的魯迅，也有人要看的，從儲存的舊報舊刊物上一剪，一貼，一抄，排列一下，不費吹灰之力，就是厚厚的一本，定價幾千元，百分之十五的版税或萬元左右一千字的稿費，不在話下，都走進了大編者曹聚仁先生的腰包。上海，真是久違了，不知還有回力球場、輪盤賭、跑狗場没有，如果還有，一定有人發現曹先生在那裏面逸興遄飛的。編這種書，他已是斫輪老手，早編過章太炎的白話文和講演集，顧頡剛們的古史討論集以及小説散文甲乙丙丁選。世上真也有些傻瓜，像煞有介事地在那裏研究、寫作；"何許子之不憚煩"！人祇要住在"聽濤軒"，訂幾份報章雜志，準備一把并州快剪刀，那就天下英雄盡入吾彀中，任你怎樣的作家學者，都在爲我效勞了。而且你們研究、寫作，能使你們都變成了魯迅、章太炎、顧頡剛麽？當然不能。但我"聽濤軒主"則永遠是第一流編者，我編出來的書，永遠是第一流作者，如魯迅、章太炎、顧頡剛等所作，那就永遠不脛而走，人手一編！有不曾瞻仰過曹先生的人麽？《章太炎講演録》，顧頡剛等所著《古史討論集》，加上現在的《魯迅》，就是他老先生的自畫相！

假如衹是把别人的血汗賣點錢，那也不過標點家許嘯天、陶樂勤、朱太忙之流，充其量，市儈兼竊賊而已；曹先生怎會這麽簡單？瞧，在《章太炎講演録》上，他罵章太炎反對白話，思想落伍；不言而喻，他自己是前進的。就是借别人的落伍來宣傳他的前進。這回的《魯迅》上又有他自己寫的關於魯迅的文章，足見他是魯迅的朋友，是理解魯迅，尊敬魯迅的人。又借魯迅來宣傳他自己。如果他真是魯迅朋友什麽的，那也衹好由他宣傳的吧。但事實剛剛相反，他把魯迅的文章和楊邨人的文章編在一起，即讓魯迅替楊邨人"打開場鑼鼓"的事已經有人説過。現在添講一個故事，十一年前的一個年底年初，魯迅和胡風、蕭軍、蕭紅等合辦一個刊物：《海燕》。校對、排版以及别的雜事由我擔任，對外算是我編。但不要我做發行人，發行人要有住址，大家不願把我的地址公開。可是别的人却不容易找，不是人家不敢，就是我們不願。一晚，我走到曹先生的住處附近，忽然想起他的住址本來是公開的：他自己就在辦刊物，當一個文藝刊物的發行，在他理解刊物性質的人，該不會認爲怎麽危險，於是鬼使神差，立刻去拜訪他。他答應了，并且談得很相洽，我一面興高采烈的通知魯迅他們，一面就在刊物上印上“發行人曹聚仁”字樣。誰知刊物送到書店之後，他來説他没有答應，叫書店把他的名字勾去。他又到巡捕房去告密，説這刊物是誰辦的，誰編的，如何危險，以致我找到别人去聲請發行，巡捕房也不准許了。他還在《申報》登廣告，説我們怎樣竊他的大名。又寫信到魯迅那裏去剖白，《魯迅書簡》裏有一封答他的信，就是和他談這事的。總之，那刊物因此之故，衹出了兩期就壽終了，而這刊物的主持人，我告訴過他，是魯迅。他就是這樣尊敬魯迅的！

縱然不尊敬魯迅或和魯迅的私人關係很壞，若精神上真有一致的地方，一時利令智昏攀附魯迅，借魯迅的名字騙點錢，説不定也有值得同情處。曹先生是怎樣呢？曾經説過，他正在用一切方法打擊中國的新生力量；而魯迅却是竭盡畢生之力反對一切舊勢力的！兩人之間有絲毫共同點麽？騙錢也好，自我宣傳也好，甚至一面“呢呢喃喃”，“討人家歡喜”，一面又天良發現，推崇推崇魯迅也好，那還不過衹顯得他貪鄙，無聊和矛盾而已；如果用意并不在此，倒是藉此僞裝一點“烏鴉”的神態，利用魯迅的名字給那些充滿了殺機，充滿了毒素，也充滿了無耻的名言讜論保鏢，讓讀者以爲他和魯迅有過交道，因爲信任魯迅，連帶也認爲他的高論有幾分值得重視，那麽，曹先生！你就未免太狠毒了！

魯迅説過：“一瞑之後，言行兩亡，於是無聊之徒，謬托知己，是非蜂起，既以自炫，又以賣錢，連死尸也成了他們的沽名獲利之具……”這偉大的預言者，竟不知道還有以死尸爲糖衣的！他又表示過願意把尸首喂給鷹隼獅虎吃，哀哉，他又不知道吃他的竟是烏鴉，不，竟是呢喃的白鸚鵡——好一個“人家”籠子裏的能言鳥啊！

一九四六，一一，一八

有奶就是娘與干媽媽主義

南京政權對人民的殘酷的壓迫與剥削的本質以及壓迫與剥削的方法，具有封建性與買辦性的雙重意義，是無可置疑的；但人類行爲不能與思維分開，當這般傢伙正對人民施行其殘酷的壓迫和剥削的時候，他們腦子裏在想着什麽呢？什麽是和他們的行爲相配合的理論根據呢？不管怎樣荒謬，一定要有東西，纔使他們在實施那些壓迫和剥削的時候，心安理得，理直氣壯；但這東西究竟是什麽呢？那些魔王，那些財閥，他們自己是文化的真空管，是文化國土的生番，無論口裏説着三民五權也好，四維八德也好，大學、中庸、唯生論唯死論也好，都不過嚷嚷而已，他們自己也不了解嚷的什麽，“鸚鵡能言，不離飛鳥；猩猩能言，不離走獸”，那是不當做人話看的。作算他們説的，也就是他們所想的吧，甚至連他們代言人馮友蘭、錢穆、沈從文的言論在内，也都封建性有餘，而買辦性不足；其餘如胡適、林語堂等，則又衹足以代表其買辦性的一面。雙方兼備，完美無缺的高明理論家，就衹好到别的一些人中去找。

蕭乾先生發表過兩篇文章：一、《人道與人權》（副題《課題：中國人好嗎?》）；二、《吾家有個夜哭郎》（副題《五千歲這個又黄又瘦的苦命娃娃》）。讀過之後，不禁拍案叫絶。“踏破鐵鞋無覓處，得來全不費功夫”，代表封建性與買辦性，雙方兼備，完美無缺的高明理論家，原來就是蕭乾先生。

《吾家有個夜哭郎》描寫了一回孩子的哭和“親而明白的娘”與“干而糊涂的娘”對於哭的理解與對應的方法等等之後説：

> 有人説，把哺嬰和治民并談是不合民主潮流的。在民主政治中，政府與人民的關係不是母與子，而是公司經理與股東的關係。然而

潮流要合，現實也要顧及。與其在股東經理名義下實行干娘後子的關係，還不如由母到子做起，進行到股東經理的關係。多少人厭倦“訓政”，其實厭倦的不是“訓政”，而是訓的方式。

許多熱衷民主的，恨不得中國即日有議院、有内閣、有總統、有所有民主國家的全副行頭。這正如要那又黄又瘦的娃娃學人家少爺，也穿馬褂、也帶衣帽、也登閃亮的皮鞋。殊不知，A. 那些奢侈，對於這娃娃毫無真實好處；B. 娃娃既比起人家少爺差了十幾歲，人家需要原子鋼筆網球拍子，娃娃需要的是不折不扣的奶汁……他是不會説話，也還不懂話的娃娃。他的肚皮比他任何五官都更敏鋭……

中國有了總統制，中國就民主了嗎？至多至多是少數人當了股東，那鄉下，依然是娃娃。……

教育是奶水，農業改進是奶水，水利是奶水，公路鐵路都是奶水……如果一朝天上飛下來一個大獨裁者，一到中國就張貼布告説：孩子不上學殺頭，往街上倒垃圾殺頭，投機殺頭，任用親故殺頭；同時又保证，每人一年兩套衣裳，三石米，兩間光綫充足的房子。多了奪，少了補。那麽，人民將歡迎滿口民主滿袋憲法的政治家呢，還是這個獨裁者呢？從餓了五千年的娃娃看，他是寧要這個嚴厲而認真的獨裁媽媽的。

中國歷來的政治學説中有一個最大的欺騙，就是以民爲子，以君爲父，把君民關係比附爲父子關係，也就是把政治關係比附爲血緣關係，把壓榨關係比附爲愛的關係。君既如父，人不能無父，以此推論，也就不能無君，“無父無君”，是禽獸也。“父一而已”，“焉有無父之國哉”，無論怎樣，父總是父；以此推論，也就“普天之下，莫非王土；率土之濱，莫非王臣”，無所逃於天壤之間。推至其極，“君要臣死，臣不敢不死”，幫同治民的臣尚且如此，對於完全被治的民，生殺予奪，自然更無一而非雷霆雨露之恩了。還不僅如此，還要反轉來影響父子關係，使成爲“父要子亡，子不能不亡”。雖説君要臣死是常事，父要子亡是變例，但封建主義的政治學説衹要達到君權至上的目的，别的也管不得許多了。蕭乾先生却更進一步，不但把人民比作子，還比作嗷嗷待哺的“又黄又瘦的苦命娃娃”；不但把統治者比作父，還比作娘，雖説有“親而明白”和“干而糊涂”之分（假如親而糊涂干而明白又怎樣呢?）。“丈夫亦愛少子乎”，何况本來具有崇高偉大的母性的娘呢？於是“愛民如子”，“如保赤子”，“天下飢猶己飢，天下溺猶己溺”，這些統治者的詞藻，都是至理名言。至於人民，不過除了“肚皮比任何五官都更敏鋭”的以外，就是一無所知，一無所能的娃娃，如果没有娘的奶汁也就是當今聖上的深仁厚澤，會不會活着，反是天大的問題了。既然人民衹是娃娃，娃娃需要的衹是“奶汁”，那就給他奶汁好了，衹需要給他奶汁就行了。“教育”、“農業改進”、“水利”、“公路、鐵路”，如斯而已。至於“議院”、“内閣”、“總統”等“全副行頭”（這就是蕭乾先生所理解的民主呀!），都不過是“衣帽”、“馬褂”、“皮鞋”、“原子鋼筆”、“網球拍子”，“那些奢侈對於這娃娃毫無真實好處”。那麽，本來獨裁的還是獨裁下去吧；本來訓政的還是訓政下去吧（可惜據説訓政已宣告結束了）；本來兒皇帝的還是兒皇帝下去吧！用不着絲毫改變。什麽民主運動啊，什麽土地改革啊，都是非現實的奢侈。蕭乾先生就這樣替現中國的統治者劃好了策，同時也把民主運動宣布了死刑。

但這還衹是反民主的，也就是封建的一面。蕭乾先生還有輝煌的另一面，即反民族的，也就是買辦性的一面。那另一方面，雖然在前面的引文中也可看出多少端倪，最警辟的雄辯，却在《人道與人權》那篇大文中。他説他坐着一輛吉普車在路上“抛了錨”，“衹須輛車由後面推一下，螺旋桨便可以轉了起來”。於是，他和司機“立在馬路中間，揚着雙臂，以阿拉伯人在沙漠上祈禱的姿勢，向過往的汽車哀求起來”。

一輛軍用車風馳電掣地過來，我們連忙閃開，一輛半新不舊的派克車過來，而且是空着的，司機僅狠狠瞪了我們一眼，車屁股冒了一股紫氣冲過去了。又一輛……又一輛……好容易來了一輛坐着

> 客人的派克……裏面那位穿淺棕色西服的主人面無表情地吸雪茄，我撲到窗口説“先生……”他咧開嘴（露出了兩顆金牙），對他車夫喝了一聲“開！”……
>
> 咒詛着那輛別克的背影，我狠狠對長天一望，吐了一口痰説：“這個國家居然没亡，真是奇事！”然而就在此時，一輛吉普駛來，而且不等我們招呼就停下來了。一個自己司機的美國中年人用很不高明的中文問“什着事?”他哪是人，他是神仙啊！我奔上前去向他解釋。他這回用英文説：“就是一推嗎？那太容易了！”他倒回了車，對我司機嚷一聲“準備！”兩車一碰，兩輛吉普全活了。我跳下車來向他道謝，問他姓名，他毫無所疑地説：“這是當然的，應該的！”冷冷淡淡似乎盡了點本分似的，一冒煙，開走了。事後我纔記起他吉普面前漆着美國領事館的字樣。

當然的結論是：“中國人好麽?”“不好！”“這個國家没亡，真是奇事！”那麽美國人好麽？頂好！頂好！“他哪是人，他是神仙啊！”假使更進一步問：中國讓美國人來統治如何？蕭乾先生在這篇大文章裏未提到這個問題，因之也没有答案。假如提，答案也現成，那另一大文《夜哭郎》裏不是説“如果一朝天上飛下一個真正的大獨裁者，一到中國……”衹要他保证發給人民衣裳、米、房子，“從餓了五千年的娃娃看來，他是寧要這個嚴厲而獨裁的媽媽的”麽？這個“大獨裁者”既保证娃娃的奶汁，又强迫娃娃上學，禁止倒垃圾，投機，任用私人，處處都在替娃娃設想，他那是“大獨裁者”，他是青天大老爺，他是英明的聖上，他是嚴父慈母，他是神仙啊！真禁不住要喊：“真吾主也！”我不諱言自己謭陋，從來不曾看見過如此喪失了民族自信力，如此心甘情願讓外國人來統治中國，如此明目張膽地主張有奶就是娘，公開承認以外國爲干爸爸干媽媽的理論！真不知道日汪僞政權的理論家講的是一些什麽，更不知道他們爲什麽没有羅致蕭乾先生，蕭乾先生又爲什麽没有去投效。除了一個是日本，一個是美國這點分别以外。這種極端的反民族思想，正是買辦漢奸的意識的具體表現，和前面説過的那種反民主的封建思想一起，正是南京政權的封建性與買辦性最完備的意識形態。

説人民是娃娃，政府是娘，無異説人民是仰賴政府養着的。早在唐虞之際，就有人擊壤而歌："日出而作，日入而息，鑿井而飲，耕田而食，帝力何有於我哉!"這是説人民以自己的勞力養活自己，并不仰給政府。孟軻説："治於人者食人，治人者食於人。"韓愈説："民者，出粟米麻絲以事其上者也。"民不但自己養活自己，而且養活那些壓榨他們的統治者。和蕭乾先生所説的剛剛相反。但蕭乾先生的話也非毫無根據，那根據就在人民真的没有飯吃。這也不待今天纔看出，我們的古聖先賢早有"足食"，"民以食爲天"，"數口之家，可以無飢矣"，"衣食足而禮義興"等等無數的理論和計劃。從孔孟到現在已經二千多年了，有了那麽多那麽好的理論和計劃，爲什麽人民還是没有飯吃呢？説到這裏，就必須指出，有一件最重要的事實，是從孔孟到蕭乾先生都没有看見或裝做没有看見的。設想一想，人民"日出而作，日入而息"，是"粟米麻絲"的種植者，怎會没有飯吃？君臨他們之上的統治者，"四體不勤，五穀不分"，怎會反而有飯吃而且吃得好？無非人民的飯，給統治者用統治的方法——以前是封建地主和代表地主的封建政權，近百年加上國際帝國主義，把他們的飯搶跑了。"苛政猛於虎"，那些"苛政"不但搶他們的飯，還比虎更猛地吃了他們的人咧！那些搶人民的飯，吃人民本身的統治者，如果不搶不吃，他本身就不存在了；怎會讓人民有飯吃，給人民飯吃？假如讓，給，他早就不搶不吃了。那麽，無論怎樣讓人民有飯吃的理論與計劃，除了給統治者裝裝幌子以外，還會有絲毫實際效果麽？蕭乾先生以爲人民衹要有飯吃就够了，用原來的話説，衹要奶汁就够了，没有政治要求，無須滿足他們的政治要求；政治要求，讓他們吃飽了飯再講，因此民主的政治，至少，在今天，是非現實的，奢侈的。但人民的飯是被統治者用政治方法搶去了的，必須也用政治方法纔能奪回。人民要飯吃，這事情本身就是政治問題，也是一切政治問題的中心問題，基本問題。要在一定的政治形勢之下，人民纔會有飯吃；另外的形勢就不會有。

一定要改革今天以前的舊政治形勢，人民纔有飯吃；不改革就不會有。人民要有飯吃，要使人民有飯吃，除了改革政治（包括改革社會制度）以外，决不會有另外的方法。因此，吃飯問題（包括教育、農業、水利、公路、鐵路等等）决不能單獨解决，或在政治改革之前解决。

魯迅先生在一篇文章裏分析西崽，説西崽因爲自己的主人是外國人，自以爲自己在一切中國人之上；又因爲自己是中國人，懂得中國國情，在這一點上，又比洋鬼子高明（大意）。有着這種優越感的西崽或非職業的西崽，一面不是外國人，一面已非一般的中國人，他的拿手好戲，是站在中國人和外國人兩者之外，以第三者（用流行語説“第三方面”）的資格“自由”地分析，比較中國人和外國人。結論是很容易知道的：中國人，在他看來，和印第安人有什麽不同呢（“這個國家居然没亡，真是奇事!”）？外國人呢，“話説得太透了會令人傷心的”（《人道與人權》中語），因爲是給他飯吃的主人，他能看出他具有無數的美德（“他哪是人，他是神仙啊!”）。西崽，是地位較低的買辦；而買辦，對不起得很，是兩國還未正式宣布敵對時的漢奸，也就是已握政權或未握政權，曾經經手或未曾經手的賣國賊。蕭乾先生的意見不幸而類似。首先蕭乾先生是什麽樣的中國人呢？一個坐吉普車的。在中國而能坐吉普車，地位可算是相當的高了；他是高等華人或準高等華人。他所碰見的那個中國人又是什麽樣的中國人呢？一個坐别克車，穿西服，吸雪茄，鑲金牙的，又是高等華人或準高等華人。高等華人，失禮得很，有時就是買辦之别名。這位仁兄，蕭乾先生事後知道他是“××煙公司副理”，正是買辦之流的人物。真是大水冲倒龍王廟，自家不認識自家人，兩個高等華人碰在一塊兒了，一個竟不肯替另一個撞一撞車，但不肯撞車，頂多也不過缺乏同情，不肯互助，不講“摩托道德”（《人道與人權》中語）罷了，何至於咒詛到“這個國家居然没亡，真是奇事”呢？恐怕一面固然是一時憤恨，一面也有根本看不起中國人的成見在先吧？假如是這樣，那就難怪，這個高等華人既看不起中國人，那個高等華人也可以看不起中國人。他在你的眼中是一個中國人，你可以咒詛他；你在他的眼中也是一個中國人，他就可以不幫助你。無論怎樣，這在場合，蕭乾先生的《課題：中國人好嗎?》應該是“高等華人好嗎?”“這個國家居然没亡……”的咒詛也祇能對高等華人而發，與别的中國人不相干的。至于那位坐“漆有美國領事館字樣”的吉普車的美國人，他的身份更明確，是美國帝國主義派來的人物，這樣的人物，都是爛熟生意經的精明鬼，是很喜歡幫助高等華人的，因爲一點小幫助常常可以換到一批意想不到的大收穫。比如撞一撞車，那算什麽呢?豈不真的祇是“盡了本分”麽?高等華人却由衷地向他舞蹈高呼“他哪是人，他是神仙啊”了——恐怕一面是一時感激，一面也有崇拜美國人的成見在先吧！這樣的美國人碰見别的中國人(低等華人）怎麽樣呢?如所周知：是女學生就强奸，是黄包車夫就打死，是在河邊散步的閑人就摔到水裏去淹死！他哪是人，他是魔鬼呀！而且這樣的美國人對高等華人的幫助，豈止撞撞汽車而已，他們還要用金元，軍火，剩餘物資，軍事家，技術人員，在中國發表《告中國國民書》的大使或特使，幫助高等華人“戡亂”咧！對低等華人，又豈止强奸，打死，什麽的而已，還要指揮在他們卵翼之下的中國政府的軍隊，向他們瞄準，開槍、開炮，丢炸彈，殺、衝！一樣的美國人，對怎樣的中國人就做出怎樣行爲，怎樣的中國人就對他們發生怎樣的印象和感想，低等華人决不會感激他們給高等華人撞車以及金元、軍火之類的幫助。高等華人對於他們强奸、打死低等華人或喊向低等華人瞄準，認爲是理所當然，天公地道。一邊歡呼：“他是神仙!”一邊咒詛，他是魔鬼！然而“理論家”曰：中國是没有階級的！

總之，蕭乾先生的見解是反民主的，同時也是反民族的。他的理想政治，是美國帝國主義到中國來建立開明專制政府。就他的論據，用一句話概括，就是有奶就是娘與干媽媽主義。不用説，和百年來中國人民反帝反封建的要求剛剛相反；而和南京政權的封建性與買辦性的雙重反動意識剛剛相合。他是南京政權的最合適的代言人。無論他和南京政權有没有什麽關係，無論他怎樣自稱爲自由主義者！

一九四八，四，一五

自由主義的斤兩

"相信理性與公平"，是自由主義的要義之一，《大公報》的主筆先生説過。理性與公平，大概是一個東西，因爲有理性，纔能公平；因爲公平，纔算理性。理性是賞善罰惡的上帝，有善就賞，有惡就罰，不問誰是誰。理性是鐵面無私的法官，有罪的科刑，無罪的免刑。理性是毫厘不爽的天平，兩邊的重量都放上去，重就重，輕就輕。記住！自由主義者的理性與公平是如此，或者應該如此。

三月十二日中央社長春電：

> 國軍撤出小豐滿時，爲顧及松江沿岸數萬生命財産，及國家生産建設之不易，僅將發電廠機件略予拆卸；使匪方短期間不能利用；而對於集數十萬人民血汗構築數年之攔江水堰，則予保全，絲毫未加破壞；同時對於堆積永吉車站一帶貨倉及民房内彈藥，亦均未忍銷毁，蓋加以破壞，勢必引起巨大爆炸，而使永吉全城付諸一炬也。

所謂"國軍……顧及"，是誰顧及呢？全體麽？部分麽？一二人麽？以常識判斷，當是當時當地的軍事當局，那麽，爲什麽電文上既没有"某某將軍語記者……"又没有命令或文告的原文作證呢？既然軍事當局没有發表談話或其他可藉以明瞭撤退時的心情的文件，記者先生不是軍事當局自己，不是軍事當局肚子裏的蛔蟲，何以知道他曾經"顧及"過，而且正是如此這般的"顧及"而不是别樣呢？常言道，"兵敗如山倒"，最古的打敗仗的描寫，也是"棄甲曳兵而走，或百步而後止，或五十步而後止"。在没有火器時代的戰争，逃起命來還要跑五十步百步，現在的逃命，豈五十步百步所可了事？作算也祇五十步吧，逃了五十步，還要破壞什麽東西，他們的臂膀不嫌短了麽？水堰和彈藥的幸免，明明是倉皇逃遁，措手不及，有什麽“顧及……”之可言？關於這一點，儘管有人不高興新華社，但新華社的電訊：“匪衆（蔣軍）一聞炮聲，即陷於極度混亂，焚毁滿載財物之汽車五十輛，沿途盡棄資財，於十一日僥幸逃入長春孤城”，似乎較近於事實。又，美聯社十九日北平電：“政府B—24式飛機出動……并炸毁吉林附近的小豐滿水電工程。”證明不但没有“顧及……”，甚至在没有來得及全部破壞之後，還要用美國飛機去補行破壞。破壞就破壞吧，因爲措手不及而遺憾就遺憾吧，乃至補行破壞就補行破壞吧，衹要是什麽説什麽，或者怕宣揚了自己的醜惡而不説，都没有什麽；無奈他們没有這樣的習慣，他們慣作的是在那最醜的地方蓋上美麗的鮮花，在最卑劣的陰謀上披上道德的外衣，蔣朝歷來的仁義道德之類文告，没有一個字不是和它的實際内容相反的。上行下傚，中央社也就發出悲天憫人，愛民惜物的電報來掩飾敗績，彌補没有完全破壞的終天恨事了。

但縱然没有“新華”“美聯”兩電，縱然不是倉皇逃走，“顧及……”論也仍舊是可疑的。抗戰期間，“國軍”從桂林撤退的時候，曾經爲搶劫某一條馬路而自己開起火來。這種事，恐怕每次撤退都有，不過我的桂林的記憶較爲鮮明；凡躬逢過湘桂大撤退之盛的同胞可以替我作證。在某一篇文章裏，我曾提到我的太太親自遭遇過潰敗的國軍的洗劫。他們不但搶劫錢財，尤其搶劫老百姓的衣服，爲的好改裝逃走——前引同一條電文説永吉居民十餘萬隨軍撤退，我都疑心全部或大部是剥得了老百姓的衣服的“國軍”自己。一個月前，我在武漢，國民黨一個省黨部委員告訴我：“國軍”退出麻城時，曾奸死一家銀樓的兩個姑嫂，奸而未死的更多。那麽，小豐滿的撤退，那些“國軍”們忙於搶劫，忙於奸淫，忙於改裝，縱然奉有徹底破壞的命令，也未必有充裕的時間執行，哪裏談得上“顧及”不“顧及”？而且真正破壞又談何容易？抗戰期間，“焦土抗戰！”“焦土抗戰！”叫得震天價響，但實行焦土抗戰的衹有一次，即所謂“長沙大火”。一火之後，日寇即來，豈不妙哉！可恨狡猾的日寇，聽説長沙已經燒光，中途折返，弄得張治中交不了賬，丢了官，送了酆悌等三個人的性命，這纔馬虎了事。如果小豐滿水堰全部破壞，火藥全部炸毁，撤退巨禍可以媲美長沙大火，自不必説；萬一敵軍裹足不前或遲來蹣跚，白毁了機構，白死了人民，白耗了火藥，誰司其咎？"前事不忘，後事之師"，小豐滿的軍事當局，難道不愛自己的腦袋瓜兒？另一自由主義或虚無主義的記者曹聚仁先生指摘某些人説："身在魏闕，心在江湖。"用在軍隊上，應改作"身在曹營，心在漢室"，纔更貼切。懷着這種心情的軍人，今天，不但有，而且不在少數，屢次的"國軍"的放下武器，就是鐵證；這也是像有人預言過的"如果打内戰，中國革命一定成功"的重要把握之一。小豐滿的不曾徹底破壞，安知不是那些"心在漢室"的軍人們心照不宣的表示呢？美國人常有攻擊政府接濟"國軍"軍火，實無異間接接濟共軍；美國政府也偶以此事非難蔣政府。干爸爸的話雖然威而不猛，蔣政府却不能不誠惶誠恐死罪死罪；"好女兩頭瞞"，關於這一類的事，一向是以諱莫如深的辦法處理的。劉伯承部攻占六安時，六安軍械庫步槍一項即有十餘萬枝，蔣政府發言人曾一再聲明，大軍械庫不在六安，六安損失極微。這些話無非説給干爸爸聽，以期幸免譴責，又爲干爸爸設法逃脱美國人民的譴責。這回"堆積永吉車站一帶貨倉及民房内彈藥"如山如阜，拱手讓人，想是瞞也瞞不住了，眉頭一皺，計上心來，裝上一副愛國愛民大慈大悲的面孔，説是"未忍銷毁"，怕"引起巨大爆炸，而使永吉全城付諸一炬也"，至於水堰問題，尚是附筆，也未可知。

凡此種種，問題實多，但《大公報》的主筆先生們都是"四十而不惑"的人物，一下就信以爲真，在一篇題作《少殘殺，少破壞》的社論上大書特書："我們特别珍重這消息。這消息特别使我們感動。雖詳情未悉，就消息而論，我們以爲應在内戰史上大書一筆，可貴的一筆，祥和的一筆。如果這是提高戰爭道德的開始，就是一綫光明，像一道彩虹那麽可愛了。"甚至以爲"彼此在戰場上出現理智，出現祥和，出現崇高的民族道德"（三月十八日港版）。好一個"詳情未悉"，好一個"就消息而論”，什麽“祥和”呀，什麽“道德”呀，什麽“彩虹那麽可愛”的“光明”哪，豈不衹消一條“消息”就可實現，就可證實；人間的是非曲直善惡邪正，豈不全以誰辦的報紙和通訊機關的多少，記者先生的才能的高下，煙士披裏純的有無和大小而定的麽？至於“詳情”，“悉”它則甚？

然而問題不在主筆先生相信了這消息，而在於因爲這消息是於某方有利的，就樂於相信，不覺歡欣鼓舞，山呼萬歲；夸張這消息的意義，企圖替某方在失地喪師，大勢將去的今天，收拾人心於萬一；同時也無異鼓勵某方以後多發同類消息來欺騙讀者。問題還不僅在此，而在於對於某方歷來的殘殺破壞以及一切大不韙，和另一方面的少殘殺，少破壞，不殘殺，不破壞，以及這以上的大仁大義，都熟視無睹，充耳不聞，啞口無言，擱筆不道！内戰正式爆發之前，《大公報》渝版社論説過“誰發動内戰，我們就反對誰，蔣主席發動内戰，我們也反對”（大意）之類的話，多麽大公無私，斬釘截鐵，好像自己真是“理性與公平”的化身。後來内戰終於全面爆發了，他們指出過誰是内戰發動者麽？反對過内戰發動者麽？除了在把“共軍”改爲“共匪”的時候，扭捏了一下以外，他們的約言跟四項諾言一樣，雖然“像一道彩虹那麽可愛”，却終于煙消雲滅，化爲烏有了！某一時期，黄河故道及其附近駐有“共軍”，也住有數百萬老百姓；蔣軍爲要消滅“共軍”，隔斷“共軍”，不惜使數百萬老百姓一同化爲魚鱉，主張讓黄河復歸故道；并且不顧一切，這樣做了。這是何等巨大的殘殺破壞，該《大公報》指出過這種行爲是凶惡，是黑暗，非理智，不道德麽？没有！一年以來，人民解放軍反守爲攻，席捲東北，縱横華北，黄河天險，一躍而過，華中大地，來往如飛，使有着優勢兵力、優勢裝備、美國軍火、源源接濟的“國軍”屢戰屢敗，顧此失彼，决非偶然僥幸。和人民一致，得到人民擁戴，解放人民，也解放土地，使人民與土地重新結合；所到之處雖然貪污豪劣，豕奔鼠竄，而真正的農耕者却真得到了土地、糧食與耕具。這種中國有史以來空前未有的壯舉盛舉美舉義舉，連自由主義的《觀察》，《時與文》之類刊物的通訊上也有時掩蓋不住，甚至迫得蔣政府也不能不假惺惺地討論什麽華中土地問題了。什麼是祥和？這就是祥和！什麼是理智？這就是理智！什麼是道德？這就是道德！什麼是光明？這就是光明！什麼是彩虹？這就是永不消逝，絢爛奇麗的彩虹！比之於不毁水壩，不炸彈藥，其相去何能以光年計？貴《大公報》曾經正視，敢於正視麼？曾經贊頌，敢於贊頌麽？豈但不正視，不贊頌；反而屢屢含沙射影，盡情誣衊。專就《少殘殺，少破壞》這篇社論説，内面就有這樣的詞句："喜歡殺人、屠城、放火……勇猛的强盗，混世魔王，無一幸免於滅亡。"表面上雖似就一般而論，實際却暗示着人民解放軍。不但殺人放火，强盗魔王之類，是誣衊的老調，是古舊的順和逆、王和寇、官和匪的觀念，而"國軍"既已"祥和""理性""道德""光明"了，還會"殺人、屠城、放火……"麽？剩下的一面還會指誰呢？其實也不止這一兩句，全文一兩千字無一處不在明説"國軍"是"仁義之師，足以平天下"，暗示人民解放軍是"勇猛的强盗，混世魔王"！本來，革命而必須訴諸武力，是一件不得已的事。改革現制度，必然和保存現制度的人利害相反。革命而毫不冒犯這些和自己的利害相反的人的事，是無法辦到的。保存現制度的人已經在現狀之下掌握了一切有力和有利的工具，政權和拱衛政權的武力；而改革現制度的人們，在開始的時候，總是一無所有。上一道書，請一回願，開一回會，不打仗，不流血，甚至不紅臉，革命就成功了，誰不願意？可是這樣的事在歷史上一次也不曾有過。保存現制度的統治者既掌握着一切有力和有利的工具，也就是掌握着一切殺人的工具，立法、司法、特務、憲警、軍隊、火藥。他爲了貫徹維護現制度的主張，於是殺！你上書，他殺！你請願，他殺！你開會，他殺！他知道你要革命，殺！他以爲你要革命，殺！他不高興你，就説你要革命，殺！他把人民的一切都剥奪去，使人民變成殺人越貨的强盗，運毒走私的罪犯，殺！他們招收徵集無知的貧困的人民，編爲軍隊，叫他們去殺那些和他們本是同類的别的人民，同時也被别人殺！是誰先殺，誰殺的多？誰是殺人不眨眼的强盗？誰是以人肉爲筵席，人血爲酒漿的混世魔王？豈不就是死抓住政權不放，死拖住歷史不放的統治者麽？至於人民的武力，當他們還是一個人一個人的時候，從他們還没有變成武力的時候起，就在不斷地被殺着了。在不斷被殺、除、清、剿、戡、平之中，逐漸地壯大起來，今天，纔説得上槍對槍，刀對刀，兵來將擋，水來土掩的戰争了；二十多年來，人民的血、青年的血、偉大的先驅者的血，那是匯合起來，可以變成江，變成河，變成湖，變成海，足以淹死那些混世魔王而有餘，今天，纔真地要淹死他們了。那些血，在中國的土地上開了花，結了果，果實也快成熟了！既然是戰争，那就不能不有所殺傷，誰能舉出一次毫無殺傷的戰争呢？但這正如成語所説“殺以止殺”、“能殺纔能生”。而且殺就是生，殺少所以生多，殺惡所以生善，暫殺所以永生。既然自稱爲自由主義者，自稱爲讀書人，自稱爲書生（《少殘殺，少破壞》文中自稱“書生之見”），就應該多有些知識，多有些理解，多有些正義感，多有些是非善惡的辨别與愛憎。“讀聖賢書，所學何事？”應該在“這殘酷的戰争”中，殘酷而又仁慈的偉大的革命運動中，看出誰纔是真正的“仁義之師”，誰纔真能“不嗜殺人”，誰纔必定“奄有天下”！除了人民的武力，决不會再有别的！可是你們却躲在統治者的指揮刀底下，躺在“理性與公平”的幌子背後，向統治者的敵對的陣營喊：“你們殺人放火呀！大逆不道呀！犯上作亂呀！强盗呀！魔王呀！……”無論怎樣遮遮掩掩，扭扭捏捏，吞吞吐吐，明眼人還是如見其肺肝然的！什麽是“自由”？什麽是“理性與公平”？更什麽是“祥和”、“理智”、“光明”與“道德”？難道你們用的詞典，果真如此奇特，上面的解釋和别的詞典是相反的麽？

理性的上帝本來虚無飄渺，理性的法官無非裝腔作勢；理性的天平，稱來稱去，稱不出别的什麽，衹須一點小事，就倒把自己的斤兩稱出來了！

一九四八，三，一五，香港

詩人節懷杜甫

詩人節來了。詩人節又是舊曆端午節。每逢這節日，照例想起屈原、白娘子、鍾馗，都是與民間傳説有關的。但今年却想起了杜甫。爲什麽呢？因爲看見施××的一篇文章，裹面有這樣的話：

（一）我們常常聽見人説：在國民黨統治之下，人民固然没有自由，在共産黨統治之下，人民也不見得有自由，甚至更不自由。或是有人説：國民黨固然不肯給我們自由，共産黨也不見得肯給我們自由。

（二）在内戰時期，尤其在戰争區域，爲了軍事的目的，是不會有真正的自由的，也不會真正的實現民主。在這時期，希望國民黨統治區域實現真正的民主，固然是空想，要在中共統治區域實現廣泛的民主恐怕也是一種奢望。

（三）自由主義者不但不能滿意國民黨統治區域的“現狀”，也一樣不能滿意在共産黨統治區域的“現狀”。自由主義者在國民黨統治下應當努力争取“自由”，在共産黨統治之下也要有勇氣争取自由。

第一，這些話是非常不理性的。自由主義者雖然曾經自稱尊重“理性與公平”，但立論的時候，却往往違背這原則。例如上引的（一）（二）兩段，把“固然”——即既然的事實，和“不見得”，“恐怕”——即對未然的推測，等量齊觀。這種立論方法是超出任何理論邏輯之外的。它不但是無賴的論證方法，即對任何進步、改革，都可以加上“不見得”，“恐怕”，“甚至於”，而一筆抹煞，同時，既然任何改革都“不見得”好，

“恐怕”也不好，客觀上一定達到一個最反動的結論：最好還是維持現狀，雖説在（三）裏面也有“不能滿意……現狀”的表示。《大公報》有名的社論：《論自由主義者的時代使命》裏説：“在腐敗然而有限期的政府與健全而無限期的政府之間，我們是寧選前者的。”就是最好的維持現狀的説明。魯迅説過：“我不知道中國人何以對於已成之局，那麽委曲求全；對於方興之事，那麽痛心疾首。”（大意）

第二，是非常不實事求是的。假如“不見得”論或“恐怕”論可以成立，也衹限於世上没有“共産黨統治”這回事的場合，衹有“共産黨統治”真正還在遥遠的將來的場合。現在，差不多半個中國已在人民解放軍控制之下，解放區已有老區和新區之分，就是説，至少，老區的政權在共産黨領導之下，已經有一個時期了，還有什麽“不見得”或“恐怕”之可言呢？如果“共産黨統治”之下，人民是自由的，就不應該閉着眼睛裝看不見；如果也不自由，就應該問問那是爲什麽不自由，怎樣的不自由，和國民黨統治下的不自由，有没有性質上和程度上的差異？如果有人自由，有人不自由，那麽，是誰自由，誰不自由，自由的人多還是不自由的人多？衹有把這些問題弄清楚了，纔有發言的資格；所發的言，纔能深中肯綮，一針見血。現在把這些問題都不管，衹輕率地加上什麽“不見得”，“恐怕”，“甚至於”，一些不確定的字眼，而公然侈談“自由”，“現狀”之類的嚴重的問題；除了勇敢，就再没有可貴的東西了！

第三，是非常不容易理解的。（三）裏面説：不但不滿於國民黨統治下的現狀，也一樣不滿於共産黨統治區的現狀，在這邊要争自由，在那邊也要争自由。除了國民黨方面的現狀及在國民黨治下争自由諸語，是陪襯的意義，不必談之外，所謂“共産黨統治區的現狀”是指什麽呢？解放區今天最重要的“現狀”是土改，莫非自由主義者所不滿意的，就是這土改的現狀麽？莫非這土改的現狀，竟和國民黨統治區域的現狀是一樣的麽？和在軍事期間，解放區總有人比較不自由，例如被俘的高級軍官，無論怎麽受優待，自由總不會太多一樣。在實行土改期間，地主的自由，一定較受限制。莫非自由主義者“也要有勇氣争取的”就是這地主的自由麽？自由主義者們的文章裏也常常提到“人民”“人民”的字樣，不妨假定他們所説的自由，不是地主的自由而是人民的自由；但人民這名詞，就全國説，主要的是工農，就解放區説，主要的是農民。莫非解放區的農民，竟以耕者有其田爲不自由，應該“也要有勇氣争取”耕者不有其田的自由麽？莫非自由主義者竟認爲耕者有其田是農民的不自由，“也要”替他們“争取”不有其田的自由麽？

但這些都不是我想説的。我想説的衹有一點：即自由主義者們所説的“人民”這名詞，主要的不是工農，也不是農民，而是他們自己。（一）的“國民黨固然不肯給我們自由，共産黨也不見得肯給我們自由”，裏面的“我們”兩字是最無虚飾的説法。而（三）不滿兩方的現狀，在兩方都要争取自由，也衹有從他們自己出發，纔可自圓其説。其他自由主義所説的“人民”，無不可作如此觀。

共産黨的最高綱領且不談；就是現在正在解放區進行的土改，在中國史上是一個空前的社會大變革，凡是中國人，他的生活，都要受這變革的影響。我們知識分子，我們讀書人，多讀幾句書，多明白一些道理，有遠矚將來的眼光，早在今天以前就多少知道這變革是應該的，必然的，遲早會來的；而這知道，又正是我們的一個值得驕傲的特色。當這變革還隔得很遠的時候，我們都曾放言高論，激昂慷慨，在言論上接觸到它，好像自己就是這變革的最歡迎者，擁護者，迫不及待者，甚至如果有機會，還是發動者；至少，也不會是反對者。但中國是一個有幾千年封建歷史的國家，我們讀書人，即較一般人民“優秀”，也較一般人民的生活優裕的這特殊人民，都多少和地主階級有些直接間接的血緣關係，老實説，没有這種關係，我們就不會獲得知識，也不會獲得這種地位。既然有這種關係，也就不期而然地多少有着地主階級的意識。這意識，用有人説過的術語，就是“包袱”，是我們負擔的歷史的重荷，它壓着我們，使我們不能或難以邁步向前。因此，那變革一旦真地來了的時候，我們不但不是不假思索地歡迎、擁護；首先警覺到的，倒是我們的生活，我們的地位，會從此完蛋了！我們適不適合於那改革呢？那改革適不適合於我們呢？一考慮到這樣的問題，説也汗顔，我們就會發覺：最適合於我們的，并非什麼未來的理想社會，并非任何徹底的改革，而剛剛是你説它是壓迫剥削也好，貪污腐化也好，喪權辱國也好的這現政權之下的現狀。儘管比起生殺予奪，頤指氣使的統治階級來，我們相差太遠；儘管有時候窮到“一簞食，一瓢飲，在陋巷，人不堪其憂”；儘管有時候還要發發“百無一用”之類的牢騷；這從容逸豫，“比上不足，比下有餘”的讀書人生活，若説真要離開，即又是非常值得留戀的！且不説到統治階級的路，在我們，也遠比别的路要康莊而近便！我以爲，這就是今天在我們中間出現了所謂自由主義者的理由。“昔日戲言身後事，今朝都到眼前來”，在大變革也就是大考驗臨到面前了的時候，正像易卜生所説，“在大海裏翻了船，首先要救起的是自己”。（大意）這心情不是不能理解的。請容許我説句笑話，莊子曰：“麗之姬，艾封人之子也。晋國之始得之也，涕泣沾襟。及其至於王所，與王同筐床，食刍豢，而後悔其泣也。”自由主義者還未生活於“共産黨統治”之下，怎知道會一定不自由？説不定到了那時候，生活得太自由，反而後悔今天的惺惺作態是多此一舉咧！

土改會使所有的農民得到土地。中國是農業國，農民占百分之八十以上，如果人口爲四萬萬五千萬或七千萬，得到土地的人口，將有四萬萬之多。這是怎樣的一個大變革，是怎樣的一個大翻身，中國將變成怎樣一個獨立、自由、幸福的國家！在關係這麼多的人口的幸福的這樣一個大變革中，我們有數的幾個讀書人的自由與否，是多麼藐小而不足道的問題呀！我們的自由和人民的解放是一致的麼？還考慮什麼呢？是衝突的麼？老實説，應該犧牲我們的自由！杜甫的《茅屋爲秋風所破歌》説：“……安得廣厦千萬間，大庇天下寒士俱歡顔，風雨不動安如山！嗚呼！何時眼前突兀見此屋？吾廬獨破受凍死亦足！”祇要天下窮人都有房子住，有飯吃；住得好，吃得飽；自己當然也不會獨没有得住，没有得吃；萬一自己獨没有得住，没有得吃，乃至凍死餓死，也都心滿意足，死而無怨，我原要大家都過好日子，大家已經過好日子了，還會有什麽遺憾呢？“吾廬獨破受凍死亦足”，這是何等博大忘我的襟懷，是我們讀書人的何等的好榜樣！比起易卜生的首先救起自己來，簡直是巨人之於微生物！因此，在詩人節到來的今天，我想起杜甫；想把他的這幾句話獻給我們的自由主義者們。而且大膽地附加一句：有杜甫這種襟懷的讀書人，在新社會裏面决不會不自由的！

一九四八，詩人節前五日，九龍

注：本文内所稱自由主義者，是假定是真那麽想那麽説的人。至於由美帝和蔣府授意而説話的，都是别有用心，“捨曰欲之，而必爲之詞”者，不在其内。

狗道主義舉隅

從前，胡秋原有一句“名言”：“衹有人道主義，没有狗道主義。”其實這是不確的，狗道主義正所謂“滔滔者天下皆是也”。胡先生自己的“没有狗道主義論”，和近來的“憲政好比跳舞論”，就充滿着那種好主義的臭味。不過無論誰的狗道主義，都是乖巧的，出現的時候，總披着花花緑緑的外衣，什麼孝悌忠信哪，什麼仁義道德呀，嘰哩咕嚕，使一般人眼花繚亂口難言，不能指出或不敢指出它就是那種好主義罷了。

有没有一望而知的狗道主義呢？答曰有！那就是何永佶教授的《私産即人格論》。見於八月四日，發表在《商務日報》的《關於存户獻金》大文裏：

> 蓋一個人的人格，固可在許多方面表現，而主要方面是財産，無産的叫化子能有人格嗎？尊重人的人格，必自尊重其財産始，人之所以異於禽獸者，即在一有私産而一則無。

私産或財産就是人格——最主要的人格，無産的叫化子没有人格，這話若可靠，我們對於許多問題的看法，應該大大地不同。

首先，何教授自己就無法非難政府關於存户獻金的措置。黄金既是財産，財産既是人格，政府也不過要利用存户的人格一部分，完成政府的較大的人格罷了。人民爲什麼不希望政府成爲一個人格的政府呢？有人格的人爲什麼不希望自己的小人格滲透在政府的大人格裏面呢？要完成大人格的政府正是應該擁戴、謳歌的，爲什麼還非難呢？

其次，我們將永遠不能反對貪贜枉法，克扣軍餉，囤積居奇，套黄金，買外匯，存款到外國銀行的污吏、貪官、市儈、奸商，以及各種各樣發國難財的人們。高秉坊也好，程澤潤也好，郭景琨也好，李太初也好……都是一些可敬的人物，國民的模範，應該替他們立銅像、蓋廟宇的。爲什麼呢？因爲他們無非企圖增加他們的私産，而私産就是人格，增加私産，也就是擴大他們的人格。人格既是誰都應該尊重的，那麼，企圖自己的人格擴大、發展、完成的壯志豈不也應該尊重麼？而人們却用法律裁制這些志士，多麼古怪而且殘酷的世界呀！

第三，有産就有人格，無産就無人格，當然財産越多，就是人格越大，財産越少就是人格越小。那麼古今中外的最偉大人格的典型，就是陶朱、猗頓、鄧通、石崇、鋼鐵大王、煤油大王、汽車大王之流，而伯夷、叔齊、孔子、孟子、蘇格拉底、柏拉圖、耶穌、謨罕默德、華盛頓、孫中山以及許多科學藝術上的巨人，就都是一些藐乎小哉，或簡直無人格的傢伙了。多麼奇怪的教育呵！它教唆我們崇拜景仰那些藐小乃至無人格的傢伙們而漠視那些各種各樣的大王！

末了，何教授應該無顔再標榜什麼“儒家思想”了。儒家思想雖不反對財産，但對於財産與人格的看法，決不像何教授這麼勢利的，他們提倡“飯蔬食，飲水，曲肱而枕之”“一簞食，一瓢飲，在陋巷”“捉襟則肘見，納履則踵決……”等等安貧樂道精神；對於有財産的富人，常有不敬之意。孔子曰：“齊景公有馬千駟，民無德而稱焉，伯夷叔齊餓死於首陽之下，民到於今受其賜。”所以是“誠不以富，亦祇以異”；季氏富於周公，冉有爲之聚斂，他就叫弟子們“鳴鼓而攻之”！子貢會做生意，他就説他“不受命”。他又説，像發財那樣卑鄙的事如果是可幹的，替人趕馬我也可以幹了！他們同意别人的“爲富不仁矣，爲仁不富矣”的説法，簡直要贊成普魯東的“財産即髒物”的見解了。

人不管他的品德、操行、志氣、智慧、才能、學問、思想，不問他在惡劣的社會裏是奮鬥，或隨合的歷程，不問他的努力乃至在對於人類社會是有裨益的或者損害的……一切不問，祇問他有没有阡陌連綿的田莊，有没有銀行、工廠、商店，操縱在手裏，有没有高大的洋樓，閃亮的汽車，嬌美的姨太太或外室，有没有外國銀行的存款，外國企業公司的股票，外國田園的契約（如果有，當然不問從什麼地方來的），等而下之，衹問衣服好不好，皮鞋亮不亮，儀表大方不大方，手頭闊綽不闊綽……這是世俗的看法，市儈的看法，説句實話，也就是狗的看法；題畫詩："我討我的飯，與你甚相干，可恨勢利狗，單咬破衣衫。"就正説着狗的一面。所不同的是各色的人和狗，本不知人除了財富還有别的什麽，也没有根據財富來品評人的别的什麽；我們的學者，我們的教授，不但尊重人的私産，并且説私産就是品性智能乃至一切，以私産的多寡來判斷一切的大小高低，也就是人格的大小高低而已。狗道主義，本來并非素樸的狗的看法，它是比狗的看法更精粹，更發展，更雄辯，更完整無缺的一種理論系統。何教授的高見，不用説不是狗道主義中最精深的，却是最"大衆化"的。

一九四五，九，一，渝通遠樓

誤人父兄

“漢口有一種‘文武理髮店’，捶背捶得最舒服……”我説。我和朋友都洗過了澡，躺在炕上聊天，當中隔着一個茶几。我的腿伸着，一個捶背的同胞在噼噼啪啪地給我捶腿。

“我覺得捶背捶得最好的是温州的澡堂，”朋友接着説：“説是捶背，有點不妥，他不大在背上做功夫，主要的是捶腿，捶來捶去，捏來捏去，微妙得很，不由得不想起《西厢》、《酬簡》上的某些詞句。……”

我們本是無心説的，那位捶背的同胞聽了，不知以爲是我們諷喻他捶得不好呢，還是自動地想和漢口温州的同業比賽，總之捶得非常賣力。於是我没口稱贊：“好好！舒服極了！真會捶……”他聽見稱贊，格外起勁，把渾身的解數都使出來了。真奇怪，若非身歷其境，人怎能想到自己被敲打的時候還會得到快感呢？又怎能想到自己會變成一個樂器，被彈奏出美妙的音樂，而自己同時又能欣賞那音樂呢？而且在什麽場合能看見别人在自己面前爲自己服務，如此努力，如此忘我，又如此地使人直接從那勞動得到快感呢？他費了很多時間，比平常所費的幾乎一倍；捶完之後，還不得不用毛巾去擦臉上和身上的汗。這時候，我纔注意到他不過是一個十四五歲的少年。

有一種高妙的理論，什麽職業都是平等的，一樣用本事和氣力换飯吃，没有什麽高低貴賤的分别。當我以老百姓資格站在官老爺們面前，或以作者的資格站在别種職業者面前的場合，我實在願意這樣想。獨有碰到拉車、抬轎、捶背、捏脚的同胞們，而自己又正在被拉、被抬、被捶、被捏的場合，却深深地體味到這理論的欺騙。因爲我實在覺得自己比他們“高貴”得多。尤其是捶背捏脚，如果還不算最卑賤的，大概離卑賤的底層也不很遠了。年紀輕輕的，有着健全的體格，那體格裏蕴藏着和别人同等的氣力，不做别的事，偏作這等卑賤的事，其中必有不得已者在，説不定還有血與泪在，乃世上竟有人爲了一時的舒適，受這種行業者的服侍而無所動於衷！豈僅如斯而已哉，比如我，還要耍一點小聰明，騙人家在同樣的代價之下，耗費較多的時間與氣力！這樣想，便覺得真正卑賤的不是那些捶背捏脚的同胞，倒是我們這些被人服侍的自己。他們的卑賤不過是職業，而我們的卑賤却是靈魂。

我也替人家捶過背。當我十歲左右的時候，我的父親大概四十歲還不到；但由我們看或由他自己感覺，都似乎已經老得不能再老了。且不説他的身體怎樣地像一個百病競技場，一年四季都在患着各種各樣的病；衹説一點：從小，我就覺得我們家裏比别人家裏更早地預知天氣的陰晴，父親的身體就是一座最準確的天氣預報器。明明出着很大的太陽，父親如果一面説："活不下去哇，用什麽東西活下去呢?"一面握着拳頭在腰裏捶着捶着的時候，我們就知道：不出兩三天，一定會下雨。變天之前，他一定腰背酸痛，大變則大痛，小變則小痛，屢試不爽。他的背一痛，就必須有人替他捶。除了他自己，家裏還有三個人：母親，我，另外一個比我還小的丫頭。平常，母親是母親，兒子是兒子，丫頭是丫頭，一到他背痛的時候，就無老無少，無尊無卑，一律變成替他輪流捶背的捶手。捶背的機會，大概小丫頭的特别多，我的次之，母親則不打大仗不出馬。他坐在煙盤子旁邊，我蹲在他的背後，緊握小小的拳頭，在他的背上從上到下，從下到上，擂鼓似地擂，吃力自然也吃力，好玩却也蠻好玩：多麽尊嚴的父親呵，現在却讓我任意地敲打！他不但不生氣，還和顔悦色地跟我講點故事同笑話。但最多却是這樣的贊語："舒服極了，捶到骨頭縫裏去了！衹有小拳頭纔能捶得這樣舒服呵!"一面説，一面口裏還發出種種表示舒服的聲音，大概臉上還有種種表情。母親胸中是雪亮的，往往在旁邊似笑非笑地説："説得像真的一樣!"於是，父親也失笑："本來是真的呀!"聽見這種贊美，我就捶得越是起勁，連手臂的酸痛也毫無感覺。

當我躺在澡堂的炕上，稱贊捶背同胞的手段而感到自己的自私的時候，忽然想起：父親當年對於我的手段的稱贊，莫非也出於同樣的心情麽？這真是一個使自己都震動了的想法。我一向以爲父親是天下最偉大的人，也就是最完整的偶像。一想到他對我不免有時也像我之對於捶背同胞，偶像上的金漆就突然地一塊塊剥落下來了！然而我要爲父親辯護，他决非自覺的自私；不過以爲他是父親，我是兒子，兒子本應該孝順父親，“有事弟子服其勞”，“事父母能竭其力”，不是古先聖人的名訓麽？他的心下蠻坦然的。

讓我講一另外的故事吧：在我還在做官的時候，有一位同事，地位比我低一點。有一次，他想提高一點地位，請我替他向主管官説。我説了，主管官也答應了。他就請我們到他家裏吃飯，以表謝忱。到了他家裏，他父親出來招待客，自然他也在一路，不過離得很遠，總是在隔好幾步外的下首。房子是租的。壁上掛着一張軍人半身照片，全副武裝，樣子頗有些威武。主管官一面看照片，一面隨口問他父親：“這是哪一位？”他父親答：“是房東的大兒子。”也是他合該倒霉，一時殷勤，搶上幾步，走攏來説：“不！是二兒子！”我們都没有覺着什麽，他父親聽了，冷不防在臉上“刮！刮！”地兩個耳光。打了之後還氣憤憤地説：“老子説是大兒子就是大兒子，二兒子就是二兒子！就是説錯了，在客人面前，有你説的？”兩個耳光和一番話，做兒子的受不受得了，不得而知；做客人的我們却都如坐針氈，終於不歡而散了。以後，他的地位并没有改變。當我替他問主管官時，主管官説：“這個人没有出息，二三十歲，怕父親還怕得這麽厲害。”竟把答應了的話翻悔了。聽説他父親以後聽見這消息，也頗悔當時他的脾氣發得太大云。

縱然是這樣的父親吧，和自己的兒子有仇，故意虐待兒子，要兒子在别人面前丢面子，也不會的吧？從他聽説兒子不能升官就後悔這一點看來，他至少是希望兒子“發展”的。然而他是個讀死書的迂腐老先生，聖經賢傳，囫圇吞棗得太多了。不是麽？有人問孔子：“其父攘羊，其子證之，可謂直乎？”孔子告訴他這不能算直道，直道是“父爲子隱，子爲父隱”，偷羊之類的大事，尚且要“子爲父隱”，而自己的兒子，連他的父親説錯了一個人的排行的小事，都要當場揭發，多麼離經叛道，膽大妄爲喲！那老人家的勃然大怒，恐怕真是理直氣壯。

常常聽見“誤人子弟”這話，大概真有誤人子弟的吧；但我從我的父親和那同事的父親那裏，悟到天下也有東西誤人父兄，就是作爲古聖先王治國平天下的“至德要道”的孝的説教。

我有一個女兒，現在九歲了。在五六歲的時候，就很喜歡聽故事，差不多天天拉住她的媽媽講。有一回，媽媽不知怎樣一來，講起王祥卧冰來了。講到王祥脱下衣服，用體温去化開水上的凝冰的時候，女兒忽然叫起來：“不要講！不要講！我不聽了！”“爲什麽?”“那多冷哪！”她大概聯想到作女兒的自己，想到媽媽要吃魚的時候，自己也得那樣辦，於是感到那故事的可怕了。她的叫聲，是一個五六歲的小孩子的叫聲，是純乎天機，純乎天理，毫不摻雜人欲或世故於其間的叫聲。生長於媽媽撫愛中，對於媽媽也除了純乎天機的愛，没有别的。但一涉及世俗的孝道範圍，就本能地覺察到了迫害意味。我想不但我的女兒，天下人在他們還衹是幾歲的孩子的時候，在還没有受過孔子曾子的學説的渲染的時候，第一次聽到卧冰埋兒之類的吃人而且荒謬的孝行故事，也一定會天機地，天理地叫起來。但是人不能永久是孩子，他要長大，要受教育，於是“大孝終身慕父母”，“三年無改於父之道”，“身體髮膚受之父母，不敢毁傷”之類的大道理逐漸被灌進腦子裏去。“讀聖賢書，所學何事?”就學的這些吃人的道理，準備被吃或者吃人。父母子女之間，本有天性之恩，也就是不但人，連在旁種動物中也存在着的一種互愛；乃至一種寧願克苦自己，爲父母兒女服務，博取父母或兒女的歡心的自我犧牲精神。孝的學説，就摻雜在這種恩情之中，摻雜在這種犧牲精神中，魚目混珠，使人真僞莫辨，反認爲分所當爲。年紀還輕，還在爲人子女的時候，也許還容易認出那些理論的欺騙，嗅出那裏面的血腥；但總以爲自己年幼無知，不懂其中的深微奥妙；聖賢的榮名，傳統的威力，又在使人眩惑懾服。好在理論歸理論，實踐歸實踐，衹要不必真地照着做，也就馬馬虎虎算了。惟有等到自己做了父母，年紀大了，老了，精力衰了，工作能力減退了，看着看着要從人生的戰場敗退下去了，心情就會大大地改變。孔子曰："及其老也，血氣既衰，戒之在得。"自知將要失去一切，就越想執着一切，越想得到多少得多少；想不勞而獲，想勞少獲多，想損人利己；發展到極端，就是縱然損及自己的兒女亦所不恤。這時候，回想平日所曾飽飫過的孝的學説，恍然大悟："真乃顛撲不破的真理"，是毫不足怪的，因爲於自己太有利了。衹要看没有兒童提倡孝，没有少年提倡孝，甚至没有青年提倡孝；凡提倡孝的都是中年以上的人，這道理就非常容易明白。

然而没有父母不愛兒女，雖然老了，愛心也未必會變。損及兒女的意思如果真有，恐怕也衹是下意識的存在；能有一種正當的指導，也很容易消失。聖君賢相們的一切治術都在維護既存勢力，既得利益。其中之一的孝道，本來是用以治國平天下的，却同時替家庭中的既存勢力造出了理論根據，父母的自私心這纔有恃無恐地發榮滋長，見於面，盎於背，安之若素，毫無愧色。不幸的是親子間的天性之恩，天倫之樂，也就因此而減低，褪色，蒙上虚僞的陰雲，兒女甚至會碰到損傷乃至被迫害的遭遇！所以説，孝道誤人父兄，也許應該説是父母。

一九四五，一〇，二五，重慶

論蓮花化身

《封神》文字拙劣，惟哪吒出世一段最爲精彩，因爲題材太好，也許正是作者的思想的寄托的所在。

哪吒是陳塘關總兵李靖的小兒子，因爲在河裏洗他的兵器——或者説玩具——混天綾，乾坤圈什麽的，驚動了龍宮，龍王的兒子出來干涉，出言不遜，被他把筋抽出來編了一條帶子。李靖看見他致死了龍子龍孫，嚇得屁滚尿流，一定要把他殺死。他哀求，爸爸發怒；他逃，爸爸追；他讓步，爸爸下毒手。“父要子亡，子不敢不亡。”他就抽出刀來，把身上的肉一塊一塊地割下來擲還給爸爸了。後來他的師父太乙真人用蓮花蓮葉替他做了一具身體，讓他的魂魄有所寄托，他纔活轉來——大意如此。

孝道觀念支配了中國人的生活思想幾千年；如果僅僅是兒女的純真的自發行爲，原也未可厚非，但不是這樣。大而言之，是封建帝王的統治工具；小而言之，是愚父愚母的片面要求。根本要義，不外犧牲他人，完成自己的特殊享受。推至其極，可以造成卧冰，埋兒，割股……血腥的慘事，是最戕賊人性，離析家人父子感情的東西。

孝的説教者們振振有詞，津津樂道的孝的理由是什麽呢？簡單得很，無非“身體髮膚，受之父母”，“父兮生我，母兮育我……”之類。不用説，父母養育兒女的艱苦，和對於兒女的愛，是不容抹煞的；但那一方面是自然的法則，一方面是他們做人的責任。不能説是什麽了不起的恩德，更不能因此苛索兒女的報償。人的身體髮膚雖是人的必備條件，但人之所以爲人，却并不專靠身體髮膚。我們説某人是大人，並不指他的身體魁偉；説某人是好人，也不是指他身體的康健或形體的完美。可見人生于世，必有比身體髮膚更重要的東西，而那些東西，却不一定都是父母所能給予的。

孝的説教最不足訓的，不在使兒女孝順父母，而在使父母中了它的毒，對於兒女對於自己的任何侍奉都居之不疑；自己對於兒女的任何苛虐，都毫無内疚。因之在新舊思想交替的時會，常有頑固的父母，濫用家庭的權威，爲舊思想保鏢，阻礙兒女進步，甚至迫害兒女。如傳説中的瞽瞍夫婦之於帝舜。人被逼得上天無路，入地無門的時候，不免想到：父母何以能如此猖狂？不過曾給我以身體髮膚罷了！安得別有一具身體髮膚可以自用；把父母的還給父母，從此還我自由，飄然遠舉？《封神》的作者，創造出“蓮花化身”的故事，恐怕就是深有感於孝道的殘酷的。

傳統思想深中人心，孝道觀念尤爲歷來“聖君賢相”所支持；學士大夫，偶有對於孝道有不敬之處，如孔融、嵇康等人，都因之而罹殺身之禍。無權無勇的文人，乃不能不托之於荒謬的神話，用心亦可謂苦矣！

一九四二，十，二十，重慶

倫理三見

一

似乎錢穆教授講過：慈是老年人的道德，愛是壯年人的道德，孝是青年人的道德。假如這話是對的，則老年人應該盡慈，不必管别的；壯年人應該盡愛，不必管别的；青年人應該盡孝，也不必管别的。夫庖人雖不治庖，俎人不越俎以代之；不在其年，不談其話，此千古不磨之理也。“然而我竊觀今日中國之青年則異是……其所拜蹈歌頌者則曰平等、曰自由、曰獨立、曰奮鬥、曰戀愛、曰權利，此皆壯年人事也。”真難怪負有青年指導之責的錢教授三尸神暴跳，七竅生煙了。然而我以爲豈止青年人不安分守己，壯年人或老年人，正所謂一丘之貉，也都未必是安分守己的。何以見得呢？錢教授講過：青年人都在“拜蹈歌頌”平等自由之類，而錢教授自己并没有那樣，則錢教授不是青年人可知。既然不是青年人，究竟是什麽年人呢？假定是壯年人吧，照錢教授的道理，壯年人的道德是愛，“壯年人事”是“曰平等、曰自由、曰獨立、曰奮鬥、曰戀愛、曰權利”，何以錢教授不盡愛，不“拜蹈歌頌”平等自由……偏要“拜蹈歌頌”孝悌等等青年人事？假定是老年人吧，老年人，分内事是慈，所“拜蹈歌頌”的應該是大慈大悲，阿彌陀佛，幼吾幼，以及人之幼之類，何以錢教授不那樣，偏要“拜蹈歌頌”青年人事？足見老年人或壯年人并不比青年人安分守己些，而且青年人之不安分守己，未必不是因爲老年人或壯年人樹立了榜樣的緣故。

姑且不説孝是否青年人應該遵守的道德，姑且不説孝道的用意何在，作算是青年的道德吧，但講却應該老年人講。講者説也。口裏説或筆下寫："你們青年人應該盡孝，應該盡孝。"講得青年人相信了，老年人的非人不暖，非肉不飽，非帛不衣，不負戴於道路的享受就穩固而久遠。而錢教授也真如此講了。至於青年呢，不但應該講愛，"拜蹈歌頌"平等、自由、獨立、奮鬥、戀愛、權利，使壯年人感到慚愧，不得不起來把天下國家弄得像樣一點；也應該講慈，即口裏説或筆下寫：老年人們呵！開開恩吧，發發慈悲吧，讓我們喘喘氣吧，别再拿你們的那些殺人不見血，吃人肉不吐骨頭的高論來殘害我們了！

二

似乎馮友蘭教授説過：舜是孝子的標準人物，瞽瞍夫婦那樣虐待他，甚至要殺害他，他都不管，衹是一味盡孝。夫瞽瞍夫婦虐待兒子，固然不慈，未盡父母之道，但孝子不必問父母慈不慈，衹應問自己孝不孝，即所謂盡其在我。這道理引申一下：不管皇帝有道没有道，衹問自己忠不忠；不管上官有理没有理，衹問自己服從不服從；不管主人、老闆、田東寬厚不寬厚，衹問自己做工不做工，送租不送租；不管官長吃空不吃空，扣餉不扣餉，衹問自己拼命不拼命；不管丈夫嫖不嫖，遺棄不遺棄，存在不存在，衹問自己貞潔不貞潔；不管鴇母龜頭鞭打不鞭打，轉賣不轉賣，衹問自己會不會接客……道德到了如此程度，就連君君臣臣，父父子子；君使臣以禮，臣事君以忠；君視臣爲××，則臣視君爲××……也一齊滚他娘的，簡簡單單，衹剩下"天王聖明兮，臣罪當誅"了。誰應該遵守這道德呢？奴隸！誰因爲别人遵守這道德而有利呢？奴隸主！誰肯宣揚，願宣揚，配宣揚這種道德呢？奴隸總管——奴才！難道這還不够説明教授們所津津樂道的孝道的本質，還不够畫出教授們自己的尊容麽？

青年們一則年輕，學識經驗都没有我們的教授們豐富；二則在社會上没有地位，不足以影響人。假如他們不懂得盡孝，不懂得安分守己，以及犯了無論什麽錯誤，都可以原諒，應該原諒的，對於整個社會也没有什麽影響。你們，我親愛的教授們，儼爲人師，儼爲人父，儼爲社會的指導者的人們，一舉手，一投足，都爲萬衆所瞻仰，所師法；片言隻語也都關係人民的生死，民族的盛衰，歷史的進退；爲什麽衹向青年説教，衹要青年們盡其在我？爲什麽不向老年人壯年人發言，不請大家都盡其在我？而且爲什麽衹管别人，不問自己？你們大概已經是老年人了吧，老年人，錢教授不是説應講慈麽？那麽，你們也正有你們的分内事好做，就請你不管青年們盡不盡孝、道德不道德、安分不安分，首先盡其在我地慈給我們看看，把你們的孝道觀收回去，做幾件有利於青年的事，説幾句有利於青年的話試試。如果你們是壯年人，就請你們自己首先“拜蹈歌頌”那些平等、自由、獨立、奮鬥、戀愛、權利等試試。衹要你們老年人做得像老年人，壯年人像壯年人。不怕别的老年或壯年人不仿效你們，更不怕青年人不孝，不安分。而且也不必管，原衹要盡其在我就行了的呀！向你們進一個備忘録吧，“以身作則”，“請自隗始”！

三

這回是從别處得來的一點小感想：

從觀音岩到張家花園或棗子嵐埡，都有幾百步坡，汽車不能上下，别的車子也無法效勞，人要在那兒走，就衹好難爲兩隻尊腿。這，在有些人，是件吃虧的事。應運而生，也就有代人爬坡的轎子，即爲了避免一個人空着手上下時的吃虧，却用兩個以上的人抬着負荷上下。術語謂之交通工具云。轎子有兩種，一種是做生意的，以備行人臨時雇用，簡陋得很，不值一提；另一種是私人的，藤躺椅式，上面撑着緑色油布篷，轎竿特别長，竿上綁着布，竿頭包着銅，那銅，亮閃閃地放着銀光。這種轎子裏坐的常常是肥胖的老爺或漂亮的太太。抬的人有時是三個乃至四個，我以爲，假如因爲不得已，那就再用多人抬也没有關係，死人的棺材常常用八個十六個甚至三十二個人抬，猪也常常被人用竹器抬着走。但老爺太太，看樣子，實在比轎夫健康得多，并無不得已之處；縱然有時會走不動，臨時雇用兩個人抬抬，也就够了。可是他們却專備一乘轎子，并且用三個以上的人抬，并且在轎子上玩出種種花樣來擺闊。不必客氣，我憎惡鄙視那些傢伙們。縱然有人以爲我因爲自己没有得坐，纔這樣，我也决不改變。倘遇着上面坐的是十來歲的小少爺，小小姐什麽的，即未來的中國的主人——這也是常常碰到的。我對於這種兒童的父母的憎惡和鄙視的情緒，遠過於看見那兒童的父母們自己坐的時候所有的。對於那些騎在人身上走路的傢伙，向來不存什麽幻想，比如希望他們什麽時候自覺，變得像人樣一點之類。但對於下一代，哪怕是對那些傢伙的兒女，則總希望比現在的人像樣，希望他們不再像他們的父母那樣無知、麻木、偷惰，圖自己一時的“安逸”，把苦痛轉嫁到貧窮的人們的身上。然而他們的父母，却惟恐他們進步，惟恐他們將來會過人的生活，有人的性格，拼命地拉住他們，要他們童而習之，孩而習之，嬰而習之，把人類的殘酷的奇事視爲故常，以便將來和他的父母一樣無知、麻木、偷惰并且同樣拖住兒女，在人類前進的途程上絆手絆脚。我忽然想，如果這些兒童變成了孤兒，一時的生活，自然未免有些問題，從整個一生的生活説，却未必就是不幸。至於全人類，更是毫無損失。假如他們的死真是無關輕重，人類不會因之變得好些的話。

勸人行孝，勸人道德，自然和驕縱兒女，養成兒女的特殊生活習慣不同，但要下一代人像他們自己，則是一樣。老年人如果是可貴的，應該是因爲他們的學識經驗比較豐富，能够向青年人指出較爲平直寬闊的路以簡省青年人的脚力，也就是自己背着因襲的重擔，肩住黑暗的閘門，讓年輕的一代到較爲寬闊光明的地方去。然而我們的老年人，像錢、馮教授之流，却不但一點也不慚愧自己止知道一點點封建時代，君主專制時代的孔、孟、程、朱所説的孝悌忠信的道理的譾陋，一點也不以這種譾陋和不學無術爲不幸，爲可耻，反而自以爲獨得天下之秘，萬物皆備於我，不僅對自己的兒女，同時也對一切青年人，像某種昆蟲對它的捕獲物祝道：“像我！像我！”這樣的老年人，縱然全部喪失了，人類也决不會引爲不幸，假如還不引爲萬幸的話。

一九四五，一，一四，重慶

諸夏有君論

有人在《希望》上發表一文：《迷途之羔羊返矣》，反對錢穆教授所提出之古訓，“事君能致其身”云：“然環顧中國，則無一君，欲致其身，亦無可致。”嗟乎，世有色盲者，有見木不見林者，有知二五而不知一十者，不知中國之有君，或亦不足怪歟？姑就君字之最狹義的解釋，爲文以辟之。

夫君者皇帝也，天子也，此物雖爲憲法所或無，却爲我堂堂民國國民之尊腦所確有。而我優秀國民之優秀代表如錢穆教授諸公，其一心以爲中國有君，則現面盎背，不啻若自其口出焉。錢教授證明過：滿清以前之中國政治皆爲民主政治，準理以推，則民元以來之中國政治皆爲君主政治也無疑，既爲君主政治，當然有君，此其一。馮友蘭教授貞元四書中有篇名爲《應帝王》，即指示我輩如何去爲帝王所用，若中國無帝王，我輩即深研“應帝王”之術，將以應誰？今馮教授居之不疑地教我輩“應帝王”，帝王者君也，是中國之有君也必矣，此其二。又有陳西瀅教授及鄭學稼教授者，十餘年之間，先後指出魯迅先生在某時期曾爲教育部僉事若干年。袁世凱做皇帝時，他在當僉事，曹錕賄選時，他在當僉事，甚至代表無耻的彭允彝當教育部長時，他也在當僉事。此意當可於陳教授大著《閑話》中覓得其原文；而鄭教授大著《魯迅正傳》中，則鋪張揚厲，更蔚大觀。於是兩教授諄誨我等曰：魯迅之二重人格，廉耻道喪，蓋已昭然若揭矣。至於魯迅爲帝制賄選之謀主乎？爲無耻部長之私人乎？曾與袁曹彭輩及其攀附者流同流合污，且爲彼等摇旗呐喊乎？此等瑣屑細故，尊貴之兩教授，何暇片刻縈其心哉！度兩教授之意：教育部并非民國的政府機關，而是曹張彭等人的私産；魯迅并非在民國的政府機關服務，而是在袁曹彭等人駕下爲臣。夫“良禽擇木而栖，良臣擇主而事”，“忠臣不事二主，烈女不配二夫”，該魯迅不但屢易其主，且所擇之主，又如此其爛污，非二重人格而何？非廉耻道喪而何？魯迅既在袁曹彭等人駕下爲臣，袁曹彭等人當然即民國之君矣。此其三。有某主筆深以漢景帝能殺權臣鼂錯爲英明；曾資生教授爲文斥之，謂晁錯非權臣而實智囊。但景帝之英明則因之益顯，因誅權臣易，殺智囊難也。兩公大文都在爲人主設想，弦外之音，尤在諷當世人主誅權臣以安天下或殺智囊以謝天下，當世人主爲誰，雖非我輩貧弱之腦筋所得而知；但在兩公尊腦，必然此中有人，呼之欲出也，此其四。

且錢教授所倡導之孝的本質，吴又陵、魯迅諸人早已言之綦詳，非以爲親，實以爲君也。孝爲“先王”統治天下的“至德要道”，雖“始於事親”，實“終於事君”，“資於事父以事君則敬同”；“事親孝，則忠可移於君”，“其爲人也孝悌，而好犯上者鮮矣；不好犯上，而好作亂者未之有也”，故“在家庭爲孝子”，斯“在名教爲完人”，“求忠臣於孝子之門”，古訓非欺我也。且不有讀孝經而退賊者乎？若孝僅以爲親，則賊亦何所畏焉？且通行之孝經注解，非出自唐玄宗之手筆乎？若孝與君無關，則此風流天子何如此不憚煩而一一注之，又何以不注他書而獨注此一經也？親子本有天性之恩，家庭自饒天倫之樂，至情至性，極其自然，無所用於沽名釣譽欺人自欺的孝道，孝道講得太過，或反爲離間恩誼，戕害性情之蟊賊。大舜號泣於旻天，其失也矯；文王爲世子，其失也僞；郭巨埋兒，其失也狠；曹娥救父，其失也愚；而一切孝行故事，皆非本有，而爲説教者所“創作”。其失也誣。有孝經而無慈經，有人勸孝而無人勸慈，馮友蘭教授勸人子盡其在我，而不勸人父母，其失也偏。凡此矯僞愚誣偏狠戕賊人性之孝道，雖非家庭親子之福，而實爲人君所亟需，因君臣之間，廊廟之際，本非感情恩誼之結合，不能不有賴於繁縟矯飾之儀節；君之於臣，本有壓迫關係，尤需人臣之絶對的自我犧牲精神，以爲維係，而此儀節與精神，非一朝一夕所可養習，必先於家庭親子間多做預備工作，於是孝之説教生焉。是知錢教授所“奮臂疾呼”，“拜蹈歌頌”之孝，實爲忠之别名，忠之演習，事君以前之忠，决非無君之世所須。而錢教授之所以如是苦口婆心，聲嘶力竭，以訓誨青年人者，亦正以今日非無君之世也。

孔子曰：“夷狄之有君，不如諸夏之無也。”諸夏無君，尚且優越於彼夷狄遠甚，況有君乎？幸而生爲有君之諸夏之臣民與子民的我輩，雖欲不飄飄然以自得，自喜，自豪也，豈不戛戛乎難哉！

一九四五，一，一五，渝學田灣

頌中國古代的選舉

去年從報上看見羅斯福總統競選的記載，想寫點感想而未果，近來看《威爾遜總統傳》影片裏面也有競選的場景，覺得如果競選情形真像那樣，倒蠻熱烈而且緊張的；聽說英國正在大選，法國將要大選，不知情况如何？

我想：外國人真有點傻勁兒，選舉就選舉好了，何必那樣勞民傷財呢？傷財且不說，反正他們有的是錢；可是用那麽多人參加運動，要那麽多人聽講，還要每個人都寫一張票，甚至叫不識字的人當場出醜，而且不怕他們聚積在一塊兒了有越軌的行動麽？總之，於人於己，都麻煩極了。

中國之有選舉，早在各國之前，而手續則簡便得多，據《論語》所載：

> 舜有天下，選於衆，舉皋陶……湯有天下，選於衆，舉伊尹……

衹要皇帝老子一個人動手，老百姓就是躺在家裏睡覺也毫無關係。何等省事？老話説“多一事不如少一事”，“大事化小，小事化無”，“民可使由之，不可使知之”，我們古代的選舉，就合乎這原則。

錢穆教授説，中國歷來政治就是民主，宰相是代表人民的。但他還不知道皇帝老子也代表人民；比如説，代表人民選舉。那麽，民主政治爲中國從古所有，又多一例证了。

一九四五，六，六，重慶

禮貌篇

魯迅先生曾提及韋素園們對於他尊敬是很尊敬，却似乎總有點什麽隔膜。後來領悟到他比他們的年紀大，他們把他當作前輩，不好在他們面前隨便。於是他自恨不能化爲青年，和他們打成一片。

朋友雲彬，近來寫了幾篇文章，有感於少年或青年們對於他們的長輩太不禮貌，由是而想到古代對於少年的“應對進退”的教育之切合實際，“毋不敬”的“曲禮曰”，也是頗應深思的名言。爲什麽想到這樣的問題呢？恐怕是作爲青年或少年們的前輩的中年人，我的朋友雲彬先生曾經身受過，至少是目擊過青年或少年們對於他或他的朋友的不禮貌吧？

不是把我們自己或自己的朋友故意和魯迅先生在一塊兒提出，以抬高身份，雲彬的《從禮貌説起》，確實使我想到《憶韋素園君》。瞧！因爲青年們太尊敬恨不能化爲青年的是魯迅先生；覺得少年或青年不禮貌，而恨不能回到“應對進退”和“曲禮曰”的古代去的是我們！兩者的差别不小。少年或青年應尊敬前輩，恐怕也真有幾分道理。對於魯迅先生，我們是後輩，他是前輩；别的不説，對於後輩的心情這一點，我們的前輩魯迅先生就比我們强遠了！

雲彬是有點喜歡陶淵明的。陶淵明説過：“好讀書不求甚解。”對雲彬的《從禮貌説起》之類，最好也不求甚解，恐怕就多少有些問題。

禮貌是怎樣産生的呢？爲什麽産生的呢？在什麽社會産生的呢？關於這些，不知有什麽書（比如《吴虞文録》之類）較詳地分析過没有。依我的八股的想法：在階級社會，壓迫階級掠奪被壓迫階級的辛勤的成果，是不會有什禮貌的；被壓迫階級獻出那成果時，違反着自己的本心，恐難免有不平之聲，不豫之色，即也未必有什麽禮貌。但壓迫階級不但要被壓迫階級獻出成果，還要他們心甘情願地獻出，至少要他們作心甘情願狀，不能有不平之聲，不豫之色，也就是要有禮貌！這要求，自然要以刀鋸鼎鑊爲後盾，否則，禮貌這東西還是很難産生的。舉一個不很恰切的例：滿清入關，下令薙髮，有“留髮不留頭，留頭不留髮”的説法。明知漢人未必真心歸順，但至少要作歸順狀——薙髮，否則，看刀！禮貌的最初怕也難免如此！因此，禮貌的本質是下層和上層接觸時所必須遵守的條件。上層對下層則不大用得着。老話説“禮不下庶人”，“禮”，想是指禮的原理而言。“民可使由之，不可使知之”；那實在是不能“下庶人”的。林放問禮之本，子曰：“大哉問！”稱贊了一句，却什麽也没有回答，足見天機不可泄露。其次也該是指繁文縟節，繁文縟節是壓迫階級内部表演給被壓迫階級看，使被壓階級看見他們自己之間尚且那麽有禮貌，别人對他們，不敢不禮貌。但繁文縟節究竟太繁縟，“庶人”反正學不會，記不住，所以不必“下”。“庶人”，本來衹要有禮貌就够了——善哉，禮貌兩字，真有微言大義寓乎其中：即作禮狀而不問内容也。

《曲禮》我也偶然翻過，覺得它和論語《鄉黨》篇，《顔氏家訓》，美國馬騰的《處世哲學》(?)，中國任畢明的《社會大學》等等，都是教人怎麽適應社會，甚至迎合社會的。人自然不應在任何情況之下，都和社會環境不調協；但也不應在任何情況之下都與社會相適應。適應與否，不是最重要的事情，最重要的是理解社會而且改造它。人是社會動物，不能不和自己以外的人有所往還；在往還中，不能完全像小孩子般地天真爛漫，自由自便，也就是雲彬所説的“任何時代，任何社會”都應有禮貌。但爲什麽而講禮貌與在何種時代與社會的禮貌，則應該有所分别。革命者中間，也講究待人接物，還有一本《論待人接物》的書。因爲它是爲改造社會而寫的，與適應社會的“曲禮”之類，也不是一回事；而因時代與社會的不同，裏面所説的禮貌與“曲禮”之類，不是一回事；一個讀者寫信給雲彬，説他是他所敬仰的前輩文化戰士，那麽，雲彬所指的禮貌是爲改革而講的禮貌吧，那麽，要舉以證明禮貌的重要的書，應該是《論待人接物》而不是《曲禮》。

把禮貌問題專針對少年或青年而説，則青年或少年應對他們的前輩有禮貌，是不錯的。但似乎不應專指年齡；如果專指年齡，就無異説青年少年們對於漢奸戰犯們也應禮貌，我想，青年少年們不一定有這一種義務。因此，問題的焦點，是青年和少年對於他們所尊敬的前輩應該有禮貌；也是允許對他們所不尊敬的前輩，有權利没有禮貌。否則，青年少年們都會叫起來："請把我算作中年以上吧，我不願做什麽鳥青年少年了!"或者："我的青少階級呵，趕快滚他媽的吧，讓我能早一點對於某些人不禮貌!"假如青年少年們有權利對他所不敬的人没有禮貌；當發現他們對於某些前輩不禮貌的時候，就不應片面地指摘青年少年的不禮貌，同時也該問問：那些所謂前輩先生是不是真應該禮貌。我不想把問題牽扯到雲彬在某篇文章裹所舉出過的某校師生問題上去，假如非牽涉不可，那就從雲彬的文章看，學生固然有理解錯誤和舉措失當處；老師也未必全部都令人心悦誠服。若説老師雖然不對，總是前輩，對前輩總應該禮貌。那麽我可不可以説：學生雖然過火，他們總是青年，青年的言行，是難免幼稚的；不然，他們還要老師幹嗎？我不是説青年少年們應該或不妨對前輩不禮貌；但與其由作爲前輩的我們要求他們禮貌，不如由他們自覺自動地禮貌；不但禮貌——這兩個字，不知爲什麽，我看起來總覺得不大熨帖！——而且還應該由衷地敬愛，假如真有值得他們敬愛之處的話。至於前輩們自己，倒是應該反省，要努力做得使人敬愛，使人要不敬而不可得，那時候，我們自然會覺得青年少年們都可驚地彬彬有禮。不用説，前輩們的可敬愛之處，未必都爲青年少年們所能理解；也有些事是實際上可敬愛而表面上未必也一樣的。努力了，反省了，青年少年們仍不敬愛，應該原諒他們年輕，到了他們自己成爲别人的前輩的時候自會明白，像朱自清明白他的父親（宋文引例）一樣。如果不原諒他們，倒覺得自己已經很值得敬愛，怪青年少年們竟不敬愛；甚至有多少值不得敬愛之處，倒覺得青年少年不肯原諒；老實説，單是這一點，就不怎麽值得敬愛！魯迅先生在《我們現在怎樣做父親》裹説："背着因襲的重擔，肩着黑暗的閘門，放他們（兒女們）到寬闊光明的地方去!"

如果我要借這些話來説怎樣做前輩，就會添上一句，成爲這樣：

背着因襲的重擔，忍受青年少年們的不禮貌，掮住黑暗的閘門，讓青年少年們到寬闊光明的地方去！

忍受不禮貌這話，對於我的朋友雲彬的《從禮貌説起》的場合，加得切要，我以爲。

一九四九，二，二七，香港

我若爲王

在電影刊物上看見一個影片的名字:《我若爲王》。從這影片的名字,我想到和影片毫無關係的另外的事。我想,自己如果做了王,這世界會成爲一種怎樣的光景呢?這自然是一種完全可笑的幻想,我根本不想做王,也根本看不起王,王是什麼東西呢?難道我腦中還有如此封建的殘物麼?而且真想做王的人,他將用他的手去打天下,决不會放在口裏説的。但是假定又假定,我若爲王,這世界會成爲一種怎樣的光景?

我若爲王,自然我的妻就是王后了。我的妻的德性,我不懷疑,爲王后衹會有餘的。但縱然没有任何德性,縱然不過是個娼妓,那時候,她也仍舊是王后。一個王后是如何地尊貴呀,會如何地被人們像捧着天上的星星一樣捧來捧去呀,假如我能够想象,那一定是一件有趣的事情。

我若爲王,我的兒子,假如我有兒子,就是太子或王子。我并不以爲我的兒子會是一無所知,一無所能的白痴:但縱然是一無所知一無所能的白痴,也仍舊是太子或王子。一個太子或王子是如何地尊貴呀,會如何地被人們像捧天上的星星一樣地捧來捧去呀。假如我能够想象,倒是件不是没有趣味的事。

我若爲王,我的女兒就是公主,我的親眷都是皇親國戚。無論他們怎樣醜陋,怎樣頑劣,怎樣……也會被人們像捧天上的星星一樣地捧來捧去,因爲他們是貴人。

我若爲王,我的姓名就會改作“萬歲”,我的每一句話都成爲“聖旨”。我的意欲,我的貪念,乃至每一個幻想,都可竭盡全體臣民的力量去實現,即使是無法實現的。我將没有任何過失,因爲没有人敢説它是過失;我將没有任何罪行,因爲没有人敢説它是罪行。没有人敢呵斥我,指摘我,除非把我從王位上趕下來。但是趕下來,就是我不爲王了。我將看見所有的人們在我面前低頭、鞠躬、匍匐，連同我的尊長、我的師友和從前曾在我面前昂頭闊步耀武揚威的人們。我將看不見一個人的臉，所看見的衹是他們的頭頂或帽盔。或者所能够看見的臉都是諂媚的、乞求的，快樂的時候不敢笑，不快樂的時候不敢不笑，悲戚的時候不敢哭，不悲戚的時候不敢不哭的臉。我將聽不見人們的真正的聲音，所能聽見的都是低微的、柔婉的、畏葸和嬌痴的，唱小旦的聲音："萬歲，萬歲！萬萬歲！"這是他們的全部語言："有道明君！偉大的主上啊！"這就是那語言的全部内容。没有在我之上的人了，没有和我同等的人了，我甚至會感到單調、寂寞和孤獨。

爲什麽人們要這樣呢？爲什麽要捧我的妻，捧我的兒女和親眷呢？因爲我是王，是他們的主子，我將恍然大悟：我生活在這些奴才們中間，連我所敬畏的尊長和師友也無一不是奴才，而我自己也不過是一個奴才的首領。

我是民國國民，民國國民的思想和生活習慣使我深深地憎惡一切奴才或奴才相，連同敬畏的尊長和師友們。請科學家們不要見笑，我以爲世界之所以還大有待於改進者，全因爲有這些奴才的緣故。生活在奴才們中間，做奴才們的首領，我將引爲生平的最大的耻辱，最大的悲哀。我將變成一個暴君，或者反而正是明君。我將把我的臣民一齊殺死，連同尊長和師友，不准一個奴種留在人間。我將没有一個臣民，我將不再是奴才們的君主。

我若爲王，將終于不能爲王，却也真的爲古今中外最大的王了。"萬歲，萬歲，萬萬歲！"我將和全世界的真的人們一同三呼。

闊人禮贊

有這樣一種人，自以爲天生下來就是統治這世界的，享受别人的辛勤的成果的。自以爲自己坐着比别人站着都高出一個頭。他看他左右的人如人之看狗，看一般人如站在阿爾卑斯山看地上的螞蟻群。他看不慣别人直着腰站在他面前，聽不慣别人説一句没有阿諛意味的話。他没有一個朋友，更没有父兄或師長之類，如果有那些人，也必須如劉邦的爸爸擁着笤帚跪在門口接劉邦一樣地對待他。他自然不屑看一個人，也不屑跟一個人講話。假如什麽時候，你以爲他在垂青你，那一定是他在望站在你前面的什麽人；而真跟你講話的時候，你反而以爲他跟站在後面的誰講話。而且他似乎真不會講話，倒衹會用鼻子哼哼的。“這樣辦好不好呢？”“哼哼！”“那件事應該怎樣辦呢？“哼哼！”他没有意見，如其有，那就是：“你是什麽東西？”即那哼哼所表示的。萬一他講起話來，那就世界上衹能有他一個人的聲音。極低聲的微語，也能壓倒一切的喧嘩，别人如果也可以發聲，恐怕衹是“是是”和鼓掌而已。

假如有人在和他們做朋友，那是一件不幸的事。人們以爲你總會在巴結他，他决不會巴結你，總會以爲你甘願做他的走狗什麽的，决不會以爲他會做你的。你偶然有幾個錢用或是找到了一碗飯吃，别人會馬上想到是你的闊朋友的賞賜和提拔；他無論怎樣揮霍，無論升到怎樣高的官，决不會有人誤會是出於你的力量。縱然也有時會給你幾個錢，而你又肯要，那算什麽呢？在他不是九牛一毛，太倉一粟麽？别人看見了，一定説，他真慷慨啊，真疏財仗義啊，真肯接濟朋友啊！連他，甚至連你自己，都以爲你應該含着眼泪感激他，以後還要粉身碎骨，結草銜環來報答他。至於你，無論對他盡過什麽力，用了多少心計，絞過多少腦汁，别人、他、你自己，都以爲這是應該，都不會以爲你的心血是什麽尊貴的東西。他可以拍你的肩，親昵地說："朋友啊!"你就有感覺得飄飄然的義務；你却無論什麼時候，不能在他身上任何地方動一下，甚至於是替他拂掉背後的灰塵。他可以說：某人，替我到某處去做一件什麼事；可是即使順便，你也不能請他替你丢一封信到郵筒裏。在人面前，你和他站在一塊兒或者一同趕路，縱然你有衣敝緼袍與衣狐貉者立，毫不自慚形穢的素養；可是你怎能擔保他呢？他也許正在嫌你這位叫化子似的傢伙損了他的尊嚴。

他的圓圓的面孔上有一層紅潤的寶光，那寶光使他顯得高貴而且漂亮。那是營養好，生活舒適，不大操心人的標志，也是闊人的標志。有人說："勞心者治人，勞力者治於人。"那是不確的。治人者或者多半有那種寶光，但勞心者却沒有。祇有不勞心自然也不勞力的治人者，纔那麼容光煥發。一天天地發胖，一天天地體量增加，使他自以爲是越過越强健了。有時候，露出滚圓的膀子給清客們看："我的體格怎樣?"必然全聽到别人重複一道"夫健全之精神，必寓於健全之身體；非常之事業，恒賴於非常之體魄"之類的高論。

他走路的時候，一定是挺起胸，抬起頭，揚起眼睛，膀子向兩邊分得很開，大摇大擺，氣焰萬丈。即使是他獨自一人，沒有人在前面替他鳴鑼開道，他的面前無論有多少人，無論那些人正在做什麼，即使沒有一個人知道他是何許人也，也自自然然會閃出一條巷子讓他走過去。像長坂坡的曹兵看見懷裏綳着阿斗太子，一手持槍，一手仗劍，騎在馬上，猶如生龍活虎的常山趙子龍來了一樣。他不會用兩隻脚走路。而是用許多脚："某人來了!"聽到這話的時候，如果你不看，你會以爲他是一條蜈蚣，因爲至少有幾十雙皮鞋同時在響。如果你看，又會以爲他是笤帚星，因爲他拖着幾丈長的越遠越大的尾巴——他的跟班們。而精神上他也決不止是一個人，比如說，坐席自然獨霸一方；坐火車，極落魄的時候也要翹起腿來占住兩三個人的位子，如果不是一整個車廂，兩頭還用人把住門，使得查票員不敢打那裏經過。看戲，就得一個包厢，甚至一個院子，假如不是一條街。辦公，更不用說，誰也不能估計究竟該有多少機關纔能使他儘量發揮他的天才。順理成章，他的公館足足可以駐紮一個集團軍，縱然那裏面没有一個吃空額的軍官。他每頓可以吞下够一萬個人吃而有餘的大菜。他的太太或者説王后王妃，誰也不容易知道確數，而隨便“來往”一下的“夫人”“小姐”當然不在其内。死了更要造一座比房子更大的墳和足以開幾個銀行的殉葬品，遺憾的是不能把地球裝進棺材裏去。

越接近死的人，越想在地球上站牢——總在爲自己霸住這地球打算；越是作惡多端的人越是關心自己的名譽——總在爲自己生前身後的名譽打算。他們把自己的相片印出許許多多，借着某種力量，散布到全國乃至全世界。他們雇用會寫字的窮人替他們在新建築物上，名勝古迹的地方，乃至商店的招牌上，寫上許多字，却落他們的款。那些字常常是刻在石頭上的，可以流傳到很久，以便多少年之後，真實情形日漸湮没，後人會驚服那時代的偉大人物同時還是出類拔萃的書法家。此外還請許多文人替他們著書立説，印成許多《×××言論集》，《×××著作集》，《×××全集》，裏面包括對於文化，歷史，科學，哲學，藝術，社會，政治，軍事各種各樣的可貴的意見。使人一見就會嘆服他是天生的聖哲。至於那些替他寫字著書的人呢？縱然當時能多少得到一點什麽好處，時間一過，他們的姓字就與草木同腐了。

幾乎每一個闊人家裏都有萬民傘，上面寫着“愛民如子”之類的詞句。到處都有官老爺們的德政碑，有的甚至有他的生祠。衹要翻翻他們的家譜、墓志，他們每個人都是天下第一，古今無雙的民之父母。可是這樣好的民之父母，却在故鄉乃至官地置下了阡陌連綿的田莊，建起了雕梁畫柱的府第，娶進了許多千嬌百媚如花似玉的如夫人，生出了一支支軍隊一樣浩蕩的公子和小姐。好像這些真是天相善人，特别從天上掉下來給他們的，與他們的子民毫無關係。他們的公子們叨他們的光，分據着朝内外的要津。小姐們也都無端嫁得金龜婿，間接與聞着朝政，這時候有不知趣的人出來説：“某公某公并非真是那麽好的呵!”他們的公子們會饒你麽？那些小姐會讓她們的乘龍快婿饒你麽？俗語説：“君子之澤，五世而斬。”五代以後，誰都對於一兩百年前的事模模糊糊，門生故舊們修的國史，記的野乘，以及國史野乘所取給的資材，萬民傘，德政碑，祠堂記，墓志銘之類一齊都變成信史。

這世界就是這種闊人的世界；過去是他們的列祖列宗的，將來自然是他的龍子龍孫的。這是幾千年封建制度的成果，世界上一天有這種闊人，就一天没有民主。

一九四五，一〇，一〇，渝，三十六計樓

輩份・壽命・體格

一

小時候，有一件事情覺得很怪奇：我們那小城裏，有些年紀和我差不多，甚至比我還小的孩子，却是我的前輩，有的甚至前幾輩。本族是個小姓，家裏世代的人口都不多，以我爲例，就没有兄弟姊妹和堂兄弟姊妹。因此親戚也很少。那些前輩究竟和我沾什麽親帶什麽故呢？有的簡直找也找不出。另外一件使我莫名其妙的，就是那些前輩，縱然這時候跟我的家道差不多，追究起來，大概他們的祖先總有人做過官，至少也曾發過財，他們都是旺族，大房二房以至十幾房，分門别户，布滿東街西街，城内城外。何以他們家裏闊過就是前輩呢？何以他們人多就是前輩呢？我不懂。

最近，我想出一點道理來了。

普通，二十歲到四十歲，是生殖力旺盛的年齡，人大概都在這年齡裏面生男育女。如果都這樣，年齡相近的人，輩份就不會相差太遠。但一有了做官的或者發財的富貴人家，情形就不能不改變了。過去，其實現在也有，我們都知道，作興討姨太太。富貴人家有三妻四妾的是常事。西門慶不就有六個“房下”麽？妻妾多，當然兒女多，所以他們是旺族。娶妻大概在“弱冠”左右，續弦和納妾的年齡却没有一定。納妾是富貴人家的事，如果靠自己的力量，富貴的獲得，往往是中年以後，而最後的納妾又説不定是暮年了。於是，正妻生的大、二、三公子，是在普通生育年齡生的，他們自己和自己的兒女都不容易成爲前輩，正和戚友間的一般的輩份相等。八、九、十公子以下，大概都是如夫人們的尊出，是那位“令尊大人”晚年的收穫，以特殊地位在特殊年齡生的，出世的時候，他的大哥説不定都有孫子了。“君子之澤，五世而斬”，第一代富貴了，第二，三代説不定還在富貴，也就還是三妻四妾，兒女們的長幼相差，仍如前代一樣。那麽，最長的兒女的最長的兒女，跟最幼的兒女的最幼的兒女之間，年紀簡直可以差一個世紀。一個世紀，通常可以傳三四代人，大房的第三四代孫子，就剛剛和幺房的少爺們年齡相近。自己家的輩份既然這樣相差，和外面親戚朋友們的輩份相比，自然也同樣相差了。這都是富貴旺族多是前輩的緣故。

用人稱家主，低賤的人稱有身份的人爲老爺、太太；下一輩的則爲爺、奶奶。比如《紅樓夢》，寶玉一輩稱爺，配偶稱奶奶；賈政一輩稱老爺，配偶稱太太。現在，北方多稱祖父爲爺，祖母爲奶奶。老爺、太太，以此類推，想是曾祖父母的意思。其初我也懷疑，爲什麽這種稱呼，要從親屬衍出？爲什麽不闊的人都是晚輩呢？現在我也不懷疑了。從親屬衍出者，最初本無闊不闊之分，甚至還真是一家人，真是沾親。乃至一個闊了，一個不闊，不闊的不敢和闊的直接稱兄道弟，又没有别的什麽可以稱呼；不得已就用自己的兒女的口吻，稱之爲伯叔。記得王景隆和蘇三的故事裏，家人稱呼王景隆爲叔；這種風氣，現在還有。第一代不闊的人對於闊了的人稱伯叔，第二代不闊的人不敢和他的父輩用同樣稱呼，又隨自己的下輩稱闊人爲爺；第三代，自然就稱老爺。這中間也許還有一個演化過程，起初衹稱伯叔已可；後來闊人愈闊，架子愈大；不闊人愈不闊，身份愈低；同時闊人又自有其嫡系親屬，稱他爲伯叔，那些稱他爲伯叔的親屬，因爲是闊人的親屬，也擺出相當的架子，使不闊的人對他們也不敢稱兄道弟，不能不稱爲伯叔；對他們既稱伯叔，對被他們稱伯叔的闊人自己順理成章，就成爲爺乃至老爺了。及至末世，不但闊人的親屬被稱爲伯，叔，乃至爺；連闊人的聽差也被稱爲伯叔和爺，《金瓶梅》上的玳安之流還衹被稱爲叔；清朝的知縣老爺的聽差，就已被稱爲大爺，聽差聽説還有聽差，則被稱爲二爺，三爺。闊人的聽差或聽差的聽差都被稱爲爺，不闊的人，與闊人毫無關係的人——即老百姓

——的輩分之低，可以算達到極點了！輩份低，也就象徵着地位低，難怪有“天高皇帝遠”的俗語。大概是物極必反吧，清朝的那些老爺，大二三爺，大致上，都隨着他們的“大清江山歸一統”，一齊完蛋了！縱有殘存的，也將被時代的洪流衝洗乾净的吧？

二

故鄉有一句俗話：“好人命不長，禍害一千年。”我覺得很有意思，雖然所謂“好人”，“禍害”，含義不免有些籠統。首先，這話自然是一種心理作用。好人，比如偉大的思想家、革命家，科學家、藝術家，凡是用智慧、人格，燭照人群，啓迪人群，領導人群，用自己的戰鬥，從今天的不幸，走到明天的幸福，或者從今天的幸福走到明天的更幸福的人們，我們總希望他永久活下去，甚至以爲他可以永久活下去。可是常常迅雷不及掩耳地聽説他死了！於是我們痛恨自然規律的殘酷，茫然於回生的無計，而覺得他死得太快了；雖然他們活的年紀未必真的太少。至於禍害，認賊作父、爲虎作倀、出賣祖國、自殘同胞的漢奸以及歷史上許多暴君讒臣、大奸大慝、各種各樣的人類的魔鬼、民族的蠹蟲、人民血肉的饕餮者、文化和文明的劊子手，人民無時無刻不在望他們死去，或者用種種方法使他們死去。可是他們却儘着不死，好像吃過長生不老的藥，好像他們的名字被閻王忘記了。“時日曷喪，予及女偕亡”，他們等得多麽不耐煩呵！縱然是一天也可以被認爲一千年的。

除了表示對於兩種人的死的心理作用以外，“好人命不長，禍害一千年”這話，也透露了今日以前的社會——自然是中國社會——的幾分真實消息。孔子曰：“君子食無求飽，居無求安。”又曰：“士志於道，而耻惡衣惡食者……”志道的君子之所以必須如此，實由於志道之後，即立志做好人之後，就不容易得到美衣美食，社會對於好人是并不怎麽慷慨大度的。生活上的物質條件太差，究竟不是養生之道，所以“伯夷叔齊，古之賢人”，就“餓死於首陽之下”；而“賢哉回也”，也在“一簞食，一瓢飲，在陋巷”的情況下“不幸短命死矣”。要社會有好人，要好人命長，一定要社會先有培植好人的土壤，適於好人生存的空氣、陽光、水分等物質的和非物質的條件。《文選》上有這樣的話：“木秀於林，風必摧之；堆出於岸，流必湍之；行高於人，衆必非之。”魯迅也説：“精神界之偉人，非遂即人群之驕子；流落坎坷，終以殀亡。”證以“三閭大夫”的“寧赴湘流，葬於江魚之腹中”，和“苦绛珠”的“魂歸離恨天”，事實也確是如此。這社會是怎樣地不適於好人的生存呵！

好人命不長，另一方面一定是禍害一千年。禍害們既非君子，又不志於道，决不是精神界之偉人，却非常容易成爲人群之驕子。於是安居飽食，錦衣玉食，養得腸肥腦滿，方面大耳，用狼槌都打不死。而且“千金之子，坐不垂堂”，到外面走一下，還要樹旗旄，羅弓矢，武夫前呵，從者塞途，很難遇到意外。病了有錢吃藥，有錢請好醫生，更自不在話下。雖然并非真地能夠活一千年。

好人多活一天，我們可能多得一點由他的努力所給與的福利；禍害少活一天，就可早一天脱離由他的暴行所造成的灾殃。好人或禍害的生與死，短命與長命，其實并非完全指他們個人生命的存亡以及食息於人間的歲月：他們的行爲思想實際禍福人群與否以及禍福的時間的短長，反更重要。禍害雖死，他所遺留下來的禍害集團還在，還可以繼續作惡，就無異他本人并没有死。真正忠於民族國家而有才能智慧的人，如果没有表現發揮的機會，社會没有因之而受若何影響，活着也衹是個體的存在，在某種意義上，也就等於死了或者生命中斷，正和被消滅了戰鬥力或無法戰鬥了的戰士一樣。

其實好人命不長，固然是因爲好人受社會迫害，同時也就是因爲好人没有取得長命的前提。禍害一千年固然是因爲禍害操持着社會，同時也就是因爲禍害没有受到致命的打擊。要好人長命，禍害早死，除了加强好人的力量，削弱禍害的力量，掉轉兩者在社會所處的地位，没有另外的法子。老話説：“君子道消，小人道長。”又説：“道高一尺，魔高一丈。”但反過來説，也就是君子道長，小人道消；道高一丈，可能魔高一尺，一寸，乃至於無。社會的演進，就人性一端而言，就是君子與小人，道與魔，或者說好人與禍害兩種力量的對比。此長則彼消，此存則彼亡。社會是進步的，我們相信一定會由“好人命不長，禍害一千年”，進而爲“禍害命不長，好人一千年”而終於没有兩者的對立。

三

> 唉！在這世界上，胖子實在比瘦子會辦事。瘦子們的做官大抵衹靠着特别的囑咐，或者不過充充數，跑跑腿……但胖子們是不來占要路的旁邊之處的，他們總是抓住緊要的地位……他們的錢櫃子是滿滿的……看吧——忽然在市邊的什麽地方造起一所房子來了，是太太出面的，接着又在别的市邊造第二所，後來就在近市之處買一塊小田地，於是連帶一切附屬東西的大村莊。凡胖子，總是在給上帝和皇上出力，博得一切尊敬之後，就退職下野，化爲體面的俄羅斯地主，弄一所好房子，平安地、幸福地，而且愉快地過活的……

以上《死魂靈》上的一段話，是描畫十九世紀初期的俄國的；但我們看了，却覺得非常熟悉，竟像寫的是二十世紀中葉的咱們貴國。當然，恐怕也很像咱們今日以前的若干世紀。在咱們這國度，凡是達官貴人，總是“天庭飽滿，地閣方圓”，方面大耳，腦滿腸肥。窮苦的小百姓則總是獐頭鼠目，鳩形鵠面，有如用繩子捆着招摇過市的“壯”丁：在春風駘宕的時候，衹要在那頸子上再安一根綫，就可以當作風箏放到天空去。這情形，反映在相術上，前者謂之官相福相，後者謂之窮相賤相，而諺語也有“十個胖子九個富……十個瘦子九個貧……”之類的話。反映在戲劇上，凡是大人物出臺，尤其是將軍們，則伶人的肩膀腹臀等處定要綁些棉花，面相不是威風凛凛，殺氣騰騰，就是堂堂一表，美須飄然。

至於小百姓，永遠是小醜，彎腰駝背，歪眉斜臉，白鼻子紅眼睛！小時候，常有些天真的想法，以爲人之所以或官或民，或貧或富，一定由於學問大小，本事高低，品德好壞……及至涉世稍深，纔知大謬不然！貧富貴賤，分判的道理很多，其中之一，照果戈理的説法，竟是因爲胖瘦！

但果戈理以爲因爲胖所以闊；瘦所以不行——這却和我的意見恰恰相反。我倒以爲是因爲闊，所以胖；不闊，所以瘦的。不知怎麽一來，我有了許多同學、同事、同鄉、親戚、學生什麽的；又不知怎麽一來，他們竟有許多都闊起來了。到現在爲止，“部長”雖還衹有一個（另外一個姓林的，前幾天槍斃了），“中委”之類，却要以打計算。這没有什麽，值得一提的，就是在他們闊了的今天爲止，我還有時能榮幸地看見他們。這也没有什麽，所以提到的，是他們幾乎没有例外地都發胖了，而當他們未闊時，却衹和我差不多。這還没有什麽，有一件必須同時提到的事：同學、同事、同鄉、親戚、學生中間的還未闊起來的，幾乎没有例外地依然故他，都没有發胖。有道是：人在三四十歲之間，很容易發胖，那些發胖了的闊人，確正是這等年紀。但問題還没有解決：那些未發胖的非闊人，也正是這等年紀！

真是，人不可以不用腦筋，若用用，則何處没有學問，何處不能發現古聖先賢的微言奧義？孔子曰：“富潤屋，德潤身，心廣體胖。”“富潤屋”好懂，有了錢，當然要把住處弄講究一點。“德潤身”，據注釋家云：“德者得也。”“足乎已無待於外之謂德。”也就是“萬物皆備於我”。這自然是指的一種精神現象吧！但同時也是指聖賢之類而言。至於官老爺們呢，儘管滿口“唯心”唯什麽的，但在“德”高望重這一點，永遠是“唯物”的。瞧，“給上帝和皇上出力，博得一切尊敬”，“錢櫃子是滿滿的”，這兒那兒“房子”、“小田地”、“大樹莊”……這還不是有所“得”麽？這還不是“足乎已無待於外”麽？人到了這境界，當然要講究吃喝穿戴，衛生滋補什麽的了。“心廣”，就是心裏没有事，常遵醫生囑咐：“您休息休息吧！您别操心吧！”也就是寬心大放。當然，口袋裏麥克麥克，靠山又穩，擁護的又多，還有什麽不放心的呢？住得好，穿得好，吃得好，補得好，風不吹，雨不淋，日不曬，夜不露，心不操，力不出，事不想，又正當三四十歲容易發胖的時候，你叫他們怎不發胖呢？於是“體胖”！

但果戈理也没有錯。我説的是暴發户蜂起的今天的中國，他説的是貴族地主政權穩定了的俄國。在那樣的俄國，凡是胖子，定是貴族地主，當然容易爲“上帝和皇上”所信任，當然“實在”、“會辦事”，胖當然容易闊了。

然而世界和中國都在局部地演變中，有些缺“德”地方的缺“德”的人們，胖瘦和闊不闊的情形頗有與上述不同的。這没有什麼稀奇：人，如果能够連結胖與闊的繫帶，造成胖與瘦的隔膜；另外的人一定能把它們扯斷，撤除！

一九四四，四，四，重慶

古時候的公務員

偶然在朋友的案上看見《左傳》，拿起來一翻，是晏嬰和羊舌肸的談話，不覺有些感觸，恰巧是一種附有語譯的本子，就把那對話抄下了：

叔向（羊舌肸）道："齊國的情形怎樣？"

晏子道："此刻已是末世了。我不知道旁的，衹知道齊國將來一定要變成陳家的，公家拋棄自己的人民，把他們送給陳家。齊國從前的量器共分四等：豆、區、釜、鐘；四升一豆，四豆一區，四區一釜，十釜一鐘；陳家的器量衹分三等，都比舊的加上一成，鐘就大了。他用私家的量器借糧食出去，用公家的量器收回來。山上的樹木到市上去賣，價錢跟山上的一樣。魚、蝦、蜃、蛤的價錢跟海邊的一樣。倘把民力分成三份，倒有兩份是歸公家的，自己的衣食，衹靠剩下的一份。公家倉庫的東西爛的爛，蛀的蛀，人民中的三老却凍餓着；全國的市上，鞋子賤，斬過脚用的撑棒反而貴。人民痛苦到這樣程度，有人慰問他一下，怎叫他們不愛之如父母，歸之如流水呢？……"

叔向道："是的，就是我們公家（晉）現在也是末世了，兵馬不能徵伐，諸卿不到軍隊裏去，公家的車馬無人照料，軍隊無人統率。人民窮困，住在宮裏的貴人們却越加奢侈。路上有的是餓死的人，而婦女的裝飾，更加過分。人民聽見公家的命令來了，就趕快逃避，像聽見仇敵來了一樣。……"

晏子問道："你打算怎樣辦呢？"

叔向道："晉國的公族已經快完了。……我的同宗共有十一族，現在衹剩下羊舌一家。我没有好兒子，公家又没有好法度，能够善終就够了，還想後代祭祀麼?”

不多的幾段文章，就把古時代的公務員們的靈魂都刻畫出來了：對現狀是不滿的，可是自己决不起來改正；政局的趨嚮瞭如指掌，却又食君禄，報皇恩，决不投身到另外的方嚮去；前途明知暗淡得很，却又希望混過自己的一生！患得患失，貪生怕死，成天地戰戰兢兢，如臨深淵，如履薄冰。并且從這心理産生出一種明哲保身，少管閑事，多一事不如少一事，做一日和尚撞一日鐘，各人自掃門前雪……的處世哲學來。一到了這種程度，所謂公務員實已無異精神的太監，無論出入於怎樣的深宫内禁，都斯不足畏也已；對於人民、民族、國家，縱然不會作出什麽積極的惡，要能有什麽貢獻，也是戛戛乎其難哉了。晏子是和管仲并稱的大人物，現在既是齊相，是要人了；叔向也是有名的智者。他們的預見也實在不錯，齊國後來歸陳家所有，晋國也終於被韓趙魏三國分了。他們尚且如此，次一等的，還有什麽可談呢?

但他們却是有識見，有良心，高明的好公務員，并不糊涂得自以爲處于太平盛世，没有藉公家的既有勢力翦除異己的力量與殘害趨嚮别的力量的人民，也没有看見大勢去矣，就趁火打劫地搜刮一筆民脂民膏，逃到外國養老去。但他們的清廉未必是他們的君主所喜悦的。君主需要臣僕忠藎，遠過於需要他的良心與智慧；尤其是當政權走着下坡路的時候，智慧能看出政權的破綻，良心又使他們不肯逢迎君主的貪欲，他們的忠藎都多少要打點折扣。於是愚蠢的，善於逢迎的，甚至能作出積極的惡來的臣僕就得寵了。那惡，如果是爲公，就是忠藎的表現；如果是私，就“是個垃圾成個堆”，已經站在自己這一面，再没有資格冒充好人來反對自己，也就正是忠藎的開端。這種人得寵，另一面一定高明的好公務員失勢，政權的下坡路就更爲險峻。一這樣，好公務員就更其戰戰兢兢，少管閑事；他們戰戰兢兢，少管閑事，得寵的人就更爲猖獗，政權的下坡路就簡直像懸崖峭壁一樣了。也許他們還能有最後精彩的表演：“殷有三仁焉，微子去之，箕子爲之奴，比干諫而死”，然而一則無補於實際，殷的結果，大家已經知道了；二則和“明哲保身”的哲學衝突；至少，“比干諫而死”，不能算“善終”。“去之”，自然較好，不但微子，連宫之奇、百里奚都曾做過，衹要不整車整船的家私帶着走，也不失爲乾净人物。但，倘没有家私，生活的依據就成爲可留戀的；而改變養尊處優，頤指氣使的生活習慣，也不是普通人所能受得了。曹劌説“肉食者鄙”，鄙就鄙在這點上；用陶潛的話説，就叫做：“心爲形役。”

末了，多餘地申明一下：這裏的公務員，都是指的達官貴人，與書記、録事、雇員之類的趕工朋友無干。因爲趕工朋友的尊容，别有描繪，見《詩經·國風·北門》篇：

出自北門，憂心殷殷。終窶且貧，莫知我艱。已焉哉！天實爲之，謂之何哉？

王事適我，政事一埤益我。我入自外，室人交遍謫我。已焉哉！天實爲之，謂之何哉？

王事敦我，政事一埤遺我。我入自外，室人交遍摧我。已焉哉！天實爲之，謂之何哉？

一九四六，九，三〇，重慶

鄉下人的風趣

抗戰前一年，我同一個朋友到S省的某處去，碰到一個非常有趣的鄉下人，談過一些非常奇怪的話，要不是親耳聽見，決不會相信有那樣的人，談那樣的話的。我們是在離大路不遠的一個池塘邊碰見他的，他正在一個人車水。起初，我們是向他問路，看見他談話的樣子有趣，就爽興在那兒歇脚，和他攀談起來。他起初也不大多講話，後來看見我們不想走，或者也覺得很有趣，也就隨便談起來了。

“客人，”他問：“你們從什麼地方來的？”

“南京。”我答。

“從南京？”他發出像被蛇咬了一口似的聲音：“你們從南京來？你們是官唄？”

“不是！”我看他似乎不喜歡官，連忙補充：“我們是做小生意的。”

我們本不是官，但也不是做生意的；怕他不懂得什麼叫做寫文章，衹好撒一個并無惡意的謊。

“怎麼？南京也有做小生意的？人家講那裏盡是官啊？”

我們給他解釋，説南京有做生意的、做手藝的、趕零工的……但他似乎不大理睬。

“你們看見過官？”

“當然看見過。”

“很大很大的官都看見過？”他用兩手向兩邊張開，像圍一棵合抱不交的大樹似地比擬，仿佛説：這麼大！這麼大！“那一定是很好看的唄。聽説官都胖得很，重得很，越大的就越胖，胖得走都走不動，要人抬，頂大的官要上百的人抬！怎會不胖呢？他們吃得好呵！聽説王爺侯爺們的金鑾寶殿上，左邊是炸油條的，右邊是炕燒餅的。他們一下子到這邊吃根油條，一下子又到那邊吃個燒餅，滚燙的，一個銅子也用不着花!”

“哈哈!”我和朋友都不等他説完，就忍不住大笑起來。想不到的趣話呀！但我不知道他是真那樣相信呢，還是故意裝瘋賣傻，逗我們好玩?鄉下人也有鄉下人的風趣，逗起城裏人來，也不下城裏人之逗鄉下人的。

“他們天天殺人唄?”他看見他的話引得我們樂了，分外得意，自己也含着傻笑另外起頭説。

“不!”朋友説:“殺人是有季候的，總是秋天。”朋友大概也要逗他了，故意把過去了的“秋後處决”的話拿出來説。這句話却引起了他的更離奇的趣話:

“他們討小也要等到秋天?”

“殺人跟討小有什麽關係呢?”我不懂，朋友也不懂。

“噫!”他詫異:“住在南京還不曉得? 不是把人殺了，把人的老婆娶過去做小麽? 咱們就爲這，死也不敢到那裏去!”

“完全謡言!”我説。朋友也附和。

“謡言? 咱們問你，他們是不是都有小?”

“也有没有的。”

“有的有多少呢?”

“一個兩個。還能有多少呢?”

“别哄咱們，咱們什麽都知道，幾百上千的都有，如果不是殺人，占人家的老婆，那麽多的小從哪裏來呢?”

“不對!”我説:“殺人是殺人，討小是討小。討小是用合法的手續從别處娶來的，并非占的被殺掉了的犯人的老婆。”

“誰會相信呢? 天生一個男的，就配上一個女的。要不殺掉一些男的，怎有那多女的不肯嫁給人家做老婆，倒肯嫁給人家做三大小，四大小，百大小，千大小呢?”

就是這樣的一些怪話，幾乎把我們的肚子都笑破了。

無論怎樣給他解説，他都一點也不相信；後來把他的話重複給别人聽，别人也不相信這回事是真的；除了以爲他是開玩笑。但在當時，雖然有時也笑笑，他的樣子確是一本正經的，莫非我們真地倒被他騙過了？他的樣子有五十來歲，總不會傻到説那樣的孩子話吧？

無論他是真那樣相信，還是故意那麽説；無論他説的話隔事實有多麽遠；後來我想，他對於官的看法，倒是非常本質的。對於官，比起一個鄉下人來，我們實在看得太多，知道得太多，大概就因爲太多吧，反而被一些現象所迷惑住了。如果仔細想想，不但衹像他説的那樣，即使有人更夸張，説官（大官）是以人血爲酒，人肉爲肴，靠吃人過日子的，我也願意替他作證：他的話没有錯！

一九四六，七，七，重慶

從《擊壤歌》扯到《封神演義》

日出而作，
日入而息；
鑿井而飲，
耕田而食，
帝力何有於我哉！

這歌，據説是唐堯時候一個什麽老人擊壤而唱的。一向解作：日子過得太舒服，連皇帝的恩德都忘記了；足見唐虞之世的郅治云云。這歌出於唐堯時代，未必可信，但也一定很早；如果不像注疏家們那樣牽强，照文直解，就是一個老百姓説皇帝對於他没有什麽好處。這樣一來，咱們不可從這中間參詳出一點别的什麽？

對皇帝没有什麽好感，自然連帶地對於服侍皇帝的人，有時甚至是真正的政治家，都容易有不敬之意。孔子是“賢於堯舜遠矣”的聖人，然而當時就有人説他“四體不勤，五穀不分，孰爲夫子！”孔子自己也發過“事君敬禮，民以爲諂也”的牢騷，足見老百姓對於咱們的聖人的態度。對於皇帝和服侍皇帝的人都不敬，恐怕就是對於整個政治都有不滿的意圖，而政治本身呢——請莫誤會，這是指過去的。古代的君主專制時代的所謂政治，那實在也太難；太古的材料没有；《書經》，據説，有許多是假的；就是不假，也都是官老爺們寫的歌功頌德的文章，不足爲據；《詩經》上就有許多憤懣之聲；春秋三傳裏所給咱們的印象：政況實在不怎樣昌明。孔孟的書，更有許多直接的呵斥。專就《孟子》説吧：

孟子見梁襄王，出，語人曰：“望人不似人君，就之而不見所畏焉。”卒然問曰：“天下惡乎定？”

吾對曰：“定於一。”

“孰能一之？”

對曰：“不嗜殺人者能一之。”

僅僅不嗜殺人，就可以統一天下。戰國時代，天下那麽不統一，豈不就是説，那些秉政的諸侯們都是嗜殺人的麽？

魯欲使樂正子爲政。

孟子曰：“吾聞之，喜而不寐。”

公孫醜曰：“樂正子强乎？”

曰：“否。”

“有知慮乎？”

曰：“否。”

“多聞識乎？”

曰：“否。”

“然則奚爲喜而不寐？”

曰：“其爲人也好善。”

“好善足乎？”

曰：“好善優於天下，而况魯國乎？夫苟好善……”

僅僅一個好善的人有“爲政”的機會，孟子就興奮得失眠，豈不是因爲當時的“爲政”的官老爺們都不“好善”或且好惡麽？

不知從什麽時候起，民間就流傳着一種包老爺的故事，幾乎無人不知，無人不曉。我看過《包公案》，内容并不見佳，比之《彭公案》、《施公案》要減色得多。我也看過《七俠五義》，書是可看的，可是精彩部分，却并不是寫包公。其實就老百姓口中的“包老爺”説，也并没有什麽，“爲官清正”四字足以了之。清正不是爲官的分所應爲的事麽？爲官應該清正，不是老生常談麽？然而老百姓們津津樂道！後世的老百姓似乎比孔子時代的老百姓容易滿足得多，衹要有個清正的官就行了。説起來真教人不愉快，這又似乎是連一個清正的官都少有或甚至没有的反映。

有幾部舊小説，《水滸》、《老殘游記》、《官場現形記》、《二十年目睹之怪現狀》，乃至部分的《金瓶梅》、《紅樓夢》……我以爲都是咱們中國的活的政治史，那君主專制時代的。尤其是《水滸》，寫得最清楚：蔡京、高俅、童貫，三位大人物在上面一擺，教天下如何不亂呢？以前有人説《水滸》是“誨盜”的書，恐怕是實在的，因爲讀者往往同情强盜，還專門給他們造了一個術語：“逼上梁山！”不過，要没有誨盜的書，究竟應該先没有誨盜的人和事。

比《水滸》更進步的則有《封神演義》。它不是上面所説的活的政治史，當作史料看，簡直毫無價值。但它却直接的誨逆，叫人别在什麽水泊梁山替天行道：乾脆把整個江山奪過來！并不把天下無道當作左丞右相們的胡作亂爲，還帶着一種更“危險”的思想：却以爲根本是“當今皇上萬歲萬歲萬萬歲”混蛋（這書開頭就寫紂王，與《水滸》開頭爲高俅同一用意）。誰敢説當今皇帝是“無道昏君”？《封神演義》上的比干商容們都駡了不知多少次；誰敢説皇帝是狐狸精？《封神演義》却大書而特書；誰敢説替皇帝出力報效的忠臣義士們是禽獸？《封神演義》却衹消一口“翻天印”就打出他們的原形來。不但過去，就是現在，恐怕也是一部包含着最危險的思想的書，真不懂爲了什麽緣故從來没有禁止過。

一九四七，五，六，重慶

林冲楊志合論

天冷了，窗外細雨霏微，窗紙叫風吹得颯颯地響。屋子裏，在白天，開開電燈，也不很亮。悶人的天氣呵！看報，報上説：曾經露宿在精神堡壘的失業軍官，現在又露宿在關廟了！

對於軍官，恕我直説，除了在抗戰中的心情以外，一向就没有什麽好感。他們對於打仗有没有本事，八年抗戰已經用人民的血，士兵的血，給證明了；打仗以外，更不用談。知識、思想、學術，都與他們無緣。“以服從爲天職”，“頭腦越簡單越好”之類的話，在我還是軍官的時候，不知聽過多少。頭腦簡單，就安於頭腦簡單好了，可是不，一等地位高起來了的時候，就干政，從而干法、干教、干文、干財、干商，以至無所不干。剛纔還在以頭腦簡單自豪的天之驕子，曾幾何時，就一變而爲全知全能的上帝了！中國的政治不上軌道，司法不能澄清，教育、文化、財政、商業……一塌糊涂，這都不是偶然的，因爲它們要受簡單頭腦的干預，要適應簡單頭腦！軍官們常有一種特殊的美德：頑强、執拗；你説我不懂文化，我偏要管文化！你説我不懂法律，我偏要問法律！無論什麽，他一“偏要”，就怎麽説都不行。這一點，他們具備着大無畏的武士道精神！加以過慣了軍隊生活，看慣了操場和戰場，干政的時候，就不期而然地把一切人都當作了士兵，要他們無條件地整齊、劃一、服從；以爲思想之類，也像軍衣軍帽一樣，可以用命令齊一的。别的一切更無不如此。衹要一天有軍官干政，軍官當權的現象存在，什麽政治民主、思想民主，也許不是絶不可能；但是，唉唉！未免太難了——這是我對軍官不懷好感的理由。

至於失業軍官，自然又當别論，也許他們不久就會就業，就業之後，地位也會高起來，一變而爲全知全能的上帝，但今天，他們總在失業之中，總又當别論。

今天，内戰或“内亂”的烽煙瀰漫全國，這兒那兒還在拉壯丁、徵軍糧，決不是解甲洗兵，英雄無用武之地的時候。而這一批軍官，當别的軍官帶領强兵勁旅，美式裝備，浩浩蕩蕩，殺奔“疆埸”而去之際，竟集體失業了！這中間有没有什麽文章呢？我想不會没有！他們中間有思想不穩的吧？有妖言惑衆的吧？有目無長官的吧？有桀驁不馴的吧？……又共同地没有親眷、戚族、義父、老師、同鄉、同學、同派、同系正高據要津，以相援引吧？那麽，這些都可以使人失業的。思想之類的嚴重問題姑且不談，一個軍官，如果毫無憑藉，又不會鑽營吹拍，想安分守己地一步一步地上升或永保住原來的職位，在中國，似乎歷來就不是一件容易事。“馮唐易老，李廣難封”，就是老早的故事。《水滸》上有兩位好漢：林冲和楊志，就都是軍官。林冲世系不詳，楊志則明書爲“四代將門之後”，即家喻户曉的楊令公父子的後代。他們都想憑自己的本領，祖宗的德蔭，在邊疆上，一刀一槍，博一個封妻蔭子，也就是真正老牌的純正思想，偉大志願。但是千不該，萬不該，林冲不該有一個漂亮的老婆，老婆不該讓高衙内看見，高衙内又不該就是頂頭上司高太尉的義子，林冲更不該不肯乖乖地把娘子獻出！他就衹好刺配，衹好風雪山神廟，火燒草料場了。楊志没有那樣的好老婆，可是運氣不好，一回解花石綱失了事，二回解生辰綱又失了事！誰叫他不是蔡太師的女婿的呢？如果是，豈不是梁中書之外，又一個楊中書？又誰叫他不是蔡太師的“衙内”的呢？如果是，又豈不蔡九知府之外，又一個蔡十知府？這不是，那不是，衹是替人家把一大批一大批惹人的金銀財寶解來解去，怎會不“閃得洒家有家難奔，有國難投”呢？安分守己，尚且如此，路見不平，多管閑事的魯達之流，就不問可知了。“後之視今，亦猶今之視昔”，今昔之間，相去不過時間而已。那麽失業軍官，僅僅失業，也許還是僥幸的。而且如果其他條件不變，就是偶然就業了，又能保持得幾時？報上又曾載：他們要求“永久職業”，哦！想得多麽天真！

一九四六，一一，二，重慶

童匪·女兒國·裸體的人們[①]

一、童　匪

杭州《東南日報》廣州十月某日電："據報載：本省海面海匪猖獗，九月中旬我國'海興'軍艦一艘在三竈島茫州海面被劫去；最近又有'海通'輪載貨經該海面時，匪徒利用海興艦，亦將該輪俘劫。據報案人稱：行劫匪徒均係十五歲以下之童匪一百餘人。本省當局對此案異常重視，將予一網打盡。"

假如這消息是真的，古老的中國呀，你未免太可悲了！

人虐待人，必不能存在於即將到來的合理社會裏，兒童虐待是人虐待人的最高表現，而使兒童成百成百地變成"海匪"，又是兒童虐待的最高表現。那麽，中國，這裏是説現中國的"當局"，你將怎樣走進那即將到來的社會裏去呢?

那些成百的"十五歲以下"的"童匪"，決不是劫掠者，而是被劫掠者。在成爲"童匪"之前，他們的生命以外的一切，早被别人劫掠得乾乾净净了。而且連靠劫掠維持着的僅有的生命，也將被"當局""一網打盡"了，那些早將他們的生命以外的一切"一網打盡"了的"當局"!

生存，生殖，是一切動物所共有的本能和欲望吧。但在中國也是一種必須歌頌的偉大的東西。生存太不容易，生命，一切，隨時都要提防

① 本篇係《論童匪》、《論女兒國》、《給裸體的人們》合篇。

被“一網打盡”；生殖更是多餘；憑什麼要增加“童匪”的數目，替“當局”增加建功立業，“一網打盡”的機會呢？在這樣的中國，而竟也有生存和生殖的本能和欲望，要説不是强者，未免太難了，我們這些值得歌頌的偉大的中國人民！

然而“童匪”也透露了一個可喜的消息：今天的中國，連“十五歲以下的”兒童都站起來了，都成百地組織起來了。多麽驚人哪，在海面上行起劫來，簡直連軍艦都不能奈何他們了！雖然今天還不過是“匪”，但總有一天，會不是“匪”的。也就難怪“當局”“異常重視……”了。

有人説：“救救孩子！”不！我要説：“孩子們，救救我們！救救我們這可悲的中國！”

二、女兒國

報載：瑞金現在變成女兒國了，這就是説從前是跟别處一樣地有女也有男，但現在也并非一個男人没有，依該地法院所拘盗匪比例，十人中男三女七，即男性僅百分之三十，在男性中心的社會裏，男性占這麽小的比例，所以也可謂之女兒國。爲什麽男性這麽少呢？因爲若干年前，男性都被征服者殺掉，未被殺掉的也逃掉了，這女兒國跟别處有什麽不同呢？没有。不過在别處衹由男性擔當的事，女兒國裏則由女性擔當罷了。

看了這樣的消息，對於那些女兒國的“女兒”們不能不肅然起敬。有力者奪去了和她們的生活相連作爲她們的精神的支持者的父親、丈夫、兒子，她們并没有因之而完全倒下；并没有殉父、殉夫、殉子，隨他們以俱去；却在一個時期的驚惶與悲傷之後，擦干眼泪，挺起腰杆，拾起父親、丈夫、兒子所遺留下來的斧頭、鑿子、鋤頭、扁擔……一些粗笨簡陋工具，承繼了在她們的肩頭是過分沉重了的擔子，向人類的未來邁進！她們要在孤陰之中，重新創造出自己的父親、丈夫和兒子，要爲未來的女兒們創造出嶄新的父親、丈夫和兒子！她們用自己的手，扶持那她們一向無份的社會，使它不致傾覆；連接從人類到人類，乃至從舊人類到新人類之間的繫帶，使那兒的人類并不爲浩劫而中絶！她們創造了自己的國家“女兒國”，那光榮偉大的世界！

陳腐的女德，有所謂“三從”：從父，從夫，從子。這思想，在今天還是相當普遍，但能够“從”的，衹是一些“幸運”的女性，女兒國的女兒們縱然想從，也没有可從的了，她們衹有一從：從己！而且，三從在這裏也露出了致命的破綻，即所從的父親、丈夫和兒子，必須是征服者的順民和奴才。如果是叛逆，他就會被剪除得乾乾净净。女兒國之所以成爲女兒國，就因爲她們的父親、丈夫和兒子們不是順民或奴才之故；同時也許正是她們之所以有力挑起父親、丈夫、兒子們遺留下來的擔子之故。

不知道爲什麽會有人看不起女性，瞧，女兒國不是連盗匪都有了麽？這對於有些人，實在是可怕的，再多一點點，就是造反，或者現在已經是造反了！但我并不勸征服者在再開刀的時候連女性都一齊殺掉，那是她們早已知道了的事；我衹是想説，如果她們自己還不覺悟，那就衹要還有殺不盡的女性，也仍舊會有人造反的，歷史上就有過唐賽兒之類的人物，小説則稱之爲“女仙”云。

三、裸體的人們

三十五年十一月一日渝《新民報》載：“雲南羅平，隨處可見三兩成群的光身子的人，都無衣無褲，僅以棕葉掩着認爲羞於見人之處，亦有讓其公然外露者……趕場時，許多年輕婦女光赤着身子，露着乳房和大腿，若無其事地做着買賣。她們自己固不以爲耻，别人也都不以爲耻。”讀後，不禁想對那些裸體的人們講幾句話：

哦，你良善的人們啊！你們還在“做買賣”麽？做的是什麽買賣呢？有一種以身體爲本錢的“買賣”，比如賣淫，你們爲什麽不做呢？不是可以使你們穿得很華麗麽？又有一種以生命爲本錢的“買賣”，比如盗竊，爲什麽又不做呢？不是可以使你們穿得很温暖麽？你們是本來高潔，寧可無衣無褲不屑做那些低三下四，鼠竊狗偷的事呢？還是被法律、道德、禮教、制度所恐嚇、麻醉、鉗制住了，不敢去做那些可以得到衣褲的事呢？或者你們周圍的鄰人的境遇也和你們相去不遠，已經無人買笑，無物可竊了麽？鳥有翅，可飛；獸有爪牙蹄角，可走，可鬥，你們是鳥中鷄鴨，獸中猪羊，爲了生存的最低條件的争取，都不能施展那天賦的武器了麽？不，鷄鴨猪羊身上還自有衣褲的！

哦，你大度的人們呵！人家説你們“若無其事”，是真的麽？不鄙夷那些自己穿着衣褲，對於你們却熟視無睹的麻木者麽？不厭惡那些把你們當作新奇事象而玩賞的無心肝者麽？不嗤笑那些裝着同情的面孔説幾聲“可憐！可憐!”以顯示自己仁慈的僞善者麽？而且，尤其重要的，不憎恨詛咒那些以横徵暴斂，嚴刑峻法，直接間接剥去了你們的衣褲的萬惡者麽？你們天生的如此大度，還是法律，道德，禮教，制度使你們不得不大度了的呢？或者你們根本不知道應該鄙夷、嫌惡、嗤笑、憎恨詛咒誰，倒以爲命該如此麽？你們是思想上的鷄鴨與猪羊麽？可又是誰使你們變成這樣了的呢？告訴你們，那些使你們變成思想上的家畜家禽的人，在你們無衣無褲之前，早就是應該憎恨詛咒的了！

報上説你們“不以爲耻”，不，這倒是應該引以爲耻的——耻於生在這使你們無衣無褲的國度，耻於是這使你們無衣無褲的國度的統治者的人民，耻於是那些麻木、僞善、無心肝的同胞們的同胞；如果全人類都如是麻木、僞善和無心肝，你們還應該耻於自己和他們竟是同類！當然，最可耻的决不是你們，而是你們的統治者；但他們早已無耻了！聽，他們還在“若無其事”地重複他們的仁義道德或禮義廉耻的謊言；他們的奴才還在歌頌他們的崇高偉大，神聖莊嚴，一點也不以爲你們的存在已使他們的巧言的欺騙性明澈得有如青天白日！就衹這一點，你們倔强地活着，就是一種偉大的戰鬥，人類的未來，將被你們展開，爲你們展開！

一九四六，一二，一，重慶

論“青天大老爺”

宋朝的包拯，本是個正顔立朝，不苟色笑的古板的傢伙，據説，人們把他的笑比之爲黄河清。大概就是因爲這吧，留下一些傳説，演變成小説和戲劇上的上管君，下管民，日管陽，夜管陰，專破無頭公案，每到一個地面，都要放牌招告，替小民們伸冤雪恨的包公，包大人了。過去的小民們很容易有朦朧的幻想，希望出真命天子，否則出青天大老爺，從這樸質的想法中透露着一點可悲的消息：他們在現狀之下活不下去了！而更可悲的是，愚民們的幻想常常爲野心家所利用，其一是説：“真命天子出世了！”利用他們的生命替“真命天子”打天下；其次是説：“某某就是青天大老爺。”利用他們的口碑替“青天大老爺”造地位。口説不爲憑，還要用文字宣傳出去，這纔“有書爲證”。《説唐》、《雲合奇踪》之類，就是宣傳真命天子的；《包公案》、《七俠五義》之類，就是宣傳青天大老爺的。不過有時也不容易弄清楚那些作者究竟是因爲自己也愚蠢，所以寫下了那樣的書；還是跟我一樣，吃了“鹽水鴨子”，“奉命”寫的？豈僅如此；就是那些野心家，我有時候也很不明白：究竟他們是完全利用呢？還是真以爲自己是那種人物呢？

今天，要人們懂得“真命天子”之類，全部都是鬼話，大概還不太難；至於説“青天大老爺”，也不過同樣的子虚烏有，恐怕不那麼容易，人們的頭腦籠統，以爲無論什麼知識，都可以由一個人具備。同時，封建的、君主專制的、官僚主義思想深中人心，形成一種闊人崇拜的心理，以爲闊人就是具備一切知識的大知識者，以爲闊人真是替人民伸冤的。而闊人也以爲自己應該如此，自信爲已經如此，至少不能不裝作如此。多少闊人本來是拿槍杆子的，一旦闊了就干預政治，把持政權。文化，教育，法律，思想，無不過問，好像他真是天文地理，諸子百家，三教九流，詩詞歌賦，無所不知，無所不曉。十八般武藝，是他的本行，更不必提。讀了幾本《包公案》之類的書，或者還不過聽幾段那類的故事，就以爲或者裝作自己比學過法律的法官還要高明，以爲中國法律審訊之類的事是可以不學而能的，不能不説是荒謬絶倫；好在中國本不是法治國，法律本不尊嚴，所以他就成爲“青天大老爺”了。

在“勞心者治人，勞力者治於人”的社會；在治人與治於人的利害并不一致的社會；在錢可通神，有錢就可以買到一切的社會；在大思想家莊周先生宣稱過“不賤貪污”，孟軻先生又説“仕”可以“有時爲貧”，孔子則“從大夫之後”就不可“徒行”的社會；在做官要技術，清正也是做官的技術，也可以用技術完成的社會；在不但有官，并且有正紳碩儒（一作土豪劣紳）容易接近官，能替小民説話，又能在地方上“排難解紛”或“武斷鄉曲”，小民對於官府則天高皇帝遠的社會，怎麽有青天大老爺？縱然一兩個人有這種志願，又怎能辦得到呢？當然，書上有；比如《循吏傳》之類，就屢見於歷史書，而《包公案》之外，也還有施公案彭公案什麽的。但那些書是誰寫的呢？小民呢？士大夫呢？用誰的觀點寫的呢？小民的呢？還是士大夫的呢？“盡信書則不如無書”，已經是幾千年的老話了。

對於青天大老爺的懷疑，在作者中，我衹碰見寫《老殘遊記》的劉鐵雲一個。他把不受賄賂的玉賢大人寫成的一副剛愎暴戾的面孔，自然也有些夸張的吧，我却以爲頗近真實。玉賢即毓賢，是實有人物，在别的記載上那面目和劉氏所寫的也並無衝突處。我也時常有一種怪想：貪官有時未必於民有害。趕緊聲明，我不是説簡直於民無害，不過説“有時未必”而已。我是文字國的小民，懂得一點文字國的國情，假如文字官真是公事公辦，一絲不苟，恐怕早就没有一些民辦的刊物，也没有民間的作者了。幸而并不這樣嚴厲，請請客，送送節禮，言語拿順點，可能得到些微的方便，我們有時也就利賴那一點方便而説點吞吞吐吐的話。文字國的情形是這樣，旁的領域恐怕也大同小異吧。不要錢的官未必是好官，正如《老殘游記》所寫：我更疑心明察的官也未必是好官。不是説太明察，就危險，像什麽人能在市中指出盜賊來，終爲盜所殺，想向官老爺進舉明哲保身之道；我衹説官民的道理往往不同，照韓非的見解，連夷齊孔孟都在可殺之列，因爲他們標新立異，著書立説，使小民相信他們，而危及執政者的威信，不容易治理，那麽明察的官，能够指出誰是夷齊孔孟，小民也就無路可走，何況别的呢?

舊戲中有些是討厭的東西，從形式到内容，都封建之至。但有些也頗能給人以啓示，比如青天大老爺包公上場，常常先有張龍趙虎張牙舞爪，像生龍活虎一般。如果正抬着龍頭鍘，虎頭鍘之類，就更是威風凛凛、殺氣騰騰。那些鍘自然是鍘罪犯的，但有時也不問青紅皂白，先把人放到那鍘口去試試，以嚇嚇那告狀的小民，用意大概是使他不敢誣告。一到這種時候，這就渾身起鷄皮疙瘩，好像是真的，好像那把頭伸到鍘口之下的就是我自己。我想，幸而我不生在包大人時代，幸而我也没有冤屈，否則看過這種情形，就寧可被枉死也不願喊冤！至於包公自己，烏紗黑蟒，黑臉黑須，十足地表現出爲黑凛凛的一條大漢。熟悉臉譜的人説：黑色是表威猛的，我却以爲不過是漆黑一團，而這漆黑一團也許正是青天大老爺的本質。

去年某月，某要人曾在北平出榜招告，前些時又在長春叫人民申訴疾苦，頗有“青天大老爺”風味，因感而作是篇。雖然也知道有些人除了裝模作樣以外，絶作不出什麽像樣的事來。

一九四六，一，七，重慶

論發脾氣

聽説世俗所謂的大人物中，竟有動輒發脾氣的，拍桌子、摔茶碗、罵人、打人，諸如此類。發脾氣的時候面紅耳赤，氣促心跳，不但自己吃虧，樣子也難看。大人物是要裝得有威可畏，有儀可象的。竟肯以難看的樣子示人，而自損其尊嚴，其中必有不得已者在。什麽不得已呢？曰：生活上有不如意的地方。

人生活社會裏面，社會既存制度，是一種使有些人的生活如意，而另外一些人不如意的東西。就現制度説，如果是官，是上司、是老闆、是地主、是師傅、是丈夫、是嫖客、是太太，就比較如意；是百姓、是兵士、是下屬、是夥計、是工友、是佃户、是徒弟、是欠債的、是妻子、是娼妓，是丫頭老媽子，就大不如意。生活上既大不如意，容易動肝火，有發泄的機會就發泄，是不足爲奇的。比如"林教頭風雪山神廟"，本以爲時乖運舛，爲天地所不容；及至聽見陸謙和富安的談話，原來是這兩位仁兄在謀害，怎叫他不怒從心上起，惡向膽邊生呢？武都頭滿腹含冤，無可申訴，一聽見張都監和張團練的談話，原來所謂冤者，正是這兩位恩公的詭計，又怎叫他不三尸神暴跳，七竅生煙呢？

但，大人物在現制度下：應該是屬於如意的一方面，爲什麽也發脾氣呢？那是因爲不如意的人發了脾氣的緣故。不如意的人既然發了脾氣，就對於現狀不能不有或多或少的危險；促成社會的或多或少的變動。他們是不如意的，也就是貧困的、勞苦的、卑賤的、被侮辱與被損害的；當然希望這變動，樂意這變動，一變動，他們的生活就説不定有多少改善的可能。大人物和他們相反，他是如意的，即在現狀之下，是富有的、安逸的、高貴的、被尊崇與被供奉的；當然不希望變動，一變動，自己的生活就會改惡。縱然是大人物吧，要社會完全照自己的意思，一成不變，也難以辦到，因爲社會上真有人的生活不如意，而那些人又出奇地多；真有人在那裏發脾氣，而脾氣又發得出奇地大。如果仍照自己的主觀要求，以不變應萬變，以少變應多變，以緩變應急變，以假變應真變，那就自己倒很容易變成日暮途窮，倒行逆施，天下不如意事十常八九，不知是世界跟他開玩笑，還是他跟世界開玩笑。這是大人物之所以有脾氣的根本原因。

凡發脾氣，必定有對象，對象必定是人；如果對自己發，對草木鳥獸，什物用具發，那祇能算是發脾氣的變種，不能列爲正宗。同時，凡發脾氣，必定是被發的對象啞口無言，或者連聲謝罪。否則就是兩人吵嘴、打架，而不能叫做某人發脾氣了。如果這樣，那就有許多人雖有脾氣，也不一定有發的機會，百姓不能對老爺發，兵士不能對官長發，下屬不能對上司發，夥計、工友之類不能對老闆發，佃户不能對地主發，徒弟不能對師傅發，欠債的不能對債主發，妻子，尤其是下層社會的，不能對丈夫發，娼妓不能對嫖客乃至鴇母發，丫頭老媽子不能對太太發，那些人多是直接蹂躪他們，使他們的生活不如意的，也就是正應該對之發脾氣的，可是他們不能發，一發，生活就會變得更不如意，甚至不能生活。豈但不能對那些人發，有的恐怕就根本更無别人可發。但這祇就一般而論，林教頭、武都頭就都發過脾氣，而且一發而不可收拾的。

百姓、士兵們不能對官老爺們發脾氣；反過來説，官老爺們却可以對百姓士兵們發，豈但可發，并且正是發的好對象。一邊是“一朝權在手，便把令來行”，一邊是“不怕官，祇怕管”，一物降一物，什麽人對什麽人發脾氣，什麽人被什麽人發，按部就班，毫不假藉。但這决非有了脾氣，幸而有對象可發；倒是先有了可發的對象，這纔産生適應那對象的脾氣。没有百姓，他就不是官；没有士兵，他就不是官長；没有下屬，他就不是上司；没有夥計、工友、佃户、徒弟……他就不是老闆、地主、師傅……不是那種人，就不會有那種脾氣，要發也就無從發起。過去的社會，君對於臣，主對於僕，都是絶對的權威。君主不把臣僕當作和自己同等的人看待；臣僕也不敢自謂與君主同等。於是一面養成了君主的驕縱，一面也養成了臣僕的忍耐。三十幾年來，政制有了若干改變，社會也有若干改變，但有些人，尤其是大人物之類，如前所述，本是不願意改變的，他們的觀念，也就真正毫不客氣地没有改變。總還以爲官是民之父母，某種地位，是古之帝王。自己成了帝王就要發帝王脾氣；没有成爲帝王，就忍受别人的帝王脾氣，而對自己的下屬發上司脾氣。昨天還在忍受别人的帝王脾氣，今天就可對别人發帝王脾氣；昨天還在對别人發帝王脾氣，今天也可忍受别人的帝王脾氣。在君主行乎君主，在臣僕行乎臣僕，他們倒是兩者都能適應的。加之社會既在變動，不如意的事本多，要拍桌、摔碗、打人，駡人或者看别人拍桌、摔碗、被打，被駡之類的事。就傳到我們小百姓的耳朵裏來了。

從大人物常發脾氣這事看來，莫非咱們這時代真要向前跨一步了麽？

一九四六，一，八，傷風樓

論“親讀”

委座常説：“讀書要有主見，要利用書，不要爲書所利用，譬如我們讀馬克思的《資本論》（這部巨著，號稱最難讀的，委座曾‘親讀’過兩遍），我們要仔細研究，看他是否可適用於中國社會？他的理論有無毛病……”

委座愛讀的書，據他常説的，是四書、五經、《孫子》、《曾文正公全集》、《左傳》、《戰國策》、《史記》、《漢書》、《諸葛亮全集》、《二曲遺書》、《王陽明全集》、《顔習齋全集》、《文天祥全集》、《岳武穆全集》、《戚繼光全集》、《胡林翼全集》，其他如軍事學，政治學，經濟學，哲學等名著，委座亦所愛讀。

委座常請學者名流於夜晚長談，解答專門問題。例如周鯁生博士在珞珈山時，常邀在珞珈石屋談國際公法，賀麟教授、錢穆教授、馮友蘭教授，均曾充委座的上賓，與委座作長夜談……

——吴永和：《侍從紀略》

上面的引文，是根據二月十四日《文彙報》彩色版蒙田先生的《擬……書》上的引文轉販而來的。不必注明，讀者應明白所謂“委座”，就是第一號戰犯，在香港報紙上，有時一名“略三字”。裏面的一張“委座愛讀的書”書目，雖然東拉西扯，裝點門面，想把“委座”畫成一個博學通儒，簡直什麽時候都在讀書；却也道出了部分的真實，即愛讀《曾文正公全集》、《胡林翼全集》等等。他自己就是曾國藩、胡林翼之流的人，不過曾胡所仕奉的清朝，“委座”所仕奉的美朝而已。但似乎也有遺漏，應加上《吴三桂全集》、《洪承疇全集》，這纔不致數典忘祖。没有吴三桂就没有清朝；洪承疇也正是曾胡在同一朝代中最早的前輩。再：就説那張書目的全部吧，儘管它們各式各樣，基本之點是相同的，即統治者的主要的是統治者的幫閑們設計的統治術。正像“委座愛讀的書”。“委座”縱然不讀那些書，他的尊腦也逃不出那些書的主旨之外；讀通那些書，不過統治得更精一點，殺人不眨眼，吃人不吐骨時，更理直氣壯，振振有詞一點罷了。或者説，壞知識也是知識，無知者還是未必有；像“委座”那樣的傢伙，還是未必讀過。這自然對，但人家也没有錯；他説“委座”“愛讀”那些書，并没有説“親讀”過。讀書一向被視爲好事。有人問：你這幾天在做什麽？假如答：打牌、玩姑娘、想法子把一批貨賣出去或買進來、活動把地位提升一點等等，縱然全部是真話，雖然人家也是跟你一樣的人，聽了并不會看不起你；也遠不如説“我在讀書”那樣令人肅然起敬的吧？那麽，誰不願意説我愛讀書呢？聰明一點的，更誰不願意説自己的主子愛讀書呢？問題是愛儘管愛，却未必“親讀”也！

在《時間的啓示》（拙著《沈吟》）那篇文章裏，我曾記述一個闊人“親”對我講：“你住在這裏，讀書，讀了跟我談談！”明白了吧，這就是闊人的一種讀書法。你不是書呆子麽？你不是喜歡讀書麽？你讀好了！天下國家大事與你無干，你用不着管！那是我的事！你讀了書，把書裏的大意對我談談，我就收到讀書的實效，而節省了讀書的時間！上引文中的周鯁生博士、賀麟教授、錢穆教授、馮友蘭教授（也許還有胡適博士、陶希聖教授、葉青教授）就是替委座讀書的讀者，也就難怪他們“均曾充委座的上賓，與委座作長夜談”了。那些博士教授們，公然以自己的學問，博得“天子前席”，好不光榮，好不誠惶誠恐，受寵若驚！人在這時候，是會有一種忘我精神的，忘掉自己，忘掉自己的學問，用自己的學問去遷就天子，於是我們讀到了賀麟教授的唯心論、錢穆教授的孝爲中國特有道德論、馮友蘭教授的天人之際論。但也有并不這麽幸運的，安徽大學校長劉文典去覲見“委座”，因爲不肯稱“委座”而稱先生，他的大學校長的飯碗就被打破了！劉文典恐怕還是五四時代著過書

（《淮南鴻烈集解》?），真是久矣乎寂寂無聞了；但每次看到馮友蘭教授、錢穆教授之類的名字，就不禁想起他來（同時更想起胡適，因爲他見溥儀時稱皇上）。我以爲他是一面説部裏的照妖鏡，照出了“委座”，及那些博士教授們的原形！

舊世界的强盜、騙子，用文言説，元惡大憝，把什麽都搶到手騙到手之後，還不滿足，還要搶將來，騙將來，搶歷史，騙歷史，要將來的人説他是個了不起的人物。“委座”的那種讀書法，就是一種搶騙的手段。和他同時代的我們，知道他不過是個流氓，是個交易所的夥計；但他叫别人跟他讀了書之後，知道了一些書名，知道了一些對於某書某書的意見，他就可以自己開列出來，或者由他的走狗們仰體天心地開列出來，留到將來，不細心的讀者就會以爲他真讀過書。不但此也，他還請人替他著作，替他寫文告演詞，印成許多《總裁言論集》、《……文告集》、《……講演集》、《……全集》等等，裏面包括對於文化、歷史、科學、哲學、藝術、社會、政治、軍事……各種各樣的意見。意見對不對是次要，要緊的是表示他什麽都懂。還要請人寫字，在新建築物上，名勝古迹的地方，乃至在機關、學校、商店的招牌上寫字，落他的款，那些字常常是刻在石頭上的，可以流傳很久。還要叫人送“萬名傘”、立“德政碑”、造“紀念塔”，以便若干年後，真相日漸湮没，人們驚服他的神聖文武，博學多能——老實人恐怕在現在也驚服。誰説“大人物”没有遠見呢？正因爲什麽事都不自己做，偶然自己做一點，就成了了不得的，於是就“親筆”，“御制”之類的術語，現在竟連“親讀”都有了！這是我從“親讀”兩個字悟出的一點點小道理。

至於説“委座”“親讀”過兩遍《資本論》，你去相信好了。寫那句話的奴才，原不過要借此噴一點血污在《資本論》上，説它是值得“研究”，“不適合於中國”，理論有“毛病”而已。《資本論》是爲無産階級寫的書，爲人民大衆寫的書，天生的强盜、騙子、元惡大憝是反對的，他們不會看，不敢看，看不懂，縱然看了一兩句，懂了一兩句，一定反感，一定憤怒，一定要禁書，要監禁和殺掉作者，假如作者活着的話。

“委座”的那番“不爲書所利用”論，恐怕還是抗戰期間的一種假裝客氣的説法。但在《資本論》却是自出版以來所遇見的最大的侮辱，假如强盗、騙子、元惡大憝都曾“親讀”過而且“親”自向奴才們發表那麼客氣的評語。

一九四九，二，十七，香港

×公橋碑

對面山上是一叢密集的松林。從側面看去，這一叢松林，衹是山的一邊纔有，山的那一邊却是光秃秃的，像一個正剃着的和尚頭，一邊的頭髮已經剃去，剩下正待動手的一邊，還是濃黑而且僵直地森立着。但現在是從正方看，那在山的傾斜面上錯落騰拿着的松樹，却絶不整齊劃一得跟一撮頭髮一樣。而最使人驚奇的是，當側面看時，竟未發現松林當中，原來還掩藏着一座有着灰色墻壁的三層洋樓。山勢險峻，上半幾乎全是峭壁懸崖；在那懸崖上面，攔腰開拓一塊平地，依靠山勢建立起來的這洋樓，巍峨崇峻，就像一個倨傲的王公，虎踞在黄金的寶座上，俯臨着下界的卑賤人群。那些松樹好像洋樓的天生的拱衛者，上下左右，嚴嚴地覆蔭，懷抱，隱蔽着它；使人站在對山的任何地方，都衹能從樹幹和樹幹之間，樹枝和樹枝之間的隙縫裏，隱隱約約，看見一個屋角，半個門窗，幾根畫欄。洋樓四周，遠遠近近，疏疏落落，有十多間矮小的單房，十幾步一間，幾十步一間，怪無聊或怪孤獨似的兀立在那裏。都没有樓，連門也看不見，却開着一些小窗户。因爲它們那麽渺小，雖然也隱蔽在松林之間，却也有許多間，一眼就能看見它們的整體。它們圍遶着洋樓，就像行星們圍繞着恒星一樣。

我知道那是一個闊人的别邸。是抗戰期間，這兒的山城被作爲臨時國都時，那闊人在那兒建造的。那時候，山城常有敵機來轟炸，許多市民的生命財富，轉眼就可化爲灰燼。縱然是闊人吧，同樣的危難，説不定就没有。在這離城二三十里的風景區建造一座又避暑又避空襲的别邸，是一種極聰明的辦法。現在，那闊人已和許多闊人一同還都了；别邸恐怕衹剩下幾個看管人，它本身倒變成了風景區最惹人注目的風景。那麽，不但洋樓，就是四周的單房，説不定都没有人住了；但在當時，一定蹭蹌濟濟，烈烈轟轟，有過一番盛況。

從那別邸下來，一定要過一道山澗，纔能到公路上去。因此，跨在山澗之上，就有一道相當美麗的木橋。我每走到這兒，望見對山的別邸，尤其是望見了山脚的木橋，總有一種憎厭的感覺，那木橋當然是爲那別邸的人來往而造的，它名叫“×公橋”。×，就是那闊人的姓，原也名實相符。但聽説——我没有下去看過——橋頭有一塊碑，上面刻着“×公見兩岸居民來往不便，特捐資督造此橋……”之類的話，好像是專門替老百姓造的。有勢力、有錢、有會寫碑文的清客，自然要立什麽碑就立什麽碑，要刻什麽話就刻什麽話；但我却不禁想起“侯之門，仁義存焉”的老話，覺得那碑文真是它的最好的解釋與例證。考據家説“仁義存焉”，當是“仁義焉存”，因其以“門”“存”爲韻。假如可信，這話的含義也可以不同。“焉”作“何”解，碑文雖説得那麽仁義道德，山上的別邸却倔强地站在那兒證明它是撒謊，侯門的仁義，原來是假的！假仁義决不等於真仁義；冒充仁義這事本身就不仁義，於是就“侯之門，仁義何存”了！……

——夜與×談南温泉往事，×睡後寫此

論行李

報載：宋美齡到美國去的時候，帶着行李幾十件，没有聽她的板凳的話，帶得更多，甚至還吵過嘴；陳果夫到臺灣去的時候，帶着行李百餘件；鄭毓秀到香港來的時候也帶着行李百餘件。以後大概還陸續地有×××到××，帶行李×××件；行李，無論裏面是不是黄金美鈔，珍珠寶貝；但總不是吹脹了的洋泡泡，是不必談的。這些“大人物”和大人物的“賢内助”們，平常發表演詞或文告的時候，三民主義呀，禮義廉耻呀，爲國爲民哪，多麽冠冕堂皇，像煞有介事？可惜没有想到有時候要帶許多行李走路，件數又會被報紙公布出來！或者帶行李的時候，也未嘗不想起發表過怎樣的演詞和文告，但行李究竟有用，也就顧不得許多了！又或者他們和她們本來以爲演詞文告是演詞文告，行李是行李，發表是發表，携帶是携帶，彼此毫無關涉。當然可以并行不悖！甚至演詞文告就是行李，行李就是演詞文告。演詞文告是餌，行李是魚；演詞文告是種子，行李是收穫；演詞文告是代價，行李是購得品……漁夫捕得滿筐魚，農夫裝得滿倉糧食，主婦提着滿籃子菜蔬回家，不是誰也不會大驚小怪麽？他們和她們真這樣想也説不定，因爲大人物和他們的賢内助們本是一種奇特的動物，無論什麽，都已習以爲常，恬不爲怪，一句老話：不知人間有羞耻事！

也是報載：王耀武、范漢杰、杜聿明被俘之前，混在難民士兵中，裝作難民或士兵，想逃脱解放軍的捕獲；甚至已經被捕獲了，還再三盤問，都不肯承認自己是誰。這些“將軍”們，平常無不都有鑲着紅條的制服制帽，有金光閃閃的領章臂章，以及其它種種足以顯出他們是將軍的服飾。平常又無不以那爲驕傲，唯恐爲别人所忽略。但一旦到了某種關頭，那些把他們裝潢得與衆不同的寶物，反而成了致命的累贅，脱掉，扔開，唯恐其不快不遠！不但這樣，還要裝難民唯恐裝得不像，而且因爲究竟不能裝得太像而被認出來了。

幾十幾百件行李，在飛機場，在火車站，在船碼頭，被一些叫做苦力的人們提着、扛着、抬着，哎育杭育地上上下下，返而復往，也許是一種壯觀，是寫生畫家們的好題材。也確實足以顯出行李的主人（且慢説行李的主人究竟是誰!）是闊綽的旅客。但蒲魯東説："財産就是髒物!"這話在别的場合應該還有問題，對於中國的大人物和他們的賢内助們却没有錯。試問：那些行李裏面，究竟是一些什麽呢？誰也能回答，是民脂民膏，也就是人民的生命財産！——用蒲魯東的話説，就是髒物，雖然不過是髒物的一部分！搜刮了人民的脂膏，要人民（苦力）搬來搬去，那裏面又正有着苦力們自己的脂膏；苦力們又一度出力流汗，把自己的脂膏搬運給人家，這事，在從前，也就是一幅明晰具體的舊世界解析圖了。至於今天，爲携帶那些髒物的大人物和賢内助們着想，却更是危險！人民已經起來，人民明白你們的行李就是髒物，這些髒物正落在人民手裏；不但捉賊必須追髒，因髒也可以獲賊，那就説不定會有一天，那些堆積如山的行李，會没有人敢認領。有人問："這些行李是誰的?"没有人答應；問到臉上："這些行李是你的吧?"連忙"不是，不……"地否認；因爲誰要一應承，就會被捉賊的捉住了！不錯，你們逃得快；但臺灣也好，香港也好，紐約，華盛頓也好，到處都有中國人民，説得大一點，到處都有人民。中國人民是你們的行李的失主，外國人民是中國人民的鄰人，捉賊這件事是鄰人也會熱心的。你們逃不了。

這決不是什麽預言或遠見，這日子已經迫近眉睫了。那麽，大人物們！大人物的賢内助們，帶着你們的行李吧，越多越好，請不要忘記了一件，件數的多少，末日裁判也許要根據的。

恐怕你們還有一個如意算盤：逃得掉，就到外國（在你們看其實是祖國）去做白俄，你們的頭子早已宣稱過了。可惜的是，做白俄，現在也已是末世了。白俄的天地没有從前寬，那不怎麽寬的天地的壽命也有限了！那麽，拋掉你們的行李吧！……不！不！我還不至於傻到説這種對牛彈琴的廢話；你還是帶着你的行李吧。

一九四九，二，一八，香港

論白俄[①]

報載，中國的尼古拉二世近來對他的股肱爪牙羽翼毫毛們說："如你們不改革，我不久便要做俘虜，你們便要做戰犯，我們大家都要成爲白俄了!"（合衆社三月十三日南京電）白俄，香港的報刊似乎已經有了新用語：白華!

曾子曰："鳥之將死，其鳴也哀。"杜工部曰："聽猿直下三聲泪。"不知那位發言人和那些面聆綸音的聽衆，究竟是一種怎樣的心情?

墨索裏尼臨死時對行刑者説："饒我吧，我給你一個王國!"假如真把他放了，他還能給誰以王國呢?縱然可能，他給予意大利人民的"王國"，不是已經領過教了麼?"一之爲甚，豈可再乎?"但在説這話的當時，被一種動物性的求生欲所驅，説不定是出於至誠，想給的乃至真是另一種王國。縱然這樣吧，這種混世魔王的話還是很難置信的。比如説吧，不要以爲中國的尼古拉二世從來没有過"英明遠見"，現在，閃耀的刀光，豈不還没有臨到五步之内，就洞察到末日已經到來了!

古今來的暴君之所以敢於窮凶極惡，肆無忌憚，恐怕是有時對於自己的末日存着一個過分美麗的幻想：天下不亡，還是我的天下；亡了，也未必不可以做"歸命侯"，"安樂公"，或者"此間樂，不思蜀"；或者"故國不堪回首月明中"，屈辱自然有些屈辱，却也少不了一份較爲安閑逸豫的生活。天下既然亡了，就不會再亡；擔子既然由别人挑了去，自己倒落得無牽無掛，遍體輕松。至於妻女之類，作算也像六國的"皇子王孫"一樣，要"辭樓下殿，輦來於秦，朝×暮×，爲秦宫人"，但那些婦人女子，反正是要睡在誰的被窩裏的，别人的被窩，未必不比自己的

① 本篇又題作《論白華》。

温暖，在她們真是“牛羊何擇焉”。可惜的是，這樣想法在現在已經不適用了。真正的人民起來執政的時候，和以往的换朝當然大不相同，他們没有“歸命侯”“安樂公”可以給人，他們的天下是狹隘的，素樸的，容不下也用不着這種寄生蟲來裝點什麽。這樣，暴君和他的皇子王孫們的末日不是很可悲了麽？但“絶望之爲虚妄正與希望相同”，在幻想家的腦子裏，决没有走投無路這回事，於是來了新的憧憬：做白華。

祖國已經不是自己的了，在别人的國家裏，不過以一個普通人民的身份出現，帶着資産，妻女和厨司，開餐館、舞廳、妓院，或者背着幾床毯子彳亍街頭，招尋買主；乃至在風雪中向行人伸出手來：“給個錢吧！”等等，無論是哪一種，也都正像魯迅先生説過的：“住在最不適於居住的地方，操最下賤的生業。”就是這樣的白華吧，在末日迫近了的民賊獨夫看來，仍不失爲可羡慕的，比之於在群衆的憤怒之下，不得不走向斷頭臺來。所以中國的尼古拉二世，就有了做白華的如意算盤。飛機已經準備好了吧，在美國某處的房子已經訂下了吧（遺憾的衹是早没有多生幾個如花似玉的女兒，以後要靠她們掙錢的呀！）一到某種時候，就“再會吧，祖國！”“再會吧，親愛的股肱爪牙羽翼毫毛們！”“再會吧，那些無法搬走的資産！”飛機一上，溜之大吉！但是“天有不測風雲，人有旦夕禍福”，“時衰鬼弄人”，到了惡貫滿盈的時候，一切倒黴事都會臨到頭上的。君不見，洛陽之失守乎，從上到下的守軍軍官，無一漏網，宴會有時也未必到得這麽齊全；又不見小豐滿之撤退乎，連電廠水閘也來不及一一破壞，衹好留給中央社作假仁假義的宣傳資料，給“自由主義”的《大公報》去歌功頌德；更不見營口之陷落乎，一下子自家人一齊變成人家人了。那麽，無論準備得怎樣充分，安知臨時不倉皇失措，措手不及，連飛機也不来及上呢？安知自己的首級不正是部下的降變的股票，親信的賞格的兑换券呢？更安知美國乾爸爸到了時候，爲了一點點小利益，不人臉一取，狗臉一挂，把“聖人”解送回國，像日本政府之對付陳公博輩呢？不用説，白華不會没有，但未必就是尼古拉二世陛下，縱令有志於此，還是未必十拿九穩的，老牌尼古拉二世全家的結局就是先例。

抑又論之，所謂白華，也不僅指那些亡國大夫或亡國將軍帶着命婦小姐們在外國過流浪生活這一點吧？没有祖國的猶太人和永遠流浪的吉卜西人豈非都不是白華麽？所以白華這一名詞，實應含有它的特殊意義。第一，自以爲是天生下來統治一般愚民們的特殊人類，愚民們雖然一時小人得志，掌握了政權，那是扭天行事，不久定遭天譴，自行滅亡，祖國的高官厚禄，終久會是自己的。這自然是一種自我陶醉，也恐怕正是白華的全部精神生活；這種精神生活支持着他們，使他們賣毯子、賣淫、行乞，都不以爲耻；使他們不至於在那卑賤的生活中絶望。第二，一定在外國散布祖國政府的謡言：共産黨如何殘酷，如何不是人類，如何迫害良善人民；無風生浪，或者就一點點影子而歪曲、夸張，隨即自己相信那些都是事實，同時毫不思索地相信别人所造的同樣的謡言。最近香港《大公報》刊載一篇題作《捷克的悲劇》的通訊，實際是一篇從捷克逃到英國了的紳士反對捷共的大文的翻譯。那裏面最精闢的句子："我們的罪行就是我們不是共産黨!"好像今天的捷克，凡非共産黨員，除了逃亡，就没有一個活着或牢獄以外的人了。在逃亡中，還如此能説會道，如此血口噴人，得意的時候在幹了些什麽，豈不是不難推知的麽？第三，到祖國人民的敵人那裏，到帝國主義國家那裏去做伍子胥、申包胥、程敬思、吴三桂，懇求他們出兵討伐自己的祖國，去屠殺祖國的人民；帝國主義真出兵的時候，就替他們做嚮導、做偵探、做先鋒，替他們勾結國内的封建餘孽做内應，終於以做帝國主義的工具爲職業而終身。有一個在東北出没過許久的謝米諾夫將軍，就曾經爲日本帝國主義乃至張宗昌效力。這應該是我們所熟知的例子。

如果白華的真正含義乃在於此，中國的尼古拉二世及其股肱爪牙羽翼毫毛們喲，你們不正以爲中國衹是你們的麽？不是常説黨國是你們的先烈的血换來的，你們應該永遠騎在人民們的頭上麽？你們的報紙不是成天在宣傳"共匪"如何如何殺人放火，慘無人道；老百姓倒在簞食壺漿，歡迎你們的仁義之師麽？你們不正在不恤祖國的任何主權，以换取美國帝國主義的經濟援華、軍事援華，希望美國帝國出兵，來完成中美合作，屠殺中國人民麽？那麽，何必等到你們的政權，你們的武力，真地全部灰飛煙滅，你們真到異邦去賣毯子、行乞，你們的妻女當婊子的時候，纔算白華，你們現在乃至過去，早已是不折不扣、道地的、先天的白華了。

朋友們聊天，有時談到把中國的尼古拉二世捉住了怎麽辦呢？這個這樣説，那個那樣説，雖然大家都在儘量説得殘酷（不殘酷怎能消除人民的積憤呢），可都没有公認爲最好的辦法。凡是罪該萬死的傢伙，無論怎樣的法庭判决他多少個死刑，所能執行的，總衹一死，其餘九千九百九十九死，是無法可施的，而一死又未免太便宜他了！現在我想，他不是想做白華麽？就讓他做白華。叫他活着，忍受他自己和妻女們的羞辱的生活！叫他活着，目擊人民的政權在他的憎恨和幸灾樂禍的心理中，成長、壯大起來！叫他活着，憑吊他的股肱爪牙羽翼毫毛們的逐一潰滅！叫他活着而無法挽救他所賣身投靠的主子美國帝國主義逐漸消亡！讓他羞愧，讓他勞苦，讓他嫉妒，讓他悔恨，讓他恐懼，讓他憂愁，讓他悲哀，讓他備受一切精神和肉體上的苦痛之後，纔在疾病、衰老、飢餓、寒冷中死去，或者像新白俄托洛斯基，逃在外國也還是被人殺死！這也許不算最殘酷，可也相當殘酷了。不過群衆往往是大刀闊斧的，不會有如此纖細曲折的報復心理，對於中國的尼古拉二世，大概也像意大利人民對於墨索裏尼一樣，一下子就解决了吧，那倒是很遺憾的！

一九四八，四，二〇，香港

打倒爸爸

認識蔣經國是一九二五至二七，在莫斯科“孫大”的時候，他大概十八九歲，活潑、活躍、活動。什麽好玩的事，他似乎都喜歡参加。瀟灑、隨便、不擺架子、不修邊幅，在我的記憶裏，他的上衣永久是搭在肩上的。

學校裏有一個壁報，名曰《紅墻》，是登些關於生活方面的文章的。有時候也出一種副刊，專門討論革命理論。一天，我看見那副刊上出現了蔣經國的名字，文章很長，説不定有一萬字。我們都知道，蘇聯和中國的共産黨内部曾經有一種派别“托派”，——中國現在還有，不過不在共産黨内部，却到國民黨内部去了。托派的理論是一國不能單獨建設社會主義，無産階級革命用不着與農民聯合，中國是資本主義社會等等。蔣經國的文章就是闡明這些大道理的。我没有留心他的理論對不對，也没有力量辨别，吃了一驚的，是蔣經國，一個十八九歲或者還小的年輕人，一個大人物的少爺，竟會寫文章，那文章顯然是作者的原稿，塗塗抹抹，潦潦草草，洋洋灑灑，信筆而揮的神態，都可以從紙上看出來，字也寫得很熟練。他的文章是和人辯論的，恐怕不止一次；但究竟幾次，和他論戰的是誰，結果誰勝誰負，這些都忘記了。

有一天，莫斯科的報紙上發出了一條驚人的消息，國民黨反共了，主要人物是：蔣經國的爸爸。以後一連許多日子都是逮捕屠殺革命者的報導。這些日子中，全蘇聯、全莫斯科的反應如何，一點都不知道，我們學校裏則非常慌亂而忙碌。開會、討論、激昂慷慨地駡老蔣（平常反共的那些人自然滿心歡喜，可是不動聲色，好像一下子消失了）。但最忙的却是蔣經國，不但在學校的會場上駡，還要到校外的會場去駡，還要到街頭去講演。在外面駡了一些什麽，没有聽見過，衹看見他天天黄昏時候，和幾個同學一路回校，滿頭是汗，像是很忙很累似的。在學校裏罵的話却聽過一回：蔣介石從來就不革命，没有革命思想；他是封建餘孽，是新軍閥，打倒新軍閥蔣介石！他是我的爸爸，革命是不管爸爸不爸爸的，打倒爸爸！過了幾天，《紅墻》副刊又貼在壁上了，又有一篇蔣經國的文章，又很長，又是那樣的字迹，不過多了許多紅墨水的圈點，紅通通的像血一樣，使文章特别吸引人。那文章裏面引出了他的爸爸寫給他的許多信，證明他的爸爸是新軍閥，早就不革命了，他常常寫信和爸爸討論，鼓勵爸爸革命，最後，是爸爸寫信來不承認他是兒子，和他斷絶父子關係。結論：他既不承認我是他的兒子，我爲什麽要承認他是爸爸呢？既然彼此都不承認了，和他還有什麽關係呢？既然没有關係，而他又反革命了，爲什麽不可以反對他呢？打倒新軍閥蔣介石！打倒爸爸……！附帶説一句：邵力子的少爺（忘記了他的名字）也發表過同性質的文章，也引用過爸爸的信，但没有蔣經國的文章精彩，他説他寫信給邵力子問他爲什麽要反動，勸他趁早不反動，邵力子回信講了一大篇彎彎曲曲的話，末了説：你放心，我總不會使你太失望云云。這文章似乎發表在蔣文之後。

我不喜歡蔣經國的爸爸。第一次聽他説話，就非常不滿。記得那天是中秋，他説我們明年今天要到北平去吃月餅。這没有什麽。他又説，學校就是家庭。從今以後，我們就是一家人了。這明明是一種口是心非的官話，實際上他决不會也不可能把同學們都當作家裏人。這姑且不説；就算真是一家人，請問，又有什麽意思呢？我們是來革命的，跟不是來吃月餅的一樣，决不是來過家庭生活，叙天倫樂事的。而且像我根本就是家庭的背叛者，正因爲家庭，正因爲父母，束縛我，不理解新的一代人的腦子裏裝的什麽東西，也無法讓他們理解，這才毅然决然地從家庭裏逃出來的。年輕、閲歷淺，對于社會還没有什麽認識；唯一盤踞在腦子裏的，最不高興甚至聽見了就討厭，害怕的東西，就是家庭。剛剛脱離了家庭，馬上又鑽進了一個家庭，如果是真的，人就該準備第二次的逃走了。一個人跟弟兄打官司，賴訟師的力量打贏了，他感激訟師説：

你待我情同手足！訟師勃然大怒，說他忘恩負義，把他的恩人當手足，而他本是把手足（弟兄）當作仇人的。我初聽過我們的校長的訓話的時候，確實聯想到這個笑話，而斷定他的頭腦裏没有什麽東西。及至讀到蔣經國的文章，更想到那些話可笑，你如果反革命，連你真正的一家，你的真的兒子都要打倒你，又何必拿那些家人父子之類的落後的話來籠絡我們呢？那樣一個爸爸，竟有這樣一個兒子，就格外覺得兒子了不起，這時候，我竟偷偷地愛起蔣經國來："生子當如孫仲謀！劉景升兒子豚犬耳!"對於葉楚傖、馮玉祥們的兒子，祇少當面嗤之以鼻!

二十多年過去了，蔣經國不但没有打倒他的爸爸，反而藉爸爸之力做了官，無論是他的意志薄弱或是黑暗勢力太强大，這件事對於我都太傷感情。幸而這回以打虎將李忠（虛有打虎綽號，并未真正打虎）的姿態在上海實行"社會主義"——應該説社會搶劫主義或搶劫社會主義，雖然主觀上也許自以爲是行孝，客觀上總算盡了打倒他的爸爸的任務。他那樣窮凶極惡地亂殺亂搶，弄得天怒人怨，鷄飛狗上屋，把無論怎樣落後的人們對他的爸爸的一點點最後的幻想都打得粉碎了。"亡秦者，胡亥也!"歷史上早有過先例。不過胡亥没有趕上直接打倒爸爸，爸爸死得太早罷了。

一九四八，一二，二〇，香港

人與非人

一、人怎樣變成非人?[1]

有一種會做官的人，到上司那裏去的時候，常常是準備好了上、中、下三種書面的對策的。

忘記了是商鞅還是范雎説秦王，曾先説堯舜之道，再説湯武之道，兩者都説不進去，纔改説桓文之道。如今的老爺們可不這麽麻煩，先窺探一下上司的口氣，完全不談那隔得較遠的兩策，祇獻出和上司意見相近的一策，使上司以爲你祇有一策，這一策又和自己的如此地“英雄所見”，而大加激賞。西裝，中山裝，都口袋多，很便於策士；記好：上策放在左邊上面口袋，中策放在右邊下面口袋，下策常常是被采納的，尤其要記清楚，裏面左邊的口袋！這樣纔不會臨時手忙脚亂，弄得牛頭不對馬嘴！西裝、中山裝的樣式，都是來路貨，莫非外國的老爺也這樣辦；發明這種衣服式樣的莫非就是策士自己？

有策而又獻得上，當然是一些優秀而又幸運的人物。但官場中，大多數却是根本無策或有而獻不上去的。平凡的老爺們用什麽在官場裏混，而且混得很不錯，不幸的老爺們又怎樣變得幸運了的呢？莊子曰“盜亦有道”，準此以推，當然官亦有法。孔子曰：“事君敬禮，民以爲諂也!”説穿了簡單得很，就是那個“諂”字，今語謂之拍馬屁！有策的人用三策拍馬屁，無策的人就少不了設法打洞，用別種方法拍馬屁。

拍馬屁決不是一件容易事，不是空口説白話地喊幾聲“萬歲”或

---

① 本節又題名作《論拍馬》。

“偉大的主上”就算得了數的；除了聰明才智會窺探“上頭”的意向，還非要有具體表現不可；而那表現有時簡直非常血腥，和你的骨肉相連，肢體相連，人性人格相連。不能犧牲這些，就不算真正拍了馬屁，也就未必能真正得到“知遇”！歷史上有會拍馬屁的人，都是些毅然決然的大勇者：易牙蒸兒子給主子吃，樂羊子自己吃兒子的肉羹，吴起殺妻，吕不韋用妻妾施美人計，豎刁閹割自己，彌子瑕、董賢化男爲女，以妾婦之道事君……《二十年目睹之怪現狀》裏有一位苟觀察，聽説制臺大人的寵妾去世了，他却正有一個絶色寡媳，兩老夫婦就跪在地下勸她改嫁給制臺作如夫人；寡媳不肯，乃暗中讓她吃進一些春藥，使她心癢難搔，不得不答應。人同此心，心同此理，這些英雄豪杰，豈不知父子之恩，夫婦之愛，人性人格之可尊又可貴？無奈要顧全這些，就没有人給官做，縱有也做不久，做不大；在官言官，也就不得不如此了！

有一種書，叫做《人怎樣變成巨人?》著者是蘇聯人，説的是蘇聯事，至於咱們貴國，如果你曾耳聞目睹過一些官場現形記，就該明白：人怎樣變成非人！我的意思是説，人，衹要想做官，在官場裏混，還要想盡方法混得不錯，那就很容易變成非人的，像上引的易牙乃至苟觀察們一樣。不過這種現象，大概立刻要結束了。

二、非人怎樣吃人?

人變成了非人之後，如果衹是做做官，擺擺官架子，倒也罷了。老話説：“非我族類，其心必異。”非人已經和人不同族類了，他們的心是“異”的，説得明白一點，他們要吃人的。讀過“中國四大家族”，身受過金圓券的“恩賜”，當已明白他們吃人吃得如何露骨。但那還不算最露骨的，一九四九年元月二十四日華商報有一篇《活地獄記》，寫蔣幫軍官杜聿明等和他們的部下十多萬人被圍於二十里見方的地區内，那些軍官們還在搶士兵，搶老百姓的東西，還在吃人！當官的指揮“親信”用機槍掃開士兵，把飛機丢下的香煙、糧食、饅頭搶來囤積起來，以高價賣給士兵。香煙要五塊銀元一支，“有的把從老百姓家搶來的麥子，自己推面吃了之後，用面皮做成面麩餅子賣給士兵。”有時一兩個餅子賣到“一隻金戒指”。這篇通訊還有這麽幾段：

没權没槍的最吃虧，首先從徐州威迫出來的大批青年學生、國民黨公教人員甚至地方官員、失業軍官都成爲要劫掠的對象。徐州市立中學八百多名學生每天領到一顆米，他們從家裏帶來的幾個錢買了幾顆米，剛煮好就被蔣軍擒去。他們餓得没法，冒險從杜軍的“督戰隊”機槍火網下，往“地獄”下面逃，很多被打死在陣地上。一天早上，一個官長叫散在某一斜坡上的二百多公務員、職員集合“待命補入部隊”。剛集合好，官長便掏出了手槍，一聲號令，匪徒們一齊動手，把他們身上的衣服都脱光。其中有兩個廣東籍的公務員氣憤反抗，便被一群匪徒們用刺刀刺了一百多刀而死。……曾任洛陽崇真小學教員的唐賜女士，一路跑出來就被“搜查”了十七次，什麽都光了，連棉褲也被剥去，很多逃出來的女人也都被剥得祇剩一條短褲。冒着蔣軍機槍奔向解放軍陣地成群的工人、學生、公教人員、地主、老闆、商人……没有一個不被洗劫。

……在敵酋杜、邱、李的司令部中，經常出現被抓來的女學生。數百名從徐州一帶被騙出來的女學生，遭到了殘酷的命運。她們被飢餓威逼着，去向那些有糧食的官鬼們伸手求食，許多便在飢寒交迫下吞聲飲泣地被這些野獸奸污。軍師團部增加了許多“女文書”、“女護士”……。匪首們還殘酷地以民間婦女做犧牲品，放縱部隊奸淫，以鼓勵他們的部下和士兵替他們拼命。邱清泉從徐州出發路過蕭縣時，就向僞蕭縣縣政府派了二百個婦女，帶來做“軍妓”。在青龍集，全莊婦女被集中關在幾間房子裏，晚上蔣軍們就拿着洋火，打着電筒進去挑選年輕的出去“推磨”，以後就是十幾歲的女孩和四五十歲的老太太也難幸免。到後來許多下級軍官的眷屬也難逃輪奸之劫。

已經死到臨頭，豈不無論貴賤，都應該同生死共患難麽？但是不，他們還要吃人！那麽平時本來官與民，非人與人，分得清清楚楚的時候，他們怎能不吃呢？什麽書上説過，浩劫一來，獅子會不吃兔，猫也不吃老鼠。我一向以爲他説得對，現在纔知道錯了！對於人與非人一視同仁的浩劫是没有的。非人的幸運，正是人的浩劫；非人的浩劫，反是人的幸運。這一點，非人比我們知道得更清楚，因此，在浩劫來了的時候，假如還可以有一點點機會吃人，他們要吃得更凶，因爲以後没有機會了！

三、非人怎樣變成人？

幾個月前，濟南解放了；接着，長春、沈陽也解放了。因之，解放軍那方面添加了幾個客人：俘虜王耀武、降將軍鄭洞國等等。這没有什麽，要緊的是王耀武他們，在南京正宣布他們做了忠臣孝子的時候，自己站出來廣播了，并且聯名發表了叫蔣介石無條件投降的文電。這是一件大事。它之所以大，决不在于給了南京的武斷宣傳一個響亮的耳光；請想想，王耀武等輩，不都是一些非人麽？平生爲非做歹，殺人不眨眼，吃人不吐骨，不知該有多少次；現在却叫蔣介石無條件投降了！叫蔣介石無條件投降，是一句人話，是中國人民的話。恐怕也是王耀武們幾十位將軍一生裹講的唯一的人話。非人們破題兒第一遭講人話，是比人天天講人話的意義要大得多的大事。講過第一句，説不定以後還要講第二句，説不定還要經常講；説不定不但講人話，而且要做人事，那麽，他們就會從非人變成人！

新社會裹面，將没有一個非人存在，也就是一切非人都要變成人，不肯變的衹好請他退出。

一九四九，二，三，香港

一九四九年如是説

一九四九年是個巨人，以霹靂似的聲音，在中國播送如是的語言——好像自己就是耶穌！

一

有耳能聽的就應該聽；有眼能看的就應該看；有口能説的就應該説；有脚手能行能做的就應該行應該做；有腦能想的就應該想。

我要使聾子聽見，瞎子看見；啞巴説話，癱脚、瘸手行走和做事；使傻子聰明，使死人復活。

不是不聽，是聽不清；不是不看，是看不明；不是不説，是説不好；不是不行不做，是行不快，做不成；不是不想，是想不通——我給你們智慧！

不是不聽，是不敢聽；不是不看，是不敢看；不是不説，是不敢説；不是不行不做，是不敢行，不敢做；不是不想，是不敢想——我給你們勇力！

我教你們從蟲豸到人，我教你們從猴子到人，我教你們從豺狼虎豹到人，我教你們從牛羊鷄犬到人！我教你們從非人到人，從末人到人，從超人到人！我教你們從人到巨人！

二

飢餓的人有福了！因爲必會飽足。寒冷的人有福了！因爲必會温暖。

哀哭的人有福了！因爲必會嘻笑。憐恤人的人有福了！因爲必蒙憐恤。飢渴慕義，使人和睦，爲義受逼的人們有福了！因爲你必遠離欺壓，遠離驚嚇。徒涉江河，水必不漫過你；從火中走過，火焰必不着在你身上。凡向你發怒的，必都抱愧蒙羞；凡攻擊過你的，必因你跌倒；與你相爭，必會滅亡；要吞滅你的，必離你遥遠——就是爲勇士所擄，也可奪回；爲强暴人所搶，也可解救。我要使你成爲有快齒打糧的新器具，把山嶺打成粉碎，視崗陵如同粃糠。你們曾無價被賣，今天也無價被贖。

領你們到一個地方，就是有五穀和新酒之地，流奶和蜜之地，吃自己的葡萄和無花果，喝自己井裏的水。不再聽見哭泣的聲音；没有夭亡的嬰兒，没有壽數不滿的死者。曠野和乾旱之地，必有水發出，沙漠也必有河流涌現，玫瑰花必然開花繁盛，野獸躺卧之地必有青草，豺狼與綿羊羔同居，豹子與山羊羔同卧，少壯獅子和牛犢合群，嬰兒按手在毒蛇的穴上。百姓怎樣，祭司也怎樣；僕人怎樣，主人也怎樣；婢女怎樣，主母也怎樣。刀打成犁頭，槍打成鐮刀，這國不舉兵攻擊那國，也不用再學習戰争，没有君和臣，没有主和奴，没有大和小，尊和卑，强和弱，智和愚；没有人和人，國和國，族和族的限界！

三

假冒爲善的文士和法利賽人有禍了：因爲你們正當人面前，把未來國的門關了，自己不進去，也不讓别人進去！假冒爲善的文士和法利賽人有禍了：因爲你們走遍海洋陸地，勾引每一個人入你們的教，既入了教，却使他作地獄之子，比你們還加倍的惡！假冒爲善的文士和法利賽人有禍了：因爲你們將薄荷、茴香、芹菜獻上十分之一，那律法上更重要的事，就是公義、憐憫、信實，反倒不行了；你們這些瞎眼的領路人，蠓蟲，你們濾出來，駱駝你們倒吞下去了！假冒爲善的文士和法利賽人有禍了：因爲你們故意在人面前顯出公義，暗中却勒索、放蕩，做假見證和行一切不法；先洗净杯盤的裏面吧，好叫外面也乾净了！假冒爲善的文士和法利賽人有禍了：因爲你們建造先知的墳，修補義人的墓，説："若是我們在我們祖宗的時候，必不和他們同流先知的血。"這就自己證明你們是先知的殺害者的子孫了。所以，當現在的先知和義人到你們這裏來，你們仍要殺害，要釘十字架，要在會堂鞭打，從這城逼到那城，叫世上義人所流的血都歸到你們身上！從義人亞伯的血起，直到你們在殿和壇中所殺的巴拉加的兒子撒加利亞的血爲止，這一切的罪，都要歸到這世代了！

禍哉！你設立不義之律例，記録奸詐之判語，屈枉窮乏人，奪去困苦人之理，把寡婦當擄物，以孤兒爲俘獲的人們！禍哉！你以房運房，以地連地，衹顧自己獨居境内的人們！禍哉！你一切毁滅别人，自己倒不肯毁滅；别人不以詭詐待你，你却以詭詐待人的人們，吃盡葡萄園中的果子的就是你們！從貧窮掠奪來的贜物都在你們家中！你們爲何壓制百姓，搓磨貧窮人呢？你們喜歡賄賂——追求髒私，口説謊言，舌吐惡語，心蒙毒塵，手染血污！不爲孤兒伸冤，寡婦的案件也不得呈到你們面前！抱毒蛇蛋，結蜘蛛網——人吃這蛋必死，這蛋被踏，必出蝮蛇！所結的網，專網迷路的無辜良民！

伸冤在我，我必報應！

四

你們要哀號！邪惡的林中，着起憤怒的火，成爲煙柱旋轉上騰，好像毁滅從全能者來到。人手都必軟弱，人心都必溶解！你們驚懼悲痛，像難産的婦人，彼此驚相看！我必激動埃及人攻擊埃及人，弟兄攻擊弟兄，鄰舍攻擊鄰舍，這城攻擊那城，這國攻擊那國：瑪拿西吞吃以法蓮，以法蓮吞吃瑪拿西……

哦，無慮的閨女，豪奢的貴婦啊！你受騷擾了麽？何竟脱去衣服，赤着身體？你的華美的脚釧、髮網、月牙圈、耳環、手鐲、足鏈、戒指到那裏去了？你的華冠、華帶、吉服、外套、細麻衣裹、頭巾、蒙臉帕、香盒、符囊、荷包、手鏡，今在何處？何竟以草繩代替腰帶，光禿代替美髮，稿薦代替華服，烙傷代替冶容！你的男丁死在刀下，你的勇士死在陣上！我曾看見七個貴婦拉着一個賤男說："我們吃自己的食物，穿自己的衣服，衹求你許我們歸你名下，保全我們的生命，除掉我們的羞耻！"

先前的貴胄，身體白的比奶更白，紅的比紅寶玉更紅，像光潤的藍寶石一樣；現在在街上變成孤寒，面貌比煤炭更黑，以致無人認識；皮膚貼緊骨頭，乾枯如同槁木！素來卧朱紅褥子的現今躺卧糞堆；寶貴的兒女，好像精金；現在如窑匠所做的瓦罐。吃奶的舌頭因乾渴貼住上顎，哭泣求餅的，無人擘給他們！慈心的婦人，親手煮餐自己的兒女！產業歸於外人，奴僕管轄他們，民衆譏笑他們，把他們當作靶子，把箭射入他們的肺腑；又用沙石銼斷他們的牙，用灰塵將他們蒙蔽；一切親人没有一個來給與安慰；没有一個能救他們脱離灾難；昔日的好友，都待以詭詐，成爲仇敵！像找不着草場的鹿，在追趕的人面前，無力行走！縱然逃到外邦，也尋不着安息，追逼的人會在狹窄的路上趕到！

我要扬盡我的場。現在斧子放在樹根上，不結好果子的樹，就砍掉，拋到火裏。

五

我怎樣思想，必照樣成就；怎樣定意，必照樣成立。

天地要廢除，我的話却不能廢除！

附注：本文詞句差不多全采自《新約》。也許有些是《舊約》，記不清楚了。

血　書

——讀土改文件

無論是誰，衹要他力所能及，都應該秘密的，公開的，把農民隊伍打得粉碎，或用繩絞，或用刀刺，要像我們撲殺瘋狗一樣！所以，親愛的紳士們，要到處任意刺殺他們，擊斃他們，絞死他們；萬一不幸你死了，你受上帝的福佑；你决得不着比這更光榮的死。……

……農民的頭腦充满了秕糠。他們不信《聖經》，他們麻木不仁，所以他們必須聽鞭聲與槍聲，而且這是惟一的合理的。我們必須爲他們祈禱使他們服從。他們不服從，就不應該享受慈愛。讓槍聲驚擾他們一下吧！否則他們將要幹出千百倍的壞事。

——馬丁·路得（恩格斯：《德國農民戰爭》
錢譯本頁三八—三九）

一

這裏説的土改文件，主要的指這幾種：

《中國土地法大綱》
《一九三三年的兩個文件》
《目前形勢和我們的任務》（毛澤東）
《山西崞縣是怎樣進行土改的?》（譚政文）
《土地改革中的幾個問題》（任弼時）
《在晋綏幹部會議上的談話》（毛澤東）

《新的農民》（史特朗）

這些文件都曾散見於《群衆》各期。

二

二十年前，在莫斯科讀書，有一種課目叫“列寧主義”，是專門研究列寧的著作的，因爲我們是中國人，取材就多關於民族問題與農民問題的。裏面有篇《土地問題提綱初稿》（今收入中文本文選二集），略近於今天我們的《中國土地法大綱》和《一九三三年的兩個文件》。當時我想：這著作與行動是相連的，因爲將有或已有行動，所以需要這樣文章；因爲有了這種文章，所以蘇聯的土地問題就解决了。什麼時候我們自己來爲中國寫這種文章或讀到專爲中國而寫的這種文章就好了。這情景如在目前，但二十多年的時間已經過去了。自己没有長進，對於寫這種文章没有盡力，汗顔自不必説；但雖然二十多年過去了，今天，總算已經讀到這種文章了，就是上舉的幾種土改文件。《中國土地法大綱》和《一九三三年的兩個文件》，本來十多年前就應該看見的（前者十多年前叫做《暫行土地法》，較簡略），但没有看見，反動政權把它們和我和大多數的人民隔絶了！這些文件，和《土地問題提綱初稿》一樣，是和行動分不開的，是行動的産物，同時也是行動的依據。它們的可貴在此。但即使它們可以和行動分開，衹是一種文件而已，也是人類的心靈的高度成就，在人類思想史上有極大的價值，尤其是在中國。

不是有個孟子麽？他説：“不違農時，穀不可勝食也。……”“五畝之宅，樹之以桑，五十者可以衣帛矣……百畝之田，勿奪其時，數口之家，可以無飢矣！謹庠序之教，申之以孝弟之義，頒白者無負戴於道路矣!”就衹是這樣的一些零零碎碎的話，他就成爲聖賢，成爲對於人民的生活關懷得最多，説得最具體的聖賢。他所虚構的井田制還使後世的王莽都着了迷。但是他的話纔真是白紙上的黑字，從來没有實行過。且不管實行與否，專就文件而論，他的話尚可以使他成爲聖賢——聖賢，中國思想者最高的榮譽！那麼寫比他的話更宏大，更切實，更完備，并且以自己和群衆的行動跟在文字之後的土改文件的人們，應該算什麼呢？

顧炎武評北魏均田制説："有足爲後世法者。"均田令中有這樣的字句："奴隸依良""奴婢牛隨有無以還授。"把人（奴隸，奴婢）畜（牛）看作同等的東西，那均田顯然是農奴主的均田。那都"有足爲後世法者"，如果看見了今天的土改文件，應該説什麼呢？

談過土改文件，想起中國歷來的思想家和政治家，對於土地和農民的問題，究竟幹了一些什麼呢？手邊無書，衹翻了一本陳伯瀛的《中國田制叢考》，除了北魏均田令，實在没有值得一提的——我以爲關於太平天國的政制應該有點材料，也竟没有！本來，帝王就是封建地主的頭兒，聖賢和臣僚不過是幫助他巧妙地統治農民的謀主，怎會有我們在這裏可以提起的東西呢？土改文件是和主宰了中國讀書人的頭腦幾千年的聖經賢傳，和爲中國讀書人所津津樂道的明王善政，根本不同的東西。它使一切的聖經賢傳和明王善政全都黯然無光，它把它們全打成粉碎了。因爲它是人民自己産生的，是爲人民自己的，是要人民自己完成的。

把土改文件和聖經賢傳之類比較，這事本身也許有點滑稽，除了本質的不同以外，彼此中間隔着一兩千年的時間，土改文件的進步與周密，是當然的。但這衹是我們少數有了新思想的人纔這樣想，大多數的讀書人乃至非讀書人，却都在聖經賢傳的殘渣剩滓之下討生活。腦子裏充滿了，或殘存着多少的封建意識，而統治階級的蔣介石，陳立夫講學庸講四維八德，林語堂講《易經》，馮友蘭講什麼天人之際，又正拿着這些老古董在存心欺騙！今天，除了以土改爲離經叛道的人以外，以土改文件千好萬好，總不及聖經賢傳的博大精深的人，或把兩者同時放在腦子裏互不侵犯的人還相當多，也就是封建思想的勢力還相當大。從民國元年起，就流行着一副以民國兩字嵌首的春聯："民貴君輕社稷次，國治家齊天下平。"最初看見的時候，還太小，不懂是什麼意思；後來我想，不是已經民國了麼？這春聯却仍舊是君主時代的老話！抗戰第二年春天，我到了延安，離過了年不久，有些門上的春聯還在，有一副：“自古功名稱韓范，如今事業首朱彭。”我想：何處的村學究混進這抗戰聖地來了！朱（德）彭（德懷）的事業與韓（琦）范（仲淹）的功名，本質不同，不能相比；而且以朱彭比韓范，是不是骨子裏也以某一人比宋皇帝呢？如果是，則仍舊是君主時代的封建意識。這春聯當然不是延安的工作者們作的，以舊文學的技術論，它很有延安的本地風光（韓范恐怕都到過延安），和寫“鞏固擴大統一戰綫”之類的標語當春聯的工作者們的腦中物根本不同，説不定是本地老先生的手筆。但無論是誰作的，它都證明封建意識的無孔不入。今天我把代表封建意識的聖經賢傳特别提出，是想用土改文件像農民打垮地主的威風一樣，讓它的影響受點損害；讓有些人，也呼吸一點新鮮空氣。

三

尼采，天下之妄人也；假如也有點點可取之處，就在於他知道有一種書是用血寫的，雖然他未必知道是什麽書。世上真有用血寫的書麽？有！土改文件就是。用誰的血呢？人民自己的。這不僅指在今天爲了土改而進行的戰争中，遭受美蔣的槍炮炸彈而流的血，也不僅指二十多年來爲革命與抗戰而流的血，也不僅指中國人民的血；自有歷史以來，古今中外，農民的起義，不知有多少次，也不知多少次被地主階級的政權蕩平了，否則就被想做皇帝的野心家掉包了，農民自己總是徒勞枉功地替别人流血。“黄巢殺人八百萬”，這話的真實的意義是“爲剿黄巢而殺人八百萬”，狡猾的統治者把他們自己所殺的人，連黄巢也在内，都寫在黄巢賬上了。對於李自成、張獻忠、太平天國等等，也無不如是。農民不但流自己的血，身上還要染上從屠殺者的血口所噴出來的血！

在中國，凡是關於農民起義的記述，都是屠殺者的幫閑們仰承屠殺者的意旨而寫的。説他們是大逆不道，説他們是亂臣賊子，説他們是盗匪賊寇（現在的國民黨還稱共産黨爲“共匪”）。至於屠殺者却反而是

"元和天子神武姿，彼何人哉軒與羲"，巍巍乎，蕩蕩乎，無能名焉。幫閑們用這些詞藻掩飾屠殺者的猙獰面目，也冲淡被屠殺的農民的血色，詞藻所含的真正的意義反而很少人理解了。爲什麼本文一開首就引用馬丁·路德的話呢？就因爲那些話與中國幫閑文人筆下的扭捏做作大大地不同，它是直率坦白的，"殺呀！殺呀！"他喊。在這口令之下，傾瀉的，洶涌的當然是農民的血——這比中國文人筆下的裝潢好懂得得多，舉一反三，我們應該不難領悟到就是中國聖君賢臣們戡亂蕩寇，安邦定國的豐功偉績，也是如何的血痕斑斑！其實，又何止由農民起義而引起的戰争流的是農民的血？一切的戰争，天子與諸侯，諸侯與諸侯，諸侯與大夫，大夫與大夫，軍閥與軍閥，帝國主義與帝國主義之間的戰争，又何嘗不是流的農民的血呢？甚至被統治者驅策去剿平農民起義的也是農民，少不得也要流血！每天翻開各種報紙，總有兩軍殲敵的數字，無論被稱爲"國軍"或"共匪"，無論意義與價值如何，那數字包含的是農民的血！

歷來的農民運動，都與宗教、迷信，乃至妖術之類有關。太平青領道、五斗米道、白蓮教、太平天國、義和團、紅槍會等等都是。農民，勞力的成果都被地主階級搶去了；除了鞭打、拘捕、屠殺之類，别人就再没有什麼事要找他們的了。他們的生活，尤其是精神方面的，誰來過問呢？不錯，儒家也曾想到"謹庠序之教，申之以孝弟之義"；但那都是爲統治者設想的，要統治者來實行的。統治者對於這一件事，先天地具有不徹底性；因爲他們有一個矛盾：一面固然要灌輸一些麻醉劑給農民，讓農民變得更馴良，更容易統治；一面又怕農民因此而真有了知識，看出那些教義的欺騙，看出統治者的破綻而覺醒起來，發生更多的叛亂。統治者是無法使農民有知識，不敢使農民真有知識的。至於農民呢，當有人來要向他們"謹"什麼"教"，"申"什麼"義"的時候，也許不敢不遵從；但那衹是虚應故事，陽奉陰違的官樣文章；和對徭役賦税一樣，不敢不應承（他們明白那不應承的結果），却絶非心甘情願的。他們不高興統治者，"帝力何有於我哉"（《擊壤歌》），就是他們對統治者的看法；

他們看不起在統治者底下討生活的讀書人，“四體不勤，五穀不分，孰爲夫子?”（《論語》）就是他們對“夫子”們的看法。對統治者和幫閑的看法既然如此，對於統治者和幫閑們的教義會有什麽好感呢？那些教義除了告訴他們怎樣做順民以外，與他們心裏的癢處又有什麽關係呢？農民是不願意從那些教義得到什麽知識的。但這决不足以證明農民不需要知識，不過不需要從統治者和幫閑所要栽給他們的知識罷了。假如有從另外的方面來的，和他們的生活有關的，尤其是和改善生活有關的，尤其是和内心生活有關的知識或假知識或非知識，他們却需要之至，歡迎之至，甚至不恤用自己的生命與家室兒女歡迎它。地主階級的壓迫太沉重了，歷史太悠久了，統治的網太嚴密了——政府，法律，監牢，城堡，官吏，差弁，軍隊，劊子手……所有這些，在一個個人，一家家人地過着日子的農民看來，在不知道自身的力量，不懂得團結的力量的農民看來，是不可動摇的，不可侵犯的，不可反抗的，是超人力的天意，神力，命運所安排的。這就是農民的迷信與宗教觀念以及迷信與宗教觀念之牢不可破的根源。這自然可以産生一些聽天由命，安分守己的哲學來自我麻醉，但這哲學是很無力的，一方面固然因爲和統治者教他們怎樣當順民的教義是一樣東西，立刻就會被統治者所利用；而主要的方面是它與現實生活不相調協。地主階級的壓迫剥削，并不因爲有了心靈的麻醉就真地感覺得輕松了。爲了生存，僅僅爲了生存，他們不能不反抗，至少不能忘情於反抗。於是乞憐於神靈，希望天老爺早把惡人收去，希望真命天子早日出世；而農民領袖或江湖術士也就用神或上帝之名以及别種超人力的妖術之類來騙誘他們。呼風唤雨，撒豆成兵，刀砍不進，槍打不入，儘管不經，不合理，無常識，荒謬可笑，但農民不但無力辨認，反而認爲是自己好久以來，在心底痴心妄想，求之不得的東西。這纔是與他們的生活有關的，能够改善生活的，搔着心裏的癢處的寶貴的知識呀！你想，他們如果真有了那些法術，還怕什麽地主呢？還怕什麽官兵呢？一句話，還怕什麽呢？他們就要把世界照他們自己的意見重新安排了。不用説，奇迹是世上所没有的，宗教、迷信、妖術，决不能幫助他們，决不能擋住統治者排山倒海，殺奔而來的兵力，結果，他們衹有流血，枉然地流血！

今天，衹有今天，我們的農民，纔從宗教、迷信、妖術的影響之下解放出來，纔不相信任何超人力的東西，纔懂得自己的力量，團結的力量，并且懂得和他們的同盟者與領導者一起，在正確的理論指導之下共同戰鬥；而一這樣，他們就成功了！

土改文件就證明着這一事實。多少血換來的經驗教訓呀！因此，我説，土改文件是一部用血寫的聖書。

四

……把《怎樣分析階級》小册子在各小組普遍念了以後，代表情緒極度緊張，有的睡不着，有的甚至説夢話，表現了各種複雜的思想，態度與看法，開始在“錯”與“没錯”這問題上争論……一個代表説：“咱村就有錯！”另一個代表説：“咱村就没有錯！”争論很激烈。有的表現抗拒説：“本本是南方的，咱這地方不能幹，一個地方一個樣，咱這地方就由咱！”但，普遍一致的是對階級敵人極爲警惕，如説：“蔣介石、閻錫山還没有打倒，拿出這本本來，地主、富農鑽空子，咱這工作不能幹了！”有的説：“這本本是咱們的，他們就拿不去，看不到！”有的埋怨，如説：“前一次代表會叫從羊群裏趕狼，這回兒又要改正；大閨女背斗子，没背住人家，把自己背上了！”“本本早發兩個月還用鬧這?!”有的要推卸責任説：“這不能怪咱代表的錯，也不能怪工作團，上面本本來得遲了。”“這是貧雇農眼紅，見肥就咬，就訂得多了！”有的怕，如説：“人家（指中農被訂錯的）知道咱們鬧錯了，把咱們的門也要打爛哩。”“這書不敢露，富農地主可會説哩，咱們這一伙説不過人家！”“叫訂錯的破産地主知道了，要和咱‘惱火’哩！”也有的不同意：“不怕他和咱‘惱火’；他要‘惱火’，咱們一邊把他吆喝回去，對他説：‘訂你破産不虧情，你總吃過剥削飯！’”……接着就反復咯吵，領導上并加以啓發引導，從農民的切身利益出發，使農民真正體會改正成分對全體農民的有利，初步搞通代表思想，大家覺得確有訂錯的，并願意改正。……但思想裏仍有顧慮，不敢直截了當去改正，不願説“軟話”（公開承認錯誤），想用轉彎抹角的辦法逐漸改正。如説：“錯就錯了，咱也不要給他們説，成分馬上不給他變；没吃了咱們救濟他，派差少派些，分地時照顧他，不知不覺就把他變了。”主要原因是：（一）不願低頭，怕丢臉子。他説：“咱辦了幾個月工作，還落個錯名?！讓人家説：‘看那些人，一定是下大林開會，訓了一頓，訓過來了，給咱改成分呀！’”或説：“咱回去，不要張羅這問題，一回去就張羅，太不給代表張臉了！”（二）又怕地富鑽空子和錯訂者報復。如説：“説改，這家也要改，那家也要改，不改那家，他還要説你包庇哩！”有人説：“錯了，人家不發動咱呀！”（三）但最主要的是怕退東西，特别是東西已經分配的地方。説：“糧食吃了，衣服穿了，白洋化了，怎往回退?”“東西已經分了，吃進肚裏却不能往回吐啦！”“咱給他説服賠罪，説是窮人凍得不行，地還往出拿咧，啥還不往出拿?！”或説：“成分給他一改正，不退東西也就歡喜不盡了。”“東西無論如何不能退，不然，窮人還能翻個什麽身?”“在以後分配中照顧吧，這遍不要退了，反正他們到現在還是比咱們强！”經過互相争論咯吵，領導上經過參加各組的工作幹部誘導啓發，并支持了正確意見，進一步念了分局所發的關於分析階級的補充草案，并引導代表具體研究分析各村到底訂錯幾家，代表在念文件後，一下弄不清楚錯到什麽地步，經檢查後，發現問題并不像原來所料的嚴重，代表們的思想情緒，即有顯著的變化。……

——《山西崞縣是怎樣進行土改的?》

這一文件，描出了另一文件——《怎樣分析階級》（即《一九三三年的兩個文件》之第一文件或全部，其實也包括《中國土地法大綱》）在農村中怎樣由一個文件變成物質力量的具體的過程；證明農民的地位在怎樣地提高。農民、雇農、佃農、貧農們，自己的一切，一向是由别人决定的；現在居然决定着别人的生命財産的大事了！用舊世界的任何看法，都是何等的大逆不道呵，何等的膽大妄爲呀！難怪連馬丁·路得那樣的“宗教改革”家都禁不住咆哮起來；美國帝國主義的軍火，要源源地運到中國反人民的政權的手裏了！但文件的意義還不止此，它説明農民怎樣在政治的參與中學習政治，豐富知識，擴大眼界；同時也活生生地描出了怕事、苟安、自私，想將錯就錯等等農民的精魂，而這精魂又正在受着傷害，更不必説它又没有遺漏正確的領導力量。我們常説：舊社會變成新社會，舊腦筋變成新腦筋，舊人變成新人；這文件就具體地告訴我們：怎樣變！如果和丁玲、趙樹理等人描寫解放區的農民的小説同讀，當能得到更大的啓迪。

從王莽到王安石，也有過幾個聖君賢相想給與農民一點恩澤，分田給他們，借錢給他們，以及其他的種種辦法；但他們都失敗了。他們的法制都是建立於君主制度這一基石之上的。君主，前面説過，是地主頭兒，他的利害和農民的剛剛相反，那些法制是先天地不能徹底的。前面提到過的北魏均田令把人畜看成同等東西就是一例。要改善農民生活，必須改變壓迫農民，剥削農民的政治制度；不改變整個制度而想局部地改善農民生活，謂之捨本逐末。農民并非單獨存在，在他們之上有地主，那些法制却直接以農民爲對象，這是地主所不能忍受的；比如王莽的井田制，客觀上恐怕還是兼并其他地主的土地，使“朝廷”成爲唯一的大地主。自己是地主頭兒，依存於地主階級的；既與農民利害不一致，又要并吞其他地主，於是成了真正的孤家寡人，怎會不失敗呢？好些書都説王莽王安石的失敗，由於下級的奉行不善，如果奉行的還是原有政制之下的官吏，怎麽會善呢？大多數官吏，壓迫剥削農民，確是選手；爲農民設想，替農民作事，却一竅不通。倒是無論怎樣有利於農民的法制，他們都有辦法使它變成壓迫剥削農民的。最可笑是國民黨也提出什麽《土地改革方案》了。那方案怎樣胡説八道并不管它，作算不無可取之處，又叫誰去“奉行”呢？如果還是那般老爺，不過多一種搜刮民脂民膏的花樣罷了。要奉行得善，不但要法制或方案好，同時還要有適當的奉行的人，而唯一適當的人，就是農民自己。把法制或方案交給農民，讓農民自己奉行，衹有這樣纔行得通，行得善。但，正是這一點，纔真是王莽的井田制、王安石的新法、國民黨的方案的無情的礁石，他們怎敢把哪怕是一點點的權力給予農民呢？

> 鄉村農民大會及其選出的委員會，鄉村無地少地的農民所組織的貧農團大會及其選出的委員會，區、縣、省等級農民代表大會及其選出的委員會爲改革土地制度的合法執行機關。
>
> ——《中國土地法大綱》第五條

就是這一條，它證明其他各條没有一個字是空話，纔使其他各條的每一個字都通行無阻。

五

> ……在過去一年的激烈的土地改革鬥爭中，晋綏的黨組織没有能够明確地堅持我黨嚴禁亂打亂殺的方針，以致在某些地方的土地改革中不必要地處死了一些地主富農分子，并給農村中的壞分子以乘機報復的可能，由他們罪惡地殺死了若干勞動人民。我們認爲，經過人民法庭和民主政府，對於那些積極地并嚴重地反對人民民主革命和破壞土地改革工作的重要的犯罪分子，即那些罪大惡極的反革命分子和惡霸分子，判處死刑，是完全必要和正當的。不如此，就不能建立民主秩序。但是，對於一切站在國民黨方面的普通人員，一般的地主富農分子，或犯罪較輕的分子，則必須禁止亂殺。同時，在人民法庭和民主政府進行對於犯罪分子的審訊工作時，必須禁止使用肉刑。過去一年中，晋綏在這方面曾經發生的偏向，現在也已

糾正了。

——《在晉綏幹部會議上的講話》

除了可以和應當懲辦那些爲廣大人民群衆所痛恨的查有實據的罪大惡極的反革命分子和惡霸分子以外，必須實行對一切人的寬大政策，禁止任何亂打亂殺。

我們反對亂殺人，并不是説一個人也不能殺。那些真正罪大惡極的大反革命分子、大惡霸分子、國人皆曰可殺的這類分子，經過人民法庭判處死刑，并經過一定政府機關（縣級或分區一級或更高的政府所組織的委員會）批准，執行槍决，并公布其罪狀（殺人必須公布罪狀，不得秘密殺人），那是完全必要的，不如此不能建立革命秩序。但是不能隨便加人罪名而去處人以死罪。須知多殺人是不能解决任何問題的。我們的任務是解决問題，解决如何消滅帝國主義，封建主義和官僚資本主義的壓迫和剥削，將中國建設成爲獨立的强盛的人民民主共和國這樣的問題，除了在戰爭中在火綫上必不可免地要殺死許多敵人以外，多殺了人，殺錯了人，不但不能解决問題，而且可能推延問題的解决，甚至可能引導到革命遭受暫時的失敗。這是因爲多殺人必然要失去人民群衆的同情，遭受很多人反對。因此那種主張多殺人亂殺人的意見是完全錯誤的。……

——《土地改革中的幾個問題》

一九二七年大革命之後，蔣介石以血腥的恐怖政策統治了中國，“寧可誤殺一千，不可漏殺一人”，正是那時候的劊子手們的口號；這是祇要是從那時候活過來的人都可以證明的。記得吴稚暉在什麽文章裏説，革命青年被捕之後，無不貪生怕死，叩頭乞命。周作人駡他是千年老狐露出尾巴，封建鬼魂附在身上，以血口噴射青年；其實慷慨就義，高呼革命萬歲而死的革命者，連統治者的報紙上都常有消息透露。縱然所説是實，乃是人性之大變，是屠伯的血腥統治所促成，有心人應引以爲世道人心之隱憂，怎可以輕率地嘲笑青年死者？這文章收在他本人的什麽集子裏，記不清楚；《中國新文學大係》散文集中是有的。可見屠伯們的亂殺亂砍，幫凶的造謡誣衊，就連没有思想，後來還没有氣節的周作人都忍不住了，屠伯們一面毫無人性地屠殺，一面又照自己的行爲造成謡言去誣衊他們的敵對者，説："共匪殺人放火！"（前面提到過的"黄巢殺人八百萬"，正是同一伎倆）而這樣一誣衊之後，他們的殺人放火，爲的是不許"共匪"殺人放火，就更名正言順了。當然，天下都是他們的，要怎麽説就怎麽説，誰要出來説一句："不！"就無異自承是"共匪"，而對於"共匪"，他們是"寧可誤殺一千"的。這誣衊頗收到一點效果，直到現在，像《大公報》王芸生之流，還有時在社論上明目張膽地説解放軍"殺人，屠城，放火"（《少殘殺，少破壞》）。現在特爲把土改文件上關於嚴禁殺人的文字引幾段在這裏，作爲二十多年來的誣衊的回答。尤其和開頭引的馬丁·路得的話同讀，反動派的殘酷瘋狂與革命政權的理智寬仁，恰好成一個顯明的對照。

毛主席、任弼時的話，是爲了革命的利益，爲了更容易地消滅地主階級，爲了更順利地進行全面土改；與人道主義、"惻隱之心"之類，毫無關係；正像殺人也是爲了革命利益，爲了消滅階級敵人，與反動派的恐怖主義毫無關係一樣。當然，縱然把它們解釋爲人道主義，大慈大悲，也許不一定就有多大妨礙，但必須有一個條件：不能斷章取義，拿作當斷不斷的右傾温情主義傷感主義的論據。

没有革命的軍隊或政權是胡亂殺人的。當國民黨容納革命分子的時候，當它自己還具有若干革命性的時候，即寧漢分裂以前的時候，并不胡亂殺人。革命的軍隊或政權，由人民組成，爲人民戰鬥，它本身就是人民的力量；它有遠大的前途，它是必勝的，無論多少挫折，最後終歸勝利的；它是不可撲滅，不可戰勝的；人民歸之如歸市，如水之流下，沛然莫之能御；除了反人民的傢伙，即你不殺他，他有機會便殺你，甚至使軍隊或政權都要受到危害的傢伙，它何須乎殺誰？因之，没有一種革命理論是主張胡亂殺人的，没有一個革命領袖是主張胡亂殺人的。"殺殺，向農民開槍！”那是反動的馬丁·路得的話，决不是任何革命領袖或理論家的話！

相反的，反動政權是壓迫剥削人民的，是人民的公敵，是末日已到，已經衆叛親離，遲早必會土崩瓦解的。爲了勉維現狀，爲了苟延殘喘，爲了最後掙扎，它都必須殺人，殺它的敵對者。它和殺人是分不開的。瞧呵，焚書坑儒的不是秦始皇麽？在冬宫前掃射請願民衆的不是尼古拉二世麽？槍斃“二七”罷工領袖的不是曹錕、吴佩孚麽？絞死李大釗們的不是張作霖麽？在執政府門口用機槍掃學生的不是段祺瑞麽？二十年來，屠殺了無數的思想與行動的革命先驅，無數的中國優秀兒女，現在還在用美國帝國主義的軍火“戡亂”，在各地槍殺學生，暗殺文教工作者，一次炸死開封十萬居民的，不是蔣介石麽？還我們的瞿秋白、向忠發來！還我們的彭湃、鄧中夏來！還我們的惲代英、蕭楚女、蔡和森來！還我們的柔石、胡也頻、白莽、洪靈菲來！還我們的聞一多、李公樸、杜斌丞來！還我們的於子三、潘琰來！還我們的……

是誰殺人放火？革命勢力呢？反動勢力呢？孟子曰：“天下惡乎定？”“定於一。”“孰能一之？”“不嗜殺人者能一之。”“孰能與之？”“天下莫不與也。”一切不談，光憑不嗜殺人這一點，革命勢力一定興起；光憑嗜殺人這一點，反動勢力一定滅亡！

然而在一般人中却真有一個奇怪的現象！對於統治者的殺人，似乎無所感覺，或感覺極其輕微；對於革命群衆或軍隊殺了很少的人甚至一個人，却深以爲異，而害怕起來。這，也許是一點好消息，他們以爲反動政權根本就是殺人的東西，殺人當然不算稀奇；革命隊伍本不殺人，而竟殺了人，所以可怪。至于革命大業是要把舊有的秩序重新安排，總不能辦到完全秋毫無犯，鷄犬不驚，而群衆的憤怒，有時也無法遏止，他們却無暇考慮到了。但除此以外，恐怕還有一個看法的問題。

《死魂靈》裏有乞乞科夫和他的馬夫的一段對話：

“我要用鞭子狠狠抽你一頓……”

“隨您好老爺的高興，”綏裏方完全滿足了，回答道。“如果要給鞭子，那很好，我是没有貳話的。如果做了該吃鞭子的事，怎麼可以不給鞭子呢；這全都隨您的便，您是主子呀！農奴是應該給點鞭子的，要不然，就不聽話。規矩總得有。如果我鬧出事來，那麼，抽我一頓就是了，怎麼可以不給鞭子呢？”

——魯迅譯本（頁五五—五六）

這是什麽意思？這是説，在舊世界裏，地主鞭打農奴這回事，連農奴自己也覺得天公地道。但假如農奴對於地主，不説鞭打，衹説給一個耳光，衹説駡幾句，那會怎樣呢？不用説，哪怕并非那地主本人，甚至也非别的地主，也都會大驚小怪，認爲是天翻地覆。爲什麽呢？因爲舊世界的秩序，衹許地主打農奴，哪怕農奴毫無過失；不許農奴打地主，哪怕地主十惡不赦；而人們又在舊世界裏養成了遵守那秩序的看法的緣故。

對於殺人，也正如此。多少年來，豪紳地主剥削農民，虐待農民，鞭打、關私牢、送衙門，逼得人吊頸投河，妻離子散……今天，農民起來了，第一次自己作了自己的主人，第一次可以照自己心裏所想的做點什麽了。他們要做什麽呢？不問可知，第一件事就是向地主階級復仇！爲什麽不該復仇呢？難道他們的仇恨，是一個人兩個人的麽？是一家人兩家人的麽？是一代人兩代人的麽？不是呀，是用他們的勞力養育了全世界的這整個農民階級的，是自有土地私有制以來的幾千年歷史的！在復仇的過程中，他們不會彬彬有禮的吧，不會秩序井然的吧，不會毫無遷怒、株連、不由分説等種種情況的吧？那麽，要説是過火，恐怕也真有些過火；要説是殘酷，恐怕也真有些殘酷的吧？但在莊嚴神聖的復仇的壯舉中，這些都衹能算是小節（壞分子不從階級仇恨出發，爲了小嫌私怨，濫指别人爲土豪惡霸之類，是另一事）。衹有從革命的觀點，即爲了革命的利益的觀點説，這種原始性，盲動性，無紀律的行動，不能解決問題，反而妨害問題的解決，纔是值得非難，應該糾正的。這一點，前引的毛主席、任弼時兩人的話已經講得很清楚了。除了爲革命利益的，從其他任何角度，説是過火、殘酷，恐怕都因爲我們自己不是農民的緣故，因爲没有身受到地主階級的剥削壓迫的緣故，因爲没有和農民一道兒生活過的緣故，因爲我們的看法，如果不是直接是地主階級的，也受了地主階級的思想的影響的緣故！

六

初讀魯迅的《故鄉》，到佃户閏土從鄉下趕到街上來看那從外面回來的“我”，也是小時候的好朋友的時候，到了一見面，不覺斂起歡笑，肅然起敬地喊一聲“老爺”的時候，我曾爲之酸鼻，爲之好半天不舒服。這兩個曾在一塊兒玩得難捨難分的好朋友，幾十年不見，一旦看見了，該怎樣歡呼，怎樣擁抱，怎樣傾心吐膽地講他們的别情離緒呵，一聲老爺，連老爺這方面的這種意思，也煙消雲散了。是什麽東西隔着他們了呢？是什麽東西把他們的友情扼死了呢？是什麽把他們的真面目掩蔽了呢？是什麽把他們的人性改變了呢？豈不是他們彼此所處的地位，豈不是一個有土地，一個没有土地。土地歸老爺所有，閏土必須耕種老爺的土地的這土地制度麽？魯迅不但寫過《故鄉》，還寫過阿Q（《阿Q正傳》）和祥林嫂（《祝福》），對於没有土地的農民和農婦所給與的同情是無限的。不僅中國農民處於可悲的地位，世界各國，無不如此，因爲各國都有或曾有和中國相同的土地制度。讀顯克維支的《炭畫》和科羅連珂的《瑪加爾的夢》，也同樣使人悲抑到無可奈何！

現在呢，實行土改了，土地不歸地主所有，而屬於農民了；閏土和老爺之間的墻拆了，阿Q也不怕誰“不准革命”了，祥林嫂也不必擔心死後有没有靈魂了，瑪加爾的夢不但變成現實，現實反而超過他的夢很遠了，村公所的“書記公”再也不敢欺壓農民了！現在的作者在寫農婦們爲了增加生産而比賽紡紗（丁玲），在寫天才的民間藝人怎樣嘲笑地主（趙樹理），還有許許多多作家在寫各種各樣的新的農村和農民的故事。

時代是不同了！世界是不同了！農民的生活是不同了呵！這裏且抄一個土改後的農民在過年的時候寫給毛主席的信（這信，是經過翻成外文，又由外文翻回來的，文字上附帶的農民氣氛已經很少了），以見一般：

> 首先我要告訴你，我們都已經轉入新生活了。我們已經清算了十一家地主倉庫，并且收回了我們祖先開墾的土地，例如河邊肥美的土地——這些土地已經又變成我們自己的了。我們也算清了賬，把地主從我們血汗之中榨出來的錢拿回來了。我們甚至買了牛和騾，現在住在和暖的窑洞裏……我們炕上都有了枕頭。
>
> 在大年除夕那天，每家都有人去趕集，買羊肉回來包餃子，買紅紙回來貼春聯，買點小玩意給孩子們，并且每家都買了一張你的相片！我們從前過年掘地洞，爬山凹逃避討債的人。當我想到過去難過的光景，再看看現在輕鬆的時刻，看見我們能吃羊肉餃子過年，我們心裏真愉快。新年之後，我們要一心一意地生産，按照你的組織起來的辦法而工作。……
>
> ——《新的農民》

然而，土改真也有一個無法可想的缺點，就是：衹能改革現在的土地制度，不能把過去的也一齊改革了，而人死又是不可復生的！那麼，那些閏土，阿Q，祥林嫂們呢，苦了一輩子，就那樣完了麼？假如他們能够看見今天的土改，參與今天的土改工作，從土改中得到土地，他們該是怎樣的歡喜呀！又該是怎樣的痛哭，痛苦過去的不幸哪！然而不可能了！而且，魯迅、顯克微支、科羅連珂、那些作者，果真都死了麼？假如他們能够看見今天的土改，看見他們的人物參與土改工作，得到土地，看見他們在生活開始時的笑與哭，該是怎樣的激動，寫出一些怎樣的作品來呀！然而不可能了！豈止閏土他們，豈止魯迅他們，一切過去的人，那些爲革命而犧牲的殉道者們，那些在馬丁·路得式的口令之下被槍殺了的英勇的人民，那些爲人民服務在舊制度下流落夭亡的失敗者，那些在勤勞貧苦中度過了牛馬式的一生的良善的人民，那些孟軻、王莽、魏孝文、王安石、顧炎武們，那些連姓名也没有的張三、李四、阿猫、阿狗們，我都願意向他們招魂，讓他們來看今天的土改，讓他們喜悦，讓他們感奮。甚至那些暴君讒臣貪污豪劣，也想讓他們後悔他們對於歷史的阻力是如何微小，如何徒然；我不相信他們離開了人世的勢力利害之後，還是那樣全無心肝！我真想把土改文件燒給他們！是什麽鬼知識阻止了我呀，它説人死後是什麽也不知道的！

五四以來，或者五四以前以來，我們的先覺者（尤其是魯迅）就高喊思想革命；思想革命决不是祇破壞舊的反動思想，主要的在建立新的革命思想。土改文件是自有思想革命以來最正確的革命思想的最輝煌的成果，是那思想的實現的具體明晰的記述。中國革命并不以土改爲極限，但不能不以土改爲初基，爲必經之道，必須看見了土改，纔算看見了革命的真正的業績。多少年來，我們從文人的筆下看見“黎明”，“破曉”，“東方作魚肚白”等等的詞句，至於那含義，恐怕連作者自己也未弄得十分明確；現在應該明白了，那就是土改！寫攻擊時弊文章的人，常常被人非難：不歌頌光明；他們回答：要有光明纔能歌頌；現在有光明了，這霞光萬道的通體光明，就是土改！土改文件是書面的憑證！

歌頌這光明，擁抱這光明，在這光明中爲它而生，爲它而死，是我們今天最光榮的任務！

一九四八，七，二三，香港